河南省高等教育教学改革研究与实践项目（学位与研究生教育）
项目类别：重点项目
项目编号：2021SJGLX063Y
项目名称：经济管理类专业学位研究生教育综合改革研究与实践

计算智能算法及其生产调度应用

任剑锋 ◎ 著

·北京·

图书在版编目（CIP）数据

计算智能算法及其生产调度应用/任剑锋著.
—北京：中国经济出版社，2023.7（2025.6重印）
ISBN 978-7-5136-7340-2

Ⅰ.①计… Ⅱ.①任… Ⅲ.①人工智能—算法—应用—生产调度
Ⅳ.①F273 ②TP183

中国国家版本馆CIP数据核字（2023）第098426号

责任编辑　张梦初
责任印制　李　伟
封面设计　任燕飞

出版发行	中国经济出版社
印 刷 者	北京艾普海德印刷有限公司
经 销 者	各地新华书店
开　　本	710mm×1000mm　1/16
印　　张	21.25
字　　数	313千字
版　　次	2023年7月第1版
印　　次	2025年6月第2次
定　　价	88.00元

广告经营许可证　京西工商广字第8179号

中国经济出版社 网址 www.economyph.com 社址 北京市东城区安定门外大街58号 邮编 100011
本版图书如存在印装质量问题，请与本社发行中心联系调换（联系电话：010-57512564）

版权所有　盗版必究（举报电话：010-57512600）
国家版权局反盗版举报中心（举报电话：12390）　　　服务热线：010-57512564

前言

制造业是国民经济的主导力量，也是实施创新驱动战略的核心领域。智能制造是新科技革命的核心，是制造业变革和科技创新的制高点，也是制造业转型升级的主攻方向，要通过推动人工智能、大数据、互联网和制造业的深度融合来实现。车间生产是智能制造高质量发展的主战场，也是学术界和工业界历久弥新的研究课题。因此，本书选择典型的流水车间调度、作业车间调度、分布式调度等问题作为研究背景，以深度强化学习和其他相关技术为研究对象，开展复杂约束条件下的车间生产调度单目标或多目标问题研究。

近年来，人工智能发展迅速，其中深度学习、强化学习等技术尤其引人注目，并且在生产制造、供应链、医疗卫生、自动驾驶等领域得到了深入的研究和应用，取得了丰硕的成果。随着研究和应用的不断深入和相互促进，将深度学习和强化学习相结合的深度强化学习技术已成为当前机器学习领域的研究热点之一，在深度神经网络、马尔可夫决策过程、动态优化和策略梯度等理论和技术支撑下，具有很强的感知和决策能力，并在计算中实现两者的交替发展与提高，目前已成功应用于围棋、推荐、调度等复杂的组合优化问题中。

在车间生产调度问题场景下，通过深度强化学习和其他相关算法求解流水车间调度、作业车间调度和分布式调度等问题，取得了一些研究成果，具体如下：

（1）研究了两种基于监督学习的序列模型以解决作业车间调度问题。首先设计了以长短期记忆神经网络（Long Short-Term Memory，LSTM）为主框架，同时嵌入指针网络和条件随机场的模型，并利用析取图来描述作业车间调度问题和相应的可行解，通过实际问题提取样本，利用启发式调度规则构建样本标签。其次，在自注意力机制和多头自注意力机制的基础上，构建了由多个同结构的编码器和解码器组成的编码组件和解码组件，并根据实际需要加深模型层次，通过自注意力机制的并行能力实现快速训练，有效改进了循环神经网络训练效率较低的缺点，提高了模型的预测准确率。

(2) 研究了基于值函数逼近的深度强化学习算法求解流水车间调度问题。分析了流水车间调度问题的状态、动作、奖励值以及值函数的表示方法，以工件的加工时间和加工机器的负载状况来构建算法的局部和全局状态特征，以特定状态下对应的调度规则来构建算法的行为动作，并训练神经网络来完成状态与动作的映射，同时将最大完工时间问题转化为对应的机器空闲时间最小问题来构建奖励值。实验结果证明了基于值函数逼近的强化学习方法解决生产调度问题的有效性。

(3) 研究了基于策略梯度的深度强化学习算法求解作业车间调度问题。分析了基于策略梯度的深度强化学习方法求解作业车间调度问题的可行性。将工序排列空间中不同的序列差异作为奖励值，将生产调度问题的评价目标作为累积奖励值，并在长短期记忆网络中嵌入指针网络以提升算法性能。首先，通过注意力机制确定当前状态下工件的优先级概率分布，形成有效的调度序列。其次，为了获取更丰富的输入序列信息，通过指针网络从输入序列中选取优先级更高的信息，并在计算部分通过加权机制来提高解的质量。结果表明，基于策略梯度的深度强化学习算法具有解决作业车间调度问题的能力，且模型在解决此类问题时具有较好的可复制性。

(4) 研究了基于混合 Q-learning 的多目标车间调度优化问题。在作业车间调度问题背景下，研究了考虑工件运输的生产调度完工时间、拖期时间、能源消耗等多目标优化问题，对带精英策略的非支配排序遗传算法（Non-dominated Sorting Genetic Algorithm-Ⅱ，NSGA-Ⅱ）的交叉和变异机制进行改进，加入基于 N5 邻域结构的局部搜索策略，通过改进的 NSGA-Ⅱ 算法进行多目标问题求解。在 Pareto 解的基础上，将前后工序的加工机器抽象为二维坐标点，并设计了强化学习遗传蚁群算法进行求解，得到了比Pareto解更优的能耗目标解，在运输设备派出数量、运输路径等方面具有更高的实际应用价值。这部分工作进一步拓宽了强化学习的应用场景，实验结果证明了算法求解多目标生产调度问题的有效性。

（5）研究了基于NASH-Q-learning的分布式车间调度问题。在分布式流水车间调度问题背景下，深入分析了多智能体强化学习方法，在NASH均衡和NASH-Q-learning理论框架下，将平均场理论和多智能体结合提出了多智能体车间调度算法。构建了联合状态、联合动作等全局视角的算法元素，通过深度神经网络进行值函数逼近。此外，还对常用于分布式调度问题的迭代贪婪算法进行了改进。最后对两种算法的求解结果进行对比。实验结果证明了所提出的多智能体车间调度方法求解分布式生产调度问题的有效性。

由以上研究结果可知，以深度强化学习算法为主的人工智能方法可以有效解决流水车间调度、作业车间调度、多目标生产调度和分布式生产调度等复杂的组合优化问题；但同时还存在理论支撑不够完备、算法分析不够深入、应用场景不够全面等问题，这将是下一步研究的重点。

目录

第1章 绪论 ... 1

1.1 研究背景和意义 ... 1
1.1.1 研究背景 ... 1
1.1.2 研究意义 ... 4

1.2 车间生产调度问题及研究现状 ... 7
1.2.1 车间生产调度问题 ... 7
1.2.2 研究现状 ... 9

1.3 研究内容及目标 ... 20
1.3.1 研究内容 ... 20
1.3.2 研究目标 ... 24

1.4 技术路线及创新点 ... 24
1.4.1 技术路线 ... 24
1.4.2 创新点 ... 25

第2章 概率推理 ... 28

2.1 贝叶斯公式 ... 28
2.2 概率图模型 ... 30
2.2.1 隐马尔可夫模型 ... 31
2.2.2 贝叶斯网络 ... 34
2.2.3 贝叶斯网络推理 ... 39

2.3 本章小结 ……………………………………………… 50

第3章 样本学习 ……………………………………………… 51

3.1 决策树 ……………………………………………… 51
3.1.1 信息增益 ……………………………………… 52
3.1.2 增益率 ………………………………………… 62
3.1.3 Gini 指数 …………………………………… 63
3.1.4 剪枝处理 ……………………………………… 63

3.2 回归 ………………………………………………… 66
3.2.1 线性回归 ……………………………………… 66
3.2.2 逻辑回归 ……………………………………… 68

3.3 支持向量机 ………………………………………… 69
3.3.1 硬间隔最大化支持向量机 …………………… 70
3.3.2 软间隔最大化支持向量机 …………………… 73
3.3.3 对偶算法 ……………………………………… 74
3.3.4 非线性支持向量机 …………………………… 78

3.4 非参数化学习 ……………………………………… 79
3.4.1 KNN 算法 ……………………………………… 79
3.4.2 距离计算 ……………………………………… 81
3.4.3 K 值确定 …………………………………… 82

3.5 集成学习 …………………………………………… 83
3.5.1 Boosting 算法 ………………………………… 83
3.5.2 随机森林 ……………………………………… 86

3.6 无监督学习和半监督学习 ………………………… 88
3.6.1 样本的相似度 ………………………………… 89
3.6.2 类和簇 ………………………………………… 91
3.6.3 层次聚类 ……………………………………… 93
3.6.4 K-means 聚类 ………………………………… 96

3.7 本章小结 …………………………………………… 99

第 4 章 神经网络和深度学习 ········· 100

4.1 深度前馈神经网络 ············ 102
4.1.1 前馈神经网络 ············ 102
4.1.2 深度前馈神经网络及学习模式 ···· 103

4.2 深度卷积神经网络 ············ 105
4.2.1 卷积神经网络 ············ 105
4.2.2 深度卷积神经网络 ·········· 108

4.3 深度循环神经网络 ············ 109
4.3.1 循环神经网络 ············ 109
4.3.2 深度循环神经网络 ·········· 111

4.4 深度自动编码器 ············· 112
4.4.1 欠完备自动编码器 ·········· 113
4.4.2 正则自动编码器 ··········· 113
4.4.3 深度自编码器 ············ 116

4.5 核函数方法深度学习 ··········· 116

4.6 激活函数 ················· 117
4.6.1 饱和激活函数 ············ 118
4.6.2 非饱和激活函数 ··········· 121

4.7 本章小结 ················· 124

第 5 章 强化学习 ················ 125

5.1 马尔可夫链蒙特卡洛方法 ········· 125
5.1.1 马尔可夫链 ············· 125
5.1.2 马尔可夫决策过程 ·········· 127

5.2 动态规划 ················· 129
5.2.1 动态规划原理 ············ 129
5.2.2 价值函数 ·············· 130
5.2.3 策略迭代 ·············· 132

5.3 深度强化学习 133
　　5.3.1 深度强化学习基本原理 133
　　5.3.2 基于值函数的深度强化学习 134
　　5.3.3 基于策略梯度的深度强化学习 137
5.4 本章小结 143

第6章　监督学习方式求解车间生产调度问题 145

6.1 引言 145
6.2 问题描述 146
6.3 调度规则与样本数据 149
　　6.3.1 调度规则 149
　　6.3.2 样本数据 150
6.4 自注意力模型 152
　　6.4.1 基于自注意力模型的序列编码 152
　　6.4.2 Transformer 模型 154
6.5 LSTM-PtrNets-CRF 模型 157
　　6.5.1 模型框架 157
　　6.5.2 模型训练 161
6.6 实验与结果分析 163
　　6.6.1 实验设置 163
　　6.6.2 结果对比与分析 165
6.7 本章小结 168

第7章　值函数逼近算法求解车间生产调度问题 170

7.1 引言 170
7.2 问题描述 171
7.3 状态表示和动作构建 173
　　7.3.1 状态表示 173
　　7.3.2 动作构建 175

7.4 状态与动作映射 176
7.4.1 网络构建 176
7.4.2 网络训练 178
7.4.3 误差反向传播 179
7.4.4 梯度下降算法 183
7.5 奖励函数与值函数计算 185
7.5.1 奖励函数 186
7.5.2 值函数逼近 187
7.5.3 期望 Sarsa 算法 188
7.6 实验与结果分析 190
7.6.1 实验设置 190
7.6.2 结果对比与分析 192
7.7 本章小结 195

第 8 章 策略梯度算法求解车间生产调度问题 197
8.1 引言 197
8.2 问题描述 198
8.3 注意力机制 200
8.3.1 注意力分布和打分机制 200
8.3.2 指针网络 202
8.4 模型框架 203
8.4.1 深度序列模型 203
8.4.2 长短期记忆网络 204
8.5 策略梯度优化方法 208
8.5.1 策略梯度定理及证明 209
8.5.2 基于强化学习的序列生成 212
8.5.3 A3C 算法应用 213
8.6 实验与结果分析 217
8.6.1 实验设置 217

8.6.2　结果对比与分析 …………………………………… 217

8.7　本章小结 ………………………………………………………… 219

第9章　混合 Q-learning 算法求解多目标车间生产调度问题 …… 221

9.1　引言 ……………………………………………………………… 221

9.2　问题描述及优化目标 …………………………………………… 222

 9.2.1　问题描述 ……………………………………………… 222

 9.2.2　问题建模 ……………………………………………… 224

 9.2.3　Pareto 最优解 ………………………………………… 229

9.3　改进 NSGA-Ⅱ算法 ……………………………………………… 230

 9.3.1　编码与解码 …………………………………………… 230

 9.3.2　选择、交叉和变异操作 ……………………………… 234

 9.3.3　基于 N5 邻域结构搜索策略 ………………………… 236

 9.3.4　算法流程 ……………………………………………… 237

9.4　路径优化算法设计 ……………………………………………… 238

 9.4.1　位置扫描 ……………………………………………… 239

 9.4.2　节点选择策略和信息素更新 ………………………… 239

 9.4.3　路径优化问题编码 …………………………………… 240

9.5　强化学习避障策略 ……………………………………………… 241

 9.5.1　动态避障策略 ………………………………………… 241

 9.5.2　收敛性证明 …………………………………………… 245

9.6　实验与结果分析 ………………………………………………… 248

 9.6.1　实验设置 ……………………………………………… 248

 9.6.2　结果对比与分析 ……………………………………… 249

9.7　本章小结 ………………………………………………………… 260

第10章　NASH-Q-learning 算法求解分布式车间生产调度问题

………………………………………………………………………… 261

10.1　引言 …………………………………………………………… 261

10.2　问题描述 ……………………………………………………… 263

10.2.1　分布式置换流水车间调度 ·················· 263
　　　10.2.2　问题模型 ································ 264
　　　10.2.3　复杂性分析 ····························· 265
　10.3　迭代贪婪算法 ································ 266
　　　10.3.1　初始化方法 ····························· 266
　　　10.3.2　破坏重构策略 ··························· 267
　　　10.3.3　局部搜索 ································ 269
　　　10.3.4　接受准则 ································ 274
　10.4　多智能体深度强化学习 ························ 275
　　　10.4.1　多智能体强化学习 ······················· 276
　　　10.4.2　NASH 均衡 ······························ 278
　　　10.4.3　NASH-Q-learning 算法 ··················· 280
　10.5　多智能体平均场深度强化学习算法 ············· 282
　　　10.5.1　平均场理论 ······························ 282
　　　10.5.2　多智能体平均场强化学习 ················· 283
　　　10.5.3　多智能体平均场 Q-learning 算法 ·········· 286
　　　10.5.4　多智能体车间调度算法 ··················· 288
　10.6　实验与结果分析 ······························ 292
　　　10.6.1　实验设置 ································ 293
　　　10.6.2　结果对比与分析 ························· 294
　10.7　本章小结 ···································· 299

第 11 章　总结与展望 ································ 301

　11.1　全书总结 ···································· 301
　11.2　进一步的工作 ································ 304

参考文献 ··· 306

第1章 绪论

1.1 研究背景和意义

1.1.1 研究背景

人类进入工业社会后,制造业逐渐成为一个国家经济实力乃至综合国力的基石,全球经济格局的转变为制造业带来了全新的发展机遇,同时也使其面临诸多挑战。首先,制造业竞争由过去的局部竞争演变成为全球范围内的竞争,并且日趋激烈。市场的需求在不断变化,对产品结构、性能的要求也越来越苛刻,从而使新产品的研制变得日趋复杂。企业需要在最短的时间和最少的资源约束下生产出满足市场需求的产品,由过去的大批量规模化生产向小规模个性化定制的新型模式转变。其次,制造业面临人口不断下降和劳动力成本急剧上升的压力,资源竞争激烈,传统制造业如何有效利用信息化技术提升效率、降低成本,成为当前制造业应对人口红利消失的重大课题。最后,随着人工智能、物联网、云计算、大数据等技术的发展为制造业转型升级提供强劲的技术动力,依靠新技术力量提升高质量低成本地迅速响应社会需求的能力,在竞争中立于不败之地,已成为企业共同追求的目标。大力发展智能制造技术成为世界主要工业国的普遍共识,各国纷纷将智能制造上升到国家战略高度,对制造业不断进行创新升级，以保持在世界经济格局中的竞争力。

在世界范围内，以物联网、大数据、机器人及人工智能为代表的数字技术推动着工厂之间、工厂与消费者之间的智能互联，使生产方式从大规模制造向大规模定制转变。通过建设"互联网+制造业"以实现智能制造，网络化、信息化与智能化的深度融合被认为是第四次工业革命的核心，也是目前欧美强国制造业努力的方向，德国、美国、日本等发达国家都在大力推进"互联网+制造业"的发展进程。德国在2013年正式推出"工业4.0"战略，目的是利用物联网等技术，将产品、设备、资源与人连接起来，实现产品制造流程的自动化，构成产业链中企业之间的合作系统。

2019年2月，美国白宫发布了未来工业发展规划，重点关注人工智能、先进制造业技术、量子信息科学和5G技术，通过智能制造扭转美国在人力成本等方面的劣势，重振高端制造业，以确保美国的"领导地位"。

日本在2015年提出机器人新战略，并将应用领域分为制造业、服务业、医疗护理、公共建设四大部分。目标是利用云储存、人工智能等技术，将传统机器人改变成不需要驱动系统就可与外部物体和人相连接的智能机器人。

在经济新常态下，我国传统产业代表的旧动力在减弱，以战略性新兴产业和高新技术产业为代表的新动力不足，是我国成为制造强国的主要挑战[1]。随着工业化快速推进，我国制造业规模不断扩大，已成为名副其实的世界工厂和世界制造业第一大国，但大而不强的问题仍很突出，粗放型发展模式难以持续，必须转向创新驱动的高质量发展模式。作为世界制造业第一大国，我国必须抓住这次科技和产业革命的历史机遇，对制造业进行创新升级，加快建设制造强国。我国于2015年提出了"中国制造2025"，同时提出，到2020年要基本实现制造业信息化，在制造业数字化、网络化、智能化方面取得明显进展。在制造领域强化创新引领，新动能快速成长，持续深入推进"互联网+"行动和国家大数据战略。2021年4月国家统计局发布公告，我国2021年一季度GDP初步核算结果为249310亿元，比上年同期增长18.3%。其中，制造业增加值为68486亿元，同比增长26.8%。装备制造业和高技术制造业增加值同比分别增长

39.9%、31.2%，两年平均分别增长9.7%和12.3%，增速均明显高于其他行业板块，制造业的重要性更加突出，新技术对制造业转型升级的驱动作用愈加凸显。

智能制造体系[2]如图1.1所示。

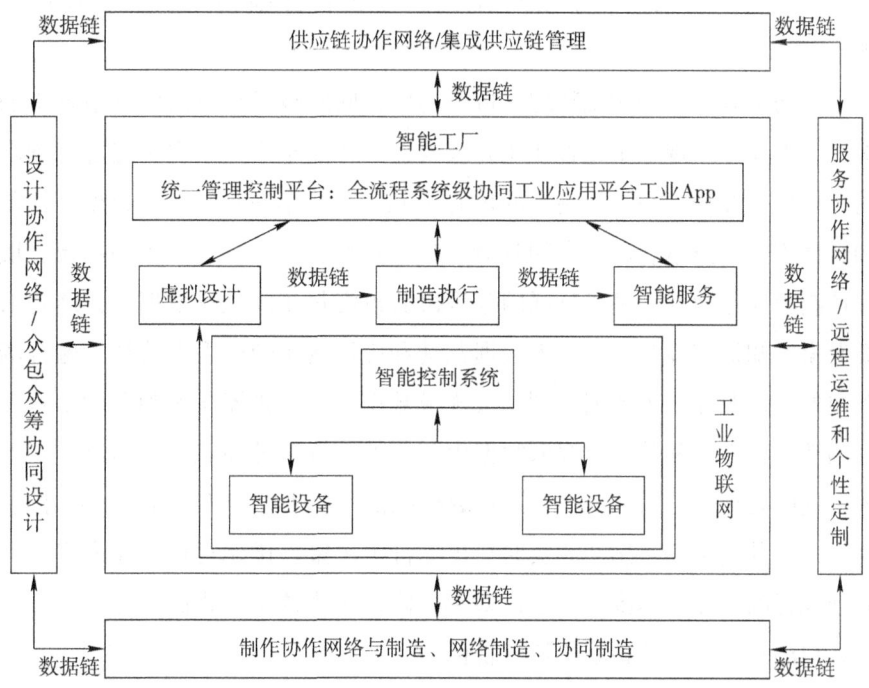

图1.1　智能制造体系

智能化是第四次工业革命的核心，新一代人工智能的突破和应用进一步提升了制造业数字化、网络化、智能化的水平，推动制造业发展进入数字化网络化智能化制造阶段。新一代人工智能是第四次工业革命的核心驱动力，世界主要国家将人工智能提升至新的战略高度。自2019年以来，美国启动"美国人工智能倡议"，日本出台《人工智能战略2019》，欧盟委员会发布《人工智能白皮书：通往卓越和信任的欧洲路径》，争夺人工智能全球引领者地位，在人工智能技术研发和人才引育等方面的国际竞争日趋激烈。2016年7月，人工智能首次被纳入我国《"十三五"国家科技创新规划》；2017年7月，国务院发布《新一代人工智能发展规划》，将人工智能上升至国家战略；同年12月，工信部发布《促进新一代人工智能产业发展三年行动计划（2018—2020年）》，提出通过实施四项重点任务，力争到2020年，一系列人工智能标志性产品取得重要突破，在若干重点领域形成国际竞争优势，人工智能和实体经济融合进一步深化，产业发展环境进一步优化，互联网行业和传统制造业正在面临的一场大变局已经来临[3]。

车间是制造业中实现物理制造的场所，同时也是企业内信息最密集的地方，因此，实现数字化智能化升级改造的智能车间是实现制造过程创新的重要组成部分，是智能制造的核心单元。智能车间将数字化建模、控制和管理等先进技术应用于车间规划、生产运行、工艺执行、车间物流、质量控制等业务活动，基于物联网等手段获得海量车间生产数据[4]，结合人类专家的知识和经验，立足大数据驱动和应用场景牵引两大特征，融合场景内外的多源异质大数据，利用大规模数据挖掘、机器学习和深度学习等预测性分析方法和技术，提取数据中蕴含的有价值的模式[5]。通过对工业大数据的处理、分析和挖掘，通过数据赋能[6]提升生产车间的决策和控制水平，使其具备动态感知、实时分析、自主决策、优化运行、高度集成和精准执行的特征，达到提高生产效率、降低生产成本、提高产品质量、提升客户满意度和创造核心价值的目标。

1.1.2 研究意义

车间生产调度是生产运行业务中的重要内容，是经典的管理问题，同时也是复杂的NP问题。它是在考虑生产能力和设备的前提下，在物料数量确定的情况下优化生产顺序，科学选择设备，平衡设备和工人的生产负荷，满足特定的评价目标，提高生产效率。智能车间中的生产调度问题可以通过数据驱动的方式，借助于新一代人工智能技术，将生产订单分解到工序工单，精准分配智能车间的生产能力、机器设备和物料资源，实现生产运行的精确管理，是制造执行过程的基础工作。智能车间中的生产调度要根据加工任务的生产工艺确定详细的工序计划，并与设备管理、车间物流等环节进行数据共享，相互影响，相互支撑。通过工序级调度形成产品各工序的生产调度指令，以数据驱动的方式及时获取生产进度、各生产要素实时状况，甚至生产设备的异常信息，快速响应紧急插单、机器故障等突发情况，敏捷高效协调人员、设备、物料等资源，保证生产作业有序、按计划完成[7]。

借助于新一代人工智能技术，通过数据驱动和机器推理，使算法具备感知、学习、推理和决策的能力是当前的研究热点[8]，新技术加速了大数据智能、人机混合增强智能、群体智能、跨媒体智能在制造业中的融合发展，已成为制造业未来发展的核心驱动力。在生产设备网络化、智能化的基础上，应用机器学习分析处理工业大数据，加速制造业全流程、智能化、连续生产等智能管理进程，增强产品研发、设计和生产过程组织能力；加速提高生产车间智能化水平，有效提升生产效率、改进生产工艺、降低能耗、提高质量控制水平等。随着深度学习、强化学习等技术的应用，逐步实现对生产调度、工艺执行、质量控制和设备管理等生产过程的精细化管理，提升大规模、小批量、个性化的柔性生产与协作优化能力，将生产车间打造成软硬一体的智能制造系统，实现高效、高质、绿色和低耗的生产目标。

在现实车间生产调度问题中，以模拟退火算法、遗传算法、蚁群算法、禁忌搜索、进化规划和进化策略等智能优化方法为主，可以较好地解决大规模复杂问题中的组合爆炸问题，具有通用、简单和便于并行处理等优点，在传统方法无法求解的实际应用问题上取得了重大突破，成为当前求解车间生产优化排程问题的主流方法。但随着第四次工业革命的到来，新一代人工智能、大数据、物联网等技术飞速发展，有力推动了制造业的转型升级；同时，实际应用中所面临的问题规模越来越大、约束条件越来越多、个性化程度越来越高、系统结构越来越复杂、对响应需求的能力要求越来越苛刻，多约束、短时间、非线性、不确定成为新问题的基本特征。结合新技术研究适合大规模、高复杂度和具备智能特征的问题求解方法，充分利用工业大数据，使生产调度与车间机器运行、资源配置、车间物流等因素有机统一，实现生产车间自感知、自学习、自决策的高度智能化的目标。

本书基于新一代人工智能相关技术对智能制造背景下的车间生产调度问题展开研究，具有一定的理论意义和实践意义。

在理论意义方面，生产调度是实现制造业高柔性、高效率和高可靠性的关键，高效的生产调度技术有助于对紧急订单、客户需求变更或其他突发事件做出快速反应，改善生产性能指标，从而达到提高设备利用率、提高交单准时率、提升客户满意度、降低库存及成本的目标。现有的车间生产调度问题求解以启发式方法为主，研究的重点就是如何平衡局部搜索与全局搜索，以及如何有效逃离局部最优解。本书基于深度强化学习等新一代人工智能技术研究车间生产调度问题：从数据驱动的视角研究车间生产调度问题，有利于补充完善现有的车间生产调度理论，有利于探究不同问题情境下生产调度规则对调度结果的影响因素分析；进一步拓展现有的车间生产调度问题求解方法，改变以启发式方法为主的现状，将数据驱动方法与启发式方法有机结合，相互补充，充分发挥各种方法的优点，形成新的生产调度问题智能求解方法；深度学习、强化学习等新一代人工智能技术在图像识别、自动驾驶、围棋、游戏等领域的应用取得了极大的成功，但在生产调度问题上的应用还不够成熟和完善，本书的工作可以拓展深度强化学习应用范围，并对现有的深度强化学习理论形成补充和完善。

在实践意义方面，制造业领域考虑最多的当属产品的质量、成本和交货期，但随着经济社会发展和人们对产品的需求变化，仅靠稳定的产品质量和准确的交货期已远远不够，制造业开始更加关注卓越的便利性和交货速度，对车间生产提出了更为严苛的要求。生产车间以设备物联网为基础，以高效的制造执行系统为核心，构建生产设备自动化、生产管理数字化、车间运营自动化的数字化车间：高效的生产车间离不开强大的制造执行系统的支撑，将生产订单快速分解为工序工单，根据车间的实际状况将加工任务投放至设备、时间等资源上，实现精细化管理，而生产调度是制造执行系统的核心，基于新一代人工智能的生产调度算法有利于构造高效智能的制造执行系统，使制造执行系统的心脏更强健，大脑更聪明；有利于将车间生产调度与加工设备、加工任务、物料、车间内外环境等因素形成有机统一体，消除信息孤岛，有效应对车间的哑岗位、哑设备和哑企业之"三哑"问题；充分挖掘工业大数据的价值，提高车间的自感知、自学习和自决策能力，构建面向制造业务的数据共享平台，打造更加高效的用户端需求与系统资源协调机制，帮助企业不断提升用户响应。

1.2 车间生产调度问题及研究现状

1.2.1 车间生产调度问题

加工任务中有明确的工件个数，每个工件有相应的工序，每个工序要经过相应的加工机器，车间生产调度是指在各种约束条件下，完成生产成本、行为情景等一个或多个目标，实现人们对生产调度问题的规划愿景。科学系统的方法论应用到生产调度问题中以后，逐渐形成较为完整的理论体系以及相应的模型和算法，取得了一系列具有理论和应用价值的研究成果，为复杂的生产调度问题提供了解决方案。

工件、加工机器和优化准则是车间生产调度问题的三个基本要素，通常采用三元组 α、β、γ 进行描述[9]，其中 α 域表示加工机器环境，通常只包括单一的选项；β 域表示加工特征和约束细节，可能包括多个选项，也可能不包括任何选项；γ 域表示调度优化的目标，通常只包括一项。α 域表示的加工机器环境情况如表 1.1 所示。

表 1.1 加工机器环境

符号	含义
1	单机环境是最简单的一种机器环境，同时也是复杂机器环境的基础和特殊情形
P_m	同速并行机环境，是指包含 m 台具有相同加工速度的同类型机器的情形，工件可以在任何一台机器上加工，也可能在属于某个机器子集上的任何一台机器上加工
Q_m	异速并行机环境，是指包含 m 台具有不同加工速度的机器的情形，工件在某台机器上耗费的加工时间与工序时间和加工速度有关
F_m	流水作业车间环境，是指车间中包含 m 台串联加工机器，每个工件按照相同的工艺路径在每台机器上加工一次
FF_c	柔性流水车间调度，是指流水车间调度与同速并行机的一般化，所有工件的工艺路径相同，有 c 个串联工位，每个工位有若干台同速并行机

续表

符号	含义
J_m	作业车间调度环境，是指车间共包含 m 台机器，每个工件的加工工艺路径相互独立
FJ_c	柔性作业车间调度，是作业车间调度和并行机的一般化，有 c 个串联工位，每个工位有若干台同速并行机，每个工件可以在某一工位选择性能相同的机器中的一台进行加工，工件的加工工艺路径相互独立
O_m	开放车间调度，是指包含 m 台机器，工件可以在某一机器上多次加工，工件的加工工艺路径无限制

β 域表示的加工特征和约束细节情况如表 1.2 所示。

表 1.2　部分加工特征和约束细节

符号	含义
r_i	表示到达时间，表示工件 i 不能在到达时间之前开始加工
s_j	表示工件的切换准备时间，即在同一机器上，工件 i 加工完毕，工件 j 所需的准备时间
prmp	表示允许中断，允许紧急插单工件中断当前正在加工的工件，待紧急工件完成后被中断工件重新加工
prmu	表示置换，表示流水车间调度中所有机器上工件的加工顺序相同
prec	表示优先约束
brkdwn	表示机器故障
M_j	表示机床约束，适用于柔性调度和并行机环境中
block	表示机器故障
recrc	表示在作业车间或柔性作业车间中工件访问某台机器超过一次
nwt	表示无等待

γ 域表示的调度优化的目标如表 1.3 所示。

表 1.3　部分调度优化目标

符号	含义
C_{max}	表示制造期的最大完成时间
L_{max}	表示最大延迟时间
L_{total}	表示总延迟时间
$\bar{L}$	表示平均完成时间
F_{max}	表示最大流经时间

续表

符号	含义
F_{total}	表示总流经时间
$\overline{F}$	表示平均流经时间
W_{max}	表示机器最大负载
W_{total}	表示机器总负载
$\overline{W}$	表示平均机器负载
C_{total}	表示总生产周期
$\overline{I}$	表示平均机器空闲时间

车间生产调度问题一般具有如下特征：

复杂性：生产调度问题通常比较复杂，求解模型多为 NP-hard 性质的问题，精确解优化方法难以得到令人满意的结果。

动态性：在生产调度过程中，随机工件到达、机器故障、加工时间的不确定等因素都会导致调度问题具有一定的动态不确定性或模糊性。

多约束性：在生产调度过程中，机器的生产能力、工人的作息、产品的完工时间、生产成本等约束条件都会增加问题的求解难度。

多目标性：在进行一项生产任务时，为了获得最佳的经济效益和社会效益，需要用不同的指标来衡量，导致在生产调度问题中会有不同的目标，通常这些目标是相互冲突的。

1.2.2 研究现状

1. 车间生产调度问题算法研究现状

生产调度问题受到了工程技术、优化、数学、计算机等领域研究者的共同关注，从调度问题的建模、算法设计和工程应用等多个角度开展了深入的研究。随着经济社会发展和科学技术的进步，新技术结合新时代生产调度问题的特点，涌现出了很多新的生产调度优化方法，从问题解决方法的角度一般可分为运筹学方法、启发式方法和智能优化方法。

将传统的运筹学方法应用到生产调度问题中，比如用动态规划法求解流水车间调度问题的最小加工时间问题[10]，分支定界法求解车间调度问题[11]，以及拉格朗日松弛法[12]和整数规划法[13]求解生产调度问题。启发式方法指人们在解决问题时所采取的一种根据经验规则解决问题的方法，在有限的搜索空间内寻求问题的解决方案，这类方法未必能找到最优解，但可通过建立科学合理的启发式规则，利用启发式函数在多项式时间内找到问题的满意解。比如随机工件到达和机器故障等不确定问题，结合动态车间调度问题模型和启发式算法进行问题求解[14]。在作业车间中受干扰的重调度或动态不确定问题，利用切换调度、无置换和纯置换调度等启发式算法，实现工件的加工时间加权延迟最小的目标[15]。也有研究者基于已输入的重调度中断信息，产生新的时间表并输出它们相关的性能度量，克服了其他重调度方法的缺点[16]。Lodree等[17]针对以最小拖期为优化目标的流水车间调度问题，将多机器问题分解为若干个单机器问题，通过求解单机问题的最优解来获取调度问题的最优解。

研究表明，由于实际工程问题的复杂性、大规模性、不确定性、多约束性、非线性、多极值和建模困难等特点，要寻找最优解非常困难，有工程意义的求解算法是在合理、有限的时间内寻找到近似最优的可行解。因此，基于统计式的全局搜索技术、遗传算法和神经网络等元启发式方法在生产调度领域得到快速发展，引起了国内外研究者的共同关注。

（1）遗传算法求解车间生产调度问题。

遗传算法是一种通过模拟自然进化过程搜索最优解的方法，具备并行性和鲁棒性等特点，被人们广泛应用于组合优化、机器学习、信号处理和自适应控制等领域[18]。基于规则的遗传算法以最小化空闲时间和拖期惩罚为目标，被成功应用于求解工件随机到达、批量可变的最小化延迟问题[19]。Chen等[20]在考虑优先规则的基础上，将基于遗传算法的调度方法成功应用于动态生产系统。马卫民等[21]在典型遗传算法的基础上对算法进行改进，利用改进的多种群遗传算法求解作业车间调度问题，引入移民和升降级等机制提高算法的寻优效率。Rezaeian等[22]结合遗传算法提出了一种新的混合整数线性规划模型，通过实例对遗传算法的性能进行了分析，结果表明在合理的计算时间内具有良好的性能。学者张纪会等研究了双层优化算法的外层工艺路线优化问题[23]，学者刘爱军等用基于自适应遗传算法的多目标柔性动态调度算法解决多目标调度问题[24]。

（2）蚁群算法求解车间生产调度问题。

蚁群算法是一种仿生算法，以信息素作为启发信息，在复杂的组合优化问题中得到广泛应用，具有计算精度高、速度快、易于实现等特点，较早就被用于解决流水车间调度问题。在开放车间和作业车间混合场景下，Blum[25]将作业车间调度问题中的工序映射为对应的工序组，把蚁群算法与其他算法结合构建了混合算法。陈暄等[26]在蚁群算法中采用质量函数和收敛因子来保证信息素更新的有效性，结合蛙跳算法中交叉因子和变异因子来提高局部搜索效率。李燚等[27]设计了改进的蚁群算法，使用一种特定启发式函数，并更改迭代过程中最优解的评价方法后将其用于求解汽车混流装配调度问题。Engin 等[28]提出一种基于交叉变异机制的混合蚁群算法求解无等待流水车间调度问题的最大完工时间。对于多阶段混合车间调度问题，Qin 等[29]提出了一种两级进化蚁群算法，将原问题分解成两个高度耦合子问题，实验证明了该算法在计算时间和稳定性方面的优越性。

（3）粒子群算法求解车间生产调度问题。

粒子群算法源于对鸟群等动物群体行为规律的研究，具有典型的群体智能特性，粒子群算法提出以后在生产调度领域得到了广泛的应用。Pan 等[30]在完工时间和总流经时间等多目标的流水车间调度问题中，通过离散的粒子群算法和邻域搜索算法有效提高了解的质量。Eddaly 等[31]应用粒子群算法求解具有阻塞约束的流水车间调度问题。韩文民等[32]结合混合离散粒子群算法形成新的重调度决策方法，并用于解决重调度非线性整数规划问题。李振等[33]通过在粒子的位置更新公式中加入创新因子，使之获得了更好的探索能力，增强了种群在进化过程中的多样性，提高了算法的全局搜索能力。顾文斌等[34]针对相同并行机混合流水车间调度问题，提出一种基于激素调节机制的改进粒子群算法，用于求解并行机混合流水车间调度问题，并验证了所提算法的优越性。吕媛媛等[35]针对多目标混合多处理任务作业车间调度问题，以最小化最大完工时间和最小化总拖延时间为目标建立双目标问题模型，提出一种新的改进多目标粒子群算法对其求解。该算法以 IPOX 交叉和多轮变异策略更新粒子，根据动态邻域思想设计新的外部种群寻优机制寻找每一代较优解,结合个体拥挤距离删减并维护外部种群。结果表明,该算法在选取邻域粒子数量为2时求解效果最好,并且通过与NSGA-Ⅱ算法进行对比,验证了算法的有效性。

(4)其他元启发式算法求解车间生产调度问题。

袁帅鹏等[36,37]针对两阶段流水车间成组调度问题,在同时考虑序列不相关准备时间和阶段间双向运输时间约束的情况下,以最小化最大完工时间为目标建立了混合整数线性规划模型,结合问题特征提出一种协同进化迭代贪婪算法。算法将工件组之间排序和各工件组内部的工件排序两个子问题进行统一编码,设计了不同的启发式规则产生问题的初始解,并提出一种协同导向迭代贪婪规则对两个子问题进行联合优化,进而给出了问题的三个下界以评估算法的性能。通过不同规模的数据实验和与对比算法的比较分析,验证了所提算法的高效性和稳健性。张源等[38]针对混合流水车间调度问题,以最小化最大完工时间为目标函数建立了仿真优化模型,并提出了一种改进差分进化算法进行求解,将算法结合反向学习策略生成初始种群,在差分进化中进一步引入自适应差分因子,并在个体选择机制中引入模拟退火算法的Metropolis准则,有效提高了该算法的全局搜索能力。黎阳等[39]为解决大规模(工件数>100)置换流水车间调度问题,提出一种改进的模拟退火算法,改进了初始退火温度的设置,给出相应的计算函数;采用基于概率的多策略协同搜索生成新解,并引入并行搜索和记忆功能概念,以提升大规模问题下解的质量,以及把发动机连杆部件实际制造车间等作为数值和工程案例,对算法进行了性能验证,表明了所提方法的有效性。

(5)神经网络和深度学习求解车间生产调度问题。

深度学习源于人工神经网络,其模型通常由多层非线性运算单元组合而成,将原始样本数据作为输入,将低层的输出作为更高一层的输入来学习数据的抽象特征。深度学习通过监督学习或非监督学习的方式进行训练,其中监督学习是通过外部带标注的训练集进行学习,而非监督学习是通过训练来寻找未标注数据中的隐含结构。本书的深度学习特指通过非线性神经网络进行函数或曲面的逼近,以端到端的方式进行特征学习,取代了手工标注特征的传统方法,通过多层神经网络来识别数据间的关系,学习到的特征具有更强的泛化能力;同时,为了能够充分利用相关先验知识,提升深度学习对中间特征层的高层语义表达能力,将深度学习方法与知识引导模型进行结合,可以构建更加有效的深度学习机制[40]。

2016年3月,DeepMind公司研发的以深度学习等技术为核心的围棋程序AlphaGo以4∶1的成绩战胜围棋世界冠军李世石[41];2017年5月,围棋程序AlphaGo Master以3∶0的成绩战胜世界围棋冠军柯洁。在16万个围棋棋谱基础上,它通过学习获得的围棋能力已超过人类职业围棋顶尖水平。此后,DeepMind公司发布以强化学习为核心技术的新围棋程序AlphaGo Zero[42],在给定规则的情况下,不依靠人类棋谱,仅通过强化学习等技术进行自我对弈学习,自主学会围棋中的高级概念和博弈技巧,经过3天的训练,以100∶0的成绩战胜AlphaGo版本;经过40天的训练,成功击败了AlphaGo Master版本。

2006年,Hinton等[43]提出先通过非监督学习方式对网络进行逐层贪婪预训练,再通过监督学习方式对整个网络进行微调的基本训练原则,这种新颖的方法在很大程度上降低了神经网络的优化难度。Azadeh等[44]提出一种离散事件模拟与人工神经网络相结合的元模型,利用神经网络的反向传播机制成功求解调度问题的最大完工时间。有学者利用神经网络对现有基准问题最优解提取特征知识,再通过训练好的神经网络对新的调度问题预测序列位置信息,经验证对更大规模的调度问题同样有效[45,46]。Sim等[47]将神经网络用于调度规则实时选择,根据当前系统状态和车间工况参数选择最合适的调度规则,通过仿真优化确定了神经网络参数,结果表明神经网络能够动态选择有效的调度规则。Adibi等[48]在事件驱动的策略重新调度问题中,由可变邻域搜索响应动态事件触发,将目标函数作为多目标绩效测度来训练神经网络,再利用训练好的人工神经网络更新变邻域搜索参数,也得到了令人满意的结果。Zhou等[49]结合深度学习提出一种工件调度系统,使用一种简单的贪婪机制定期对全部工件完成调度排序。

(6)强化学习算法求解车间生产调度问题。

强化学习通过与环境交互获得反馈信号,其目的是最大化奖励信号。

因此，一般将强化学习理解为监督学习和非监督学习之外的第三种机器学习方式。需要在学习过程中权衡"探索"和"开发"之间的关系，智能体根据信号采取相应的动作，在交互中逐步改进策略，以获得最大的累积奖励。

强化学习通过马尔可夫决策过程对序贯决策问题进行建模，通过与环境不断交互试错来实现状态到动作的映射[50]。Zhang 等[51]利用平均奖励强化学习方法求解平行机调度问题。Gabel 等[52]将作业车间调度问题理解为顺序决策问题，提出了一种使用少量实值参数的调度表示方法，使用策略梯度强化学习来调整算法参数以提高策略的性能。崔建双等[53]提出了一种基于 Q-learning 的超启发式模型求解多模式资源约束项目调度问题，结果表明算法在目标值、通用性、鲁棒性等多项性能指标上均表现优异。Aydin 等[54]根据模拟环境的实际情况，实时选择最合适的优先级规则，通过改进的强化学习算法对智能体进行训练，使其在学习阶段中作出调度决策。潘燕春等[55]将强化学习算法与其他算法结合用于解决生产调度问题，针对流水车间调度问题设计了一种遗传强化学习算法，引入状态变量和行动变量，把组合优化的排序问题转换成序贯决策问题加以解决。Cunha 等[56]提出一种基于机器学习的作业车间调度问题新方法，通过创建一个新的体系结构，将强化学习整合到调度系统中，以强化学习代理解决作业车间调度问题，实验证明了算法可以在极短的时间内高质量地解决任何问题，并接近于最优方法。贺俊杰等[57]针对等效并行机在线调度问题，以加权完工时间和为目标，提出了一种基于长短期记忆近端策略优化强化学习的在线调度方法。作者通过设计融合 LSTM 的智能体记录车间的历史状态变化和调度策略，进而根据状态信息进行在线调度。

动态调度问题是一类更复杂的生产调度问题，Aissani 等[58]提出一种多智能体的动态调度方法用于石油工业，并取得了很好的实验结果。赵也践等[59]提出了一种基于改进 Q-learning 算法和调度规则的动态调度算法，以"剩余任务紧迫程度"的概念来描述动态调度算法的状态空间；设计了以"松弛越高，惩罚越高"为宗旨的回报函数，通过引入以 Softmax 函数为主体的动作选择策略来改进传统的 Q-learning 算法，调度结果明显优于使用单一调度规则以及传统优化算法等常规方法。陈勇等[60]针对大型装备制造企业扰动多、影响大的问题，以元胞机模型为框架构建了多扰动车间生产调度模型，设计了基于设备平均利用率与工件平均流程时间双目标最优的目标函数，采用强化学习算法优化了元胞机的自组织演化规则，建立了基于元胞机与强化学习算法的多扰动车间柔性调度模型，并通过仿真求解验证了算法与模型的有效性与可靠性。Shahrabi 等[61]针对动态调度问题，考虑随机工件到达和机器故障等因素，采用强化学习算法来选择重调度的参数，并将参数质量作为强化学习的奖励函数，通过与普通变邻域搜索算法进行对比，实验证明所提方法的有效性。韩忻辰等[62]构建了以各列车在各车站延误时间总和最小为目标函数的高速铁路列车动态调度模式，在此基础上设计了用于与智能体交互的仿性环境，采用 Q-learning 算法进行求解。最后，通过实例验证了仿性环境的合理性以及 Q-learning 算法用于高铁动态调度的有效性，为高铁调度员作出优化决策提供了良好的依据。尹爱军等[63]提出一种基于强化学习的改进 NSGA-Ⅱ算法，利用强化学习动态优化种群迭代过程中的拆分比例参数以保持多样性，改善算法收敛性能。最后，通过 Kacem 标准算例进行了仿真实验与性能分析，验证了算法的有效性与优越性。

多智能体强化学习在调度优化问题中也得到了成功的应用。Gronauer 等[64]综述了当前多智能体深度强化学习领域的研究进展，列举了多智能体领域独有的挑战，回顾了用来应对这些挑战的方法，讨论了进展和可能的发展方向。Lee 等[65]基于单智能体强化学习案例中的实证提出了一种预处理增强的多智能体强化学习算法，使用行为克隆的方式作为预处理神经网络手段，通过求解模型来验证所提方法的有效性，三种场景的实验结果表明，所提出的方法是可行的解决方法，在求解质量和计算时间方面具有一定的优越性。Kim 等[66]提出了一个使用多智能体系统和强化学习的智能制造系统，其特点是具有智能体的机器使系统具有决策自主权，与其他系统交互的社交性，以及智能学习动态变化的环境。在该系统中，具有智能代理功能的机器对作业的优先级进行评估，并通过协商进行分配。通过比较提前完工、生产率和延迟调度问题的结果，验证了该系统和调度规则的性能。结果表明分布式人工智能制造系统在动态环境下具有竞争力。

多目标优化调度问题是当前优化调度学科的另一个热点研究方向，袁景凌等[67]针对异构云环境多目标优化调度问题，设计了一种 AHP 定权的多目标强化学习作业调度方法。首先定义了执行时间、平台运行能耗、成本等多个目标，其中定义服务延迟成本用来描述用户对服务质量的满意程度。其次设计了面向异构资源的多目标调度综合评价方法，该方法利用层次分析法确定了各个目标的权重。最后将该方法引入 Q-learning 的奖励值计算，使其能反映异构云环境下作业的总体执行情况，并对后续抵达的作业起到良好的经验借鉴作用。实验结果表明本书提出的方法优于大部分对比方法，能较好地优化作业执行效率和保障用户及服务提供商的利益。

(7) 深度强化学习算法求解车间生产调度问题。

深度强化学习将深度学习的感知能力和强化学习的决策能力结合起来，为解决复杂的决策问题提供了方法。在围棋、机器人等领域的瞩目成果显示了其强大的学习能力与序贯决策能力。鉴于此，近年来涌现出了多个利用深度强化学习方法解决组合优化问题的新方法，具有求解速度快、模型泛化能力强的优势，为组合优化问题的求解提供了一种全新的思路[68]。较典型的深度强化学习技术框架有深度 Q 网络(Deep Q-Network, DQN)[69]，其核心思想是利用深度神经网络计算动作值函数，使 DQN 具有稳定的学习结构。此外，在 DQN 网络基础上，还有一系列成功的应用，如 Prioritized Experience Replay[70]、Double DQN[71] 和 Dueling Network[72] 等。

深度强化学习以通用的形式将深度学习的感知能力与强化学习的决策能力相结合，并通过端对端的学习方式实现从原始输入到输出的直接控制[73]。针对 Q 值在一定条件下容易震荡和过估计的问题，Chen 等[74]提出了一种基于价值函数逼近的深度强化学习集成网络结构，通过降低目标方差来稳定训练过程，从而提高训练效果。黎声益等[75]提出了一种面向设备负荷稳定的智能车间调度方法，通过一个含有深度神经网络调度模型的调度智能体，分析车间生产状态与设备负荷间的相关性，及时输出满足期望目标的调度方案。其所提出的方法在 MiniFab 半导体生产车间模型中进行了验证，实验验证了其所提出的调度方法能实现对智能车间设备负荷的控制。Elfwing 等[76]通过深度强化学习在雅达利 2600 游戏中获得了人类水平的表现，且表明策略学习方法是取得成功的关键因素。Adamski 等[77]对分布式深度强化学习进行了研究，提出了一种可扩展的深度强化学习算法，针对多产品单服务器调度问题构建动态控制策略，以在制品库存和缺货惩罚成本等因素中优化成本函数，得到了合理的动态调度策略。Hubbs 等[78]在化工生产调度中，将深度强化学习用于在线动态调度，通过强化学习系统实现调度系统的实时优化。Wang 等[79]在动态资源调度中，通过深度强化学习实现了一种新的动态调度方案，以提高自动、高效的优化和端到端服务的可靠性。Shahmardan 等[80]基于深度强化学习框架研究了车辆调度问题，将问题构建为一个混合整数规划模型并加以解决。刘冠男等[81]针对救护车动态重定位调度问题，提出了一种基于强化学习的调度策略结构，基于深度 Q 值网络方法提出了一种考虑多种调度交互因子的算法 RedCon-DQN，以在给定环境状态下得到最优的重定位调度策略，最后在模拟器中通过大规模数据实验，验证了模型得到的调度策略相比已有方法的优越性，并分析了在不同时段下调度策略的有效性及其特点。Shi 等[82]提出了一种基于深度强化学习的智能调度算法求解自动化生产线的调度问题。崔鹏浩等[83]针对机器劣化过程的多机流水线，基于马尔可夫链构建了流水线瞬态性能评估模型，综合考虑在制品库存成本、缺货惩罚成本和预测性维护成本，以最小化系统总成本为目标，基于马尔可夫决策过程建立了流水线预测性维护决策优化模型，利用深度强化学习算法对问题进行了近似求解，获得了有效的流水线预测性维护策略。Cals 等[84]提出了将深度强化学习方法用于决定如何确定订单的处理顺序，以最小化延迟订单的数量，创建了一个深度强化学习解决方案，通过与环境交互学习策略，并通过一个近端策略优化算法解决问题。结果表明，深度强化学习方法可以开发出良好的解决方案，并且在大多数测试案例中比所提出的启发式算法性能更好。

2. 启发式调度规则研究现状

研究启发式调度规则对构建调度算法具有重要意义，Baker 等[85]较早进行了启发式规则的相关研究，并分析了不同情况下调度规则对调度结果的影响。Gere[86]对调度规则、分配规则、优先规则等进行了定义，明确了这些概念的区别与联系。Ren等[87]对启发式规则的内涵和分类进行了系统的研究，从三个不同方面详细分析了启发式规则在生产调度问题中的应用。王家廒[88]提出了一种新的启发式调度规则，在以拖期时间为评价目标的问题中，该规则优于简单的调度规则。针对敏捷制造调度环境的不确定性、动态性以及混合流水车间调度问题的特点，王芊博等[89]提出一种针对混合流水车间环境的插值排序算法。范华丽等[90]以最小化工件平均加权拖期为调度目标，考虑了加工准备时间的动态作业车间调度问题，用基于遗传规划的方法设计了用于问题求解的调度规则。王成龙等[91]针对复杂大规模动态调度问题提出基于调度规则的求解方法，实验证明了算法的有效性。朱伟[92]、王芳等[93]针对柔性作业车间调度问题，将优先级调度规则和其他算法结合，形成了针对柔性作业车间的调度规则组合。

综合国内外文献可见，智能算法在求解车间生产调度问题中取得了丰硕的研究成果，在调度方案质量和时间效率等方面有很大的优越性。但同时也存在不足之处，比如为了降低求解难度，问题求解中过多的假设使得问题模型与实际的生产环境存在较大差异；数据之间的关键特征及其相互约束关系难以识别和提取，模型未能真正反映调度问题的真实特征。另外，不同智能算法蕴含了不同自然机理，所用知识差别较大，算法的应用范围较小，甚至在同类问题中由于问题规模或参数的不同，解的质量也存在非常大的差异。由以上元启发式方法对车间生产调度或其他类似问题的求解可见：所求解的问题需要建立有效的数学模型，而实际应用中问题的约束因素非常多，只能根据经验选择若干约束因素进行建模，实际上是对问题的一种理想化处理方式，如果考虑更多的约束因素，又会导致问题过于复杂而无法建立模型，这种简化处理方式导致所得到的解决方案只能是问题的近优方案；当要处理的问题规模较大时，计算时间复杂度和空间复杂度呈指数级增长，有时甚至难以收敛；应对动态因素的能力较差，在出现紧急插单、机器故障、客户需求变更等动态因素时，对算法的设计改进方面工作量极大，同时处理结果难以满足实际需求；对分布式调度问题处理能力较差，缺乏成熟的分布式调度问题的模式和思路，调度结果难以满足需要。

因此，还需要结合实际应用，深入挖掘相关领域知识，实现自动识别生产任务的数据特征关系，以达到自主学习和决策的目的。通过深度学习、强化学习和深度强化学习在生产调度中的成功应用可以发现，深度神经网络具有强大的识别感知能力，通过学习工业数据，可以自动识别生产任务和调度方案之间的对应关系，无须人为提取任务特征，使算法具备解决不同类型的生产调度问题的能力。同时，利用强化学习的决策能力，将生产任务作为特殊的序贯决策问题，结合深度学习的感知能力，可以进一步提高算法的性能，扩大应用领域。

通过梳理分析强化学习或深度强化学习解决生产调度问题的成果可以发现，此类方法和元启发式方法相比具有以下优势：强化学习通过智能体与环境进行交互学习得到最优策略，减少了对组合优化问题建模的依赖程度；强化学习方法采用值函数逼近或直接策略搜索的相关算法，可以有效应对问题的高维度困境；强化学习在与环境交互中学习最优策略，可以敏感捕捉到环境的动态因素，具有天然的应对紧急插单、机器故障等动态随机因素的能力；强化学习在与环境交互时可以在线生成并存储样本，因此在不确定环境下处理序列决策问题时对线下样本的依赖程度较低；强化学习具备应对复杂环境的泛化能力，具有更好的适应性和通用性。

可见强化学习在处理序贯决策问题时具有明显的优势，但同时也存在一些问题和困难：强化学习算法的数学理论基础不完善，部分核心算法步骤缺乏严格的数学推理证明；强化学习序列决策中易出现不稳定性、奖励值的稀疏性、离散状态的稀疏性、高维空间中动作的稀疏性，这些因素导致算法容易陷入局部最优，甚至难以收敛；强化学习在求解车间生产调度问题时，算法框架中的状态、奖励值、动作等较难定义，缺少成熟的定义标准，过于依赖专家经验，不当的状态、奖励值、动作定义导致解的质量不稳定，甚至会导致问题求解失败；复杂的多智能体强化学习或分层强化学习在组合优化领域的应用还处于初步探索阶段，现有成果较少。

通过对强化学习求解车间生产调度等组合优化问题的优点和存在问题的分析，立足几种典型的车间生产调度问题，可采用深度强化学习和其他相关算法进行求解：提升马尔可夫决策模型的精准程度，使之更加符合车间生产调度问题的实际情况，具备更好的通用性；探索车间生产调度问题的强化学习算法动作、奖励值、动作等要素的定义方式，降低主观因素的不利影响；基于深度强化学习求解车间生产调度问题，以深度学习、强化学习和深度强化学习等新一代人工智能技术为主，但同时充分利用其他算法的优点，通过成熟的元启发式算法来提高深度强化学习等算法的有效性，弥补其不足；对多智能体强化学习在车间生产调度问题中的应用展开初步探索，在马尔可夫博弈框架下，研究分布式生产调度问题的多智能体强化学习解决方法，考虑智能体的回报函数彼此之间的相互关联性，引入NASH均衡概念并将多智能体学习收敛到均衡点。

1.3 研究内容及目标

1.3.1 研究内容

本书致力于深入理解深度强化学习的运行机制，研究车间生产问题的内在特征，将深度强化学习和其他技术用于求解流水车间调度、作业车间调度、多目标车间调度和分布式车间调度等问题。

本书的主要内容包括三个部分：

第一部分由第1、2、3、4、5章组成，主要介绍本书的研究背景、研究现状、研究目标、研究内容和技术路线，以及深度学习、强化学习和深度强化学习的基本理论，内容在节次安排上有较强的逻辑关系。首先，介绍了新一代人工智能与生产制造的关系，论述了新一代人工智能技术用于生产制造领域的可行性和必要性，详细介绍了前馈神经网络、卷积神经网络和循环神经网络三种典型的神经网络模型。在深度神经网络基础上，介绍了基于深度卷积神经网络的深度学习、基于深度稀疏自编码器的深度学习和基于核函数方法的深度学习三种典型框架。其次，介绍了强化学习相关内容，包括马尔可夫决策过程、值迭代、策略迭代等内容。最后介绍了深度强化学习，包括深度强化学习的基本原理，深度强化学习与深度学习和强化学习之间的联系和区别，并介绍了当前主要的深度强化学习方法。

第二部分是本书的核心部分，由第 6、7、8、9、10 共五章组成，详细介绍本书的主要内容。

第 6 章研究了基于监督学习的两种序列模型求解作业车间调度问题。首先，设计了以长短期记忆神经网络为主框架，同时嵌入指针网络和条件随机场的模型，然后利用析取图来描述作业车间调度问题和相应的可行解，通过实际问题提取样本，并利用启发式调度规则构建样本标签。将作业车间调度问题理解为一类特殊的序列决策问题，采用长短期记忆网络为主框架来学习工件之间的特征映射关系并确定调度规则，进而得到工件的优先级。其次，在自注意力机制和多头自注意力机制的基础上，设计模型对作业车间调度问题进行求解，模型的编码组件和解码组件分别由多个同结构的编码器和多个同结构的解码器组成，可以根据实际需要加深模型层次，并通过自注意力机制的并行能力提升模型训练效率。本章内容为后续通过深度强化学习求解相关生产调度问题提供了支撑。

第 7 章研究了基于值函数的深度强化学习方法求解流水车间调度问题。分析了流水车间调度问题的状态、动作和值函数的表达方式，通过工件的时间特征和加工机器的负载状况来构建强化学习局部和全局状态特征。将特定状态下对应的调度规则作为动作，并训练神经网络来完成状态与动作的映射关系，将流水车间调度问题的最大完工时间问题转化为相当的机器空闲时间最小问题来构建奖励值函数。通过训练得到有监督学习网络的初始权重，构建深度神经网络来逼近强化学习值函数，实验结果表明以基于值函数的强化学习方法解决生产调度问题的有效性。本章内容承接了第 6 章的理论和技术支撑，同时为后续基于策略梯度的深度强化学习方法求解生产调度问题提供了一定的支撑。

第 8 章研究了以基于策略梯度的深度强化学习算法求解作业车间调度问题。首先分析了基于策略梯度的深度强化学习方法求解作业车间调度问题的可行性，将工序排列空间中不同的序列差异作为即时奖励信号，将生产调度问题的评价目标作为累积奖励值。将长短期记忆网络、指针网络、策略梯度优化应用到作业车间调度问题上，借助长短期记忆网络的长程记忆能力有效收集工件之间的特征和相互依赖关系，通过指针网络确定当前状态下工件的优先级概率分布，并形成有效的调度序列。为了提高算法的求解质量，在策略梯度优化中同时构建神经网络来预测相应的基线以降低策略梯度优化的方差。实验结果表明，基于策略梯度的深度强化学习算法具有解决作业车间调度问题的能力，且模型在解决此类问题时具有较好的可复制性。通过第 7 章和第 8 章的研究，基于值函数和策略梯度的深度强化学习方法共同构成了深度强化学习求解生产调度问题的理论和技术基础，为应用深度强化学习方法解决更复杂的多目标生产调度问题和分布式生产调度问题提供了支撑。

第 9 章研究了基于混合 Q-learning 的多目标车间调度优化问题。在作业车间调度问题背景下，研究了考虑工件运输的生产调度完工时间、拖期时间、能源消耗等多目标的问题，对带精英策略的非支配排序遗传算法的交叉和变异机制进行改进，加入基于 N5 邻域结构的局部搜索策略，对设计的新的带精英策略的非支配排序遗传算法进行多目标问题求解。在 Pareto 解的基础上针对能耗目标进一步优化，将加工机器抽象为二维坐标点，设计了强化学习遗传蚁群算法进行求解，利用扫描法求解初始搬运机器人的数量，然后将子路径节点的几何中心设置为虚拟节点，利用嵌入遗传算子的蚁群算法求解连接虚拟节点的最优路径，再利用强化学习算法求解子路径的最优结果。这部分工作进一步拓宽了强化学习的应用场景，实验结果证明了算法求解多目标生产调度问题的有效性。

第 10 章研究了基于 NASH-Q-learning 的分布式车间调度问题。在分布式流水车间调度问题背景下，将多智能体强化学习方法作为问题求解模型的主框架，对多智能体强化学习理论进行了梳理。同时，在 NASH 均衡和 NASH-Q-learning 的理论框架下，将平均场理论和多智能体结合提出了多智能体车间调度算法，在分布式流水车间调度情境下进行验证。同时，还对迭代贪婪算法进行改进，最后对两种算法的求解结果进行比较，实验证明了所提出的多智能体车间调度强化学习方法求解分布式生产调度问题的有效性。第 8 章和第 9 章的研究进一步证实了深度强化学习与其他相关理论和技术结合可以解决更加复杂的生产调度问题。

本书的第三部分由第 11 章组成，主要是对本书的总结以及对未来研究的展望。

首先，对全书的内容做了总结，对深度强化学习等技术用于求解车间调度问题的方法、思路、建模、算法设计等做了系统梳理，对各种方法的优点做了分析，对深度强化学习技术用于解决复杂组合优化问题的局限性做了总结。其次，针对应用和理论方面存在的不足，阐明了下一步的研究目标和努力方向。

本书的结构框架如图 1.2 所示。

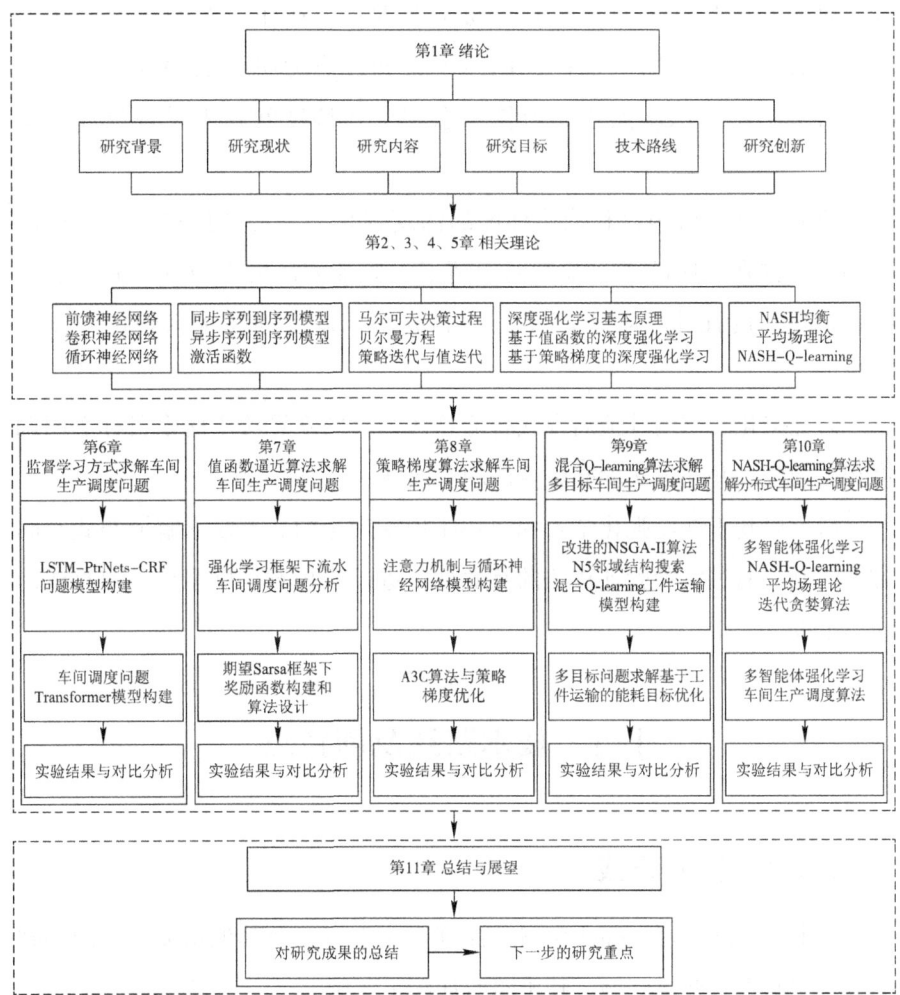

图 1.2　本书框架

1.3.2 研究目标

使用深度学习、强化学习和深度强化学习技术，在深入研究生产调度领域现有成果的基础上，探究车间生产调度问题的规律和特点，借助于新一代人工智能技术和启发式调度规则，对车间生产调度问题进行建模和算法设计，研究深度学习、强化学习和深度强化学习技术的相关理论，并进行补充和完善，构建车间生产调度问题框架下的机器学习方法和理论体系，基于深度强化学习等技术求解生产调度优化问题。

研究基于监督学习的作业车间调度方法，在作业车间调度问题情形下验证基于长短期记忆神经网络框架和注意力机制的序列模型有效性，并为后续以深度强化学习算法求解生产调度问题提供理论和技术支撑。

研究以基于值函数和策略梯度的深度强化学习方法解决车间生产调度问题，并在相应的车间调度问题情形下验证方法的有效性，并为后续综合应用深度强化学习求解多目标和分布式调度问题提供理论和技术支撑。

研究强化学习与其他启发式智能算法结合的新算法求解多目标车间调度相关问题，并通过实验验证算法的有效性。

研究以基于深度强化学习和NASH均衡理论的新算法求解分布式车间调度问题，通过实验验证算法的有效性，进一步拓宽深度强化学习算法的应用范围。

1.4 技术路线及创新点

1.4.1 技术路线

本书在深度学习、强化学习、深度强化学习以及其他相关技术的基础上解决车间生产调度问题，技术路线如图1.3所示。

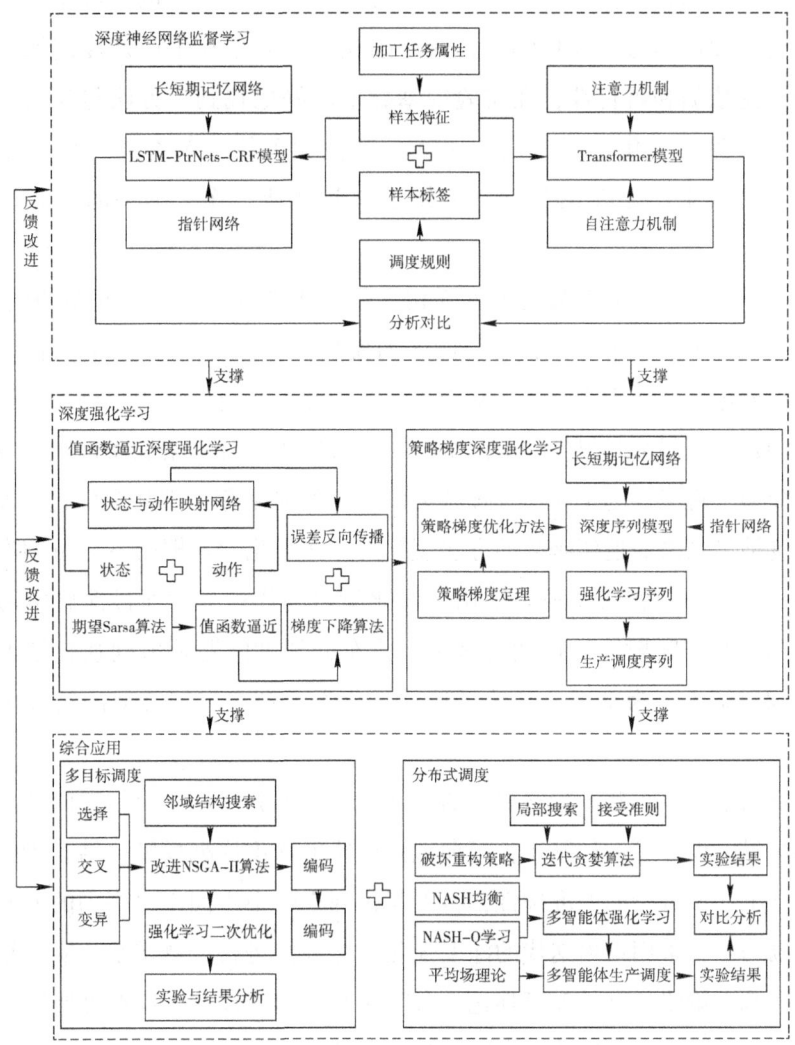

图 1.3 技术路线图

1.4.2 创新点

在新一代人工智能技术迅速发展的背景下，深度强化学习等方法在车间生产调度问题上的应用还有待深入研究，本书研究的出发点是将相关技术和方法用于求解流水车间调度、作业车间调度、多目标车间调度和分布式车间调度等问题，力争在以新一代人工智能技术求解生产调度等组合优化问题上做一些工作。结合几种生产调度问题的实际情形，分析完善了深度学习、强化学习、深度强化学习方法在生产调度问题中应用的理论依据和可行性，在实验的基础上较好地找到了方法与问题的结合点，以深度强化学习方法为主线，其他相关技术为补充，取得了丰硕的研究成果，在理论和方法上做了一些创新工作。本书的主要创新点如下：

设计了以基于值函数的深度强化学习方法求解车间调度问题的模型。首先，改进了两种基于监督学习的序列模型用于求解作业车间调度问题，以长短期记忆网络为主框架，基于自注意力和多头自注意力机制的序列模型，构建了深层编码组件和解码组件，同时嵌入指针网络和条件随机场的问题模型，将工件的工序位置理解为以一定的概率存在于某个位置，设计了深度神经网络逼近值函数的方法。其次，在强化学习框架下分析调度问题的底层特征，将启发式规则用于强化学习动作构建，通过深度学习框架将当前状态映射为最佳调度规则，将车间调度问题映射到强化学习模型并加以解决，为基于值函数逼近的强化学习算法求解类似问题提供了参考。

提出了一种将基于策略梯度的深度强化学习算法用于求解车间调度问题的场景。设计了一种基于长短期记忆网络的深度序列模型，结合指针网络提高工序位置指向的准确性，将工序排列空间中不同工序序列的差异作为奖励信号，采用策略迭代的深度强化学习算法进行问题求解。实验结果表明，基于策略梯度的深度强化学习算法具有解决作业车间调度问题的能力，所设计的模型在解决此类问题时具有可行性和有效性。

设计了基于混合 Q-learning 的多目标车间调度问题算法。结合强化学习算法、带精英策略的非支配排序遗传算法和蚁群算法，对带精英策略的非支配排序遗传算法的交叉和变异机制进行改进，加入基于 N5 邻域结构的局部搜索策略，设计了新的算法并进行多目标问题求解。在 Pareto 解的基础上针对能耗目标进一步优化，设计了强化学习遗传蚁群算法并进行求解，拓宽了强化学习算法的应用场景。

提出了一种基于 NASH-Q-learning 的分布式车间调度问题算法。在分布式流水车间调度问题背景下，深入分析了多智能体强化学习方法，在 NASH 均衡和 NASH-Q-learning 理论框架下，结合平均场理论提出了多智能体车间调度算法。通过与改进的迭代贪婪算法进行对比，验证了深度强化学习方法在求解分布式车间调度问题时的有效性，且通过实验证明了该算法也适用于规模较大的分布式生产调度问题。

第2章 概率推理

概率推理是推理的形式之一，一般是指根据不确定的信息作出决策时所进行的推理形式。在日常生活中会经常遇到包含不确定信息的事情，也就是事情本身具备一般的概率性质，如果根据概率论提供的概率模型进行推理，即为概率推理。

2.1 贝叶斯公式

概率的本质是探寻随机事件背后的规律，一般可用公式 $P(A)$ 表示，意为随机事件 A 所包含的单位事件的数量与随机变量空间中所有单位事件数量之比，其中随机事件 A 表示随机事件在总集合中的一个子集。

假定集合 O 代表所有单位事件的数量 $f(O)$，A 和 B 分别代表两个不同随机事件的单位事件数量 $f(A)$ 和 $f(B)$，则有

$P(A)=f(A)/f(O)$，$P(B)=f(B)/f(O)$

条件概率是在限定随机事件 A 的条件下，随机事件 B 的发生概率。假定随机事件 A 发生的次数为 $f(A)$，在 A 事件条件下事件 B 发生的次数为 $f(C)$，则条件概率为 $f(C)/f(A)$。

条件概率通过公式 $P(B|A)$ 表示在限定随机事件 A 的条件下，随机事件 B 的发生概率，则有：

$$P(B|A)$$
$$=f(A\cap B)/f(A)$$
$$=[f(C)/f(O)]/[f(A)/f(O)]$$
$$=P(C)/P(A)$$

在随机事件集合 O 中,有随机事件 A、B,若事件 C 在随机事件 A 与 B 同时发生时才发生,即 A 和 B 一同发生的概率为 A 发生的概率乘以在 A 条件下 B 发生的概率。

表示为 $C \subseteq A \cap B$,则随机事件 C 发生的概率 $P(C)$ 为联合概率,表示为 $P(B,A)$,则有:

$$P(C)=P(B, A)$$
$$=f(A\cap B)/f(O)$$
$$=\frac{f(A\cap B)}{f(A)} \cdot \frac{f(A)}{f(O)}$$
$$=P(B|A)\times P(A)$$

即可得公式: $\quad P(B, A)=P(B|A)\times P(A)$

同理有:
$$P(A, B)=P(A|B)\times P(B)$$

因为: $\quad P(C)=P(B, A)=P(A, B)$

则有:
$$P(B|A)\times P(A)=P(A|B)\times P(B)$$

公式中,通常情况下概率 $P(A)$ 和 $P(B)$ 容易求得,如果得知两个条件概率 $P(A|B)$ 和 $P(B|A)$ 两者之一,即可轻易求得第四个概率,因此,常用于通过容易得到的条件概率,推导出较难求得的概率,即为贝叶斯公式。

$$P(A|B)=P(B|A)\times P(A)/P(B)$$

以条件概率和贝叶斯公式实现机器为例:

假定有英语句子 U 需要翻译成中文句子 V,若英语句子 U 的翻译结果有 $V1, V2, V3, \cdots, VN$ 共 N 种,那只需选择一个翻译结果 V,使在已知英语句子 U 的条件下,V 的概率 $P(V|U)$ 相对其他翻译结果的条件概率最高即可。假如现在句子 U 有 20 种翻译方法,分别有各自的条件概率值,

这时就要派上贝叶斯公式了。

$$P(B|A) = P(A|B) \times P(B)/P(A)$$

对若干家生产制造企业的产品质量分析后发现，在过去一段时间内工业产品合格率提高了5%的制造企业中，有占总数70%的制造企业在此期间实施了严格的产品质量监控。同时，在工业产品质量合格率提高幅度不到5%的制造企业中，只有占总数25%的制造企业实施了质量监控。假定工业产品合格率提高5%的概率为8%，那么实施了质量监控将工业产品合格率提高5%的概率是多少？

先定义概率的表示方法：

$P(A)$——工业产品合格率提高幅度为5%的概率；

$P(B)$——制造企业实施质量监控的概率；

$P(A|B)$——假设制造企业已经实施了质量监控，产品合格率提高幅度为5%的概率；

$P(B|A)$——工业产品质量合格率提高幅度5%，制造企业实施了质量监控的概率。

通过贝叶斯公式，可得：

$$P(A|B) = P(B|A) \times P(A)/P(B)$$
$$= 0.7 \times 0.08 / [0.7 \times 0.08 + 0.25 \times (1-0.08)]$$
$$= 0.1958$$

即实施了质量监控系统的产品合格率上涨5%的概率为0.1958。

2.2 概率图模型

概率图模型是通过以图为工具表达变量关系的概率模型，一般一个节点表示一个或一组随机变量，变量之间的概率关系通过节点间的边表示。概率图模型可以通过有向无环图和无向图表示变量间的依赖关系，前者称为有贝叶斯网或有向图模型，后者称为马尔可夫网或无向图模型。

2.2.1　隐马尔可夫模型

马尔可夫过程表示数学中具有马尔可夫性质的离散随机过程，在该过程中，下一时刻的状态只与当前状态有关，与上一时刻状态无关。最简单的马尔可夫过程就是一阶过程，每一个状态的转移只依赖其之前的那一个状态。

假定一天的天气状况有晴（高温状态）、阴（低温状态）、雨（凉爽状态）三种，这三件事按图2.1所示的方向转移：

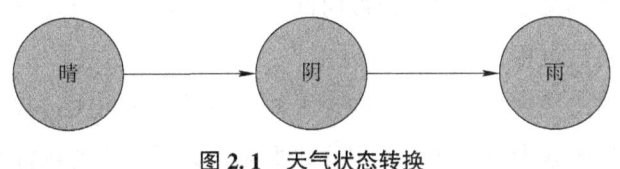

图 2.1　天气状态转换

这个过程就是一个简单的马尔可夫过程，但马尔可夫过程和确定性系统不同，状态之间的转移是有概率的，天气的状态是经常变化的，而且会在两个状态间任意切换，如图2.2所示。

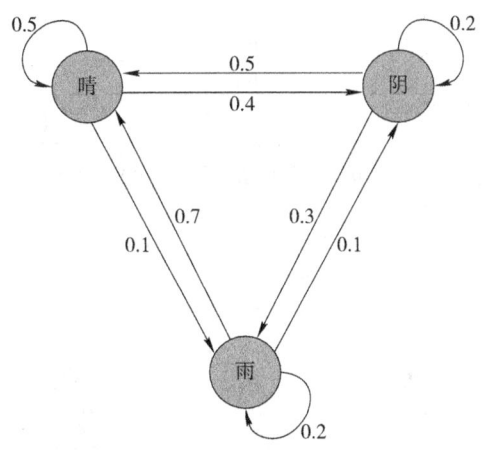

图 2.2　天气变换概率

图2.2中箭头表示天气从一个状态切换到另一个状态的概率，保持晴天的概率是0.5，由晴天转为阴天的概率为0.4，由晴天转为下雨的概率

为0.1。

当前状态的转移依赖之前的 n 个状态，当 n 为1时即为马尔可夫假设；并由此可以得出马尔可夫链的如下定义：

马尔可夫链是一组具有马尔可夫性质的离散随机变量的集合 $S=\{S_t : t>0\}$，随机变量的所有可能取值的集合被称为状态空间，S_t 的值则是在时间 t 的状态。若 S_{t+1} 对于过去状态的条件概率分布仅是 S_t 的一个函数，即称 S 为马尔可夫链。

$$p(S_{t+1} \mid S_t, \cdots, S_1) = p(S_{t+1} \mid S_t)$$

这里定义的马尔可夫链是离散时间马尔可夫链，具有连续指数集的情形称为马尔可夫过程。

隐马尔可夫模型是描述含有隐含未知参数的马尔可夫过程，从可观察的参数中确定隐含参数，然后利用这些参数来做进一步的统计与预测，是最简单的贝叶斯网，多用于动态时序数据建模，被建模的系统被认为是一个马尔可夫过程与未观测到的(隐藏的)状态统计。

隐马尔可夫模型包含两个状态集合，分别为可观测的状态集和隐藏的状态集，通过可观测状态预测隐藏状态，如图2.3所示。

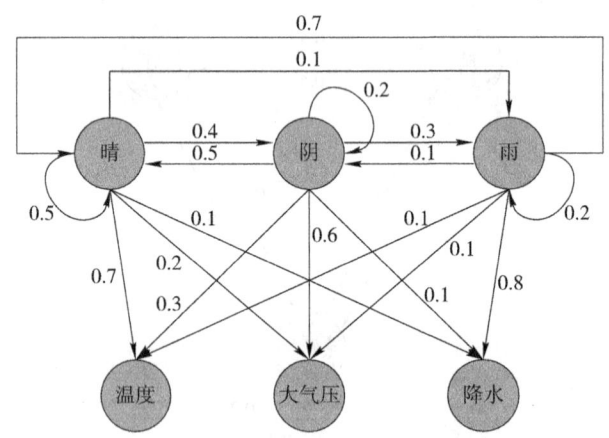

图2.3　可观测和隐藏状态

由此可以通过观测状态温度、大气压和降水等观测状态 $O=\{O_T, O_A, O_R\}$ 来判断隐藏状态 $S=\{S_F, S_C, S_R\}$。在晴天状态下，观测到温度高的概率高，观测到气压低的概率低，观测到降水的概率低；如果观测到温度低的概率高，气压低的概率高，降水的概率较低的时候，则大概率是阴天的状态；如果观测到温度低的概率低，气压低的概率低，降水的概率高的时候，则大概率是下雨的状态。由此可知，天气可观测的状态序列和隐藏的状态序列是概率相关的，则可以将此类型的过程建模为一个隐藏的马尔可夫过程和一个与之概率相关的可观测状态集合，即隐马尔可夫模型。

隐马尔可夫模型可以通过混淆矩阵表示，矩阵的行表示隐藏状态，每一行的概率值之和为1，列表示可观测状态，图2.3的混淆矩阵为：

$$B = \begin{pmatrix} 0.7 & 0.2 & 0.1 \\ 0.3 & 0.6 & 0.1 \\ 0.1 & 0.1 & 0.8 \end{pmatrix} \begin{matrix} 晴 \\ 阴 \\ 雨 \end{matrix}$$

（温度　大气压　降水）

上述问题的状态转移矩阵为：

$$A = \begin{pmatrix} 0.5 & 0.4 & 0.1 \\ 0.5 & 0.2 & 0.3 \\ 0.7 & 0.1 & 0.2 \end{pmatrix}$$

隐马尔可夫模型可以用5元组$\{N, M, \pi, A, B\}$表示，N表示隐藏状态的数量，M表示可观测状态的数量，$\pi = \{\pi_i\}$表示初始隐藏状态的概率，A表示隐藏状态的转移矩阵，B表示混淆矩阵。

图2.3中隐藏状态$N=3$，可观测状态$M=3$。

在实际应用中，给定状态转移矩阵、混淆矩阵和初始状态概率可确定隐马尔可夫模型，可按照如下过程产生相应的观测序列：

（1）设置时间步为1，根据初始状态的概率选择初始状态值；

（2）根据当前状态值和观测概率选择观测变量；

（3）根据当前状态值和状态转移矩阵选择下一时间步的状态值；

（4）直至满足确定的时间步要求。

常见的和隐马尔可夫模型相关问题如下：

（1）给定隐马尔可夫模型的初始状态、状态转移矩阵和混淆矩阵，计算产生给定观测序列的概率。即根据已有的观测序列推测当前时刻最可能出现的观测值。

（2）给定隐马尔可夫模型的初始状态、状态转移矩阵、混淆矩阵和观测序列。计算与之对应的隐藏状态序列，即根据观测信号推断最大可能的隐藏状态序列。

（3）根据给定的观测序列，计算隐马尔可夫模型的参数，且使得出现给定序列的概率最大，常用于通过学习样本来得到模型参数，以便更好地描述观测数据。

2.2.2 贝叶斯网络

贝叶斯网络也称信念网络或有向无环图模型，是一种概率图模型，于1985年由Judea Pearl首先提出，是一种模拟人类推理过程中因果关系的不确定性处理模型。有向无环图可表示其网络拓扑结构，图中的节点表示随机变量，可以表示可观察到的变量、隐变量、未知参数等。有因果关系或非条件独立的变量和命题在有向无环图中通过箭头对表示"因"和"果"的两个节点进行连接，连接在一起的两个节点会产生一个条件概率值。例如，假定节点A直接影响到节点B，通过$A \rightarrow B$来表示，可用从节点A指向节点B的箭头来构建A到B的有向弧(A, B)，权值可用条件概率$P(A|B)$来表示，用圆圈表示随机变量，用箭头表示变量之间的条件依赖，如图2.4所示。

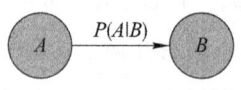

图 2.4 条件概率表示

将某系统中涉及的全部随机变量，根据变量之间是否条件独立表示在一个有向图中，用来表示随机变量之间的条件依赖，即构成了贝叶斯网络。$G=(I, E)$表示有向无环图，式中I表示有向无环图中所有的节点的集合，E表示有向连接弧的集合，假设$X=(X_j)$，$j \in I$表示图2.4中的某节点j表示的随机变量，则节点X的联合概率可以表示为

$$P(X) = \prod_{k \in I} p(x_k \mid x_{pa(k)})$$

X 即为相对于有向无环图 G 的贝叶斯网络。

概率的先验独立性和条件独立性如下：

先验独立性：$P(X, Y) = P(X) \times P(Y)$

条件独立性：$P(X, Y \mid Z) = P(X \mid Z) \times P(Y \mid Z)$ 或 $P(X \mid Y, Z) = P(X \mid Z)$

采用多个条件概率的乘积来计算联合概率的方法叫作链式法则，每一个贝叶斯网络都对应了一套链式法则来计算联合概率，同时每一个链式法则在忽略弱依赖关系时，对于任意随机变量，联合概率可由各局部条件概率分布相乘求得：

$$p(x_1, x_2, x_3, \cdots, x_N) = p(x_N \mid x_1, x_2, x_3, \cdots, x_{N-1}) \cdots p(x_2 \mid x_1) p(x_1)$$

简单贝叶斯网络如图 2.5 所示：

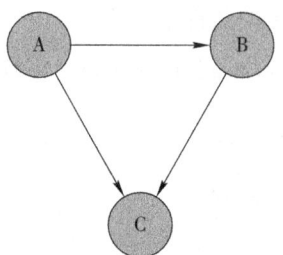

图 2.5 简单贝叶斯网络

因为 A 导致 B，A 和 B 导致 C，所以有下式：

$$p(A, B, C) = p(C \mid A, B) p(B \mid A) p(A)$$

贝叶斯网络共有三种结构形式，分别为 head-to-head、tail-to-tail 和 head-to-tail。

贝叶斯网络如图 2.6 所示。

从图 2.6 可以比较直观地看出：

$x_1, x_2, \cdots, x_7$ 的联合分布为：

(1) $p(x_1) p(x_2) p(x_3) p(x_4 \mid x_3, x_6) p(x_5 \mid x_6, x_7) p(x_6 \mid x_1) p(x_7 \mid x_1, x_2, x_3)$；

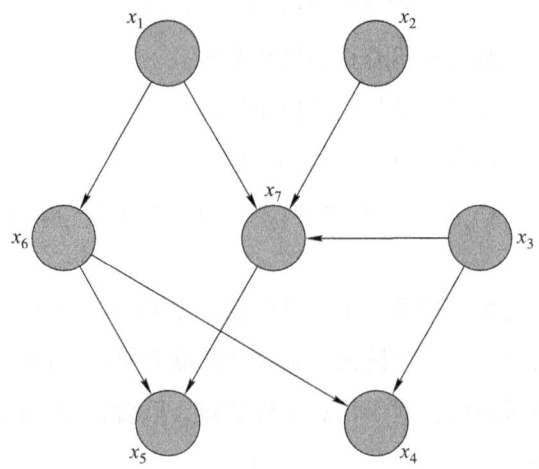

图 2.6　贝叶斯网络

(2) x_1、x_2 独立；

(3) x_4 和 x_5 在 x_6 给定的条件下独立。

拓扑结构 1：汇连结构(head-to-head)。汇连结构形式如图 2.7 所示：

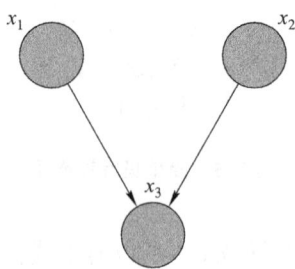

图 2.7　汇连结构

则有 $p(x_1, x_2, x_3) = p(x_1) \times p(x_2) \times p(x_7 | x_1, x_2)$ 成立，化简可得：

$$\sum_{x_7} p(x_1, x_2, x_7) = \sum_{x_7} p(x_1) p(x_2) p(x_7 | x_1, x_2)$$

可得：

$$p(x_1, x_2) = p(x_1) p(x_2)$$

在 x_7 未知的条件下，x_1、x_2 是被阻断的，称为 head-to-head 条件独立。

拓扑结构 2：分连结构(tail-to-tail)。分连结构形式如图 2.8 所示：

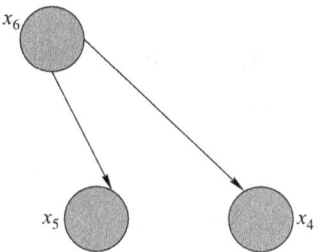

图 2.8　分连结构

考虑 C 未知和 C 已知这两种情况：

在 x_6 未知时，有 $p(x_4,x_5,x_6)=p(x_6)×p(x_5|x_6)×p(x_4|x_6)$，此时无法得到 $p(x_4,x_5)=p(x_4)p(x_5)$，即 x_6 未知时，x_4、x_5 不独立。

在 x_6 已知时，有 $p(x_4,x_5|x_6)=p(x_4,x_5,x_6)/p(x_6)$，将 $p(x_4,x_5,x_6)=p(x_6)p(x_4|x_6)p(x_5|x_6)$ 代入式中，可以得到：$p(x_4,x_5|x_6)=p(x_4,x_5,x_6)/p(x_6)=p(x_6)×p(x_4|x_6)×p(x_5|x_6)/p(x_6)=p(x_4|x_6)×p(x_5|x_6)$，即 x_6 已知时，x_4、x_5 独立。

因此，当 x_6 已知时，x_4、x_5 是被阻断的，称为 tail-to-tail 条件独立，即 x_4 和 x_5 在 x_6 给定的条件下独立。

拓扑结构 3：直连结构(head-to-tail)。直连结构形式如图 2.9 所示：

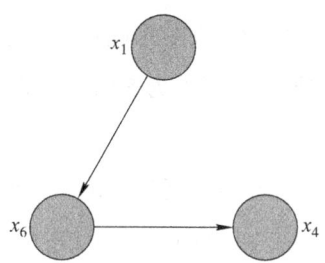

图 2.9　直连结构

当 x_6 未知时，有 $p(x_1,x_4,x_6)=p(x_1)p(x_6|x_1)p(x_4|x_6)$，无法推出 $p(x_1,x_4)=p(x_1)p(x_4)$，即 x_6 未知时，x_1、x_4 不独立。

当 x_6 已知时，有 $p(x_1,x_4|x_6)=p(x_1,x_4,x_6)/p(x_6)$，根据 $p(x_1,$

$x_6) = p(x_1) \times p(x_6 | x_1) = p(x_6) \times p(x_1 | x_6)$，可得：

$$p(x_1, x_4 | x_6)$$
$$= p(x_1, x_4, x_6) / p(x_6)$$
$$= p(x_1) p(x_6 | x_1) p(x_4 | x_6) / p(x_6)$$
$$= p(x_1, x_6) p(x_4 | x_6) / p(x_6)$$
$$= p(x_1 | x_6) p(x_4 | x_6)$$

即在 x_6 已知时，x_1、x_4 被阻断(blocked)，称为 head-to-tail 条件独立。

显然，head-to-tail 其实就是一个链式网络，在 x_6 给定的条件下，x_4 的分布和 x_1 条件独立，也就是 x_4 的分布状态只和 x_6 有关，和其他变量条件独立。即当前状态只跟上一状态有关，这一随机过程叫作马尔可夫链。

例 2.1：煤炭是工业的食粮，是人类的生产生活必不可缺的能量来源之一，煤炭的供应也关系到各国的工业乃至整个社会发展的稳定。造成煤炭价格波动的因素较为复杂，同时煤炭价格的波动也会影响其他相关行业的健康发展。当煤炭的价格上涨时，有 80% 的可能性会引起当地电价的上涨，并且有 40% 的可能性会带来失业率的上升；如果煤炭价格稳定，引起电价上涨和失业率提高的可能性只有 10%。若煤炭的产量持续增加且不出现长期的高温天气，煤炭有 70% 的可能性保持价格稳定；如果产量下降或出现持续高温天气，煤炭有 60% 的可能性保持价格稳定。当产量下降的同时又伴随持续高温，则煤炭只有 30% 的可能性保持价格稳定。根据统计数据得知，煤炭产量持续增加的可能性为 50%，同时有 20% 的可能性出现持续高温天气。

上述问题可以通过图 2.10 有向无环图表示，椭圆节点表示变量，有向边表示变量之间的依赖关系，起始节点表示父节点，终止节点为子节点，比如图 2.10 中 Y 节点是 C 节点的父节点，C 节点为 Y 节点的子节点。每个节点的概率值以条件概率表的形式给出。条件概率表是在父节点约束下的子节点条件分布，变量以二值的形式取值，比如 Y 节点取值 T 时表示煤炭产量稳定，取值为 F 时表示产量不稳定，则该问题各变量的联合概率分布为 $P(Y, H, C, E, R)$。根据条件概率公式和变量的独立性，可以得到如下的等量变换：

$$P(Y, H, C, E, R) = P(E, R | C, Y, H)P(C, Y, H)$$
$$= P(E, R | C)P(C | E, R)P(E, R)$$
$$= P(E | C)P(R | C)P(C | E, R)P(E)P(R)$$

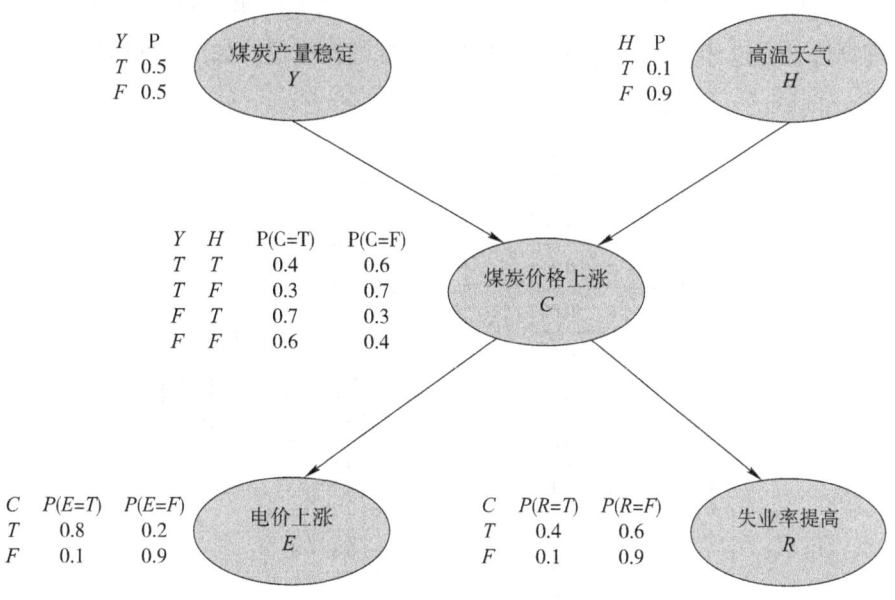

图 2.10　有向无环图

2.2.3　贝叶斯网络推理

贝叶斯网络推理算法一般分为精确推理算法和近似推理算法。其中精确推理算法希望能计算出目标变量的边际分布或条件分布的精确值，但此类算法的计算复杂度随着极大团规模的增长呈指数增长，不适用于规模较大的贝叶斯网络，因此当贝叶斯网络的规模较大时，一般采用近似推理，以便在较低时间复杂度下获得问题的近似解。常见的贝叶斯精确推理算法有：多树传播（Polytree Propagation）推理算法；团树传播（Clique Tree Propagation）推理算法，比如联结树（Junction Tree Propagation）推理算法；基于组合优化的求解算法，如符号推理（Symbolic ProbabilisticInference）和桶消元推理（Bucket Elimination Inference）算法。近似推理算法主要有：基于搜索的(Search-Based)方法、Monte Carlo 算法等。

2.2.3.1 精确推理

贝叶斯网络精确推理的常用方法有变量消元法、枚举推理法等，本质上是通过动态规划算法来计算目标概率值，通过给定的证据变量计算查询变量的后验概率分布。变量消元法是一种基于变量的条件独立性的精确推理算法，通过计算边际概率消去非计算目标的概率值，如图 2.11 所示。

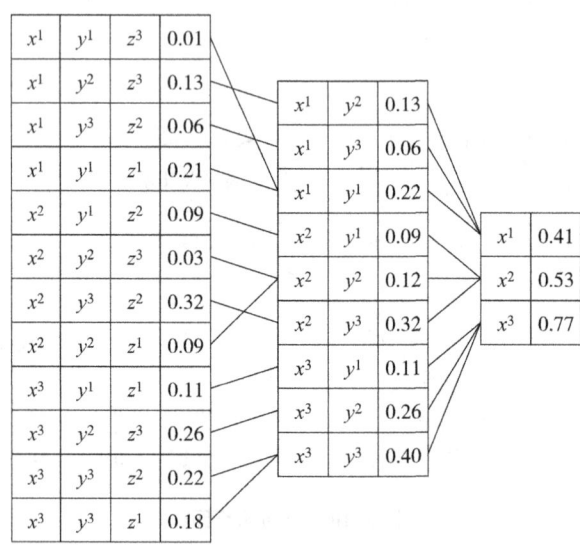

图 2.11 变量消元法

变量消元法就是对联合概率求和消去其他变量得到边缘分布，如图 2.11 首先把 z 消元，得到仅含 x 和 y 的表，然后再对 y 进行求和得到只含 x 的概率表。

以图 2.12 中的贝叶斯网为例，计算 $P(D_2)$，则有：

$$P(D_2) = \sum_{A,B,C,D_1} P(A, B, C, D_1, D_2)$$

$$= \sum_{A,B,C,D_1} P(A)P(B|A)P(C|B)P(D_1|C)P(D_2|C)$$

为了降低推理计算的复杂度，可以分解联合分布的因子。与变量 A 有关的因子是 $P(A)$ 和 $P(B|A)$，与变量 B 有关的因子是 $P(B|A)$ 和 $P(C|B)$，与变量 C 有关的因子是 $P(C|B)$、$P(D_1|C)$ 和 $P(D_2|C)$，因

此，有：

$$P(D_2) = \sum_C P(D_2|C) \sum_{D_1} P(D_1|C) \sum_B P(C|B) \sum_A P(A)P(B|A)$$

消元变量 A 只涉及自身和变量 B，消元变量 B 只涉及自身和变量 C，消元变量 D_1 只涉及自身和变量 C，消元变量 C 只涉及自身和变量 D_2，因此可以通过局部运算有效降低推理的复杂度，可以如下描述消元法的算法。

(1) 设贝叶斯网中概率分布的集合为 Ω，有：

$$\Omega = [P(A), P(B|A), P(C|B), P(D_1|C), P(D_2|C)]$$

(2) 将集合 Ω 中含变量 A 的因子 $P(A)$ 和 $P(B|A)$ 合并求和得到新因子：

$$f_1(B) = \sum_A P(A)P(B|A)$$

并将新因子 $f_1(B)$ 加入集合 Ω，同时消去因子 $P(A)$ 和 $P(B|A)$，达到消元变量 A 的目的，得到更新的集合 Ω：

$$\Omega = [f_1(B), P(C|B), P(D_1|C), P(D_2|C)]$$

(3) 将集合 Ω 中含变量 B 的因子 $f_1(B)$ 和 $P(C|B)$ 合并求和得到新因子：

$$f_2(C) = \sum_A f_1(B)P(C|B)$$

并将新因子 $f_2(C)$ 加入集合 Ω，同时消去因子 $f_1(B)$ 和 $P(C|B)$，达到消元变量 B 的目的，得到更新的集合 Ω：

$$\Omega = [f_2(C), P(D_1|C), P(D_2|C)]$$

(4) 将集合 Ω 中含变量 D_1 的因子 $P(D_1|C)$ 计算得到新因子：

$$f_3(C) = \sum_{D_1} P(D_1|C)$$

并将新因子 $f(C)$ 加入集合 Ω，同时消去因子 $f_1(B)$ 和 $P(C|B)$，达到消元变量 D_1 的目的，得到更新的集合 Ω：

$$\Omega = [f_2(C), f_3(C), P(D_2|C)]$$

(5) 将集合 Ω 中含变量 C 的因子 $f_2(C)$、$f_3(C)$ 和 $P(D_2|C)$ 合并求和得到新因子：

$$f_4(D_2) = \sum_C f_2(C)f_3(C)P(D_2 \mid C)$$

达到消元变量 C 的目的。

(6) 返回 $f_4(D_2)$，即问题的目标 $P(D_2)$，如图 2.12 所示。

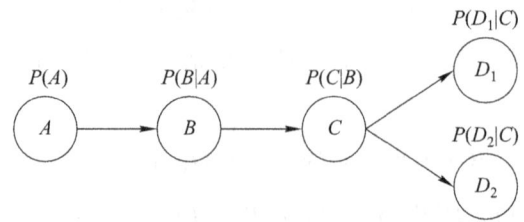

图 2.12　消元顺序

变量消元法计算的复杂度和消元的顺序有关，而最优的消元顺序是 NP-hard 问题，所以实际计算中一般采取启发式的规则进行计算，常用的算法有最大势搜索和最小缺边搜索。

图 2.13 是包含 8 个节点的无向图，最大势搜索是对图中所有节点按照如下规则进行编号，在 t 步中选择具有最多已编号相邻节点的未编号节点，若有多个则选择其中一个并将编号定为 $8-t+1$。当所有节点被编号后，按照从小到大的顺序排序节点，即可得到变量消元顺序。

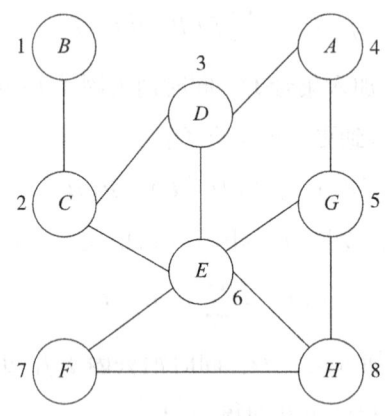

图 2.13　无向图

如图 2.13，任意选择节点 H，并编号为 8。下一可选节点为有 1 个已编号邻接节点 H 的 E、F 或 G，任意选择节点 F，并编号为 7。下一节点则只能选择有 2 个已编号邻接节点 H 和 F 的 E，编号为 6。下一节点选择有 2 个已编号邻接节点 E 和 H 的 G，编号为 5。下一可选节点有 1 个已编号邻接节点的 C、D 或 A，任意选择节点 A，并编号为 4。下一节点选择有 2 个已编号邻接节点 A 和 E 的 D，编号为 3。下一节点选择有 2 个已编号邻接节点 D 和 E 的 C，编号为 2。最后将节点 B 编号为 1，得到最终的消元顺序为<B，C，D，A，G，E，F，H>。

变量消元算法的缺点主要表现在需要计算多个边缘分布，多次执行变量消元算法，中间会有很多结果可以复用，但是变量消元算法需计算多次，导致效率低下。

2.2.3.2 近似推理

精确推理需要大量的计算开销，在实际应用中面对较大规模的问题时近似推理更为常用。近似推理的核心思想是通过随机采样得到相应的样本集，进而通过样本的频率来逼近查询概率。蒙特卡洛方法也被称为统计模拟方法、统计试验法、随机抽样技术等，该方法于 20 世纪 40 年代由美国在第二次世界大战中研制原子弹的"曼哈顿计划"的成员 S. M. 乌拉姆和 J. 冯·诺伊曼首先提出，冯·诺伊曼用赌城摩纳哥的 Monte Carlo 来命名。广泛应用于人工智能、金融工程学、宏观经济学、生物医学、计算物理学，诸如粒子输运计算、量子热力学计算、空气动力学计算、核工程等领域。常见的采样方法有直接采样方法、接受—拒绝采样方法、重要性采样方法、MCMC 采样方法、Metropolis-Hastings 采样方法等。

（1）直接采样方法。

蒙特卡洛方法是通过随机模拟的方式求解不太容易求解的和或者积分问题，使用采样+平均核心思想估计无法计算的值。

直接采样的方法是根据概率分布进行采样。对一个已知概率密度函数与累积概率密度函数的概率分布，我们可以直接从累积分布函数进行采样。

在例 2.1 中，考虑如下推理问题：假设观察到失业率提高，计算该结果由于煤炭产量下降引起的概率是多少。针对此问题，首先可以根据煤炭产量和高温天气的先验概率生成一个样本，并记录样本的取值；其次以样本的取值为条件，按照煤炭价格上涨的条件概率生成样本，并记录样本的取值；最后根据独立向分别计算在煤炭价格为条件时生成电价和失业率的样本。产生大量样本后，统计取值<*,r,*,y,*>和<*,r,*,*,*>的样本个数，分别记为 $N(*,r,*,y,*)$ 和 $N(*,r,*,*,*)$，根据概率的定义，当采集的样本量较大时，则 $N(*,r,*,y,*)/N(*,r,*,*,*)$ 即可作为近似结果输出，当样本总量趋于无穷时，结果即为问题的概率。在实际应用中，由于很多分布无法写出概率密度函数与累积分布函数，因此直接采样方法的适用范围较窄。

例 2.2：应用蒙特卡洛方法求圆周率，如图 2.14 所示。圆的半径为 $r=1$，正方形的边长为 1，根据圆面积的计算公式可知圆的面积为 $\pi r^2 = \pi$，同时正方形内部的相切圆的面积为整个圆面积的 1/4，也就是 $\frac{\pi}{4}$。正方形的面积为 1。然后向正方形中随机打点，则点就会以一定的概率落在 1/4 圆中，而点落在 1/4 圆中的概率为：

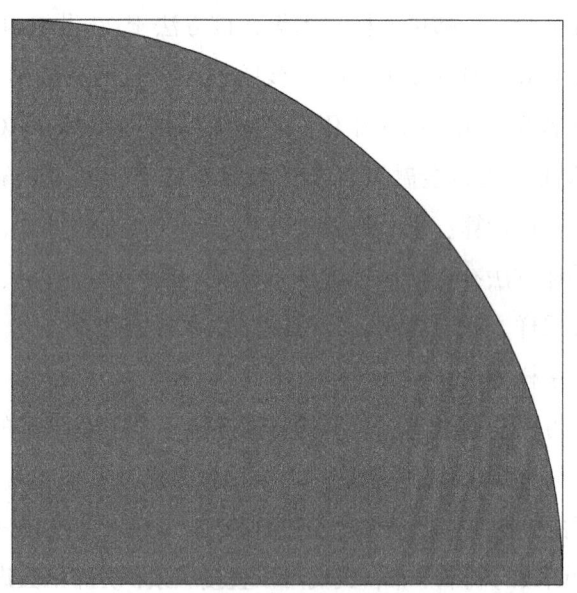

图 2.14　用蒙特卡洛方法求解圆周率

圆的面积/正方形面积 $= \frac{\pi}{4} : 1 = \frac{\pi}{4}$，

然后即可推出圆周率的计算公式为：

$$\frac{\pi}{4} = \frac{落入 1/4 圆中的点数}{总点数}$$

$$\pi = 4 \times \frac{落入 1/4 圆中的点数}{总点数}$$

（2）接受—拒绝采样方法。

接受—拒绝采样方法用于累积分布函数未知的问题。如图 2.15 所示，$p(z)$ 是希望采样的分布，很多实际问题中，$p(z)$ 因太复杂在程序中没法直接采样，需要借助其他的手段来采样，因此设置提议的程序可抽样分布 $q(z)$，比如高斯分布，且 $kq(z)>p(z)$。在 $kq(z)$ 中按照直接采样的方法采样，然后判断这个样本的取值是否符合给定观测，不符合给定观测的样本予以拒绝，符合给定观测的样本予以接受，最终得到符合 $p(z)$ 的 N 个样本。样本量越大，得到的查询概率越接近真实值，当样本量区域无穷大时得到的查询概率和真实值严格相等。接受—拒绝采样方法因为在采样过程中要丢弃大量不符合观测值的样本，所以计算效率不高。

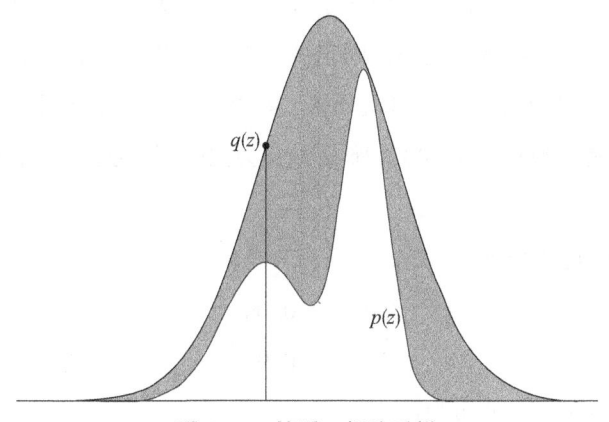

图 2.15　接受—拒绝采样

（3）重要性采样方法。

接受—拒绝采样解决了累积分布函数未知的采样问题，但采样的效果取决于提议分布的选择，如果提议分布选择得不好，则会出现计算效率低下且难以得到符合观测值的样本。与直接采样与接受—拒绝采样将每个样本默认相同的权重不同，重要性采样给予每个样本不同的权重，使用加权平均的方法来计算期望。

$$E_{p(z)}[f(z)] = \int_a^b f(z)\frac{p(z)}{q(z)}q(z)\mathrm{d}z = E_{q(z)}\left[f(z)\frac{p(z)}{q(z)}\right]$$

通过从提议分布 $q(z)$ 中采样样本 $z_1, z_2, \cdots, z_n$，每个样本的权重是 $\dfrac{p(z_i)}{q(z_i)}$，通过加权平均的方式计算期望，如：

$$E_{p(z)}[f(z)] = \frac{1}{N}\sum f(z_i)\frac{p(z_i)}{q(z_i)}$$

（4）MCMC 抽样方法。

马尔可夫链是概率论和数理统计中具有马尔可夫性质且存在于离散的指数集和状态空间内的随机过程，也就是通过时间串联的一系列随机变量，可通过转移矩阵和转移图定义。马尔可夫链可被应用于蒙特卡洛方法中，形成马尔可夫链蒙特卡洛采样方法，即 MCMC 方法。

举例说明马尔可夫链。按照十年河东十年河西的说法，穷人和富人之间会在一定概率下相互转变。为便于计算，假定穷人人口和富人人口每年会发生一次转变，且转变概率是固定的。假定每年富人转变为穷人的概率是 4%，穷人转变为富人的概率是 8%。如果某一年，某区域的富人和穷人的人口分别是 5000 和 35000，那么该区域下一年穷人和富人的分布如何呢？

首先构造转移矩阵：

$$\begin{pmatrix} 0.96 & 0.04 \\ 0.08 & 0.92 \end{pmatrix}$$

则富人和穷人的分布为：

$$(5000 \quad 35000) \times \begin{pmatrix} 0.96 & 0.04 \\ 0.08 & 0.92 \end{pmatrix} = (7600 \quad 32400)$$

因此，每个人作为一个个体，其个人的穷富状态其实根据个人的奋斗情况在转变：比如 $t=1$ 时，是穷人；$t=2$ 时，经过奋斗则会变成富人。马尔可夫链就是生成这样一段状态序列的随机过程，其中城市和农村互相流动的矩阵，叫作迁移矩阵。马尔可夫链的这个随机过程满足马尔可夫性质，也就是某一个状态的值，只跟前一个状态相关，即一阶齐次马尔可夫链。用公式表示就是：

$$P(x_n | x_{n-1}, x_{n-2}, \cdots, x_1, x_0) = P(x_n | x_{n-1})$$

在迁移矩阵中，每一个元素对应一个条件概率值，经过一定阶段的迭代之后，最终穷人和富人的人数相对固定了，富人是 26667，穷人是 13333。对于该区域而言，只要总人口是 40000，无论初始的穷人和富人比例如何，最终都会收敛到富人是 26667，穷人是 13333。简单分析原因，穷人经过奋斗会变得富有，而富人如果堕落则会变得穷困。随着时间的推移，穷人逐渐减少，而富人逐渐增加，但最终穷人变富和富人变穷的数量是相等的，即两类人群的流入和流出是相等的，达到一种相对平稳的分布，这个分布就是马尔可夫链的平稳分布。

马尔可夫链收敛于平稳分布 π，π 是方程 $\pi P = \pi$ 唯一非负解。把这个解用向量方式表示，即：

$$\pi = [\pi(0), \pi(1), \cdots, \pi(n)]$$

且，$\sum_{i=1}^{n} \pi(i) = 1$。

因此，对于一个非周期的马尔可夫链转移矩阵 P，其任何两个状态是连通的，$\lim_{n \to \infty} P_{ij}^n$ 存在，并且与 i 独立，记为 $\lim_{n \to \infty} P_{ij}^n = \pi(j)$，则有：

π 是方程 $\pi P = \pi$ 唯一非负解：

$$\pi(j) = \sum_{i=0}^{\infty} \pi(i) P_{ij}$$

且，$\pi = [\pi(1), \pi(2), \cdots, \pi(j), \cdots]$，$\sum_{i=0}^{\infty} \pi_i = 1$

则 π 成为马尔可夫链的平稳分布。

MCMC 方法的核心是对于任意给定的目标分布，找到以该目标分布为稳态分布的马尔可夫链，并基于马尔可夫链采样方法对其近似采样。

（5）Metropolis-Hastings 采样方法。

若要基于给定的概率分布高效生成对应的样本，由于马尔可夫链可以收敛到平稳分布，最直观的需要是构造一个转移矩阵为 P 的马尔可夫链，使得该马尔可夫链的平稳分布是 $\pi(x)$，则从任何一个初始状态均可以得到相应的转移序列,收集马尔可夫链在收敛之后的样本。

所以,基于马尔可夫链采样的关键问题是构造转移矩阵,使得转移矩阵满足一定的条件,使平稳分布恰好是目标分布 $P(x)$。

转移矩阵需要满足的这个条件就是细致平稳条件,细致平稳条件是指对于给定的马尔可夫链的转移矩阵 P 和分布 π,以及马尔可夫链中的任意两个状态 x 和 x^*,如果有:

$$\pi(x)P(x^*|x) = \pi(x^*)P(x|x^*)$$

则分布 π 即为该马尔可夫链的平稳分布。

简单分析细致平稳条件,对于条件中 $\pi(x)P(x^*|x) = \pi(x^*)P(x|x^*)$ 等式两侧关于状态 x 求和,则有:

$$\sum_x \pi(x)P(x^*|x) = \sum_x (x^*)P(x|x^*)$$

显然有:
$$\sum_x \pi(x)P(x^*|x) = \pi(x^*)\sum_x P(x|x^*)$$

同时有:
$$\sum_x^x P(x|x^*) = 1$$

则有 $\sum_x \pi(x)P(x^*|x) = \pi(x^*)$,可得到平稳分布的条件 $\pi P = \pi$,即满足细致平稳条件的目标分布是基于转移矩阵 P 的马尔可夫链平稳分布。

Metropolis-Hastings 采样方法提供了找到满足细致平稳条件的转移矩阵 P 的思路。

在一般情况下,对于给定的目标概率 π,任意转移矩阵 P 不满足 $\pi(x)p(x^*|x) = \pi(x^*)p(x|x^*)$,即此时的转移矩阵不满足细致平稳条件,Metropolis-Hastings 方法试图通过引入 $\alpha(x, x^*)$ 和 $\alpha(x^*, x)$ 因子来满足细致平稳条件,即:

$$\pi(x)p(x, x^*)\alpha(x, x^*) = \pi(x^*)p(x^*, x)\alpha(x^*, x)$$

为方便表示,将 $p(x^*|x)$ 记为 $p(x, x^*)$,将 $p(x|x^*)$ 记为 $p(x^*, x)$。为了使上式成立,按照对称性,只需:

$$\alpha(x, x^*) = \pi(x^*)p(x^*, x)$$

$$\alpha(x^*, x) = \pi(x)p(x, x^*)$$

于是具备了设置因子 $\alpha(x, x^*)$ 和 $\alpha(x^*, x)$ 的可能性,从而等式 $\pi(x)$

$p(x, x^*)\alpha(x, x^*) = \pi(x^*)p(x^*, x)\alpha(x^*, x)$ 可以得到满足，对其进行如下改写：

$$p(x, x^*)\alpha(x, x^*) = q(x, x^*)$$
$$p(x^*, x)\alpha(x^*, x) = q(x^*, x)$$

则有：

$$\pi(x)q(x, x^*) = \pi(x^*)q(x^*, x)$$

于是就将原转移矩阵改造成了转移矩阵 Q，且 Q 满足细致平稳条件，引入的因子被称为接受率，物理意义是以此接受率为概率接受转移。以接受率 $\alpha(x, x^*)$ 为例，当从状态 x 转移到状态 x^* 时，以 $\alpha(x, x^*)$ 为概率接受这个转移，则新的马尔可夫链的转移概率由原来的 $p(x, x^*)$ 变为 $p(x, x^*)\alpha(x, x^*)$。如图 2.16(a) 所示。

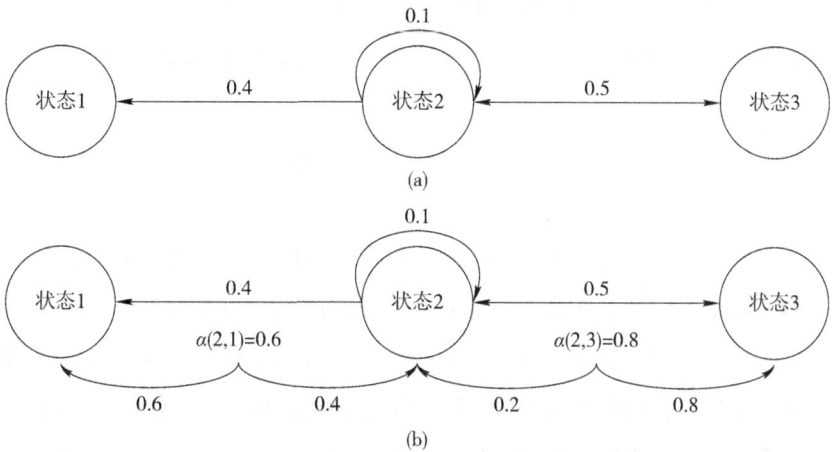

图 2.16　状态转换图

状态 2 以 0.4 的概率向状态 1 转变，以 0.5 的概率向状态 3 转变，以 0.1 的概率保持在状态 2。叠加上接受率 $\alpha(2, 1) = 0.6$ 和 $\alpha(2, 3) = 0.8$ 之后，如图 2.16(b) 所示。

叠加上接受率之后图示的转移概率发生了改变，状态 2 到状态 1 的转移概率原为 0.4，因为叠加了接受率 $\alpha(2, 1) = 0.6$，则状态 2 到状态 1 的转移概率变为 $0.4 \times 0.6 = 0.24$，有 $0.4 \times 0.4 = 0.16$ 的概率仍保留在状态 2；状态 2 到状态 3 的转移概率原为 0.5，因为叠加了接受率 $\alpha(2, 3) = 0.8$，则状态 2 到状态 3 的转移概率变为 0.5×0.8=0.4,有 0.5×0.2=0.1 的概率仍保留在状态 2;而保留状态 2 的概率则由原来的概率 0.1 增大到 0.36 (0.1+0.16+0.1=0.36)。

在马尔可夫链蒙特卡洛方法中的 Metropolis-Hastings 方法中进一步明确了接受概率 α 的表达式:

$$\alpha(x^*, x) = \min\left[\frac{\pi(x^*)p(x^*, x)}{\pi(x)p(x, x^*)}, 1\right]$$

以图 2.16 为例,假定接受率 $\alpha(2, 1) = 0.1$ 和 $\alpha(2, 3) = 0.2$,在实际采样过程中效率会很低,这是因为在等式 $\pi(x)p(x, x^*) \times 0.1 = \pi(x^*)p(x^*, x) \times 0.2$ 中等号两端的接受率过小,此时如果对等号两端的接受率等比例放大,比如:

$$\pi(x)p(x, x^*) \times 0.1 \times 5 = \pi(x^*)p(x^*, x) \times 0.2 \times 5$$

显然仍满足细致平稳条件,而采样的效率可以得到大幅提高。

2.3 本章小结

本章阐释了概率推理的一般概念,结合概率的本质阐述了贝叶斯公式的一般形式和基本应用;在概率图部分,详细阐述了隐马尔可夫模型的基本形式,并举例进行详细解释,以此为基础对贝叶斯网络和贝叶斯网络推理结合实例进行阐述;在近似推理部分主要列举了直接采样方法、接受—拒绝采样方法、重要性采样方法、MCMC 抽样方法和 Metropolis-Hastings 采样方法。

第3章 样本学习

在工业生产、航天军事、医疗卫生、经济领域、生物领域、计算机视觉、自然语言处理等应用中，通过样本学习进行相应问题处理，借助于一定的算法通过大量样本来训练相应模型参数，即为样本学习。

3.1 决 策 树

决策树是一种常见的监督学习方法，即通过对已有训练样本的学习获得一个树形决策模型，并用来对新样本进行判断分类；树形模型包括一个根节点、多个中间节点和多个叶子节点。根节点包括所有样本，该节点可以将样本进一步划分成两个或多个子集；中间节点对应样本集的属性测试，当一个中间节点进一步被拆分成多个子节点时，这个子节点也叫作决策节点；无法再拆分的节点被称为叶子节点，叶子节点对应样本的决策结果。从根节点到叶子节点的路径对应了一个判定序列。决策树学习的目的是产生一棵具有较强泛化能力的决策树。决策树的构造过程一般分为特征选择、决策树生成和决策树裁剪三个步骤。特征选择表示从样本的多个特征中选择一个特征作为当前节点拆分的标准，根据选择特征的不同量化评估方法，衍生出不同的决策树，如通过信息增益选择特征的 ID3 方法、通过信息增益比选择特征的 C4.5 方法和通过 Gini 指数选择特征的 CART 方法等。

通过某特征对数据集进行划分之后，各数据子集的纯度要高于划分前的数据集的纯度，也就是数据集 D 的不确定性较之前降低。

决策树的生成是一个递归过程，根据选择的特征评估标准，以递归方式生成子节点，直至数据集不可再分。这一过程也就是通过满足划分标准的特征将数据集逐步划分成纯度更高、不确定性更小的子集的过程。决策树的裁剪主要是为了应对决策树中的过拟合问题，一般通过剪枝缩小树结构规模，降低树模型的过拟合情况。

3.1.1 信息增益

生成决策树的关键是选择样本的最优划分特征。随着划分的进行，将决策树的分支节点包含的样本最大限度地归属同一类别，降低节点的"杂质"成分，提升节点的"纯度"。

熵是随机变量不确定性的度量，熵越大表示随机变量的不确定性越大。设 X 是一个取有限个值的离散随机变量，其概率分布为：

$$P(X=x_j)=p_j, j=1, 2, 3, \cdots, n$$

则随机变量 X 的熵定义为：

$$H(X) = - \sum_{j=1} p_j \log p_j$$

条件熵 $H(Y|X)$ 是在随机变量 X 的条件下随机变量 Y 的不确定性，即随机变量 X 给定的条件下随机变量 Y 的条件熵 $H(Y|X)$ 定义为 X 给定条件下 Y 的条件概率分布的熵对 X 的数学期望，即：

$$H(Y|X) = \sum P(X=x_j)H(Y|X=x_j), j=1, 2, 3, \cdots, n$$

信息增益表示由于得知特征 B 的信息后数据集 A 的分类不确定性减少的程度，将划分后信息增益大的属性作为划分特征，即该特征可以使划分的子集纯度越高，具有更小的不确定性。信息增益定义为：

$$Gain(A, B) = H(A) - H(A|B)$$

也就是集合 A 的经验熵 $H(A)$ 与特征 B 给定条件下 A 的经验条件熵 $H(A|B)$ 之差。

使用信息增益选择特征时需要注意,当特征的取值较多时,该特征划分更容易得到纯度更高的子集,因为按照此特征划分后的熵更低,不确定性更低,造成信息增益更大,即信息增益偏向取值较多的特征。

信息熵是一种常用于衡量样本集合纯度的指标,假定当前集合 A 中共有 n 类样本,每类样本所占比例为 $p_n(n=1, 2, \cdots, |\mathbb{N}|)$,则 A 的信息熵表示为:

$$Ent(A) = -\sum_{n=1}^{|\mathbb{N}|} p_n \log_2 p_n$$

$Ent(A)$ 的值越小,表示样本集合 A 的纯度越高。样本的属性 $a\{a^1, a^2, \cdots, a^D\}$ 有 D 个取值,如果使用属性 $a\{a^1, a^2, \cdots, a^D\}$ 对样本 A 进行划分,显然会产生 D 个分支节点,其中第 i 个分支节点上共包含了样本集合 A 中属性取值为 a^i 的样本,并记为 A^i,样本数记为 $|A^i|$,集合 A 的样本总数记为 $|A|$,则每个分支节点的权重可记为 $|A^i|/|A|$,显然分支的样本数越大表示该分支的权重越大,于是可计算出属性 $a\{a^1, a^2, \cdots, a^D\}$ 对样本集合 A 的信息增益,表示为:

$$Gain(A, a) = Ent(A) - \sum_{i=1}^{D} \frac{|A^i|}{|A|} Ent(A^i)$$

信息增益越大表示使用该属性对样本集合划分的纯度越高,这也是 ID3 算法的核心思想,即选择属性 $a^* = \arg\max_a (A, a)$。

以表 3.1 的样本为例,样本集合共有 19 个样例,用于生成判断房屋是否推荐购买的决策树,决策树的根节点包含所有样例,其中正例 9 个、反例 10 个,于是 $p_1=9/19$,$p_2=10/19$,显然 $|\mathbb{N}|=2$,于是根据信息熵的计算公式可得:

$$\begin{aligned} Ent(A) &= -\sum_{n=1}^{|\mathbb{N}|} p_n \log_2 p_n = -\left(\frac{9}{19}\log_2\frac{9}{19} + \frac{10}{19}\log_2\frac{10}{19}\right) \\ &= -[0.474 \times (-1.078) + 0.526 \times (-0.927)] \\ &= 0.511 + 0.488 \\ &= 0.999 \end{aligned}$$

表 3.1 二手房属性

序号	交通	绿地率	社区配套	户型	价格	建议购买
1	一般	高	齐全	合理	低	是
2	方便	高	较差	合理	高	是
3	方便	一般	齐全	一般	高	是
4	方便	一般	一般	合理	低	是
5	一般	低	一般	合理	低	是
6	较差	高	一般	合理	适中	是
7	一般	一般	齐全	一般	适中	是
8	方便	高	一般	一般	低	是
9	一般	一般	一般	一般	适中	是
10	一般	一般	一般	较差	低	否
11	一般	高	一般	一般	高	否
12	方便	一般	较差	较差	适中	否
13	较差	一般	一般	一般	适中	否
14	较差	低	齐全	较差	高	否
15	一般	低	一般	较差	低	否
16	方便	高	较差	较差	适中	否
17	一般	一般	较差	较差	高	否
18	较差	高	齐全	合理	高	否
19	方便	低	齐全	合理	高	否

而后可以计算当前属性集合中{交通、绿地率、社区配套、户型和价格}中每个属性的信息增益。以交通状况为例，其有 3 个不同的可能取值，即{方便、一般和较差}，使用该属性可以得到样本的 3 个子集，并且可以记为 A^1 = {交通 = 方便}、A^2 = {交通 = 一般}和 A^3 = {交通 = 较差}。其中，A^1 集合包含的样本为{2、3、4、8、12、16、19}共 7 个，A^2 集合包含的样本为{1、5、7、9、10、11、15、17}共 8 个，A^3 集合包含的样本为{6、13、14、18}共 4 个。其中，A^1 的 7 个样本中正例 4 个、反例 3 个，因此正例所占的比例为 4/7，反例所占的比例为 3/7；A^2 的 8 个样本中正例 4 个、反例 4 个，因此正例所占的比例为 4/8，反例所占的比例为 4/8；A^3 的 4 个样本中正例 1 个、反例 3 个，因此正例所占的比例为 1/4，反例所占的比例为 3/4。因此可以计算得出按照交通状况属性划分后所获

得的3个分支节点的信息熵,分别为:

$$Ent(A^1) = -\left(\frac{4}{7}\log_2\frac{4}{7}+\frac{3}{7}\log_2\frac{3}{7}\right)$$

$$= 0.571 \times 0.807 + 1.22 \times 0.429$$

$$= 0.461 + 0.523$$

$$= 0.984$$

$$Ent(A^2) = -\left(\frac{4}{8}\log_2\frac{4}{8}+\frac{4}{8}\log_2\frac{4}{8}\right)$$

$$= 1$$

$$Ent(A^3) = -\left(\frac{1}{4}\log_2\frac{1}{4}+\frac{3}{4}\log_2\frac{3}{4}\right)$$

$$= 0.5 + 0.311$$

$$= 0.811$$

于是可计算出交通属性的信息增益为:

$$Gain(A, a) = Ent(A) - \sum_{i=1}^{D}\frac{|A^i|}{|A|}Ent(A^i)$$

$$Gain(A, 交通) = Ent(A) - \sum_{i=1}^{3}\frac{|A^i|}{|A|}Ent(A^i)$$

$$= 0.999 - \left(\frac{7}{19} \times 0.984 + \frac{8}{19} \times 1 + \frac{4}{19} \times 0.811\right)$$

$$= 0.999 - (0.363 + 0.421 + 0.171)$$

$$= 0.999 - 0.955$$

$$= 0.044$$

同理可计算其他属性的信息增益。

绿地率有3个不同的可能取值,即{高、一般和低},使用该属性可以得到样本的3个子集,并且可以记为$A^1=${绿地率=高}、$A^2=${绿地率=一般}和$A^3=${绿地率=低}。其中,A^1集合包含的样本为{1、2、6、8、11、16、18}共7个,A^2集合包含的样本为{3、4、7、9、10、12、13、17}共8个,A^3集合包含的样本为{5、14、15、19}共4个。其中A^1的7个样本中正例4个、反例3个,因此正例所占的比例为4/7,反例所占的比例为 3/7；A^2 的 8 个样本中正例 4 个、反例 4 个，因此正例所占的比例为 4/8，反例所占的比例为 4/8；A^3 的 4 个样本中正例 1 个、反例 3 个，因此正例所占的比例为 1/4，反例所占的比例为 3/4。因此可以计算得出按照绿地率属性划分后所获得的 3 个分支节点的信息熵分别为：

$$Ent(A^1) = -\left(\frac{4}{7}\log_2\frac{4}{7} + \frac{3}{7}\log_2\frac{3}{7}\right)$$

$$= 0.571 \times 0.807 + 1.22 \times 0.429$$

$$= 0.461 + 0.523$$

$$= 0.984$$

$$Ent(A^2) = -\left(\frac{4}{8}\log_2\frac{4}{8} + \frac{4}{8}\log_2\frac{4}{8}\right)$$

$$= 1$$

$$Ent(A^3) = -\left(\frac{1}{4}\log_2\frac{1}{4} + \frac{3}{4}\log_2\frac{3}{4}\right)$$

$$= 0.5 + 0.311$$

$$= 0.811$$

于是可计算出绿地率属性的信息增益为：

$$Gain(A, a) = Ent(A) - \sum_{i=1}^{D}\frac{|A^i|}{|A|}Ent(A^i)$$

$$Gain(A, 绿地率) = Ent(A) - \sum_{i=1}^{3}\frac{|A^i|}{|A|}Ent(A^i)$$

$$= 0.999 - \left(\frac{7}{19} \times 0.984 + \frac{8}{19} \times 1 + \frac{4}{19} \times 0.811\right)$$

$$= 0.999 - (0.363 + 0.421 + 0.171)$$

$$= 0.999 - 0.955$$

$$= 0.044$$

社区配套情况有 3 个不同的可能取值，即 {齐全、一般和较差}，使用该属性可以得到样本的 3 个子集，并且可以记为 A^1 = {社区配套=齐全}、A^2 = {社区配套=一般} 和 A^3 = {社区配套=较差}。其中，A^1 集合包含的样本为 {1、3、7、14、18、19} 共 6 个，A^2 集合包含的样本为 {4、5、6、

8、9、10、11、13、15} 共9个，A^3 集合包含的样本为 {2、12、16、17} 共4个。其中，A^1 的6个样本中正例3个、反例3个，因此正例所占的比例为3/6，反例所占的比例为3/6；A^2 的9个样本中正例5个、反例4个，因此正例所占的比例为5/9，反例所占的比例为4/9；A^3 的4个样本中正例1个、反例3个，因此正例所占的比例为1/4，反例所占的比例为3/4。因此可以计算得出按照社区配套属性划分后所获得的3个分支节点的信息熵，分别为：

$$Ent(A^1) = -\left(\frac{3}{6}\log_2\frac{3}{6} + \frac{3}{6}\log_2\frac{3}{6}\right)$$

$$= 1$$

$$Ent(A^2) = -\left(\frac{5}{9}\log_2\frac{5}{9} + \frac{4}{9}\log_2\frac{4}{9}\right)$$

$$= 0.556 \times 0.848 + 0.444 \times 1.170$$

$$= 0.471 + 0.519$$

$$= 0.990$$

$$Ent(A^3) = -\left(\frac{1}{4}\log_2\frac{1}{4} + \frac{3}{4}\log_2\frac{3}{4}\right)$$

$$= 0.25 \times 2 + 0.75 \times 0.415$$

$$= 0.5 + 0.311$$

$$= 0.811$$

于是可计算出社区配套属性的信息增益为：

$$Gain(A, a) = Ent(A) - \sum_{i=1}^{D}\frac{|A^i|}{|A|}Ent(A^i)$$

$$Gain(A, 社区配套) = Ent(A) - \sum_{i=1}^{3}\frac{|A^i|}{|A|}Ent(A^i)$$

$$= 0.999 - \left(\frac{6}{19} \times 1 + \frac{9}{19} \times 0.990 + \frac{4}{19} \times 0.811\right)$$

$$= 0.999 - (0.316 + 0.469 + 0.171)$$

$$= 0.999 - 0.956$$

$$= 0.043$$

户型情况有3个不同的可能取值，即 {合理、一般和较差}，使用该属性可以得到样本的 3 个子集,并且可以记为 $A^1=\{$户型=合理$\}$、$A^2=\{$户型=一般$\}$ 和 $A^3=\{$户型=较差$\}$。其中,A^1 集合包含的样本为 $\{1、2、4、5、6、18、19\}$ 共 7 个,A^2 集合包含的样本为 $\{3、7、8、9、11、13\}$ 共 6 个,A^3 集合包含的样本为 $\{10、12、14、15、16、17\}$ 共 6 个。其中 A^1 的 7 个样本中正例 5 个、反例 2 个,因此正例所占的比例为 5/7,反例所占的比例为 2/7;A^2 的 6 个样本中正例 4 个、反例 2 个,因此正例所占的比例为 4/6,反例所占的比例为 2/6;A^3 的 6 个样本中正例 0 个、反例 6 个,因此正例所占的比例为 0,反例所占的比例为 1。因此可以计算得出按照户型属性划分后所获得的 3 个分支节点的信息熵,分别为:

$$Ent(A^1) = -\left(\frac{5}{7}\log_2\frac{5}{7} + \frac{2}{7}\log_2\frac{2}{7}\right)$$

$$= 0.714 \times 0.485 + 0.286 \times 1.807$$

$$= 0.346 + 0.516$$

$$= 0.862$$

$$Ent(A^2) = -\left(\frac{4}{6}\log_2\frac{4}{6} + \frac{2}{6}\log_2\frac{2}{6}\right)$$

$$= 0.667 \times 0.585 + 0.333 \times 1.585$$

$$= 0.390 + 0.528$$

$$= 0.918$$

$$Ent(A^3) = -\left(\frac{0}{6}\log_2\frac{0}{6} + \frac{6}{6}\log_2\frac{6}{6}\right)$$

$$= 0$$

于是可计算出户型属性的信息增益为:

$$Gain(A, a) = Ent(A) - \sum_{i=1}^{D}\frac{|A^i|}{|A|}Ent(A^i)$$

$$Gain(A, 户型) = Ent(A) - \sum_{i=1}^{3}\frac{|A^i|}{|A|}Ent(A^i)$$

$$= 0.999 - \left(\frac{7}{19} \times 0.862 + \frac{6}{19} \times 0.918 + \frac{6}{19} \times 0\right)$$

$$= 0.999 - 0.608$$

$$= 0.391$$

价格情况有 3 个不同的可能取值,即 {高、适中和低},使用该属性可以得到样本的 3 个子集,并且可以记为 $A^1=${价格=高}、$A^2=${价格=适中} 和 $A^3=${价格=低}。其中,A^1 集合包含的样本为 {2、3、11、14、17、18、19} 共 7 个,A^2 集合包含的样本为 {6、7、9、12、13、16} 共 6 个,A^3 集合包含的样本为 {1、4、5、8、10、15} 共 6 个。其中 A^3 的 7 个样本中正例 2 个、反例 5 个,因此正例所占的比例为 2/7,反例所占的比例为 5/7;A^2 的 6 个样本中正例 3 个、反例 3 个,因此正例所占的比例为 3/6,反例所占的比例为 3/6;A^3 的 6 个样本中正例 4 个、反例 2 个,因此正例所占的比例为 4/6,反例所占的比例为 2/6。因此可以计算得出按照价格属性划分后所获得的 3 个分支节点的信息熵分别为:

$$Ent(A^1) = -\left(\frac{2}{7}\log_2\frac{2}{7}+\frac{5}{7}\log_2\frac{5}{7}\right)$$

$$= 0.286\times1.807+0.714\times0.485$$

$$= 0.517+0.346$$

$$= 0.863$$

$$Ent(A^2) = -\left(\frac{3}{6}\log_2\frac{3}{6}+\frac{3}{6}\log_2\frac{3}{6}\right)$$

$$= 1$$

$$Ent(A^3) = -\left(\frac{4}{6}\log_2\frac{4}{6}+\frac{2}{6}\log_2\frac{2}{6}\right)$$

$$= 0.667\times0.585+0.333\times1.585$$

$$= 0.390+0.528$$

$$= 0.918$$

于是可计算出价格属性的信息增益为:

$$Gain(A, a) = Ent(A) - \sum_{i=1}^{D}\frac{|A^i|}{|A|}Ent(A^i)$$

$$Gain(A, 价格) = Ent(A) - \sum_{i=1}^{3}\frac{|A^i|}{|A|}Ent(A^i)$$

$$= 0.999-\left(\frac{7}{19}\times0.863+\frac{6}{19}\times1+\frac{6}{19}\times0.918\right)$$

$$= 0.999-0.924$$

$$= 0.075$$

各属性的信息增益为：

$$Gain(A,交通) = Ent(A) - \sum_{i=1}^{3} \frac{|A^i|}{|A|} Ent(A^i) = 0.044$$

$$Gain(A,绿地率) = Ent(A) - \sum_{i=1}^{3} \frac{|A^i|}{|A|} Ent(A^i) = 0.044$$

$$Gain(A,社区配套) = Ent(A) - \sum_{i=1}^{3} \frac{|A^i|}{|A|} Ent(A^i) = 0.043$$

$$Gain(A,户型) = Ent(A) - \sum_{i=1}^{3} \frac{|A^i|}{|A|} Ent(A^i) = 0.391$$

$$Gain(A,价格) = Ent(A) - \sum_{i=1}^{3} \frac{|A^i|}{|A|} Ent(A^i) = 0.075$$

显然，户型属性的信息增益最大，于是基于该属性为根节点对样本进行划分，各分支包含的样本子集 A^1、A^2 和 A^3 如图 3.1 所示。

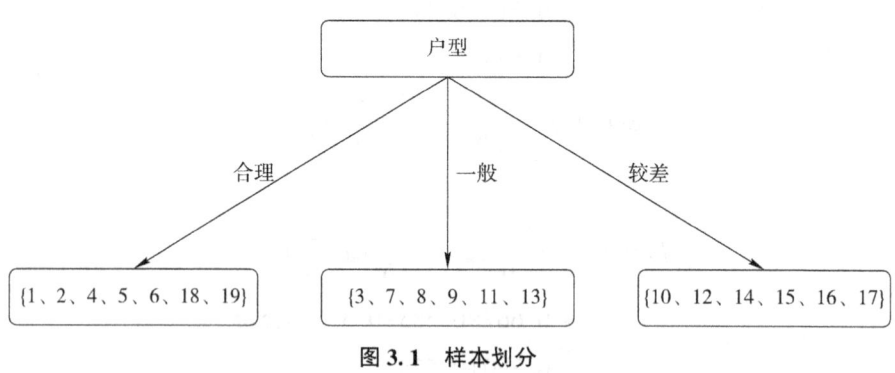

图 3.1 样本划分

对图 3.1 中各分支的样本集合做进一步划分，户型属性值为合理的分支中有 {1、2、4、5、6、18、19} 7 个样本，户型属性值为一般的分支中有 {3、7、8、9、11、13} 6 个样本，户型属性值为较差的分支中有 {10、12、14、15、16、17} 6 个样本，可按照除户型属性以外的其他属性 {交通 绿地率 社区配套 价格} 进行划分。

户型属性值为合理的样本信息如表 3.2 所示，样本集合共有 7 个样例，其中正例 5 个、反例 2 个，于是 $p_1=5/7$，$p_2=2/7$，显然 $|N|=2$，于是根据信息熵的计算公式可得：

$$Ent(A^1) = -\sum_{n=1}^{|N|} p_n \log_2 p_n = -\left(\frac{5}{7}\log_2\frac{5}{7} + \frac{2}{7}\log_2\frac{2}{7}\right) = 0.346 + 0.516$$
$$= 0.862$$

表3.2 户型属性值为合理的样本信息表

序号	交通	绿地率	社区配套	价格	建议购买
1	一般	高	齐全	低	是
2	方便	高	较差	高	是
4	方便	一般	一般	低	是
5	一般	低	一般	低	是
6	较差	高	一般	适中	是
18	较差	高	齐全	高	否
19	方便	低	齐全	高	否

再依次计算各属性的信息增益,直至得到最终的决策树。

ID3算法的主要步骤如下:

输入:样本集合A,特征集合B和阈值ε

输出:决策树T

(1) 如果样本集合A中的实例属于同一类,则将该类标签作为该节点的类标记,并返回单节点决策树T;

(2) 如果样本集合A为空,则将集合中实例数最大的类标签作为该节点的类标记,并返回单节点决策树T;

(3) 否则,计算各特征对样本集合A的信息增益,并选择信息增益最大的特征B_g;

(4) 如果特征B_g的信息增益小于阈值ε,则将决策树T设定为单节点树,并将数据集合A中实例个数最大的类作为该节点的类标记,然后返回T;

(5) 否则,对特征B_g的每个可能值b_i,按照$B_g=b_i$将样本集合A分割为若干个非空子集A_i,然后将子集A_i中实例个数最大的类标签作为标记,创建相应的子节点,由节点和子节点共同构成决策树T,返回T;

(6) 针对第i个子节点,以$B-\{B_g\}$为特征集合,以子集A_i为训练集合递归调用以上各步,得到相应的子树 T_i,并返回 T_i。

3.1.2 增益率

在上例中,为了计算方便,各属性的值均取 3 个,但在实际应用中,不同事物的属性值不尽相同。在这种情况下,信息增益对属性值更多的属性具有明显的偏好,在极端情况下,比如表 3.1 中共 19 个样本,假定某属性共有 19 个取值,每个样本的该属性的值均不同,如此一来该属性将会产生 19 个分支,即每个分支包含 1 个样本,显然这样的决策树由于泛化能力很差无法应用。为减少或避免此种情况的发生,C4.5 算法使用增益率选择最优划分属性,首先计算各属性的信息增益,其次找出高于信息增益平均水平的属性,最后选择增益率最高的属性。

增益率的计算如下:

首先计算属性 a 的内在价值 $IV(a)$,即:

$$IV(a) = -\sum_{v=1}^{V} \frac{|A^v|}{|A|} \log_2 \frac{|A^v|}{|A|}$$

例如:$IV(交通) = -\sum_{v=1}^{3} \frac{|A^v|}{|A|} \log_2 \frac{|A^v|}{|A|} = \left(\frac{7}{19}\log_2\frac{7}{19} + \frac{8}{19}\log_2\frac{8}{19} + \frac{4}{19}\log_2\frac{4}{19}\right)$

$= 0.531 + 0.525 + 0.473 = 1.529$

再计算增益率,即:

$$Gain\_ratio(A, a) = \frac{Gain(A, a)}{IV(a)}$$

C4.5 算法的主要步骤如下:

输入:样本集合 A,特征集合 B 和阈值 ε

输出:决策树 T

(1) 如果样本集合 A 中的实例属于同一类,则将该类标签作为该节点的类标记,并返回单节点决策树 T;

(2) 如果样本集合 A 为空,则将集合中实例数最大的类标签作为该节点的类标记,并返回单节点决策树 T;

(3) 否则计算各特征对样本集合 A 的信息增益率,并选择信息增益率

最大的特征 B_g；

（4）如果特征 B_g 的信息增益率小于阈值 ε，则将决策树 T 设定为单节点树，并将数据集合 A 中实例个数最大的类作为该节点的类标记，然后返回 T；

（5）否则对特征 B_g 的每个可能值 b_i，按照 $B_g = b_i$ 将样本集合 A 分割为若干个非空子集 A_i，然后将子集 A_i 中实例个数最大的类标签作为标记，创建相应的子节点，由节点和子节点共同构成决策树 T，返回 T；

（6）针对第 i 个子节点，以 $B = \{B_g\}$ 为特征集合，以子集 A_i 为训练集合递归调用以上各步，得到相应的子树 T_i，并返回 T_i。

3.1.3 Gini 指数

著名的决策树学习算法 CART，可以广泛用于回归和分类任务，该算法中使用 Gini 指数选择划分属性，样本集合的纯度通过 Gini 指数衡量。Gini 不纯度表示一个随机选中的样本在子集中被错分的可能性，即该样本被选中的概率乘以其被分错的概率。Gini 不纯度的值越小，则样本集合的纯度越高，当某一个节点中所有样本都是一个类时，其 Gini 不纯度为零。Gini 不纯度定义为：

$$Gini(A) = \sum_{n=1}^{|N|} \sum_{n' \neq n} p_n p_{n'}$$

则属性 a 的 Gini 指数定义为：

$$Gini\_index(A, a) = \sum_{v=1}^{V} \frac{|A^v|}{|A|} Gini(A^v)$$

在属性集合中选择使样本划分后 Gini 指数最小的属性作为最优划分属性。

3.1.4 剪枝处理

剪枝处理是决策树算法应对"过拟合"的主要手段，原因在于决策树在分支过程中为了最大限度正确分类训练样本，因不断重复而产生过拟合现象。比如，将具备某些特征的样本强行归入某一类中，而实际情况是这些样本并非属于该类,仅因为所属数据集合属于了这一类,并不具有普遍意义,这样就产生了过拟合现象。过拟合现象会导致决策树的泛化能力降低,因此,为降低过拟合的风险需要主动去掉一些分支,使决策树具有一定的"模糊"空间,让决策树具备一定的自我推断能力。剪枝处理一般可以分为预剪枝和后剪枝两类,前者在决策树生成过程中进行,后者在决策树生成之后进行。两者各有优缺点,预剪枝有可能给决策树带来欠拟合风险;后剪枝不会产生欠拟合,但是训练时间较长,随着计算机计算能力的快速提升,可以较好地缩短训练时间,因此后剪枝方法更为常用,本书仅对后剪枝方法做简要描述。

决策树的剪枝一般通过极小化决策树损失函数来达到目标。假定决策树 T 的叶子节点数为 $|L|$,叶子节点 l 有 N_i 个样本,其中 k 类的样本点有 N_{ik} 个,$H_i(T)$ 是叶节点 i 上的经验熵,其中参数 $\alpha \geq 0$,则决策树 T 的损失函数为:

$$C_a(T) = \sum_{i=1}^{|L|} N_i H_i(T) + \alpha |L|$$

叶节点越多表明决策树越复杂,损失值越大。当 $\alpha = 0$ 时,未剪枝的决策树损失最小;α 为无穷时,只有根节点的决策树损失最小。

其中,经验熵为:

$$H_i(T) = \sum_k \frac{N_{lk}}{N_l} \log \frac{N_{lk}}{N_l}$$

将损失函数中等号右端第一项改写为:

$$\sum_{i=1}^{|L|} N_l H_l(T) = -\sum_{l=1}^{|L|} \sum_{k=1}^{K} N_{lk} \log \frac{N_{lk}}{N_l} = C(T)$$

则损失函数可写为:

$$C_a(T) = C(T) + \alpha |T|$$

从损失函数表达式中可知,损失函数等号右端第一项表示决策树对训练样本数据的预测误差,第2项表示决策树的复杂程度,其中参数 α 较大时会偏好较简单的决策树,参数 α 较小时会偏好更复杂的决策树,参数 α 为0时表示不考虑模型的复杂程度而只考虑模型和训练样本数据的拟合度。

当参数值确定时，子树越大表示决策树越复杂，则与训练样本的拟合度越高；反之，子树越小表示决策树越简单，则与训练样本的拟合度越低。决策树的剪枝就是通过优化损失函数来降低决策树的复杂度，也就是用正则化的极大似然估计选择模型。对基于信息增益和增益率的算法的剪枝算法如下：

剪枝算法 1 的主要步骤如下：

输入：决策树 T，参数 α

输出：剪枝后的决策树

(1) 计算决策树中每个节点的经验熵。

(2) 从决策树的叶节点递归向上回缩；设定叶节点回缩至父节点前后的决策树为 T_B 和 T_A，分别对应损失函数 $C_\alpha(T_B)$ 和 $C_\alpha(T_A)$，如果 $C_\alpha(T_B) \geqslant C_\alpha(T_A)$ 成立，则进行剪枝处理，并置父节点为新的叶节点。

(3) 反复执行第 2 步直至不能继续，返回新的决策树。

对基于 Gini 指数的 CART 算法的剪枝处理算法如下：

剪枝算法 2 的主要步骤如下：

输入：决策树 T_0

输出：最优决策树

(1) 设置 $T=T_0$，$k=0$；

(2) 设置 $\alpha=+\infty$；

(3) 设以内部节点 i 为根节点的子树为 T_i，子树的叶节点个数表示为 $|T_i|$，从上而下计算内部节点 i 的预测误差 $C(T_i)$、$|T_i|$ 和 $\dfrac{C(i)-C(T_i)}{|T_i|-1}$，并设参数 α 为：

$$\alpha = \min\left(\alpha, \frac{C(i)-C(T_i)}{|T_i|-1}\right)$$

(4) 对 $\dfrac{C(i)-C(T_i)}{|T_i|-1} = \min\left(\alpha, \dfrac{C(i)-C(T_i)}{|T_i|-1}\right)$ 内部节点 i 实施剪枝，同时对叶节点 i 以表决方法决定其类别，得到新的 T；

(5) 设置 $k=k+1$，$T_k=T$，$\alpha_k=\alpha$；

(6) 如果当前决策树不是根节点和两个叶节点组成的树,则返回步骤 2,否则设置 $T_k = T_p$;

(7) 以交叉验证法在 T_0, T_1, $\cdots$, T_p 中选择最优子树。

3.2 回　　归

面对离散问题时,算法确定的相应的模型用于将样本分成值域是离散取值的几个类别中的某一个。当值域是连续取值时,需要将输入和对应的输出拟合成一个函数,即为机器学习中的回归问题,回归算法主要包括线性回归和逻辑回归两种。

3.2.1　线性回归

线性回归方法是机器学习中非常常见的方法,用于研究输入和输出变量的关系,即假设输出变量是若干输出变量的线性组合,并根据这一关系求解线性组合中的最优系数,据此对新样本进行预测。线性回归按照自变量的数量可分为一元线性回归和多元线性回归,一元线性回归是只有一个自变量。例如:如果金融行业要根据不同的客户特征评价其优质程度,转换成线性模型的结果可能就是:客户评价=−3.0+0.24×年收入。

多元线性回归是指有两个或两个以上的自变量。例如:对客户的评价除了年收入以外,还要考虑其贷款和教育支出,此时转换成线性模型的结果可能就是:客户评价=−3.0+0.24×年收入−0.1×贷款−0.05×教育支出。

最小二乘法也叫最小平方法,通过最小化误差,也就是真实目标对象与拟合目标对象之间的差的平方和来寻找数据的最佳函数匹配。利用最小二乘法可以求得未知的数据,目的是使求得的数据与实际数据之间误差的平方和最小。

最小二乘法常作为一种优化方法以求得目标函数的最优值,与梯度下降类似,也是一种求解无约束最优化问题的常用方法。其实质是解决回归问题。如果优化的目标函数是平方损失函数,此时就可以通过最小二乘法来解决。

最小二乘法还用于曲线拟合,对于平面中的 n 个点,尽管可以使用无数条曲线来拟合,但如果要求样本回归函数尽可能好地拟合这组值,就要使这条直线处于样本数据的中心位置,也就是选择最佳拟合曲线的标准为总的拟合误差最小。

简而言之,最小二乘法也可以用于曲线拟合,来解决回归问题。

在机器学习中,表示样本的标签取决于样本的多个属性,比如考量一个人是否是合格人才,除了要考虑他的知识学识,还要考虑他的道德品格、身体状况等多种因素。

假定有 n 个训练样本 $[(x_1, y_1), (x_2, y_2), \cdots, (x_n, y_n)]$,其中 $x_i(1 \leq i \leq n)$ 表示第 i 个样本的 m 个特征并用 m 维向量表示,$x_{i,j}$ 表示第 i 个样本的第 $j(1 \leq j \leq m)$ 个特征。与 x_i 成对出现的 y_i 是用一个标量值表示的与 x_i 存在映射关系的函数值。通常情况下线性回归的问题就是找到一组参数 $\alpha = (\alpha_0, \alpha_1, \cdots, \alpha_m)^T$,使之满足:

$$y_i = \alpha_1 x_{i,1} + \alpha_2 x_{i,2} + \cdots + \alpha_m x_{i,m} + \alpha_0 \quad i = 1, 2, \cdots, n$$

为了方便表示,一般为常数项 α_0 增加一维 $x_{i,0}$(值恒为 1),则上式可写为:

$$y_i = \alpha_0 x_{i,0} + \alpha_1 x_{i,1} + \alpha_2 x_{i,2} + \cdots + \alpha_m x_{i,m} \quad i = 1, 2, \cdots, n$$

在实际应用中,由于训练样本存在噪声,上面等式难以做到理想状态下的严格相等,因此一般通过定义一个损失函数来衡量上式等号右端对等号左端函数值的逼近程度,损失函数的定义为:

在参数 $\alpha = (\alpha_0, \alpha_1, \cdots, \alpha_m)^T$ 下,样本 (x_i, y_i) 的损失值为 $y_i - (\alpha_0 x_{i,0} + \alpha_1 x_{i,1} + \alpha_2 x_{i,2} + \cdots + \alpha_m x_{i,m})$,在训练样本集合 $[(x_1, y_1), (x_2, y_2), \cdots, (x_n, y_n)]$ 下,其损失函数为:

$$L(\alpha) = \frac{1}{2} \sum_{i=1}^{n} [y_i - (\alpha_0 x_{i,0} + \alpha_1 x_{i,1} + \alpha_2 x_{i,2} + \cdots + \alpha_m x_{i,m})]^2,\text{也可}$$

写为:

$$L(\alpha) = \frac{1}{2} \sum_{i=1}^{n} [(y_i - \alpha^T \cdot x_i)]^2$$

目标是损失函数最小,即寻找满足损失函数值最小的参数。显然,多元函数的极值在驻点处取得,可以通过对目标函数求偏导,得到 n 个方程

和 m 个未知数的方程组，一般通过梯度下降算法，迭代计算参数，直至梯度减小至 0。

3.2.2 逻辑回归

逻辑回归尽管被称为回归，但实际上是一个二分类问题。分类模型，其本质是假设数据服从 Logistic 分布，然后用极大似然估计做参数的估计。在本质上，逻辑回归是假设数据服从伯努利分布，基于最大似然估计推导的方法，通过似然函数的对数变化，运用梯度下降的方法求解参数，来达到将数据二分类的目的。

以处理二分类的问题为例，我们假设数据集中存在一条直线，这条直线对于数据集来说可以实现线性可分。如图 3.2 所示。

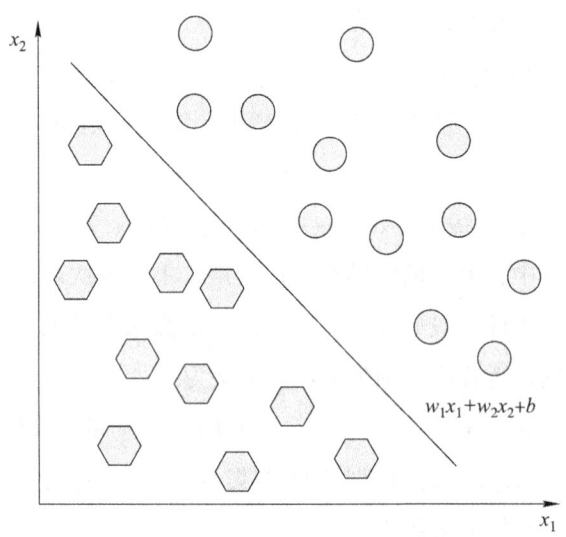

图 3.2 二分类问题直线

该直线（划分边界）可以表示为：

$$w_1x_1+w_2x_2+b=0$$

此时，通过某个样本点对于划分边界左边公式取值与 0 的大小进行比较，进而来判定该样本属于哪一类别。但逻辑回归还要找到分类概率 $P(Y=1)$ 与输入向量 X 的直接关系，然后再通过比较概率值来判别类别。即 Logistic 方法主要应用于研究某些事件发生的概率，通过某个样本点对于划分边界左边公式取值与 0 的大小比较，来判定该样本属于哪一类别；而逻辑回归还需要加一层，它要找到分类概率 $P(Y=1)$ 与输入向量 X 的直接关系，然后通过比较概率值来判断类别。

回归的本质是：假设数据服从 Logistic 分布，然后使用极大似然估计做参数的估计。

Logistic 分布是一种连续型的概率分布，其分布函数和密度函数分别为：

$$F(x)=P(X \leqslant x)=\frac{1}{1+e^{-(x-\mu)/\gamma}}$$

$$F(x)=P(X \leqslant x)=\frac{e^{-(x-\mu)/\gamma}}{\gamma(1+e^{-(x-\mu)/\gamma})^2}$$

其中，μ 表示位置参数，γ 为形状参数。

Logistic 分布是由其位置和参数定义的连续分布，其形状与正态分布的形状相似，但是 Logistic 分布与正态分布相比尾部更长，故此可以使用 Logistic 分布来建模比正态分布具有更长尾部和更高波峰的数据分布。当 $u=0$，$\gamma=1$ 时，Logistic 的分布函数即为在深度学习中常用到的 Sigmoid 函数。无论是线性还是多项式形式，逻辑回归的思路都是先拟合决策边界，然后再建立这个边界与分类的概率联系，从而得到二分类情况下的概率。因此，Logistic 回归的实质是通过线性回归模型的预测值来逼近分类任务真实标记的对数概率。其优点首先是可以直接对分类的概率建模，无须实现假设数据分布，这样就可以避免因假设分布不准确所带来的问题；其次是不仅可以预测出类别，而且还可以得到该预测的概率，这对利用概率辅助决策的任务非常有用；最后，还可以用于对数概率函数是任务阶可导的凸函数，使得许多数值优化算法可以求出最优解。

3.3 支持向量机

支持向量机(Support Vector Machine，SVM)是一种常用的二分类模型，其基本模型是寻求在特征空间上间隔最大的线性分类器，当包括了核方法之后，可以使得支持向量机成为非线性分类器，用于求解凸二次规划的最优化方法，支持向量机以及由此衍生的统计学习理论和核方法在机器学习领域取得了非常好的效果。如果样本数据线性可分，通过硬间隔最大化学习训练的线性分类器，即所谓硬间隔支持向量机；如果样本数据近似线性可分，通过软间隔最大化学习训练的线性分类器，即所谓软间隔支持向量机；如果样本数据线性不可分，则可以通过核技巧和软间隔最大化学习训练非线性支持向量机。

3.3.1 硬间隔最大化支持向量机

如果存在一个特征空间上的训练数据集合：
$$T = [(x_1, y_1), (x_2, y_2), \cdots, (x_N, y_N)]$$

其中(x_i, y_i)表示一个样本点，x_i为第i个样本数据的特征向量，也称为实例；y_i为第i个样本数据的标记，当样本为正例时，y_i为+1，样本为负例时，y_i为-1。目标是通过对样本的学习训练找到一个超平面，从而可以正确划分实例。超平面用$w \cdot x + b = 0$表示，其中w表示法向量，b表示截距，通过超平面将特征空间分为正类和负类两部分。一般情况下，当数据集线性可分时存在无穷多个分离超平面，但线性可分支持向量机利用间隔最大化求得的分离超平面是唯一的。

所谓线性可分支持向量机是在给定线性可分训练集合的前提下，通过间隔最大化或求解等价的凸二次规划问题求得分离超平面。在二维空间中，如果样本集线性可分，线性支持向量机对应一条可以正确区分正例和负例且间隔最大的直线，如图3.3所示。图中"○"表示正例，"×"表示负例。

图3.3中负例的一侧标识1、2和3的点表示三个负例，其中负例3与分离超平面的距离最远，表示该实例为负例的确信度最高；负例1与分离超平面的距离最近，表示该例为负例的确信度最低；负例2与分离超平面的距离位于前两个实例之间，表示其确信度也介于两者之间。在超平面$w \cdot x + b = 0$已定的前提下，某实例x与超平面的距离可以用$|w \cdot x + b|$表示，其中$w \cdot x + b$的符号如果与类标记一致，即如果存在$y(w \cdot x + b) > 0$就表示

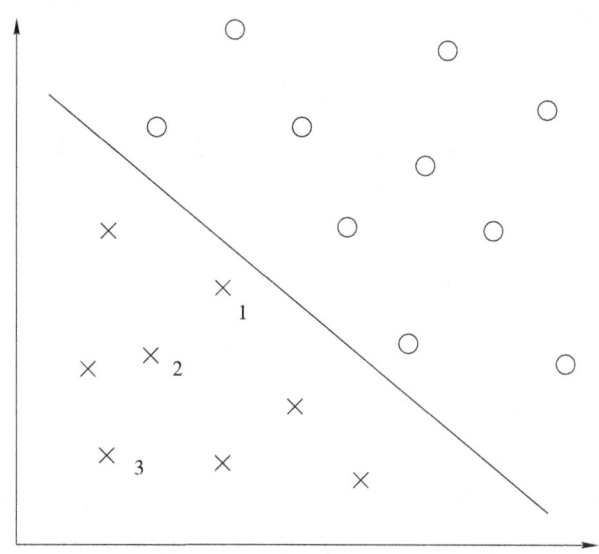

图 3.3　二分类问题表示

分类正确，$y(w \cdot x+b)$的量大小可以表示分类正确的确信度，也就是函数间隔。超平面(w, b)关于某训练数据集的函数间隔可用训练集中所有样本点的函数间隔的最小值表示，即：

$$\gamma = \min_{i=1,2,\cdots,N} y(w \cdot x_i + b)$$

函数间隔可以表示样本分类的准确与否和确信度，但如果成比例改变法向量和截距的大小不会带来分离超平面的改变。由函数间隔的表达式可知，以上改变相当于对函数间隔乘以同等比例系数而发生了改变，为计算带来不便。因此，可以通过对法向量增加一定的约束条件，使得间隔的值是确定的，比如对法向量进行规范化处理，即超平面(w, b)关于某训练数据集的间隔表示为：

$$\gamma = \min_{i=1,2,\cdots,N} y_i \left(\frac{w}{\|w\|} \cdot x_i + \frac{b}{\|w\|} \right)$$

即所谓几何间隔，其中$\|w\|$表示法向量w的L_2范数。

支持向量机的目的即为能够正确划分训练数据集合的同时得到几何间隔最大的唯一分离超平面，其直观的意义是以最大的确信度划分数据集，所得的分离超平面会对未知的样本具备更强的预测分类能力，并最终得到线性可分的支持向量机样本分类问题转化为凸二次规划问题。即：

$$\min_{w,b} \frac{1}{2} \|w\|^2 \tag{3.1}$$

$$\text{s.t.} \quad y_i(w \cdot x_i + b) \geq 1, \quad i = 1, 2, 3, \cdots, N \tag{3.2}$$

由此可以得到分离超平面为：

$$w^* \cdot x + b^* = 0$$

决策函数为：

$$f(x) = sign(w^* \cdot x + b^*)$$

且可证明分离超平面的存在和唯一性，本书从略。

得到分离超平面后，训练数据集中距分离超平面最近的样本点的实例即为支持向量，如图3.4所示。在 L_1 上的点为正例支持向量，在 L_2 上的点为负例支持向量，L_1 和 L_2 平行且在两者之间形成一条不存在样本点的长带，长带的宽度值为 $\dfrac{2}{\|w\|}$，称为间隔，L_1 和 L_2 称为间隔边界。决定分离超平面的只有支持向量，间隔边界以外的样本点不起作用。

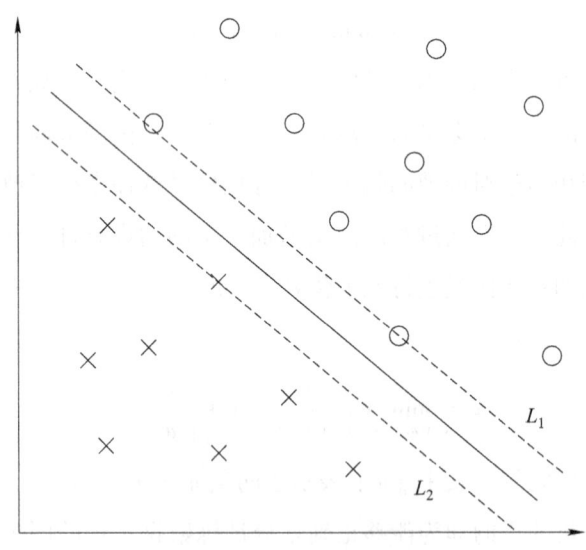

图3.4 硬间隔支持向量

3.3.2　软间隔最大化支持向量机

硬间隔最大化方法可以解决线性可分数据集，当数据集线性不可分时，就要对硬间隔最大化方法进行修改，即为软间隔最大化。

如果存在一个特征空间上的训练数据集合：

$$T=[(x_1, y_1), (x_2, y_2), \cdots, (x_N, y_N)]$$

其中，(x_i, y_i) 表示一个样本点，x_i 为第 i 个样本数据的特征向量，y_i 为第 i 个样本数据的标记。假设该数据集存在特异点，特异点之外的其他样本点组成的集合线性可分。数据集中的特异点 (x_i, y_i) 无法满足函数间隔大于等于 1，必须对该样本点引入松弛变量 ξ_i，且有 $\xi_i > 0$，使函数间隔与松弛变量的和大于等于 1，进而将约束条件变为：

$$y_i(w \cdot x_i + b) + \xi_i \geq 1$$

则目标函数变为：

$$\frac{1}{2}\|w\|^2 + C\sum_{i=1}^{N}\xi_i$$

目标函数中 C 为惩罚参数，且有 $C>0$。C 值越大表示误分类的惩罚程度越高，C 值越小表示误分类的惩罚程度越低，由此可将线性不可分数据集的线性支持向量机问题转化为以下凸二次规划问题：

$$\min_{w,b,\xi} \frac{1}{2}\|w\|^2 + C\sum_{i=1}^{N}\xi_j$$

$$\text{s.t.} \quad y_i(w \cdot x_i + b) + \xi_i \geq 1, \quad i=1, 2, \cdots, N$$

$$\xi_i \geq 0 \quad i=1, 2, \cdots, N$$

可以证明，以上凸二次规划问题的解是存在的，且 w 有解且一定唯一，而 b 有解但未必唯一。

由此可以得到分离超平面为：

$$w^* \cdot x + b^* = 0$$

决策函数为：

$$f(x) = sign(w^* \cdot x + b^*)$$

在线性不可分情况下，求解得到对偶问题的解 $\alpha^* = (\alpha_1^*, \alpha_2^*, \alpha_3^*, \cdots,$

$\alpha_N^*)^T$，如果 $\alpha_i^* > 0$，则将对应的样本点的实例 x_i 称为软间隔的支持向量，到间隔边界的距离为 $\dfrac{\xi_i}{\|w\|}$，如图 3.5 所示，"○"表示正例，"×"表示负例，实线表示分离超平面，虚线表示间隔边界。软间隔的支持向量，可能位于间隔边界上、间隔边界与分离超平面之间以及误分在分离超平面另一边。如果 $\alpha_i^* < C$，$\xi_i = 0$，则对应的软间隔支持向量位于间隔边界上；如果 $\alpha_i^* = C$，$0 < \xi_i < 1$，则对应的软间隔支持向量位于间隔边界与分离超平面之间；如果 $\alpha_i^* = C$，$\xi_i = 1$，则对应的软间隔支持向量位于分离超平面上；如果 $\alpha_i^* = C$，$\xi_i > 1$，则对应的软间隔支持向量被误分在分离超平面另一边，$\dfrac{\xi_i}{\|w\|}$ 表示实例到间隔边界的距离。

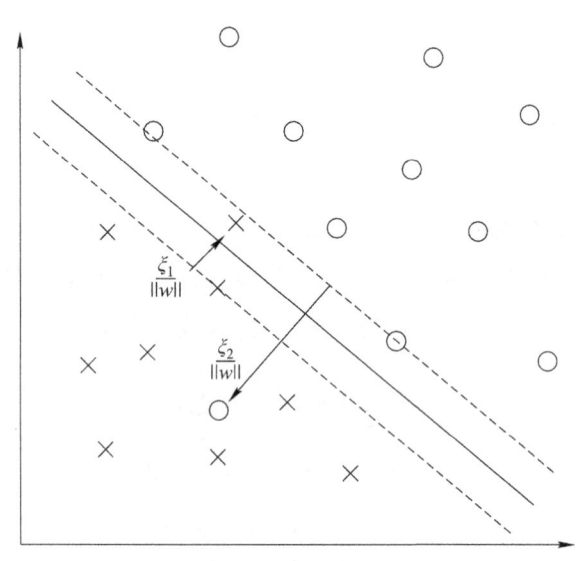

图 3.5 软间隔支持向量

3.3.3 对偶算法

在实际应用中，通过拉格朗日对偶性求解支持向量机的对偶问题可以得到原始问题的最优解，求解对偶问题会比直接求解原始问题更简单，同时通过引入核函数也可以用于求解非线性支持向量机问题。

对于不等式约束(3.2)引入拉格朗日乘子 $\alpha_i \geq 0$, $i=1, 2, \cdots, N$, 构造拉格朗日函数如下：

$$L(w, b, \alpha) = \frac{1}{2}\|w\|^2 - \sum_{i=1}^{N} \alpha_i y_i(w \cdot x_i + b) + \sum_{1}^{N} \alpha_i$$

由拉格朗日对偶性可知，原始问题的对偶问题为一类极大极小问题，即首先求函数 $L(w, b, \alpha)$ 关于 w 和 b 的极小问题，然后再求关于 α 的极大问题。

首先，针对拉格朗日函数 $L(w, b, \alpha)$ 关于 w 和 b 的极小问题，将函数 $L(w, b, \alpha)$ 分别对 w 和 b 求偏导，并使其为 0，即：

$$L'_w(w, b, \alpha) = w - \sum_{i=1}^{N} \alpha_i y_i x_i = 0 \tag{3.3}$$

$$L'_b(w, b, \alpha) = -\sum_{i=1}^{N} \alpha_i y_i = 0 \tag{3.4}$$

求解可得：

$$w = \sum_{i=1}^{N} \alpha_i y_i x_i \tag{3.5}$$

$$\sum_{i=1}^{N} \alpha_i y_i = 0 \tag{3.6}$$

将结果代入拉格朗日函数，经过化简可得：

$$L(w, b, \alpha) = -\frac{1}{2}\sum_{i=1}^{N}\sum_{j=1}^{N} \alpha_i \alpha_j y_i y_j (x_i \cdot x_j) + \sum_{i=1}^{N} \alpha_i$$

也就是拉格朗日函数 $L(w, b, \alpha)$ 关于 w 和 b 的极小问题，即：

$$\min_{w, b} L(w, b, \alpha) = -\frac{1}{2}\sum_{i=1}^{N}\sum_{j=1}^{N} \alpha_i \alpha_j y_i y_j (x_i \cdot x_j) + \sum_{i=1}^{N} \alpha_i$$

然后再求函数 $\min_{w,b} L(w, b, \alpha)$ 关于 α 的极大问题，即：

$$\max_{\alpha} -\frac{1}{2}\sum_{i=1}^{N}\sum_{j=1}^{N} \alpha_i \alpha_j y_i y_j (x_i \cdot x_j) + \sum_{i=1}^{N} \alpha_i$$

$$\text{s.t.} \quad \sum_{i=1}^{N} \alpha_i y_i = 0$$

$$\alpha_i \geq 0, \quad i=1, 2, 3, \cdots, N$$

将目标函数值加负号，即可将求极大问题转换为等价的极小问题，即：

$$\min_{\alpha} -\frac{1}{2}\sum_{i=1}^{N}\sum_{j=1}^{N}\alpha_i\alpha_j y_i y_j(x_i \cdot x_j) + \sum_{i=1}^{N}\alpha_i$$

$$\text{s.t.} \quad \sum_{i=1}^{N}\alpha_i y_i = 0$$

$$\alpha_i \geq 0, \ i=1, 2, 3, \cdots, N$$

结合拉格朗日对偶问题的性质分析可知，原始问题可以转换为以上对偶问题进行求解，对于线性可分的数据集，如果对偶问题的解为 $\alpha^* = (\alpha_1^*, \alpha_2^*, \alpha_3^*, \cdots, \alpha_N^*)^T$，即可根据 $\alpha^* = (\alpha_1^*, \alpha_2^*, \alpha_3^*, \cdots, \alpha_N^*)^T$ 按照如下方式求得原始问题的解 w^* 和 b^*，即：

$$w^* = \sum_{i=1}^{N}\alpha_i^* y_i x_i$$

$$b^* = y_i - \sum_{i=1}^{N}\alpha_i^* y_i(x_i \cdot x_j)$$

由此可以得到原始问题的分离超平面为：

$$\sum_{i=1}^{N}\alpha_i^* y_i(x \cdot x_i) + b^* = 0$$

分类决策函数为：

$$f(x) = sign\Big(\sum_{i=1}^{N}\alpha_i^* y_i(x \cdot x_i) + b^*\Big)$$

对于线性支持向量机，由于数据集中存在特异点，而无法满足函数间隔大于等于 1，因此必须对该样本点引入松弛变量 ξ，且有 $\xi_i > 0$，使函数间隔与松弛变量的和大于等于 1，因此，

其目标函数和约束条件为：

$$\min_{w, b, \xi} \frac{1}{2}\|w\|^2 + C\sum_{i=1}^{N}\xi_i$$

$$\text{s.t.} \quad y_i(w \cdot x_i + b) + \xi_i \geq 1, \ i=1, 2, \cdots, N$$

$$\xi_i \geq 0, \ i=1, 2, \cdots, N$$

因此，线性支持的向量机的拉格朗日对偶函数如下：

$$L(w, b, \xi, \alpha, \mu) = \frac{1}{2}\|w\|^2 + C\sum_{i=1}^{N}\xi_i - \sum_{i=1}^{N}\alpha_i(y_i(w \cdot x_i + b) - 1 + \xi_i) + \sum_{1}^{N}\mu_i\xi_i, \ 且 \alpha_i \geq 0, \mu_i \geq 0$$

分别求函数 $L(w, b, \xi, \alpha, \mu)$ 对 w、b 和 ξ 的偏导并令其为 0,可得:

$$L'_w(w, b, \xi, \alpha, \mu) = w - \sum_{i=1}^{N}\alpha_i y_i x_i = 0$$

$$L'_b(w, b, \xi, \alpha, \mu) = -\sum_{i=1}^{N}\alpha_i y_i = 0$$

$$L'_\xi(w, b, \xi, \alpha, \mu) = C - \alpha_i - \mu_i = 0$$

进一步求解,显然可得:

$$w = \sum_{i=1}^{N}\alpha_i y_i x_i$$

$$\sum_{i=1}^{N}\alpha_i y_i = 0$$

$$C - \alpha_i - \mu_i = 0$$

重新整理线性支持的向量机的拉格朗日对偶函数 $L(w, b, \xi, \alpha, \mu)$,可以得到:

$$\min_{w, b, \xi} L(w, b, \xi, \alpha, \mu) = -\frac{1}{2}\sum_{i=1}^{N}\sum_{j=1}^{N}\alpha_i \alpha_j y_i y_j(x_i \cdot x_j) + \sum_{i=1}^{N}\alpha_i$$

再求函数 $\min\limits_{w,b,\xi}(w, b, \xi, \alpha, \mu)$ 对 α 的极大问题,可得:

$$\max_{\alpha}\min_{w, b, \xi} L(w, b, \xi, \alpha, \mu) = -\frac{1}{2}\sum_{i=1}^{N}\sum_{j=1}^{N}\alpha_i \alpha_j y_i y_j(x_i \cdot x_j) + \sum_{i=1}^{N}\alpha_i$$

进一步将上式转变为求极小问题,即可得:

$$\min_{\alpha} \frac{1}{2}\sum_{i=1}^{N}\sum_{j=1}^{N}\alpha_i \alpha_j y_i y_j(x_i \cdot x_j) - \sum_{i=1}^{N}\alpha_i$$

$$\text{s.t.} \quad \sum_{i=1}^{N}\alpha_i y_i = 0$$

$$C - \alpha_i - \mu_i = 0$$

$$\alpha_i \geq 0, \mu_i \geq 0, i = 1, 2, 3, \cdots, N$$

对等式 $C - \alpha_i - \mu_i = 0$ 进行变换,并消去 μ_i,可将约束条件转换为 $0 \leq \alpha_i \leq C$,然后就可以将目标函数和约束条件写为:

$$\min_{\alpha} \frac{1}{2}\sum_{i=1}^{N}\sum_{j=1}^{N}\alpha_i \alpha_j y_i y_j(x_i \cdot x_j) - \sum_{i=1}^{N}\alpha_i$$

$$\text{s. t.} \quad \sum_{i=1} \alpha_i y_i = 0$$

$$0 \leqslant \alpha_i \leqslant C, \ i=1,2,3,\cdots,N$$

对对偶问题进行求解，假定 $\alpha^* = (\alpha_1^*, \alpha_2^*, \alpha_3^*, \cdots, \alpha_N^*)^T$ 是其解，若 α^* 的一个分量 α_j^*，满足 $0 \leqslant \alpha_j^* \leqslant C$，则原始问题的解可按如下方式求取：

$$w^* = \sum_{i=1}^{N} \alpha_j^* y_i x_i$$

$$b^* = y_j - \sum_{i=1}^{N} \alpha_i^* y_i (x_i \cdot x_j)$$

则其分离超平面为：

$$\sum_{i=1}^{N} \alpha_i^* y_i (x \cdot x_i) + b^* = 0$$

分类决策函数为：

$$f(x) = sign\Big(\sum_{i=1}^{N} \alpha_i^* y_i (x \cdot x_i) + b^*\Big)$$

3.3.4 非线性支持向量机

硬间隔最大化向量机和软间隔最大化向量机可用于求解线性分类问题，但以上分类方法无法处理非线性分类问题，本节讲解利用核方法构造非线性支持向量机。

对于给定的数据集合：

$T = [(x_1, y_1), (x_2, y_2), \cdots, (x_N, y_N)]$

其中 (x_i, y_i) 表示一个样本点，x_i 为第 i 个样本数据的特征向量；y_i 为第 i 个样本数据的标记，通过标记标识样本所属的类别，当样本为正例时，y_i 为+1，样本为负例时，y_i 为-1。如果存在一个超曲面可以正确划分正负实例，此即为非线性可分问题。非线性问题求解难度较大，希望能够将非线性问题转换为线性问题并加以解决，可以采取的方法是通过核技巧将原特征空间变换为新的特征空间，即通过一个非线性变换将原输入空间 A 映射为另一个特征空间 B，将原空间用于分类的超曲面模型映射为空间 B 的超平面模型，从而将原非线性可分问题变换为线性可分问题。通过在空间 B 中求解线性支持向量机以实现分类目的，这种方法即为核技巧。

假定 X 是欧式空间 A(输入空间)的子集或离散集合,另有希尔伯特空间 B(特征空间),如果存在一个从 A 到 B 的映射:

$$\varphi(x): A \to B$$

且对于所有 $x, y \in A$,存在函数 $K(x,y)=\varphi(x) \cdot \varphi(y)$,$\varphi(x)$ 即为从空间 A 到空间 B 的映射函数,$\varphi(x) \cdot \varphi(y)$ 表示 $\varphi(x)$ 与 $\varphi(y)$ 的内积,$K(x,y)$ 即表示核函数。对于给定的核函数,映射函数并非唯一,可以根据需要取不同的特征空间,即使同一特征空间也存在不同的映射函数。

参照线性支持向量机的对偶问题特征,结合目标函数和决策函数只涉及输入实例与实例之间的内积的特点,针对非线性支持向量机问题,可以利用核函数代替内积,因此非线性支持向量机的目标函数为:

$$\frac{1}{2}\sum_{i=1}^{N}\sum_{j=1}^{N}\alpha_i \alpha_j y_i y_j K(x_i, x_j) - \sum_{i=1}^{N}\alpha_i$$

决策函数为:

$$f(x) = sign\left(\sum_{i=1}^{N}\alpha_i^* y_i K(x_i, x) + b^*\right)$$

3.4 非参数化学习

非参数化学习在本质上不对模型做过多假设,但非参数化学习并非没有参数。非参数化学习方法在预测新样本值的时候每次都会重新训练数据得到新的参数值,即每次预测新样本都会依赖训练数据集合,所以每次得到的参数值是不确定的。其优势有:

(1) 可变性:可以拟合许多不同的函数形式;
(2) 模型强大:对于目标函数不做假设或者作出很小的假设;
(3) 表现良好:对于训练样本数据具有良好的拟合性。

3.4.1 KNN 算法

KNN 算法是最简单同时也是最常用的有监督分类算法之一,没有显式的学习过程或训练过程,当对数据的分布只有很少或者没有任何先验知识时尤其适用。可以用于分类,也可以用于回归,通过测量不同特征值之间的距离进行分类。算法的工作原理是利用训练数据对特征向量空间进行划分,然后将划分结果作为最终算法模型。训练样本集中的每个数据都存在标签,即样本集中每一数据与所属分类的对应关系。

当输入没有标签的数据时,将该数据的每个特征与样本集中的数据对应的特征进行比较,提取样本中特征最相近的数据分类标签。即根据各样本的类别进行投票确定测试样本的类别,或者通过样本与测试样本的相似程度进行加权投票,若以测试样本相应类别的概率的形式输出,则可以通过各样本中不同类别的样本数量分布来进行估计。

对于任意 n 维输入向量,分别对应于特征空间中的一个点,选择样本数据集中前 K 个最相似的数据,选择 K 个最相似数据中出现次数最多的类别,作为新数据的分类,输出为该特征向量所对应的类别标签或预测值,如图 3.6 所示。

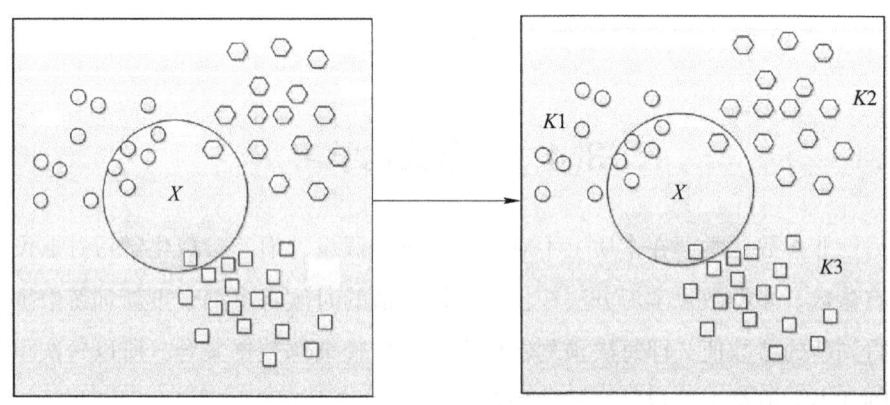

图 3.6 KNN 算法示意

对于要输入的向量 X,需要在训练数据集中寻找 K 个与向量 X 最近的向量的集合,然后再将 K 个样本中类别数最多的那一类作为 X 的预测类别。

如图 3.6 所示,训练集中的三个类别分别用 $K1$、$K2$、$K3$ 表示。其中,假定 K 取值为 7,与 X 最相近的 7 个点被括在圆中,显然与之最相近的 7 个点中占比最高的类别为 $K1$,故此 KNN 算法将 X 的类别预测为 $K1$。

KNN 算法的步骤：

（1）计算给定测试对象与训练集中每个样本的距离；

（2）确定最近的 K 个训练样本，作为测试对象的邻居；

（3）根据最近的 K 个训练样本所属的类别，将占比最高的类别作为测试对象的预测类别。

在 KNN 算法中，显然影响准确度的因素主要有两个，首先是计算测试对象与训练集中各个样本之间的距离；其次是 K 值的选择。

3.4.2 距离计算

KNN 算法一般使用两种距离计算方式：曼哈顿距离和欧式距离。

特征空间中两个实例点之间的相似度可以通过距离来反映，因此 KNN 算法中的一个重要的问题是计算样本之间的距离，用于确定训练样本中与测试样本更加接近的是哪些样本。

在实际应用中，可以根据应用的场景和数据本身的特点来选择距离计算方法，已有的计算方法不满足实际应用需求时，也可以有针对性地选择其他适合具体问题的距离计算方法。

假定特征空间 $\mathcal{X}$ 是 n 维实数向量空间 R^n，样本 x_i，$x_j \in \mathcal{X}$，有 $x_i = [x_i^{(1)}, x_i^{(2)}, \cdots, x_i^{(n)}]^T$，$x_j = [x_j^{(1)}, x_j^{(2)}, \cdots, x_j^{(n)}]^T$，则 x_i，x_j 的距离 L_p 可定义为：

$$L_p(x_i, x_j) = \left[\sum_{k=1}^{n} |x_i^{(k)} - x_j^{(k)}|^p\right]^{\frac{1}{p}}$$

当 $p=1$ 时，p 称为曼哈顿距离。曼哈顿距离等于两个样本之间每一维度之差的绝对值之和。曼哈顿距离的含义可以对应到规划为方框建筑的城市，两个地点的出租车最短行驶距离，因此也被称为出租车几何，是一种用来度量多维实数空间内两个样本点之间距离的方法，在使用时一般需要考虑变量之间取值范围不同对结果的影响。例如，两个样本，$x_1 = [x_1^{(1)}, x_1^{(2)}, \cdots, x_1^{(n)}]^T$，$x_2 = [x_2^{(1)}, x_2^{(2)}, \cdots, x_2^{(n)}]^T$，则两个样本之间的欧氏距离计算公式为：

$$L_1(x_1, x_2) = \sum_{k=1}^{n} |x_1^{(k)} - x_2^{(k)}|$$

当 $p=2$ 时，p 称为欧式距离。欧式距离也称欧几里得距离，是最常见的距离度量，衡量的是多维空间中两个点之间的绝对距离。即在 n 维空间中两个点之间的真实距离，或者向量的自然长度，也就是该点到原点的距离，在二维和三维空间中的欧氏距离就是两点之间的实际距离。

例如，两个样本，$x_1 = [x_1^{(1)}, x_1^{(2)}, \cdots, x_1^{(n)}]^T$，$x_2 = [x_2^{(1)}, x_2^{(2)}, \cdots, x_2^{(n)}]^T$，则两个样本之间的欧氏距离计算公式为：

$$L_2(x_1, x_2) = \left[\sum_{k=1}^{n} |x_1^{(k)} - x_2^{(k)}|^2\right]^{\frac{1}{2}}$$

3.4.3 K 值确定

要确定样本 X 属于哪个类别，K 值的选择至关重要。如果 $K=3$，在其最近的 3 个样本中圆形数量最多，因此，X 应该属于圆形类别。如果 $K=10$，在其最近的 10 个样本中方形数量最多，因此，X 应该属于方形类别。由此可见，K 值的选择很重要。

同时，在对未知样本进行预测时，因为只用到与其最接近的 K 个样本，因此，KNN 算法的偏置往往比较低，而方差却往往比较高，在训练集较小的时候，也更容易出现过拟合。

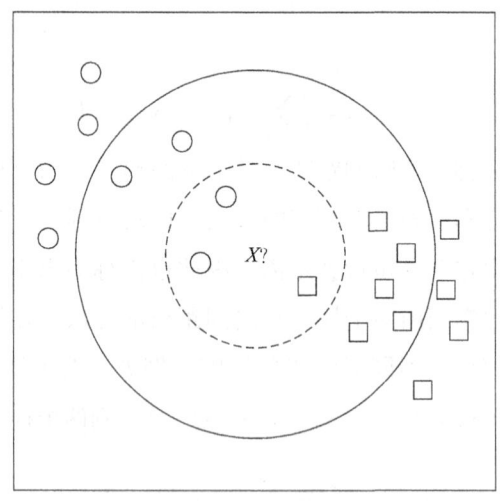

图 3.7 K 值选择

因此，不同的 K 值对结果预测的影响很大，一般而言，可以从 K=1 开始，K 值较小，相当于使用较小的邻域中的训练实例进行预测，只有距离近的起作用，因此单个样本影响大。预测结果的近似误差较小，但估计误差较大，对噪声较敏感，同时也使得整体模型变得复杂，易发生过拟合。

随着其值的逐渐增大，KNN 算法的分类效果也会逐渐提升，因为 K 值较大，这时距离远的样本也会起作用，但在 K 值增大到某个值后，如果进一步增大，KNN 算法的分类效果又会逐渐下降。预测结果近似误差较大，估计误差较小，同时整体的模型变得简单。

在极端情况下，如果取 K=1，此时，KNN 的泛化错误率上界为贝叶斯最优分类器错误率的两倍(证明略)；如果取 K=N(样本数)时，KNN 算法对每一个测试样本的预测结果将会变成一样。

因此，K 值一般选择较小，通常情况下 K 取奇数，以有效避免产生相等占比的情况。

往往还需要通过交叉验证等方法评估模型在不同取值时的性能，进而确定具体问题的 K 值。

3.5 集成学习

集成学习是将多个学习器结合起来完成学习任务的一类算法，通过结合多个学习器来获得比单个学习器更强的性能，通过建立若干个模型来解决特定的预测问题，其工作原理是生成多个分类器，各个分类器独立地学习并作出预测，最后将这些预测结果结合成组合预测，且优于任何一个单一分类器做出的预测结果。

3.5.1 Boosting 算法

Boosting 是一种可将弱学习器提升为强学习器的集成学习算法。第一，从初始训练集训练出一个基学习器；第二，根据基学习器的表现对训练样本分布进行重新调整，使分类有误的训练样本得到更多关注，重新确定每个样本的权值，将修改过权值的新数据集送给下层进一步训练；第三，基于调整后的样本分布训练下一个基学习器,直至基学习器数目达到事先指定的个数 T;第四,将 T 个基学习器进一加权结合以构成强学习器,作为最后的决策分类器。Boosting 学习器之间存在较强的依赖关系,属于串行生成的序列化方法。

AdaBoost 是 Boosting 算法族中的一个典型的迭代算法,该方法的自适应特征体现在前一个分类器分错的样本会被用于训练下一个分类器。在每一轮学习中加入一个新产生的弱分类器,直至满足预定的错误率。在算法学习过程中每一个训练样本都被赋予一个权重,用以表示它被某个分类器选入训练集的概率。如果某个样本已被准确分类,那么在构造下一个训练集中被选中的概率会降低;反之,如果某个样本点被错误分类,则其权重就得到提高,在构造下一个训练集中被选中的概率就会提高。从而使得 AdaBoost 方法能自适应地聚焦于较难分类的更具训练价值的样本上,且不容易出现过拟合现象。

AdaBoost 算法的基学习器线性组合形式为:

$$F(x) = \sum_{t=1}^{T} \alpha_t f_t(x)$$

x 表示输入向量。$f_t(x)$ 表示弱分类器。弱分类器的输出为+1 或-1,表示对样本的分类结果,弱分类器的精度不高;对二分类问题而言,只需要分类的准确率大于 50% 即可,即比随机猜测的准确率高就可以作为弱分类器。α_i 表示弱分类器的权重,权重的具体值通过训练得到。$F(x)$ 表示强分类器,强分类器的输出为+1 或-1,表示强分类器对样本的分类结果。T 表示弱分类器的个数。

对于一个二分类数据集合:

$$T = [(x_1, y_1), (x_2, y_2), \cdots, (x_N, y_N)]$$

其中,(x_i, y_i) 表示一个样本点,x_i 为第 i 个样本数据的特征向量,也称为实例;y_i 为第 i 个样本数据的标记,通过标记标识样本所属的类别,当样本为正例时,y_i 为+1,样本为负例时,y_i 为-1。

AdaBoost 算法从训练样本中学习 T 个弱分类器,并将它们线性组合在一起成为一个强分类器。算法具体步骤如下:

(1) 初始化训练样本的权重 $w_1 = (w_{11}, w_{12}, w_{13}, \cdots, w_{1i}, \cdots, w_{1N})$，$w_{1i} = \frac{1}{N}$，显然有 $\sum_{i=1}^{N} w_{1i} = 1$。

此时假定训练数据具有相同的权值分布，也就是每个样本在分类器中具有同等的重要性，可以确保算法初步在原始样本集合上学习弱分类器 $f_1(x)$。

(2) $j = 1, 2, 3, \cdots, J$，使得在每一轮都在 $j = 1, 2, 3, \cdots, J$ 执行以下四个步骤的操作。

(a) 应用权值分布为 w_j 的样本训练集合学习得到弱分类器 $f_j(x)$：

$$f_j(x): \mathcal{X} \to \{-1, +1\}$$

此步骤以当前分布 w_j 为加权系数来训练数据集合，学习相应的分类器 $f_j(x)$。

(b) 计算 $f_j(x)$ 在 w_j 的样本训练集合上的分类错误率 ε_j：

$$\varepsilon_j = \sum_{i=1}^{N} P(f_j(x_i) \neq y_i) = \sum_{i=1}^{N} w_{ji} I(f_j(x_i) \neq y_i)$$

其中 w_{ji} 表示第 j 轮训练中第 i 个样本的权值，且有 $\sum_{i=1}^{N} w_{ji} = 1$，表示 $f_j(x)$ 在加权训练样本集合上的分类误差率是被分类器 $f_j(x)$ 错分样本的权值之和。

(c) 计算弱分类器 $f_j(x)$ 的系数 α_j：

$$\alpha_j = \frac{1}{2} \ln \frac{1 - \varepsilon_j}{\varepsilon_j}$$

弱分类器 $f_j(x)$ 的系数 α_j 表示分类器 $f_j(x)$ 在最终分类器中的重要性程度，分析系数的表达式 $\alpha_j = \frac{1}{2} \ln \frac{1 - \varepsilon_j}{\varepsilon_j}$ 可知，当分类错误率 $\varepsilon_j \leq 0.5$ 时，系数 $\alpha_j \geq 0$，且随着错误率的减小系数逐渐增大，表明分类误差率越小的分类器在最终的分类器中的重要性程度越高。

(d) 更新训练数据集合的权值分布 w_{j+1}：

$$w_{j+1} = (w_{j+1,1}, w_{j+1,2}, w_{j+1,3}, \cdots, w_{j+1,i}, \cdots, w_{j+1,N})$$

$$w_{j+1,i} = \frac{w_{ji}\exp(-\alpha_j y_i f_j(x_i))}{\sum_{i=1}^{N} w_{ji}\exp(-\alpha_j y_i f_j(x_i))}$$，使得 w_{j+1} 成为一个概率分布。

权值分布 $w_{j+1,i}$ 还可以写作

$$w_{j+1,i} = \begin{cases} \dfrac{w_{ji}\exp(-\alpha_j)}{\sum_{i=1}^{N} w_{ji}\exp(-\alpha_j y_i f_j(x_i))} & f_j(x_i) = y_i \\ \dfrac{w_{ji}\exp(\alpha_j)}{\sum_{i=1}^{N} w_{ji}\exp(-\alpha_j y_i f_j(x_i))} & f_j(x_i) \neq y_i \end{cases}$$

显然，被弱分类器误分的样本的权值会提高，表明此类样本对训练分类器的价值更大；被正确分类的样本权值会降低，表明此类样本对训练分类器的价值较小。通过改变样本的权重来改变样本在训练分类器中的作用。

（3）构建弱分类器的加权线性组合：

$$g(x) = \sum_{j=1}^{J} \alpha_j f_j(x)$$

从而得到最终的决策分类器：

$$G(x) = sign(g(x)) = sign\left(\sum_{j=1}^{J} \alpha_j f_j(x)\right)$$

系数 α_j 表明了弱分类器的重要性程度。

3.5.2 随机森林

随机森林是另外一种典型的集成学习算法，通过组合多个弱学习器实现更加准确的预测效果，与 Boosting 方法不同，随机森林算法各学习器之间不存在强依赖关系，彼此相对独立，同时生成，并行化学习。

机器学习中有两类任务：回归和分类。随机森林可以胜任分类和回归两类任务，其中分类任务是对离散值进行预测，回归任务是对连续值进行预测。随机森林算法采用 Bagging 的思想，也叫作引导聚集算法。Bagging 是 Bootstrap aggregating 的缩写，最初由 Leo Breiman 于 1996 年提出。Bagging 算法可与其他分类或回归算法结合，以提高算法准确率和稳定性，

通过降低结果的方差来避免过拟合的发生。

（1）每次有放回地从训练集中取出 n 个训练样本，并组成新的训练集。这样每个样本可能会多次出现，也可能从不出现，因此如果假定样本集中共有 n 个样本，则任意一个样本被抽中的概率为 $1/n$，同时每个样本未被抽中的概率为 $1-1/n$，显然两次抽样是相互独立的。一个样本 n 次抽样均未被抽中的概率为 $\left(1-\dfrac{1}{n}\right)^n$，当 n 无穷大时有

$$\lim_{N\to+\infty}\left(1-\dfrac{1}{n}\right)^n=\dfrac{1}{e}\approx 0.368$$

因此，初始样本集中样本被抽中的概率为 $1-0.368=0.632$，即初始训练集中有大约 63.2% 的样本会出现在采样集中。未被抽中的样本可以作为验证集对学习器的泛化性能进行验证，因此在应用中需要记录每个分类器使用的训练样本，以明确未被使用的样本。

（2）这样即可根据需要采样出 T 个含 n 个样本的样本集，利用新的训练集，训练得到 T 个独立的分类器，最后利用 T 个分类器的组合进行预测。训练得到的分类器是弱分类器，分类器模型的具体形式并未指定，比如弱分类器的模型是决策树，则此种方法即为本节的随机森林算法。

在通常情况下，Bagging 算法处理分类问题时采用投票的方法，将得票最多子模型的分类类别作为最终的类别；处理回归问题时采用简单的平均方法得到预测值。

Bagging 算法可以通过降低基分类器的方差，改善泛化误差。另外，其算法性能依赖弱分类器的稳定性。在分类器不稳定的情况下，Bagging 算法可以降低训练数据的随机误差。同时，由于每个样本具有相同的被选中概率，训练集中的每个样本对 Bagging 算法具有同等价值。

随机森林是将多个决策树整合成森林并用来预测最终结果的机器学习方法，由 Breiman 等人提出，通过随机的方式建立森林，由多个决策树组成，每个决策树之间没有关联。当有新的样本输入时，由每个决策树分别判断新样本对应的分类或回归结果，如果样本数量多，最终的预测结果依赖大多数决策树的判断结果。随机森林应用广泛，可以同时处理属性离散

值或连续值的量。另外，还可以进行无监督学习聚类和异常点检测。

随机森林是一种特殊的 bagging 方法，也就是将决策树当作 Bagging 中的模型。通过 Bootstrap 方法生成 n 个训练集，然后基于每个训练集构造一个决策树，在处理样本时，是在特征中随机提取部分特征，而不是在所有特征中找信息增益最大的特征，并在抽到的特征中间找到最优解。随机森林的方法由于有了 Bagging，也就是集成的思想，实际上相当于对于样本和特征都进行了采样，所以可以避免过拟合。

随机森林以决策树为基本模型的 Bagging 在每次放回抽样之后，产生一个决策树，在生成每个决策树时，每个节点变量仅在随机选出的少数变量中产生。因此，样本和节点变量都是随机产生的。

事实证明组合分类器比单一分类器的分类效果好很多。随机森林是一种利用多个分类树对数据进行预测的方法，不仅可以对样本进行预测，还可以给出各变量的重要性评估。

随机森林具有极好的准确率，能够有效地运行在大数据集上，可以处理具有高维特征的输入样本，且不需要降维；能够有效评估各个特征在预测问题上的重要性，且在生成过程中可以获取到内部生成误差的一种无偏估计；此外，还可以有效处理存在缺省值的问题。

3.6 无监督学习和半监督学习

聚类是在特定的样本集合中依据其样本特征的距离或相似度进行分类（或簇），样本没有标签，样本特征的距离或相似度需要计算得出，显然，聚类方法属于无监督学习。每一个分出的类（或簇）均为样本集合的一个子集，聚类的目的是通过划分的类（或簇）挖掘样本的特点并对样本进行分析处理，常见的聚类算法有 K 均值聚类，其思想是先确定聚类中心个数 K，然后初始化聚类中心，再计算每个样本到每个聚类中心的距离，最后将其归为最近的一类；层次聚类，其思想是首先将每个样本都视为一个初始聚类簇，然后在算法的每一步找出距离最近的两个聚类簇进行合并，不断重复以上操作，直到达到预设的聚类簇数；密度聚类，其思想是假设样本能够通过分布的紧密程度来区分,一般假定类别可以通过样本分布的紧密程度决定,同一类别的样本是紧密相连的,该类别任意样本周围不远处一定有同类别的样本存在。

3.6.1 样本的相似度

假定样本集合 A 有 n 个样本,每个样本包括 m 个属性,则样本集合可用矩阵进行如下表示,每个样本通过矩阵的列表示,即矩阵的 q 列表示第 q 个样本,其中 $q=1,2,3,\cdots,n$;矩阵的行表示样本的属性,即矩阵的 p 行表示样本的第 p 个属性,其中 $p=1,2,3,\cdots,m$。

$$A = [x_{pq}]_{m \times n} = \begin{bmatrix} x_{11} & x_{12} & \cdots & x_{1n} \\ x_{21} & x_{22} & \cdots & x_{2n} \\ x_{m1} & \cdots & \cdots & x_{mn} \end{bmatrix}$$

聚类中样本可视为向量空间中的点,用空间的距离表示样本的相似度,常用的距离包括闵可夫斯基距离、马哈拉诺比斯距离、夹角余弦、相关系数等。

在实际应用中,可以根据应用的场景和数据本身的特点来选择恰当的距离计算方法,已有的计算方法不满足实际应用需求时,也可以有针对性地选择其他适合具体问题的距离计算方法。

1. 闵可夫斯基距离

闵可夫斯基距离有曼哈顿距离、欧式距离和切夫雪比距离,在特征空间 χ 中,n 维实数向量空间表示为 R^n,存在样本 $x_i, x_j \in \chi$,有 $x_i = [x_i^{(1)}, x_i^{(2)}, \cdots, x_i^{(n)}]^T$,$x_j = [x_j^{(1)}, x_j^{(2)}, \cdots, x_j^{(n)}]^T$,则 x_i, x_j 的 L_p 距离可定义为:

$$L_p(x_i, x_j) = \left[\sum_{k=1}^{n} |x_i^{(k)} - x_j^{(k)}|^p \right]^{\frac{1}{p}}$$

当 $p=1$ 时,L_p 称为曼哈顿距离;当 $p=2$ 时,L_p 称为欧式距离;当 $p=\infty$ 时,L_p 称为切夫雪比距离。其中,曼哈顿距离和欧式距离在 3.4.2 小节中已介绍,不再赘述。

切夫雪比距离是向量空间距离的一种度量。两点之间的切夫雪比距离

定义是其各坐标数值差绝对值的最大值,即:

$$L_\infty(x_1, x_2) = \max_k |x_1^{(k)} - x_2^{(k)}|$$

2. 马哈拉诺比斯距离

马哈拉诺比斯距离简称马氏距离,是另一种常用的相似度表达方式,表示点与一个分布之间的距离。它是一种有效的计算两个未知样本集的相似度的方法。与欧氏距离不同的是,它考虑到各种特性之间的联系,将变量按照主成分进行旋转,消除维度间的相关性,把向量和分布进行标准化,让各个维度同为标准正态分布。马哈拉诺比斯距离可以看作对欧氏距离的一种修正,修正了欧式距离中各个维度尺度不一致且相关的问题。马哈拉诺比斯距离越小表示相似度越大,距离越大其相似度越小。

给定样本集合 $A = [x_{pq}]_{m \times n}$,取 Σ 为其协方差矩阵,μ 为样本均值,则单个数据点的马氏距离可表示为:

$$L_M(x) = [(x-\mu)^T \Sigma^{-1} (x-\mu)]^{\frac{1}{2}}$$

样本 x_p 与 x_q 之间的马氏距离可定义为:

$$L_M(x_p, x_q) = [(x_p - x_q)^T \Sigma^{-1} (x_p - x_q)]^{\frac{1}{2}}$$

当 Σ 为单位矩阵,也就是样本的各分量相互独立且各分量的方差为1时,马氏距离即为欧式距离,因此马氏距离可以看作对欧氏距离的一种修正。

3. 夹角余弦

夹角余弦是样本之间相似度的另一种表达方式,样本之前的夹角余弦值越小(接近0)表示样本越不相似;夹角余弦值越大(接近1),表示样本越相似。

样本 x_p 与 x_q 之间的夹角余弦可定义为:

$$L_C(x_p, x_q) = \frac{\sum_{k=1}^{m} x_{kp} x_{kq}}{\left[\sum_{k=1}^{m} x_{kp}^2 \sum_{k=1}^{m} x_{kq}^2\right]^{\frac{1}{2}}}$$

4. 相关系数

相关系数是表达样本之间相似度的另一种方法,是研究变量之间线性相关程度的量。样本的相关系数绝对值越小(接近0)表示样本越不相似，相关系数绝对值越大(接近1)表示样本越相似。样本 x_p 与 x_q 之间的相关系数可定义为：

$$L_R(x_p, x_q) = \frac{\sum_{k=1}^{m}(x_{kp} - \bar{x}_p)(x_{kq} - \bar{x}_q)}{\left[\sum_{k=1}^{m}(x_{kp} - \bar{x})\sum_{k=1}^{m}(x_{kq} - \bar{x}_q)^2\right]^{\frac{1}{2}}}$$

其中：

$$\bar{x}_p = \frac{1}{m}\sum_{k=1}^{m}x_{kp}, \quad \bar{x}_q = \frac{1}{m}\sum_{k=1}^{m}x_{kq}$$

3.6.2 类和簇

通过聚类的方法可以得到相应的类或簇，聚类的方法一般可分为软聚类方法和硬聚类方法两种。软聚类方法是指集合中的样本可以归属到多个类，即类之间的交集非空；硬聚类方法是指集合中的样本只可以归属于一个类，即类之间的交集为空。本章要讲解的 K 均值聚类和层次聚类都属于硬聚类。

类或簇可以用 G 表示，类中的样本用 x_p 和 x_q 表示，类 G 中的样本用 num_G 表示，样本 x_p 和 x_q 的距离用 l_{pq} 表示。

设 R 为给定的正数，如果集合 G 中有任意两个样本 x_p 和 x_q，样本 x_p 和 x_q 的距离为 l_{pq} 且 $l_{pq} \leq R$ 成立，则 G 称为一个类或簇；

设 R 为给定的正数，如果集合 G 中有任意一个样本 x_p，在集合 G 中一定存在一个样本 x_q，样本 x_p 和 x_q 的距离为 l_{pq} 且 $l_{pq} \leq R$ 成立，则 G 称为一个类或簇；

设 R 为给定的正数，如果集合 G 中有任意一个样本 x_p，在集合 G 中另外一个样本 x_q，满足 $\frac{1}{num_G - 1}\sum_{x_q \in G} l_{pq} \leq R$，则 G 称为一个类或簇；

设 R 和 S 为给定的两个正数，如果集合 G 中有任意两个样本 x_p 和 x_q，且样本 x_p 和 x_q 的距离 l_{pq} 满足 $l_{pq} \leq S$，则 G 称为一个类或簇。

$$\frac{1}{num_G(num_G-1)}\sum_{x_p\in G}\sum_{x_q\in G}l_{pq}\leqslant R$$

在进行类的计算时，常用的相关概念有类的中心、类的直径、类的散布矩阵、类的协方差、类之间最短距离或单连接、类之间最长距离或完全连接、中心距离和平均距离等。

其中，类的中心指的是类的均值，通常定义为：

$$\bar{x}_G=\frac{1}{num_G}\sum_{p=1}^{num_c}x_p$$

类的直径是指类中任意两个样本之间的最大距离，通常定义为：

$$D_G=\max\{l_{pq}\}$$

类的散布矩阵用于衡量类中样本的分散情况，通常定义为：

$$A_G=\sum_{p=1}^{num_c}(x_p-\bar{x}_G)(x_p-\bar{x}_G)^T$$

$$G_u G_v$$

$$D_{uv}=\min\{d_{uv}\mid x_p\in G_u,\ x_q\in G_v\}$$

类的协方差用于衡量样本之间的相关性，通常定义为：

$$S_G=\frac{1}{m-1}\sum_{p=1}^{num_c}(x_p-\bar{x}_G)(x_p-\bar{x}_G)^T$$

类之间最短距离或单连接是描述类与类样本之间的最短距离，通常定义为两个类之间的最短距离，如类 G_u 和 G_v 之间的最短距离为：

$$D_{uv}=\min\{d_{uv}\mid x_p\in G_u,\ x_q\in G_v\}$$

类之间最长距离或完全连接是描述类与类样本之间的最大距离，通常定义为两个类之间的最大距离，如类 G_u 和 G_v 之间的最长距离为：

$$D_{uv}=\max\{d_{uv}\mid x_p\in G_u,\ x_q\in G_v\}$$

中心距离表示类与类的类中心和之间的距离，如类 G_u 和 G_v 之间的中心距离为：

$$D_{uv}=d_{\bar{x}_u\bar{x}_v}$$

平均距离表示类与类的任意两个样本之间的平均距离，如类 G_u 和 G_v 之间的平均距离为：

$$D_{uv} = \frac{1}{num_u num_v} \sum_{x_p \in G_u} \sum_{x_p \in G_u} d_{pq}$$

3.6.3 层次聚类

层次聚类建立在类别存在层次结构的前提下，然后再将样本汇聚到相应的层次化的类别中，层次聚类又可以分为聚合聚类和分裂聚类两种。其中，聚合聚类是自下而上地进行聚类，首先将每个样本分别分到一个类别，然后再将距离最近的两个类进行合并，并成为一个新类，重复进行此操作直至满足设定条件，最后得到相应的层次化类别。分裂聚类是自上而下地进行聚类，首先将所有样本归为一个类别，然后将现有类中距离最远的样本分属到两个新类，重复此操作直至满足设定条件，最后得到相应的层次化类别。显然聚合聚类和分裂聚类两种聚类方法都将样本归到一个类，因此，层次聚类方法属于硬聚类。

对于聚合聚类而言，首先需要确定聚合的三个基本要素，分别为类别的距离或相似度、类别的合并规则、设定的停止条件。

其中，距离或相似度一般有闵可夫斯基距离、马哈拉诺比斯距离、夹角余弦和相关系数等。合并规则一般可设定为类别之间的距离最小。类与类之间的距离有直接距离、最短距离、最远距离、中间距离、中心距离和平均距离等。不同的方法，最终的聚类结果可能会有所不同。停止条件一般可以设定为类别的个数、类的直径阈值等。

其具体步骤如下：首先将集合中的样本分到一个类；其次按照一定的评价规则将满足条件的两个类合并成为一个新类。重复进行以上操作，直至满足设定条件。

分裂聚类与聚合聚类相反，采用自上而下的策略找到距离最远的子类。首先将所有样本置于同一个类别，然后逐渐细分为更小的类，直至满足终止条件，该种方法一般较少使用。

例如，选取某省份共 10 个区域土壤样本，分别用 L1 至 L10 表示，每种土壤样本包含 7 项指标原数据，分别用 X1 至 X7 表示，如表 3.3 所示。

表 3.3　土壤样本指标原数据

	X1	X2	X3	X4	X5	X6	X7
L1	0.321	3.6	21	112	2341	453	1122
L2	0.357	2.4	23	345	3451	123	1120
L3	0.04	9.9	43	234	5410	765	2345
L4	1.45	8.5	67	564	5467	345	234
L5	0.56	3.5	34	432	764	23	2351
L6	0.98	10	23	754	897	567	1254
L7	0.567	1.23	78	568	6645	569	2314
L8	1.2	3	45	459	6239	348	5436
L9	0.423	1.34	34	546	8065	237	234
L10	0.543	7.56	56	237	3426	342	6631

首先要对数据进行标准化处理，此处通过极差化方法对原数据进行标准化处理，即通过 $y_i = \dfrac{x_i - x_{\min}}{x_{\max} - x_{\min}}$ 对原始数据进行标准化处理，结果如表 3.4 所示。

表 3.4　土壤样本标准化数据

	X1	X2	X3	X4	X5	X6	X7
L1	0.199291	0.270239	0	0	0.215998	0.579515	0.138815
L2	0.224823	0.133409	0.035088	0.362928	0.368032	0.134771	0.138502
L3	0	0.988597	0.385965	0.190031	0.636351	1	0.329998
L4	1	0.828962	0.807018	0.70405	0.644158	0.433962	0
L5	0.368794	0.258837	0.22807	0.498442	0	0	0.330936
L6	0.666667	1	0.035088	1	0.018217	0.733154	0.15945
L7	0.373759	0	1	0.71028	0.805506	0.735849	0.325152
L8	0.822695	0.201824	0.421053	0.540498	0.749897	0.438005	0.813194
L9	0.271631	0.012543	0.22807	0.676012	1	0.28841	0
L10	0.356738	0.721779	0.614035	0.194704	0.364608	0.429919	1

通过标准化数据计算样本间的距离，此处采用绝对值距离法计算样本间的距离，即通过 $y_i = \dfrac{x_i - x_{\min}}{x_{\max} - x_{\min}}$ 计算样本间距离，得到如表 3.5 所示的距离

矩阵，显然得到的距离矩阵为对称矩阵。

表 3.5 土壤样本指标距离矩阵

	L1	L2	L3	L4	L5	L6	L7	L8	L9	L10
L1	0	1.16	2.53	3.58	1.90	2.60	3.09	3.00	2.45	2.58
L2	1.16	0.00	2.93	3.30	1.29	2.91	2.82	2.59	1.60	2.63
L3	2.53	2.93	0.00	3.00	3.20	2.89	2.93	3.15	3.30	2.37
L4	3.58	3.30	3.00	0.00	3.39	2.66	2.44	2.28	2.65	2.74
L5	1.90	1.29	3.20	3.39	0.00	2.66	2.79	2.42	2.14	3.46
L6	2.60	2.91	2.89	2.66	2.66	0.00	3.50	3.48	3.49	2.63
L7	3.09	2.82	2.93	2.44	2.79	3.50	0.00	2.24	1.89	3.06
L8	3.00	2.59	3.15	2.28	2.42	3.48	2.24	0.00	2.28	2.10
L9	2.45	1.60	3.30	2.65	2.14	3.49	1.89	2.28	0.00	3.44
L10	2.58	2.63	2.37	2.74	3.46	2.63	3.06	2.10	3.44	0.00

根据类与类之间的距离，进行逐级合并。类与类之间距离计算方法有多种，类与类之间的合并策略不同，会导致最终的聚类结果有所不同。常用距离计算方法有直接距离法、最短距离法、最远距离法等，此处以直接距离法为例。

首先将各个分类对象单独视为一类，之后根据距离最小的原则依次选出一对分类对象，进而形成新类。在计算过程中，当其中一个分类对象已经归为一类，则把另一个也归为此类；当一对分类对象正好属于已归的两类，则把这两类并为一类。每一次归并之后，划掉该对象所在的列与列序相同的行，做出相应的聚类图。

第 1 步：在表 3.5 距离矩阵中，除去对角线元素以外，$d_{12}=d_{21}=1.16$ 最小，因此将样本 1 与样本 2 归为同一类，划掉第 2 行和第 2 列；

第 2 步：在余下的元素中，除去对角线元素外，$d_{79}=d_{97}=1.89$ 最小，因此将样本 7 与样本 9 归为同一类，划掉第 9 行和第 9 列；

第 3 步：在余下的元素中，除去对角线元素外，$d_{15}=d_{51}=1.90$ 最小，因此将样本 1 与样本 5 归为同一类，划掉第 5 行和第 5 列；

第 4 步：在余下的元素中，除去对角线元素外，$d_{8\,10}=d_{10\,8}=2.10$ 最小，因此将样本 8 与样本 10 归为同一类，划掉第 10 行和第 10 列；

第5步：在余下的元素中，除去对角线元素外，$d_{78}=d_{87}=2.24$ 最小，因此将样本7与样本8归为同一类，划掉第8行和第8列；

第6步：在余下的元素中，除去对角线元素外，$d_{47}=d_{74}=2.44$ 最小，因此将样本7与样本4归为同一类，画掉第4行和第4列；

第7步：在余下的元素中，除去对角线元素外，$d_{13}=d_{31}=2.53$ 最小，因此将样本1与样本3归为同一类，画掉第3行和第3列；

第8步：在余下的元素中，除去对角线元素外，$d_{16}=d_{61}=2.60$ 最小，因此将样本1与样本6归为同一类，画掉第6行和第6列；

第9步：在余下的元素中，除去对角线元素外，$d_{17}=d_{71}=3.09$ 最小，因此将样本1与样本7归为同一类，画掉第7行和第7列，且此时样本1~10均归为一类。

3.6.4 K-means 聚类

K-means 聚类算法基于样本集合进行样本划分，将样本集合划分为 K 个子集，也就是构成 K 个类，将样本集合中 n 个样本分到 K 个类中，每个样本到其所属类的中心距离最小，每个样本仅属于一个类。同时，根据一个样本仅属于一个类的特点，K 均值聚类属于硬聚类算法。

设 P、Q 是两个元素项，且各自具有 n 个可度量特征属性，定义 $P=\{p_1, p_2, \cdots, p_n\}$，$Q=\{q_1, q_2, \cdots, q_n\}$，那么 P 和 Q 的相异度定义为 $d(P, Q)=f(P, Q) \to R$，其中 R 为实数域。也就是说，相异度是两个元素对实数的映射，所映射的实数定量表示两个元素的相异程度，通常可以用欧几里得距离、曼哈顿距离和闵可夫斯基距离等度量，在实际应用中还可以对三种距离进行加权。以欧几里得距离为例，如果有三个元素 P、Q 和 Z，分别为 $P=\{1, 5, 4, 2\}$，$Q=\{2, 4, 2, 5\}$ 和 $Z=\{3, 1, 3, 1\}$，分别计算元素 P 和 Q，P 和 Z 的距离：

$$d(P, Q)=\sqrt{(1-2)^2+(5-4)^2+(4-2)^2+(2-5)^2}=3.87$$

$$d(P, Z)=\sqrt{(1-3)^2+(5-1)^2+(4-3)^2+(2-1)^2}=4.69$$

则有 $d(P, Z) > d(P, Q)$，

表明元素 P 和 Z 之间差异大于 P 和 Q 之间差异。

上面在计算元素 P、Q 和 Z 之间的相异度时,某些取值范围较大的属性带来的影响要大于取值范围小的属性,这种情形不利于反映真实的相异度。因此,通常要对属性进行规范化处理,将各属性映射到相同的取值范围,通常将各个属性均映射到 $[0,1]$ 区间,以平衡各属性对相异度计算的影响,更好地反映元素之间差异的真实情况。

此外,还有元素通过二元变量表示,即元素值只能取 0 和 1 两种值变量,常用的方法是用元素同一序位的同值属性之间的比例来标识其相异度。

两个向量的差异通常通过余弦度量来度量,需要注意的是余弦度量度量的是两者之间的相似度。

K-means 聚类算法的思想很简单,计算过程也很直观:

第一步,从集合中随机取 K 个元素,并将之作为 K 个簇的中心;

第二步,逐一计算其余元素到 K 个簇中心的相异度,然后将这些元素分别划归到相异度最小的簇;

第三步,根据聚类结果,分别重新计算 K 个簇的中心,具体计算方法是在每个簇中取所有元素各个维度的算术平均数;

第四步,将集合中全部元素按照新的簇中心重新计算相异度,并重新划归到相异度最小的簇;

第五步,重复第四步,直到收敛,即聚类结果不再变化;

第六步,将最终聚类结果输出。

具体而言,在实际应用中可以用欧氏距离的平方为样本之间的距离,然后将样本与所属的簇的中心之间的距离总和作为损失函数。K-means 聚类算法本质上是损失函数最小的最优化问题。问题一般通过迭代方法求解,目标是要将数据点划分为 K 个簇,找到每个簇的中心,并且最小化函数。

为了得到每个簇的中心,K-means 聚类算法迭代共需两步操作。也就是先随机给出 K 个中心的位置,之后将每个数据点归类到离其最近的中心,这样就构造了 K 个簇。显然,初始的 K 个中心的位置大概率是不准确的,所以将中心转移到得到的簇内部的数据点的平均位置,也就是在每个数据点的归类确定的情况下,在损失函数取极值的位置,再次构造新的 K 个簇。在此过程中中心点的位置不断更新,构造出来的簇也在更新,通过多轮迭代,最终会收敛,即 K 个中心不再移动。

例如:集合 X 包含 5 个样本,即 $X = \begin{bmatrix} 1 & 2 & 1 & 2 & 0 \\ 2 & 2 & 0 & 1 & 0 \end{bmatrix}$,通过 K-means 聚类算法,5 个元素聚类到 2 个类中。

第一步,任意选择两个样本点作为两个类的中心,不失一般性,此处选择 $c_1^{(0)} = x_1 = (1, 2)^T$,$c_2^{(0)} = x_2 = (2, 2)^T$;

第二步,以 $c_1^{(0)}$ 和 $c_2^{(0)}$ 作为类 $G_1^{(0)}$ 和 $G_2^{(0)}$ 的中心,然后计算其余 3 个样本 $x_3 = (1, 0)^T$,$x_4 = (2, 1)^T$ 和 $x_5 = (0, 0)^T$ 与当前中心 $c_1^{(0)} = x_1 = (1, 2)^T$,$c_2^{(0)} = x_2 = (2, 2)^T$ 的欧几里得距离的平方;

对 $x_3 = (1, 0)^T$,$d(x_3, c_1^{(0)}) = 4$,$d(x_3, c_2^{(0)}) = 5$,显然 $d(x_3, c_1^{(0)}) < d(x_3, c_2^{(0)})$,将 x_3 归入 $G_1^{(0)}$;

对 $x_4 = (2, 1)^T$,$d(x_4, c_1^{(0)}) = 2$,$d(x_4, c_2^{(0)}) = 1$,显然 $d(x_4, c_1^{(0)}) > d(x_4, c_2^{(0)})$,将 x_4 归入 $G_2^{(0)}$;

对 $x_5 = (0, 0)^T$,$d(x_5, c_1^{(0)}) = 5$,$d(x_5, c_2^{(0)}) = 8$,显然 $d(x_5, c_1^{(0)}) < d(x_5, c_2^{(0)})$,将 x_5 归入 $G_1^{(0)}$;

第三步,得到新类 $G_1^{(1)} = \{x_1, x_3, x_5\}$,$G_2^{(1)} = \{x_2, x_4\}$,计算类的中心:

$$c_1^{(1)} = (0.67, 0.67)^T, \quad c_2^{(1)} = (2, 1.5)^T;$$

第四步,重复第二步和第三步。

对 $x_1 = (1, 2)^T$,$d(x_1, c_1^{(1)}) = 0.53$,$d(x_1, c_2^{(1)}) = 1.25$,显然 $d(x_1, c_1^{(1)}) < d(x_1, c_2^{(1)})$,将 x_1 归入 $G_1^{(1)}$;

对 $x_2 = (2, 2)^T$,$d(x_2, c_1^{(1)}) = 3.56$,$d(x_2, c_2^{(1)}) = 0.25$,显然 $d(x_2, c_1^{(1)}) > d(x_2, c_2^{(1)})$,将 x_2 归入 $G_2^{(1)}$;

对 $x_3 = (1, 0)^T$,$d(x_3, c_1^{(1)}) = 0.56$,$d(x_3, c_2^{(1)}) = 1.25$,显然 $d(x_3, c_1^{(1)}) > d(x_3, c_2^{(1)})$,将 x_3 归入 $G_1^{(1)}$;

对 $x_4 = (2, 1)^T$, $d(x_4, c_1^{(1)}) = 1.89$, $d(x_4, c_2^{(1)}) = 0.25$, 显然 $d(x_4, c_1^{(1)}) > d(x_4, c_2^{(1)})$, 将 x_4 归入 $G_2^{(1)}$;

对 $x_5 = (0, 0)^T$, $d(x_5, c_1^{(1)}) = 0.89$, $d(x_5, c_2^{(1)}) = 6.25$, 显然 $d(x_5, c_1^{(1)}) < d(x_5, c_2^{(1)})$, 将 x_5 归入 $G_1^{(1)}$。

得到新类 $G_1^{(1)} = \{x_1, x_3, x_5\}$, $G_2^{(1)} = \{x_2, x_4\}$, 对比发现得到的新类没有变化, 说明已经收敛, 聚类停止, 得到最终的聚类结果:

$$G_1 = \{x_1, x_3, x_5\}, \quad G_2 = \{x_2, x_4\}$$

3.7 本章小结

本章是以数据作为驱动的各类算法的基础,详细介绍了学习样本的各种方法,其中有作为监督学习方法的决策树方法,通过对已有训练样本的学习而获得一个树形决策模型;传统且经典的线性回归、逻辑回归、支持向量机方法。此外,又阐述了非参数化方法、集成学习方法、无监督学习和半监督学习方法。

第4章 神经网络和深度学习

1955年,约翰·麦卡锡、马文·明斯基、克劳德·香农和纳撒尼尔·罗切斯特四位学者首次使用人工智能这个术语,并在之后60多年的起伏发展中形成了符号学派、连接学派和行为学派三大研究学派。当前人工智能以应用驱动为典型特征,主要技术方向分为大数据智能、混合增强智能、群体智能、跨媒体智能和智能无人系统等,各技术方向和不同的应用领域相结合取得了丰富成果。以人工智能技术在生产制造领域的应用为例,在全球"创新、绿色、开放、共享、个性"的发展需求下,人工智能技术在制造业中的深入应用带来了制造模式、制造手段等方面的变革,生产制造与人工智能技术深入融合发展,尤其是当前数据驱动下基于直觉感知、群体智能、混合智能的应用使智能制造正在往高层次智能化方向发展。

神经网络是人工神经网络的简称,是模拟人类大脑的神经元网络结构而形成的一种计算模型。典型的神经元结构大致由细胞体和细胞轴突组成,神经元之间通过突触进行连接,神经元之间传递的信号量决定其他被传递的神经元兴奋或抑制状态,并实现信息携带和传输。一个复杂的神经网络结构由多个神经元互连而成,在不同的神经元之间赋予一定的连接权重,可以理解为神经元之间的影响大小,每个神经元包含一个非线性激活函数,函数对输入到该神经元的所有信息进行加权求和,然后再将所得到的结果进行非线性输出，通过期望输出和实际输出之间的误差来训练神经网络参数。

1943 年，最早出现了可以进行简单逻辑运算的神经网络模型，正式开启了人们对神经网络的研究。1951 年出现了可以模拟人类感知能力的神经网络模型，并被称为感知器，可以进行简单的迭代学习，神经网络在这一时期得到了一定的发展。受限于当时的硬件计算能力，加上感知器无法处理异或问题的缺陷广为诟病，神经网络的发展在 20 世纪 60 年代末期进入了很长一段时间的冰河期。1982 年，物理学家 Hopfield 教授提出基于联想记忆的 Hopfield 神经网络，并在求解 TSP 问题中获得了成功。Hinton 等研究者在 1986 年提出玻尔兹曼机[94]，并在一些应用中获得成功。此后出现了反向传播算法，学者 LeCun 将之引入到卷积神经网络，在手写数字识别问题上取得了成功，将神经网络的研究推向新的高潮。与此同时，研究者们对梯度消失问题开展了深度的研究，循环神经网络通过逐层训练和反向传播微调的方法在一定程度上解决了该问题。2006 年，以 Hinton 为代表的神经网络研究者通过逐层预训练来学习深度信念网络，再通过反向传播算法进行权重精调，初步解决了深度神经网络训练难度大的问题，同时在语音和图像识别等研究中取得了很大的成功。同时期硬件计算能力也有了极大的提升，客观上为神经网络技术的快速发展提供了保障。

深度学习是基于神经网络模型和数据驱动的思想发展而来的，是具有更多层次和更复杂结构的神经网络模型，可以实现对原始数据的更深层次非线性转换。自动学习更抽象的特征表示，通过对网络的训练来实现感知判断能力，使深度学习成为一种具有多级表示的学习方法，最终根据特征的高级表示完成复杂的感知任务。深度学习在应用上的突出特点是端到端学习，将系统视为一个整体进行训练，在学习时不再对任务进行分割，而是直接对任务总目标进行优化，且中间过程不需要人为干预。随着硬件计算能力的提高，深度学习的层数由早期的寥寥数层发展到当前的数百层甚至更多，其特征表示能力和预测感知能力越来越强。

4.1 深度前馈神经网络

4.1.1 前馈神经网络

前馈神经网络按照接收信息的先后分为不同的层次，每层的神经元只接收前一层神经元的输出，信息只进行单向传输，不进行反向传输。前馈神经网络一般指的是全连接前馈网络，在使用中多将其视为非线性函数逼近器，通过多层神经元的非线性激活函数组合，实现输入到输出的复杂非线性映射以及低级特征向高级特征的转换。

隐藏层神经元接收到的净输入是前一层各神经元的激活值输出乘以相应的连接权重再逐项求和，然后和偏置相加，在这一过程中均为线性运算，对样本的特征提取能力很有限，且无论神经网络有多少层，整个神经网络仍为线性运算。为了提高神经网络的表达能力，加入非线性函数用以接收前一层神经元的输入，并进行非线性运算得到新的输出值，非线性函数即为激活函数。同时，出于误差反向传播的需要，要求激活函数处处可导，因此，常用的激活函数有 S 型函数 Log-Sigmoid 和双曲正切函数 Tanh，以及修正线性单元 ReLU 等，神经元内部结构如图 4.1 所示。

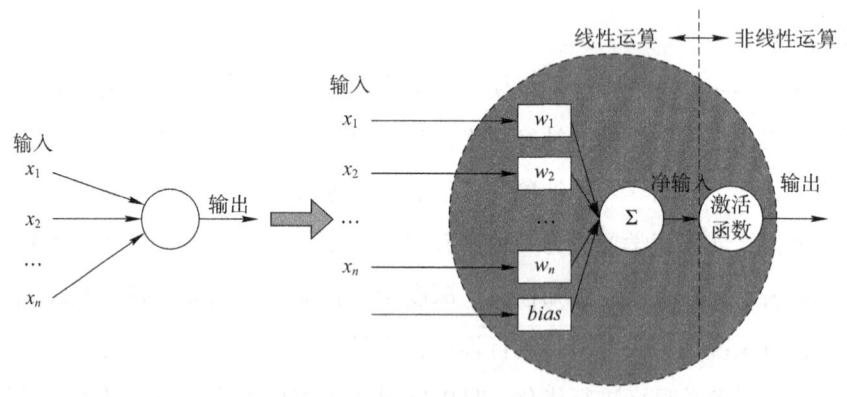

图 4.1　神经元结构示意图

前馈神经网络中神经元分属不同的层次，最左边层称为输入层，最右边层称为输出层，中间其他层称为隐藏层，隐藏层可以根据需要设置层数。输入层接收外部输入，输出层和隐藏层只接收其前一层的单向输入，同层神经元之间没有连接关系。

将神经网络的输入层设定为第 0 层，后续依次为第 1 层、第 2 层……第 l 层，神经网络各层的活性值设置为输入向量 $x^{(0)}$，$x^{(1)}$，$x^{(2)}$，…，$x^{(l)}$，则前馈神经网络的信息传播方式为：

$$z^{(l)} = W^{(l)} x^{(l-1)} + b^{(l)} \tag{4.1}$$

$$x^{(L)} = f_l(z^{(l)}) \tag{4.2}$$

其中，$f_l(\cdot)$ 表示激活函数，$W^{(l)}$ 表示连接权重，$b^{(l)}$ 表示偏置，通过逐层信息传递，可以得到前馈神经网络输出层的最终输出 $x^{(L)}$，如图 4.2 所示。

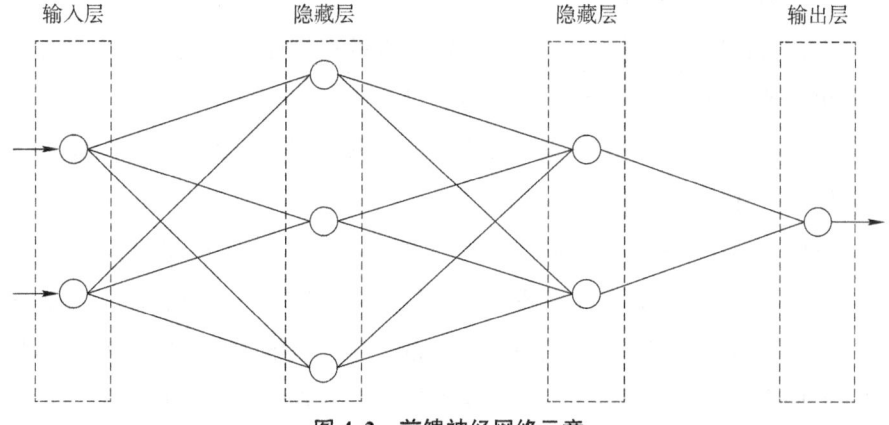

图 4.2　前馈神经网络示意

只有一个隐藏层的前馈神经网络称为单隐层前馈神经网络，如果隐藏层采用 Sigmoid 函数，则单隐层神经网络能够以任意精度逼近任意有理函数。

4.1.2　深度前馈神经网络及学习模式

仍然基于对单隐层前馈神经网络的分析，隐藏层的层数多于两层的前馈神经网络称为多隐层前馈神经网络，即深度前馈神经网络。其拓扑结构的特点是多隐层、全连接，还要满足有向且无环。

深度前馈神经网络的优化目标函数分为凸的和非凸的，前者是指如果可行域也就是函数参数的取值范围是凸集，那么定义在该集合上的问题即为凸优化，求得的问题的解为全局最优解且对初值的选择没有依赖。而如果可行域也就是函数参数的取值范围是非凸集合，那么定义在该集合上的问题即为非凸优化，可行域存在大量的局部极值点和鞍点，得到的问题解往往是局部最优解且对初值的选择有很高的依赖性，如果初值设置合理则可以得到较理想的局部最优解。

深度前馈神经网络与机器学习的学习训练基本一致，均分为数据、模型、优化目标和问题求解四个部分，但机器学习更注重基于数据先验的特征学习，比如特征的提取、筛选，同时包括分类器的设计与构建，其缺点在于模型的表达能力严重依赖特征学习，其优势在于优化的目标函数可以利用凸优化的方法快速求解，效率更高。与机器学习的不同之处在于深度前馈神经网络降低了对数据先验的依赖性，改变了机器学习浅层特征学习的特点，对数据的表征能力具备更加深层次的挖掘能力，随着隐层的增加表现出对数据更底层更本质的刻画与学习。

深度前馈神经网络的缺点主要表现在容易过拟合、优化目标函数非凸和梯度消失现象等方面。

以监督学习方式训练深度前馈神经网络时，由于模型层次较多，相对复杂，模型参数多，同时有标签数据数量有限，这样一来就会出现预测值和样本标签值几乎完全一致的情况，即过拟合。缓解过拟合问题首先可以增加数据量，因为大部分过拟合产生的原因是数据量太少；其次可以运用正规化的方式，比如 L1 正规化、L2 正规化等方法，这些方法适用于大多数的神经网络；还可以通过 Dropout 正规化方法，即在训练时随机忽略一部分神经元和神经联结，使用残缺神经网络训练一次，下一次再随机忽略另外一部分神经元和神经联结，生成另一个残缺的神经网络，通过这种方式来降低预测结果过分依赖其中某部分特定的神经元的弊端。

由于深度前馈神经网络的优化目标函数的非凸性，初值的选择对最终解有较大的影响，初值选择合理时可以避免算法早熟，过早陷入局部最优，求得的解逼近最优解；若初值选择不合理，往往会使求得结果较差，出现欠拟合现象。梯度消失现象是使用反向传播算法非常容易出现的问题，是神经网络训练中的一个致命问题，这是链式法则的乘法特性所致，在梯度向后传导时，每经过一个激活函数就需要乘以一个较小的梯度，乘过之后的梯度的值又变得更小，随着层数的加深，梯度的衰减非常快，迅速接近 0，这就是梯度消失的现象。

深度前馈神经网络的学习在实质上是利用线性变换和非线性变换将输入空间变换为线性可分的稀疏空间，以对输入数据完成分类或回归任务。要增加深度前馈神经网络的性能，可以通过增加节点数和神经网络深度即层数来实现，增加节点在本质上增加数据维度，以提高线性变换能力；增加层数在实质上是增加对数据的非线性变换次数，提高非线性变换能力。

4.2 深度卷积神经网络

4.2.1 卷积神经网络

全连接前馈神经网络随着神经网络层数和神经元个数的增加，参数的规模急剧增加，导致神经网络训练困难，且易出现过拟合的情况；同时，全连接前馈神经网络难以处理局部不变性特征，卷积神经网络可以较好地解决这些问题。卷积神经网络是特殊的前馈神经网络，是受到生物学中感受野机制的启发而提出的，生物感受器在接收到刺激信号时，通过向心神经元将感觉信息传输到上位中枢，神经元所反应或支配的刺激范围即为感受野。

卷积是一种重要的数学运算，常用的有一维卷积和二维卷积，其主要数学依据是傅里叶变换和卷积定理。

一维离散傅里叶变换：

假设已知长度为 I 的一维离散数列，且有：

$$g(x), 且 x=0, 1, 2, \cdots, I-1 \quad (4.3)$$

则存在一维离散数列 $G(s)$，且 $x=0, 1, 2, \cdots, I-1$ 满足：

$$g(x) = \frac{1}{I} \sum_{s=0}^{I-1} G(s) e^{\frac{2\pi}{I} sxi}, 且 x = 0, 1, 2, \cdots, I-1$$

G 为 g 的傅里叶变换，同时 g 为 G 的傅里叶逆变换。

一维卷积定理：对长度是 P 的一维张量 A，A 的第 p 个数用 $A(p)$ 表示，且有 $0 \leq p < P$，有长度为 FP 的一维卷积核 K，则 $P+FP-1$ 是张量 A 与卷积核 K 的完全卷积结果的大小。

首先对张量 A 进行末尾填充补 0，将其扩展到与完全卷积的长度相同。A' 表示扩充后的张量，即：

$$A'(p) = \begin{cases} A(p), & 0 \leq p < P \\ 0, & p \leq p < P+FP-2 \end{cases}$$

再将卷积核 K 翻转 180 度得到 K_180，同时将 K_180 扩展到与完全卷积大小相同尺寸，并用 K'_180 表示，即：

$$K'\_180(p) = \begin{cases} K\_180(p), & 0 \leq p < FP \\ 0, & FP \leq p < P+FP-2 \end{cases}$$

设 A' 和 K'_180 的傅里叶变换分别为 A'_fft 和 K'_180_fft，则有 $A \times K$ 的傅里叶变换等于 $A'\_fft \times K'\_180\_fft$，其中符号 × 表示对应元素相乘。

二维离散傅里叶变换：

假设存在 I 行 J 列的复数数列 g，$g(x, y)$ 表示 g 的第 x 行 y 列对应位置的值，则有对任意 $x \in [0, I-1]$，$y \in [0, J-1]$，存在 I 行 J 列的复数数列 G，存在以下等式：

$$g(x, y) = \frac{1}{IJ} \sum_{s=0}^{I-1} \sum_{t=0}^{J-1} G(s, t) e^{\left(\frac{2\pi}{I}sx + \frac{2\pi}{J}ty\right)i}, \text{且} \ 0 \leq x < I, \ 0 \leq y < J$$

(4.4)

则称 G 为 g 的傅里叶变换，同时 g 为 G 的傅里叶逆变换。

二维傅里叶变换与一维傅里叶变换有如下关系，即可以将二维傅里叶变换理解为先在行上进行一维傅里叶变换，然后在列上进行一维傅里叶变换；同样也可以先在列上进行一维傅里叶变换，然后在行上进行一维傅里叶变换。

二维卷积定理：对高为 P、宽为 Q 的二维张量 A 和高为 FP、宽为 FQ 的二维卷积核 K，则张量 A 与卷积核 K 的完全卷积结果高为 $P+FP-1$、宽为 $Q+FQ-1$。

首先对张量 A 的下侧和右侧进行填充补 0，将其扩展到与完全卷积的大小相同，A'表示扩充后的张量，即：

$$A'(p, q) = \begin{cases} A(p, q), & 0 \leq p < P, \ 0 \leq q < Q \\ 0, & 其他 \end{cases}$$

其中 $0 \leq p < P+FP-1$，$0 \leq q < Q+FQ-1$。

然后将卷积核 K 翻转 180 度得到 K_180，然后对 K_180 扩展其下侧和右侧进行填充补 0，使与完全卷积同样大小，并用 K'_180 表示，即：

$$K'\_180(fp, fq) = \begin{cases} K\_180(fp, fq), & 0 \leq fp < FP, \ 0 \leq fq < FQ \\ 0, & 其他 \end{cases}$$

其中 $0 \leq fp < P+FP-1$，$0 \leq fq < Q+FQ-1$。

设 A' 和 K'_180 的傅里叶变换分别为 A'_fft 和 K'_180_fft，则有 $A \times K$ 的傅里叶变换等于 $A'\_fft \times K'\_180\_fft$，其中符号×表示对应元素相乘。

在一维卷积中，设信号序列 x 为 x_1、$x_2 \cdots x_n$，对信号序列实施卷积运算的 w 为 w_1、$w_2 \cdots w_n$，则有：

$$\begin{aligned} y_t &= w_1 x_t + w_2 x_{t-1} + \cdots + w_n x_{t-n+1} \\ &= \sum_{n=1}^{N} w_n x_{t-n+1} \end{aligned} \quad (4.5)$$

其中 w 称为滤波器，将信号序列 x 定义为 $y = w \times x$，×表示卷积运算，如图 4.3 所示。

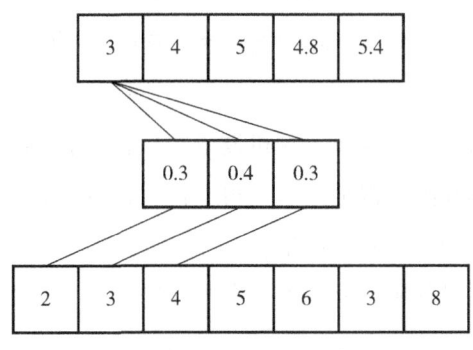

图 4.3　一维卷积示意

图 4.3 中下层为输入信号序列，中间层为滤波器 $w = [0.3, 0.4, 0.3]$，上层为无填充卷积结果，信号 2、3、4 经一维卷积后得到输出值 3，特征序列 3、4、5 经一维卷积后得到输出值 4，以此类推。

当卷积处理的对象是二维结构时，则需将一维滤波器扩展为二维结构，输入信息 X 和二维滤波器 W 的卷积运算定义为 $Y=W\times X$，其中×表示卷积操作，如图 4.4 所示。

2	3	1	0	2	3	1
1	0	1	1	1	2	0
1	0	2	0	1	2	2
1	0	0	1	2	1	1
2	1	2	−1	0	−1	2
2	1	3	2	1	1	1
3	2	2	1	0	0	1

×

0	1	0
0	1	1
1	0	0

=

2				

图 4.4　二维卷积示意

图 4.4 中左边为输入信息，中间为二维滤波器，右边为二维卷积输出结果。

在全连接前馈神经网络中，用卷积来代替全连接，卷积神经网络当前层的输入值为上层活性值和卷积核的卷积结果，即：

$$z^{(l)}=W^{(l)}\times x^{(l-1)}+b^{(l)} \tag{4.6}$$

其中，卷积核 $W^{(l)}$ 是需要经过训练的权重向量，$b^{(l)}$ 是需要经过训练的偏置。

卷积神经网络目前主要应用在机器学习、语音识别、文档分析和图像识别等领域，尤其在图像识别方面取得了巨大成功，以及在此基础上延伸千米的比如自动驾驶、博弈等场景；近年来，也有学者陆续将卷积神经网络应用于生产调度等领域并取得了一定的成果[95,96]。

4.2.2　深度卷积神经网络

深度学习以卷积神经网络为底层架构的应用较多，通过增加网络的层数得到更抽象的特征表示，前文已对卷积神经网络结构进行了较为详尽的描述，此处仅列举基于深度卷积神经网络的深度学习成功应用的一些成果。He 等[97]提出将扩展的深度卷积神经网络方法用于数据集分类实验上，其结果已超过报告的人类水平。基于增加卷积模块的功能也有成功的应用，Szegedy 等[98]在 ImageNet 大规模视觉识别挑战中提出了基于图片分类和检测的新技术，增加了网络的深度和宽度，提高了对网络内部计算资源的利用。深度残差网络在网络层数和卷积模块的功能上均有扩展，在物体检测和识别任务中得到成功应用[99,100]。多种神经网络结合也是深度学习扩展神经网络应用的一个重要发展方向，Vinyals 等[101]提出了一个基于循环神经网络和卷积神经网络的深度循环神经网络模型，用于生成描述图像的自然句子，在多个数据集上验证了模型的准确性和语言的流畅性。注意力机制与神经网络结合也被证实是一种有效的深度学习模型[102]。

4.3 深度循环神经网络

4.3.1 循环神经网络

循环神经网络是一种可用于解决序列问题的神经网络结构，区别于前馈神经网络，循环神经网络可以在时间和空间两个维度上共享参数，这一特点的突出优势是循环神经网络具有更好的泛化能力，训练好的神经网络可以处理结构不同的样本，比如长度不同的序列问题。

循环神经网络在时间维度上反复利用同样的结构，进而可以表示一个序列链，同时实现了参数共享，可用经典的动态系统形式表示，即：

$$s^{(t)} = g(s^{(t-1)}; \theta) \tag{4.7}$$

在动态系统表达式中，t 时刻的系统状态使用了 $t-1$ 时刻的系统定义，同时，通过函数 $g(\cdot)$ 将 $t-1$ 时刻的状态映射到 t 时刻，实现了系统的记忆功能，且在不同时间步共享相同的参数 θ；在经典动态系统的基础上，考虑有外部信号 $x^{(t)}$ 驱动的系统动态状况，即：

$$s^{(t)} = g(s^{(t-1)}, x^{(t)}; \theta) \tag{4.8}$$

通过式(4.8)的结构可知，状态 $s^{(t)}$ 包含了状态 $s^{(t-1)}$ 和过去序列的信息，具有和经典动态系统同样的动力学特点。因此，循环神经网络定义相对比较宽泛,任意具有循环特点的函数或神经网络均可视为循环神经网络,如图4.5所示。

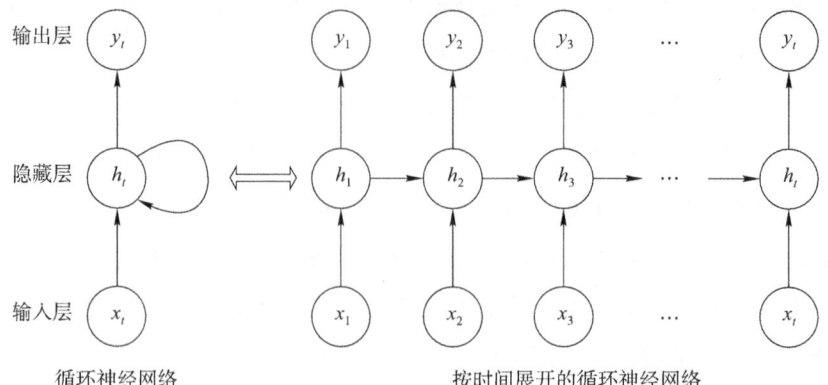

图 4.5 循环神经网络结构

完全连接的循环神经网络如果拥有足够多的隐藏神经元和非线性激活函数,那么循环神经网络可以任意逼近一个非线性动力系统,即:

$$h_t = f(h_{t-1}, x_t) \tag{4.9}$$

$$y_t = 0(h_t) \tag{4.10}$$

式(4.7)和(4.8)中 h_t 表示时刻 t 的隐状态,x_t 是外部输入信息,$f(\cdot)$ 为状态转换函数,$0(\cdot)$ 为输出函数。

由于所处理的问题不同,循环神经网络可以输出一个标量或向量,甚至多个向量组成的复杂序列,且输入和输出的序列长度可以不同。根据输入和输出的映射关系,循环神经网络处理问题的模式分为序列到类别和序列到序列两大类。在车间生产调度问题中,可以将流水车间调度、作业车间调度等问题宏观地理解为序列到序列的问题。而序列到类别的循环神经模式是指输入信号为 x_1、$x_2 \cdots x_t$ 的序列,输出信号为 1、$2 \cdots n$ 中的一个类别。

按时间步将输入信号输入至循环神经网络,同时在每个时间步得到一个中间隐藏状态 h_1、$h_2 \cdots h_t$,输入分类器的最后信息一般选择隐藏状态 h_t,或者所有隐藏状态的平均作为整个序列的最终表示。序列到序列的模式又可以分为同步序列模式和异步序列模式,同步的序列模式在每个时间步都接收上一时间步的隐藏状态输入和外部信息输入,同时每个时间步均有相应输出,如图 4.6 所示。

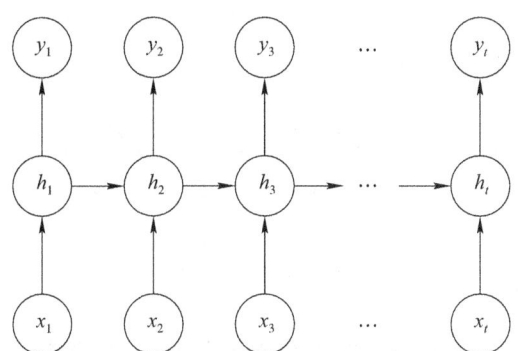

图 4.6 同步序列到序列循环神经网络模式

外部输入信息序列为 x_1、$x_2 \cdots x_t$,按照时间步将外部信息输入至网络;输出序列为 y_1、$y_2 \cdots y_t$,在每个时间步得到相应的隐藏状态 h_1、$h_2 \cdots h_t$,通过隐藏状态将不同时间步的信息传递,进而实现网络的记忆功能,每个时间步接收的隐藏状态和外部输入共同表示当前状态,并输出当前的状态标签 y_t。在实际应用中,标准的循环神经网络是单向的,常见的困难主要是输入和输出序列之间的对应关系问题,一般称为对齐,比如在解决流水车间调度问题应用中,输入序列是工件信息,期望的输出是满足一定评价指标的工件加工序列问题,在这一过程中,工件加工的次序除了和已输入的信息有关,还和未输入的工件信息有关,也就是和将来的信息有关。因此,在有些应用中将单向循环神经网络替换成双向循环神经网络可以在一定程度上解决此问题。

异步的序列到序列模式也被称为编码器—解码器模型,输入和输出的序列长度没有严格的对应关系,序列长度也未必相同,如图 4.7 所示。

图 4.7 中左半部分称为编码器,右半部分为解码器,其中 x_1、$x_2 \cdots x_t$ 表示输入序列,g 表示序列的结束,y_t 表示预测输出,虚线表示将当前时间步的输出作为下一时间步的输入信息,通过此模式实现循环神经网络的记忆功能。

4.3.2 深度循环神经网络

循环神经网络通常只有一个单向的隐藏层,隐变量和观测值与具体的

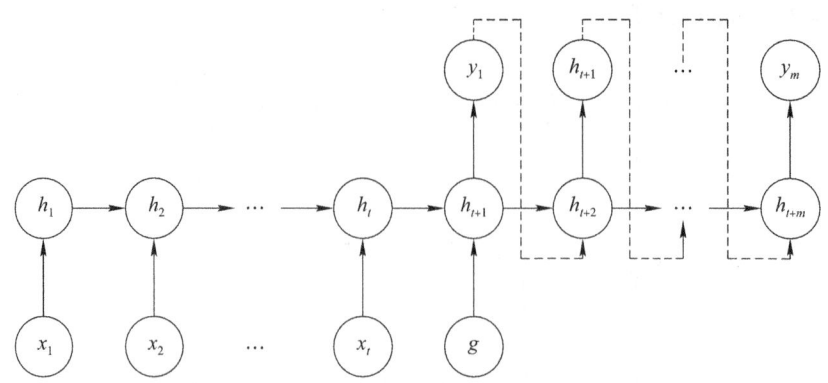

图 4.7　异步序列到序列模式（编码—解码器）

函数形式的交互方式较为随意，而在深度循环神经网络中则会含有多个隐藏层，也就是将多个循环神经网络层堆叠在一起，通过对简单层的组合，产生更为灵活的多层机制，每个隐藏状态连续传递到当前层的下一时间步和当前时间步的下一层，让当前层的神经元输出变为下一层神经元的输入。深度循环神经网络在学习率调整、修剪等方面较为耗时耗力，对模型初始化的要求也较高，以确保符合要求的收敛。深度循环神经网络的隐藏层数目和隐藏单元的数目均为超参数，可以人为调整或指定。用门控循环单元或长短期记忆网络的隐藏状态来代替深度 RNN 中的隐藏状态进行计算，可以很容易地得到深度门控循环神经网络，当前这些模型在深度学习框架中都有高级的 API 涵盖。

4.4　深度自动编码器

自动编码器是神经网络形式之一，基本思想是直接使用一层或者多层神经网络对输入数据进行映射，然后得到输出向量，并作为从输入数据提取出的数据特征。自动编码器既支持表征线性变换又支持表征非线性变换，可视为前馈网络的一种特殊形式，基本的自编码器模型是三层神经网络结构，包含一个输入层、一个隐藏层和一个输出层，且输出层和输入层具有相同的维数。

自编码器的输入输出一致，其目标是使用稀疏的高阶特征重新组合来进行重构，也就是先将输入压缩成潜在空间表征，然后通过这种表征来重构输出，因此可将自动编码器理解为一种数据压缩算法，其中数据的压缩和解压缩函数具有数据相关、有损、可自动学习等特征。

4.4.1 欠完备自动编码器

自动编码器的实质是利用反向传播算法使得输出值等于输入值的神经网络，先将输入压缩成潜在空间表征，再利用空间表征来重构输出。

因此自编码器由编码器和解码器两部分组成，其中编码器将输入压缩成潜在空间表征，通过一定形式的编码函数来实现。解码器用于重构来自潜在空间表征的输入，通过一定形式的解码函数来表示。故此，如果输入用 x 表示，编码函数用 $y=f(x)$ 表示，解码函数用 $z=g(y)$ 表示，则自动编码器可以用函数 $z=g(f(x))$ 表示，自动编码器的输出 z 与原始输入 x 相近。其目的是通过训练自编码器对输入进行复制而使得 y 获得有用的特征，如果 y 的维度比 x 的维度小，表示将强制自编码器捕捉训练数据中最显著的特征，则这种获得有效特征的自编码器称为欠完备自动编码器，训练的过程就是最小化重构误差。如果 L 表示损失函数，则目标就是使得 $L(x, g(f(x)))$ 的差异最小。

比如香草自动编码器是最简单的欠完备自动编码器结构，只有三个网络层，即只有隐藏层的全连接神经网络结构，是输入和输出维度相同的有损自动编码器，一般可使用 Adam 优化器和均方误差损失函数，来学习如何重构输入。比如输入维数是 10000，隐藏层的维数为 100，输出层的维数是 10000，显然隐藏层的维数小于输入层的维数，属于有损自动编码器，通过该约束可使神经网络来学习数据的压缩表征。

4.4.2 正则自动编码器

为了得到输入数据的特征，可以通过输入维度小的隐含层自动编码器实现。此外，正则编码器则是通过其他方法约束自编码器重构，使用损失函数实现模型学习其他特性，不必通过隐藏层的维数来限制模型的容量，非线性且完备的正则编码器依然可以学习到数据分布的有用特征,稀疏编码器和去噪编码器是两种常用的正则编码器。

稀疏编码器一般用于学习特征,可以更好地反映数据集的独特统计特征,并不是充当简单的恒等函数,这种方式训练可以执行含稀疏惩罚的学习任务,得到提取数据特征的模型。

对于给定的神经网络,假定其输出与输入是相同的,这样就需要训练神经网络参数,也就是得到每一层中的权重。神经网络的每一层都提供了原始输入的不同表示,这些表示即为特征。自动编码器的工作实质就是尽可能复现输入信号,这就要求自动编码器必须能够捕捉代表输入数据的最重要的成分。

稀疏编码器之所以要对隐含层进行稀疏化处理,因为如果隐藏神经元的数量较大就无法得到输入的压缩表示,而如果给隐藏神经元加入稀疏性限制,则自编码神经网络在隐藏神经元数量较多的情况下仍可以发现输入数据中的有用结构。

在稀疏自编码器中,假定神经元的激活函数是 Sigmoid 函数,当神经元的输出接近于 1 时,该神经元即为激活状态;而当神经元的输出接近于 0 时,该神经元即为抑制状态;如果模神经网络中的神经元大部分时间处于抑制状态,则神经网络就实现了稀疏化处理,即稀疏性限制。这里如果使用 Tanh 作为激活函数,当神经元输出为 1 时,神经元是被激活的;当神经元输出为-1 时,神经元是被抑制的。

具体实施是加入稀疏性惩罚项,稀疏编码器的输入结果,编码器隐含层的某神经元的平均激活度为所有训练样本的激活函数的均值,且要人为指定接近于 0 的活跃度。在 $L(x, g(f(x)))$ 中加入惩罚项,则稀疏编码器在训练时结合编码层的重构误差稀疏惩罚 $\Omega(y)$ 后为:

$$L(x, g(f(x))) + \Omega(y)$$

其中,$g(f(x))$ 是解码器的输出,y 是编码器的输出,且 $y=f(x)$。

稀疏编码器是向代价函数增加惩罚项,此外,还可以改变重构误差来构建编码器,去噪编码器就是通过在训练样本中加入随机噪声,目标是重构不带噪声的样本数据。随机选择每个样本向量其中的部分分量,并将其值置为0，且保持其他分量不变，得到原样本向量相应的带噪声向量，则去噪自编码器的目标是最小化：

$$L(x, g(f(\mathcal{X})))$$

其中，向量$\mathcal{X}$是被噪声污染的原向量x的副本，通过向原数据加入噪声，让自编码器剔除噪声来获得不含噪声的真实输入，训练编码器学习提取最重要的特征，以学习输入数据中的鲁棒表征。

稀疏自动编码器[103]采用非监督学习方式，通过对输入特征按照一定规则进行编码，并用比原始特征维度低的向量重新表示其原始特征，通过神经网络进行解码得到相应输出，通过原始特征与重构特征的误差来训练神经网络，稀疏编码算法结构如图4.8所示。

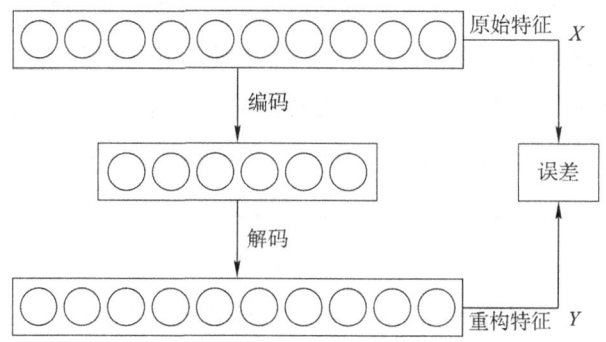

图4.8 稀疏编码算法结构

输入特征X经编码得到隐藏特征X'，再解码得到重构特征Y，编码网络和解码网络分别有各自的参数，将第一层编码网络的输出作为下一层的输入，通过对网络参数进行训练[104]使原始特征与重构特征之间的误差最小；将最后一层编码器的输出结果作为分类器的输入，再将分类器的输出和样本标签进行有监督学习训练。稀疏编码算法的稀疏性约束在深度学习中有很高的实用价值，深度学习中大规模的参数会使训练变得十分复杂，且由于算法框架的高维度输出会产生大量的冗余数据，而稀疏性约束可以在一定程度上缓解这一问题，使学习到的样本特征更接近真实情况。

4.4.3 深度自编码器

深度自编码器至少包含一个以上隐藏层,在隐藏单元足够多的情况下,根据万能近似定理可以以任意精度逼近任何从输入到编码的映射。深度自编码器可以降低函数表示的计算成本,也可以降低所需的训练数据量,其策略是训练多个浅层的自编码器,然后再贪心地预训练相应的深度架构。深度自编码器能比相应的浅层或线性自编码器产生更好的压缩效率。

4.5 核函数方法深度学习

在深度模型中构建基于核函数的深度学习框架,通过核主成分分析方法[105]降维逼近高阶非线性函数,每一层的输出作为下层的输入,经过反复迭代训练得到深度学习模型。在参数训练中通过核主成分分析方法进行非监督贪婪训练,提取当前层数据特征的主成分作为低维空间特征表示;同时,可以通过有监督学习方式进行二次筛选以进一步降低特征的维度,Cho 等[106]对核函数方法进行了较完整的推理,引入正定核函数来模拟多层神经网络的计算,且在浅层架构和基于内核的深层架构中均证实可用。

用积分表示法定义 n 阶反余弦核函数计算输入向量 x、y 的相似度,如式(4.11),即:

$$k_m(x, y) = 2\int dw \frac{e^{-\|w\|^2/2}}{(2\pi)^{d/2}} \kappa(w \cdot y)(w \cdot x)^m (w \cdot y)^m \quad (4.11)$$

其中,x、y 为 d 为输入向量,式中阶跃函数 $\kappa(x)$ 的表达式为式(4.12),即:

$$\kappa(x) = \frac{1}{2}(1+sign(x)) \quad (4.12)$$

同时,将式(4.11)表示为式(4.13),即:

$$k_m(x, y) = \frac{1}{\pi} \|x\|^m \|y\|^m \varphi_m(\tau) \quad (4.13)$$

其中,$\varphi_m(\tau)$ 的表达式为式(4.14),即:

$$\varphi_m(\tau) = (-1)^m (\sin \tau)^{2m+1} \left(\frac{1}{\sin \tau} \frac{\partial}{\partial \tau}\right)^m \left(\frac{\pi-\tau}{\sin \tau}\right) \tag{4.14}$$

(a)核主成分分析。

采用监督学习和非监督学习方法结合的方式训练基于核方法的深层架构,通过对核主成分分析的迭代实现深度学习。上一层的核主成分的输出作为下一层的核主成分输入,但在实际训练过程中并非严格地将每一层的顶层主成分传输到下一层,无信息价值的成分会被丢弃。

(b)特征选择。

特征选择通过将核主成分分析的非监督特征选择方法与有监督特征选择方法进行交叉训练,在训练中通过逐层贪婪的方式进行。特征选择用于深层架构的每一层,在训练中通过删除无信息价值的特征实现特征修剪,首先根据估计的特征互信息对特征进行排序,然后再使用交叉验证进行截断操作。

(c)距离度量学习。

深度学习架构中最后一层使用改进的近邻算法进行分类,即通过大边缘最近邻分类算法[107]来学习这些特征输出的 Mahalanobis 距离,其核心思想是在深层架构中通过监督学习训练对权重进行微调,通过求解半正定规划问题来学习距离度量。

4.6 激活函数

激活函数是在人工神经网络的神经元上运行的函数,用于将神经元的输入端映射到输出端。一个神经元的激活函数定义了该节点在给定的输入或输入的集合下的输出。一般只有非线性激活函数才允许网络使用少量节点来计算非平凡问题。激活函数对于神经网络模型的学习训练以及理解复杂和非线性的函数十分重要,成功将非线性特性引入到神经网络中,在神经元中,对输入实施加权和求和后,经过激活函数计算后作为神经元的输出。激活函数之所以采用非线性函数,是因为每一层输出都是上层输入的线性函数,那么无论神经网络有多少层,其输出都是输入的线性组合,没有非线性激活函数的每层都相当于矩阵相乘。

通过激活函数为神经元引入非线性因素，可以增加神经网络模型的非线性因素，使得神经网络性能更强，可以学习更为复杂的事物和表单数据，以及表示输入端和输出端之间非线性的复杂函数映射。在神经网络中的隐含层都使用非线性激活函数，只有在输出层可能会使用线性激活函数，才能使神经网络可以任意逼近任何非线性函数，这样神经网络才可以应用到更多的非线性模型中。较为常用的激活函数有：Sigmoid 激活函数、Tanh 激活函数、ReLU 激活函数、Leaky ReLU 激活函数、PReLU 激活函数、ELU 激活函数、Maxout 激活函数、selu 激活函数等。

激活函数一般分为饱和激活函数和非饱和激活函数两大类，前者主要包括 Sigmoid 激活函数和 Tanh 激活函数；后者包括 ReLU 激活函数、Leaky ReLU 激活函数、PReLU 激活函数、ELU 激活函数、Maxout 激活函数、Selu 激活函数等。

4.6.1 饱和激活函数

假设 $\varphi(x)$ 是一个激活函数，当 x 趋于正无穷时，激活函数 $\varphi(x)$ 的导数 $\varphi'(x)$ 趋近于 0，则称函数为右饱和；当 x 趋于负无穷时，激活函数 $\varphi(x)$ 的导数 $\varphi'(x)$ 趋近于 0，则称函数为左饱和；如果激活函数 $\varphi(x)$ 既满足左饱和又满足右饱和时就称为饱和，典型的函数有 Sigmoid 函数、Tanh 函数。

饱和激活函数又可以分为硬饱和激活函数和软饱和激活函数。硬饱和是指对于任意的 x，如果存在常数 ε，当 $x>\varepsilon$ 时，有 $\varphi'(x)$ 恒为 0，则称函数 $\varphi(x)$ 为右硬饱和；对于任意的 x，如果存在常数 ε，当 $x<\varepsilon$ 时，有 $\varphi'(x)$ 恒为 0，则称函数 $\varphi(x)$ 为左硬饱和；如果激活函数 $\varphi(x)$ 同时满足右硬饱和和左硬饱和则称激活函数为硬饱和。

软饱和是指对于任意的 x，如果存在常数 ε，当 $x>\varepsilon$ 时，有 $\varphi'(x)$ 趋近于 0，则称函数 $\varphi(x)$ 为右软饱和；对于任意的 x，如果存在常数 ε，当 $x<\varepsilon$ 时，有 $\varphi'(x)$ 趋近于 0，则称函数 $\varphi(x)$ 为左软饱和；如果激活函数 $\varphi(x)$ 同时满足右软饱和和左软饱和则称激活函数为软饱和。

（1）Sigmoid 激活函数。Sigmoid 激活函数的形式为：

$$\varphi(x) = \frac{1}{1+e^{-x}}$$

Sigmoid 函数的输出映射在(0，1)，同时单调连续，输出范围有限且优化，可以用作神经网络输出层。同时，Sigmoid 函数的导数形式简单，易推导出为 $\varphi'(x) = \varphi(x)(1-\varphi(x))$，Sigmoid 函数的导数 $\varphi'(x)$ 在 0 处取得最大值，其值为 1/4。Sigmoid 激活函数优点较明显，因此曾经被广泛使用，近年来随着神经网络应用日趋复杂，Sigmoid 激活函数的缺点也日趋明显。Sigmoid 激活函数的输出不以 0 为中心，其软饱和性特征容易产生梯度消失的问题，当 Sigmoid 函数在取值较大或较小时，函数的导数接近于 0，非常小的导数值导致参数更新速度很慢。

Sigmoid 激活函数应用于深度神经网络时，反向传递极易产生梯度消失，导致神经网络学习训练失败。如果神经网络的初始权值为 0 和 1 之间的随机值 0.5，那么在反向传播算法中，当梯度反向传播时，每传递一层梯度值都会减小为原来的 0.5 倍，在深度神经网络训练中，其梯度会快速接近 0，也就是产生了梯度消失现象。如果神经网络的初始权值大于 1 的随机值 1.5，那么在反向传播中每传递一层其梯度值都增加为原来的 1.5 倍，则很快出现梯度爆炸的问题。如图 4.9 所示。

Sigmoid 激活函数的解析式中包含幂运算，在求解时计算开销较大，在深度神经网络应用中会明显地增加训练时间；同时，由于函数的输出是非 0 均值的，会导致后一层的神经元得到上一层输出的非 0 均值的信号作为输入，在反向传播的过程中会都往正方向更新，或者都往负方向更新，导致收敛缓慢。在实际应用中一般会使用批量训练来缓解此问题。

（2）Tanh 激活函数。

双曲正切函数 Tanh 激活函数的形式为：

$$\text{Tanh}(x) = \frac{e^x - e^{-x}}{e^x + e^{-x}}$$

激活函数的值位于 -1 和 1 之间，适用于解决回归问题，其导数易推导出为：

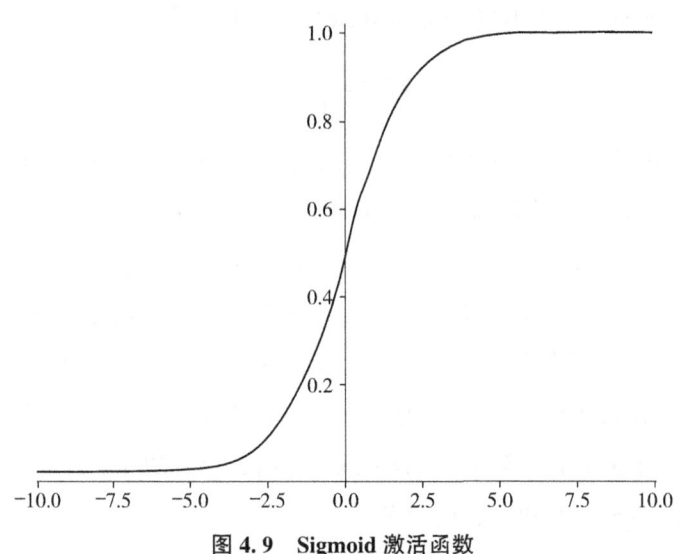

图 4.9　Sigmoid 激活函数

$$\mathrm{Tanh}'(x) = 1 - (\mathrm{Tanh}(x))^2$$

由 Tanh 激活函数与 Sigmoid 激活函数定义形式，易推导出两者之间存在如下关系：

$$\mathrm{Tanh}(x) = 2\varphi(2x) - 1$$

因此，Tanh 激活函数可视为 Sigmoid 激活函数的变形，所不同的是 Tanh 激活函数是零均值的。故此，Tanh 激活函数会比 Sigmoid 激活函数具有一定优势，但 Tanh 激活函数具有软饱和特征，是在饱和神经元的情况下，未能解决梯度消失问题。因此，在实际应用中，Tanh 激活函数多用于循环神经网络，优点主要表现在具有比 Sigmoid 函数更快的收敛速度，且输出以 0 为中心，解决了 Sigmoid 函数的不是非 0 均值输出的问题。缺点主要有梯度消失的问题，使得人工神经网络在训练过程中很难相应地修改权重，同时在激活函数定义中存在幂运算，会带来较大的计算开销。如图 4.10 所示。

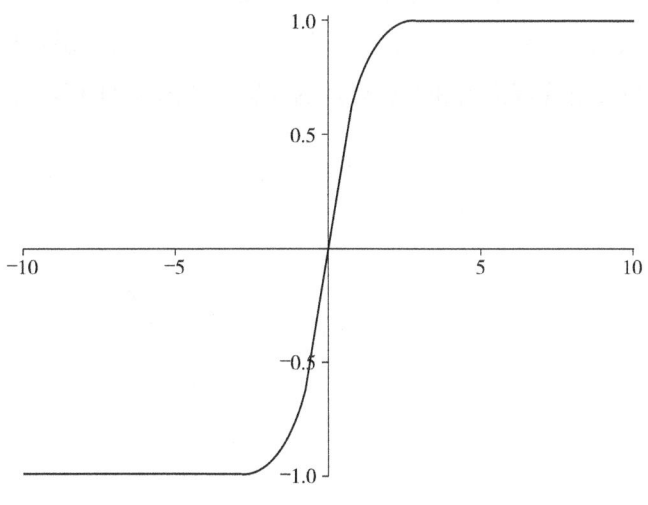

图 4.10 Tanh 激活函数

4.6.2 非饱和激活函数

非饱和激活函数是指只满足左饱和或右饱和中的一个，或都不满足，即为非饱和激活函数，主要包括 ReLU 及其改进类型。

非饱和激活函数的优点非常明显，可以解决梯度消失的问题，以 ReLU 为例，当 x 的值小于等于 0 时，激活函数的梯度为 0；当 x 的值大于 0 时，激活函数的梯度恒为 1。如此一来，即使是多层的梯度相乘，其梯度依然为 1，不会产生梯度消失问题。同时，非饱和激活函数还可以加快收敛，以 ReLU 为例，训练过程中 ReLU 产生的梯度相对稳定，可以加速神经网络更快收敛。

(1) ReLU(Rectified Linear Units) 激活函数。ReLU 是近年来使用非常广泛的激活函数，其函数形式被定义为：

$$f(x)\begin{cases}0 & x<0\\ x & x\geqslant 0\end{cases}$$

ReLU 激活函数实质上是一个取最大值函数，且不是全区间可导。与 Sigmoid 激活函数和 Tanh 激活函数相比，ReLU 激活函数在梯度下降法中可以较快速度收敛，原因在于其线性和非饱和的特征；另外，ReLU 激活函数不涉及指数运算操作，因此计算开销较小。当 $x>0$ 时，函数梯度值恒为 1，可以有效缓解梯度消失和梯度爆炸的问题。如图 4.11 所示。

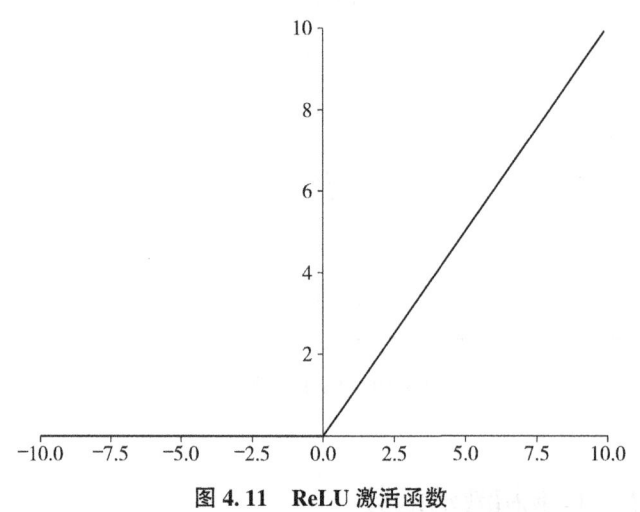

图 4.11 ReLU 激活函数

ReLU 激活函数为神经网络提供了稀疏表达能力，原因在于 ReLU 激活函数使得部分神经元的输出为 0，相当于抑制了部分神经，形成了神经网络的实质稀疏性，降低了参数之间的相互依存关系，有效降低了过拟合问题的发生概率。ReLU 激活函数的缺点是随着训练的进行有时会出现神经元梯度恒为 0，即神经元死亡而导致权重无法更新。实质是在训练中某些神经元可能永远不会被激活，从而导致相应的参数不能被更新。神经元死亡的原因一般存在两个方面，首先是参数初始化的原因；其次是训练学习率太高导致在训练过程中参数更新太快，而使得神经网络进入神经元死亡状态。因此在应用中可以采用 Xavier 参数初始化方法，同时还应该避免将学习率设置太大，或使用自动调节学习率的算法。

（2）ReLU 激活函数的改进类型。在 ReLU 激活函数的基础上，考虑其缺点，产生了多个改进类型，主要有 ELU（Exponential Linear Units）激活函数、LReLU（Leaky ReLU）激活函数、PReLU（Parameteric ReLU）激活函数等。

ELU 激活函数是为缓解 ReLU 激活函数所存在的问题而提出的，因此 ELU 激活函数具备 ReLU 激活函数的基本优点。此外，ELU 激活函数没有神经元死亡的问题，同时函数的输出均值接近于 0，且具有输出 0 均值的优点。

ELU 激活函数的表达式为：

$$f(x) = \begin{cases} x & x > 0 \\ a(e^x - 1) & \text{其他} \end{cases}$$

因激活函数中存在指数运算，因此 ELU 激活函数的计算量稍大。LReLU 激活函数和 PReLU 激活函数十分相似，可以归结为同一种形式进行表示：

$$f(x) = \begin{cases} \lambda x_i & x_i \leq 0 \\ x_i & x_i > 0 \end{cases}, \quad i \text{ 表示不同的通道}$$

当 λ_i 为固定值且较小时，激活函数为 LReLU，其最初目的是避免梯度消失。但在实际应用中可以发现 LReLU 对准确率的影响较小，在应用 LReLU 激活函数时，要经过大量的重复训练以选取合适的 λ_i，只有选出了理想的 λ_i，LReLU 激活函数的表现才能令人满意，因此一种自适应的从数据中学习参数 λ_i 的激活函数便是 PReLU 激活函数。

PReLU 激活函数是 LReLU 激活函数的改进，能够自适应地从数据中学习参数。函数的收敛速度较快，同时其错误率较低，可以较好地用于反向传播，并与其他神经网络层并行优化。

在 PReLU 激活函数中参数 λ_i 是可以自适应学习的，在特殊情况下如果 $\lambda_i = 0$，则 PReLU 退化为 ReLU 激活函数；如果 λ_i 固定为一个很小的值，则 PReLU 退化为 LReLU 激活函数。

由于 PReLU 激活函数只增加了极少量的参数，因此神经网络的计算量和过拟合的风险增加并不明显。尤其在不同通道使用相同的参数值时，带来的计算量增加和过拟合风险更小。如图 4.12 所示。

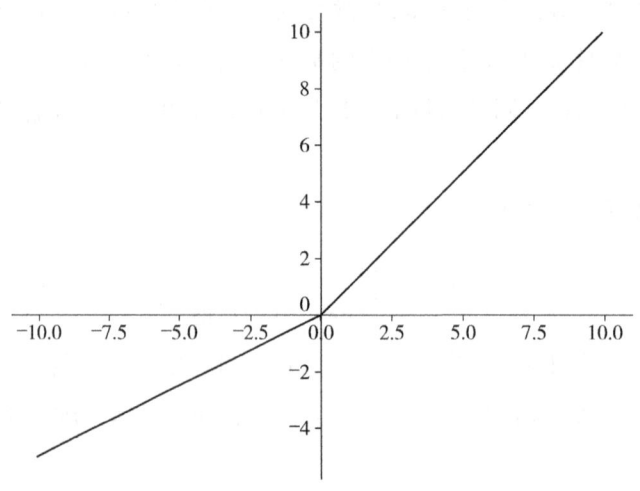

图 4.12　PRelu 激活函数

4.7　本章小结

本章的神经网络和深度学习是全书应用最深入和广泛的人工智能方法，介绍了深度前馈神经网络及其基础模型和学习模式、深度卷积神经网络及其基础模型、深度循环神经网络及其基础模型，深度自动编码器部分讲解了欠完备自动编码器、正则自动编码器和深度自动编码器，此外还阐述了核函数方法深度学习，最后对常见的饱和激活函数和非饱和激活函数进行了讲解。

第 5 章 强 化 学 习

5.1 马尔可夫链蒙特卡洛方法

5.1.1 马尔可夫链

马尔可夫链是一种常见且较简单的统计随机过程，在不同领域得到了广泛应用，是一种概率建模和数据分析的经典方法，本质上是由满足马尔可夫性质的转移概率分布组成。马尔可夫的性质在于它的无后性，下一时刻的状态只与当前的状态相关，不考虑之前状态的信息，与之前的状态无关。

假设儿童在一天内有高兴、哭闹和瞌睡三种可能的状态，随时都可以观测儿童当下属于三种状态中的哪一种。但现在你想预测下一时刻儿童的状态表现，一般会认为当前的状态会对下一时刻的状态表现有一定的影响。因此，有经验的老年人会根据经验总结一些规律，即当儿童处于高兴状态时，有 0.6 的概率继续保持高兴状态，有 0.3 的概率转为哭闹状态，有 0.1 的概率转为瞌睡状态；当儿童处于哭闹状态时，有 0.3 的概率继续保持哭闹状态，有 0.3 的概率转为高兴状态，有 0.4 的概率转为瞌睡状态；当儿童处于瞌睡状态时，有 0.3 的概率继续保持瞌睡状态，有 0.2 的概率转为高兴状态，有 0.5 的概率转为哭闹状态。因此，可以基于儿童当前的状态表现去预测下一时刻的表现。

马尔可夫链的无后性质用数学公式描述为：

$$P(x_t \mid x_{t-1}, x_{t-2}, \cdots, x_1) = P(x_t \mid x_{t-1})$$

其中，x_{t-1}，x_{t-2}，$\cdots$，x_1 是时间状态序列。

马尔可夫链的模型是通过状态转移的概率分布来体现的，也称为马尔可夫链转移矩阵。如果马尔可夫链一共存在 N 个可能的状态，那么转移矩阵即为一个 N 阶矩阵，状态 i 到状态 j 的转移概率通过矩阵的项 (i, j) 来表示，矩阵的每一行表示状态 i 的概率分布，因此每一行的转移概率之和一定等于1。

对于以上儿童的状态表现而言，其状态转移矩阵如下式：

$$P = \begin{vmatrix} 0.6 & 0.3 & 0.1 \\ 0.3 & 0.3 & 0.4 \\ 0.2 & 0.5 & 0.3 \end{vmatrix}$$

同时，马尔可夫链还包含每个状态的初始概率，也称为马尔可夫链的初始状态向量，向量的维数与状态数相等，如儿童状态表现初始状态向量：

$$\pi^{(0)} = (0.4, 0.3, 0.3)^T$$

状态转移概率分布和状态的初始概率分布是马尔可夫链的两个基本属性，可以通过马尔可夫链的这两个基本属性分析其性质。例如，已知儿童的初始状态概率分布和状态转移概率分布，那么初始状态经过第一次状态转移后的状态分布为：

$$\pi^{(1)} = \pi^{(0)} \times P = (0.39, 0.36, 0.25)^T$$

初始状态经过第二次状态转移后的状态分布为：

$$\pi^{(2)} = \pi^{(1)} \times P = (0.392, 0.35, 0.258)^T$$

初始状态经过第三次状态转移后的状态分布为：

$$\pi^{(3)} = \pi^{(2)} \times P = (0.3918, 0.3516, 0.2566)^T$$

初始状态经过第 n 次状态转移后的状态分布为：

$$\pi^{(n)} = \pi^{(n-1)} \times P$$

本例经过多次转移状态转换后，状态的分布收敛于稳定的概率分

布为:

$$(0.3919, 0.3514, 0.2568)^{\mathrm{T}}$$

经验证,其他初始状态概率分布可以得到同样的收敛状态,可知状态分布的收敛性与初始状态的分布无关,再经过多次状态转移后,其状态趋于平稳分布,方程式表示如下:

$$\pi = \pi \times P$$

状态分布收敛于稳定的概率分布称为马尔可夫链的状态平稳分布,且状态的平稳分布与初始状态分布无关,也就是状态转移概率分布确定后,马尔可夫链模型也就同步确定了。

马尔可夫链模型的收敛性取决于状态转移矩阵,如果状态分布 $\pi^{(i)}$ 和状态转移矩阵 P 满足:

$$\pi^{(i)} \times p_{ij} = \pi^{(j)} \times p_{ji}$$

则马尔可夫链一定收敛。其中 p_{ij} 表示状态 i 转移到状态 j 的概率,等式的含义等价于马尔可夫链收敛于稳定的状态分布,也就是马尔可夫链的状态转换必须是非周期的,否则永远不会收敛。在实际应用中马尔可夫链一般都是非周期性的,此外还应满足马尔可夫链中的状态数是有限的,且任何两个状态之间均是连通的,反映到状态转移矩阵也就是没有转移概率为 0 的项,最后还要满足状态间的转移概率是固定不变的。

5.1.2 马尔可夫决策过程

马尔可夫决策过程是序贯决策问题的常用描述方法,可以通过交互式学习来实现优化目标,决策过程中的每个动作选择会影响当前和后续状态的收益。在强化学习问题中,一般会根据问题情境定义每个动作的价值 $q(s, a)$,或者每个状态的价值 $v(s)$。根据相应的价值函数确定收益来评价当前策略,进而解决强化学习中面临的探索和利用问题。马尔可夫决策过程将问题情境分为智能体和环境两部分,在问题求解过程中,智能体用来选择动作,环境对采取的动作作出相应的评价并反馈给智能体,同时更新环境状态,如图 5.1 所示。

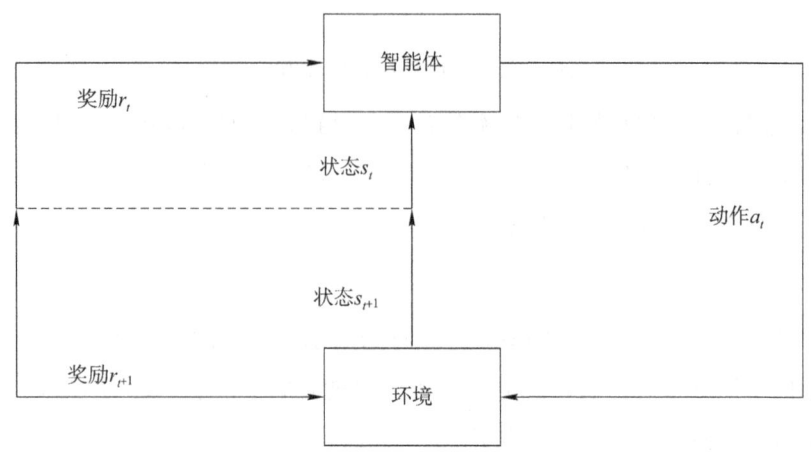

图 5.1　智能体—环境交互示意图

不同的状态、动作和收益是马尔可夫动态特性的决定因素，给定 $t-1$ 时刻的状态和动作值时，t 时刻特定收益和状态的出现是满足一定概率分布的，如式(5.1)所示：

$$p(s', r|s, a) = P\{S_t = s', R_t = r | S_{t-1} = s, A_{t-1} = a\} \quad (5.1)$$

其中，s'、$s \in S$，$a \in A$，$r \in R$

且在函数 p 下，s 和 a 满足：

$$\sum_{s' \in S} \sum_{r \in R} p(s', r|s, a) = 1 \quad (5.2)$$

在解决实际问题时，动作和状态的定义很大程度上决定了算法的性能，也决定了决策的学习方式。因此，面对实际问题时要在更高层次上划分智能体和相应的环境，合理界定两者的界限。每个时刻会接收到标量收益信号，并用累积收益表达智能体的学习目标。在学习过程中，可以将学习过程分为若干 episodes，每个 episodes 在终结状态时都会收到标量收益信号，学习的目标不是某个 episodes 的收益最大化，而是整个学习过程的最终收益最大，即

$$G_t = R_{t+1} + R_{t+2} + \cdots + R_T \quad (5.3)$$

同时，为了求解连续问题或搜索空间巨大的问题，需要在最终总收益计算时引入折扣因子。在实际问题解决过程中，引入折扣因子会使问题更快或有效收敛到最优解，即：

$$G_t = R_{t+1} + \gamma R_{t+2} + \cdots + \gamma^k R_{t+k+1}$$

$$\sum_{k=0}^{x} \gamma^k R_{t+k+1} \tag{5.4}$$

其中 $0 \leqslant \gamma \leqslant 1$，显然若 $\gamma = 0$，则上式为 $G_t = R_{t+1}$，即只关注眼前的收益，而忽视整体收益。若 $\gamma = 1$，则上式退化为 $G_t = R_{t+2} + \cdots + R_T$。最好的策略是 $0 < \gamma < 1$，即整体收益既考虑当前收益，也关注长期收益。同时，在连续问题或搜索空间较大时，由于 $0 < \gamma < 1$，则收益序列是有界的。在计算过程中，通过式(5.4)还可以得到一个重要的推理，使得计算总体收益的过程变得简单，有效降低计算开销，如式(5.5)所示：

$$G_t = R_{t+1} + \gamma G_{t+1} \tag{5.5}$$

5.2 动态规划

5.2.1 动态规划原理

动态规划是用于解决多阶段决策过程最优化的一种数量方法，将一个多阶段决策问题转化为几个相互联系的单阶段最优化问题，分而治之加以解决。动态规划是求解多阶段决策问题的一种方法，是看待问题的一种方式而不是一种算法。在具体应用中需对问题进行具体分析，通过动态规划的原理和方法，对原始决策问题进行阶段划分，然后根据问题建立相应的模型，然后再加以求解。

动态规划是运筹学的一个分支，20 世纪 50 年代初期，美国数学家贝尔曼等人在研究多阶段决策过程问题的优化控制时，提出了最优化原理，动态规划由此产生。1957 年出版的名著 *Dynamic Programming*，是该领域的第一本专著。动态规划应用极其广泛，在经济管理、生产调度、工程技术和最优控制等方面尤其普遍，如常见的最短路线、设备更新、排序、库存管理、资源分配等问题，通过动态规划方法比用其他方法求解更为便捷。比如在生产决策问题中，市场需求在企业生产过程中是随时间变化的，企业若要获得最佳生产效益，就必须在整个生产过程中阶段性地根据库存和需求决定下一步生产计划。

动态规划主要用于求解以时间划分阶段的动态过程的优化问题，这也是其名为动态规划的主要原因，但在一些与时间无关的静态规划中，比如线性规划、非线性规划等问题上，只需要在问题中引入时间因素，将其视为多阶段决策过程，同样也可以用动态规划方法进行求解。

所谓多阶段决策问题，是该问题可以按时间顺序分解成若干相互联系的阶段，而每一个阶段都需要作出决策，全过程的决策就构成了一个解决问题的决策序列，并使问题的总体效果达到最优。

决策过程根据时间变量可以分为离散时间决策过程和连续时间决策过程，前者即多阶段决策过程，后者根据过程的演变是确定的还是随机的，还可以分为确定性决策过程和随机性决策过程，其中确定性多阶段决策过程应用最为广泛。

动态规划模型包括阶段、状态、决策、策略、状态转移方程、价值函数的基本要素，因此动态规划算法通常可按如下步骤进行。

第一步，划分阶段。按照问题的时间或空间特征，将问题划分为若干个阶段，且阶段之间必须有序或者可排序，以满足无后性质。

第二步，选择状态。将问题发展到各个阶段时所表现出的各种客观情况通过不同的状态表示出来，状态的选择也要满足无后性质。

第三步，确定决策并写出状态转移方程。决策和状态转移之间联系紧密，状态转移就是根据上一阶段的状态和决策来求出本阶段的状态，因此如果确定了决策，相应的状态转移方程就确定了。在实际应用中往往是根据相邻阶段的各状态之间的关系来确定相应的决策。

第四步，写出规划方程。通过一定形式的基本方程来形式化表示规划方程。一般只要阶段、状态、决策和状态转移确定了，即可确定规划方程。

5.2.2 价值函数

在强化学习中，策略就是学习过程中在特定状态下选择动作的映射关系，也就是在某个状态下，根据当前的策略来选择动作，或者选择某个动

作的概率。在策略 π 下，$\pi(a|s)$ 表示在状态 s 时选择动作 a 的概率，也可以将策略 π 理解为动作 a 和状态 s 的映射概率函数。强化学习的最终目标是找到一个完美的策略来完成学习或训练任务，且状态更新和动作选择是交替出现的，即环境处于某一个状态时，接下来的任务就是选择动作，而一旦相应的动作被选择之后，环境又会处于一个新的状态。为了评价当前策略的优劣，一般由状态值函数和状态动作值函数两种价值函数来完成最优策略的评价。假定状态 s 的价值函数为 $v_\pi(s)$，也就是在状态 s 下，按照策略 π 进行决策所获得的总收益期望值，即状态价值函数为：

$$v_\pi(s) = E_\pi[G_t | S_t = s] = E_\pi\left[\sum_{k=0}^{\infty} \gamma^k R_{t+k+1} | S_t = s\right] \quad (5.6)$$

同样，在策略 π 下状态 s 时采取动作 a 之后，所有可能的序列期望总收益期望值，即动作价值函数为：

$$q_\pi(s, a) = E_\pi[G_t | S_t = s, A_t = a] = E_\pi\left[\sum_{k=0}^{\infty} \gamma^k R_{t+k+1} | S_t = s, A_t = a\right]$$

$$(5.7)$$

在解决实际问题时，状态价值函数和动作价值函数可以通过先验知识计算获取，对小规模学习问题，价值函数可以通过 Q 表或线性计算获得，而对大规模的学习问题，存储价值函数需要很大的内存开销，因此多采用非线性逼近的方式求价值函数。

由强化学习的总收益计算式(5.5)可知，价值函数满足一定的递归迭代关系，得到策略 π 下状态 s 的价值与其后续状态的价值之间有如下关系：

$$\begin{aligned}v_\pi(s) &= E_\pi[G_t | S_t = s] \\ &= E_\pi[R_{t+1} + \gamma G_{t+1} | S_t = s] \\ &= \sum_a \pi(a|s) \sum_{s'} \sum_r p(s', r | s, a)[r + \gamma E_\pi[G_{t+1} | S_{t+1} = s']] \\ &= \sum_a \pi(a|s) \sum_{s', r} p(s', r | s, a)[r + \gamma v_\pi(s')]\end{aligned}$$

$$(5.8)$$

最后一个等号的右边即为状态值函数 v_π 的贝尔曼方程，且是一个可实际计算的迭代方程；同理，得到策略 π 下状态 s 采取动作 a 的价值与其后续动作价值之间有如下关系：

$$q_\pi(s, a) = E_\pi[R_{t+1} + \gamma q(S_{t+1}, A_{t+1}) | S_t = s, A_t = a] \quad (5.9)$$

其贝尔曼方程表示为：

$$q_\pi(s, a) = r + \gamma \sum_{s' \in S} p(s', r | s, a) \sum_{a' \in A} \pi(a' | s') q_\pi(s', a') \quad (5.10)$$

可得计算最优状态值函数为：

$$v^*(s) = \max_a R_s^a + \gamma \sum_{s' \in S} p(s', r | s, a) v^*(s) \quad (5.11)$$

可得计算最优动作值函数为：

$$q^*(s, a) = R_s^a + \gamma \sum_{s' \in S} p(s', r | s, a) \max_{a'} q^*(s', a') \quad (5.12)$$

5.2.3 策略迭代

在完备环境模型中，如果问题可以用马尔可夫决策过程来描述，则此问题就可以用动态规划方法求解，即用价值函数对最优策略进行结构化搜索，利用贝尔曼方程计算价值函数或动作价值函数。由式(5.11)和式(5.12)将贝尔曼方程转化为价值函数的迭代更新方式，即可得到相应的动态规划算法。

本节中我们探讨用动态规划方法来实现价值函数的计算，以状态值函数为例，由式(5.8)最后一个等式可知，$\pi(a|s)$表示在状态S时取动作a的概率，$p(s', r|s, a)$表示在状态s时取动作a后到状态s'且获得收益r的概率。由于迭代算式里面的各项均为可计算项，由此即可得到当前状态s时的价值函数值，也就是对策略π的评估。在策略π时，状态s所有可能的单步即时收益和状态值可以在迭代中不断更新，其更新的本质是不停对策略进行评估，直到找到最优的策略。因此，在计算的实施过程中，采取梯度下降的方式，将当前的价值函数值与更新后的价值函数值做比较，直到两者的差值满足一定的要求，即收敛为止。

策略确定之后，面临的新问题是如何让策略更好，即：

$$v_{\pi'}(s) \geq v_\pi(s) \quad (5.13)$$

在原策略π下，在状态s时采取不同的动作，且使得满足价值函数值比原价值函数值更优，使策略得到了一定的改进。在有限的迭代次数后，可以收敛到一个最优的策略，也会相应得到最优的价值函数。在这一过程中，面对更大的价值函数值，既可以采取贪婪策略，也可以采取 ε^- 贪婪策略，在面临多个相等的价值函数值时，则随机选择一个。

以上描述的是以一般的动态规划方法来进行策略的迭代，而在解决实际问题时要遍历马尔可夫决策过程中所有的状态，在现有计算能力下遍历所有状态不太可能。在这种情况下，可以通过异步的动态规划方法来进行策略更新，使用马尔可夫决策过程中的任意可用状态值，以任意顺序来更新状态值，同时为了最终收敛，算法要确保所有的状态都能得到更新，使策略的评估和改进交替进行，不断更新所有状态，并最终收敛到最优策略。

5.3 深度强化学习

5.3.1 深度强化学习基本原理

深度强化学习通过端对端的学习方式实现从原始输入到输出的直接控制，将深度学习的感知能力和强化学习的决策能力以通用形式结合，在高维度输入数据和决策控制信息被有效感知后，深度强化学习方法可以充分发挥其决策控制能力，并在问题求解中取得突破。一般可以通过深度神经网络对马尔可夫决策过程中相应的量进行参数化，以及在动态规划框架中，通过深度神经网络对状态值函数或状态动作值函数进行参数化，或者在策略优化算法中，对策略进行参数化。深度强化学习框架如图5.2所示。

深度强化学习通过与环境交互获取信息，并利用深度学习进行描述，再通过非线性转换将输入特征映射为抽象的状态特征表示，最后将抽象状态特征通过一定的机制映射为相应的动作，并评价动作的价值。动作选择一般通过 ε^- 贪婪策略，即利用概率超参数 ε 在随机和贪婪策略之间选择动作，环境接收到动作的刺激之后会发生变化，并将奖励值反馈至智能体，以上过程不断循环，直到最终得到最优的策略。

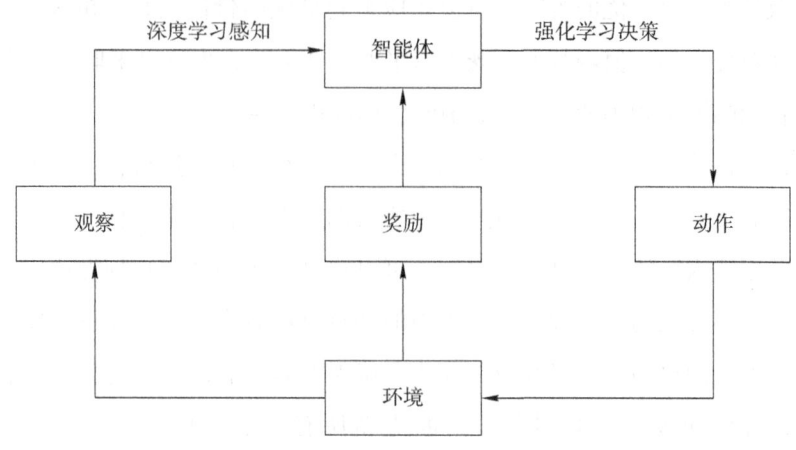

图 5.2 深度强化学习框架

5.3.2 基于值函数的深度强化学习

深度强化学习中的值函数与强化学习中的值函数在本质上没有区别,都表示累积的奖励值,所得解与目标解越接近则值函数越大,强化学习中的值函数是在特定策略下一系列动作的累积奖励,其值一般是精确的;而在深度强化学习中,值函数是近优的,很难得到精确值。一般采取的方法是通过神经网络参数来拟合值函数,使得训练后的神经网络能够无限逼近真实的值函数。将强化学习 Q-learning 算法与卷积神经网络相结合产生的深度 Q 网络(DQN)模型是典型的深度强化学习框架,DQN 模型用神经网络来预测 Q 值取代容量有限的 Q 表,并通过不断更新神经网络学习到最优的策略。

(1) DQN 算法目标函数。

DQN 算法在强化学习 Q-learning 算法的基础上构造可利用深度学习求解的目标函数,算法中卷积神经网络用来拟合高维连续状态下的动作值函数。首先确定神经网络的优化目标,然后再通过一定的参数学习方法更新神经网络的权重,最后使用训练后的神经网络拟合动作值函数,根据 Q-learning 算法定义 DQN 算法的损失函数为:

$$L(\theta) = E[(\text{目标} Q \text{值} - Q(s, a, \theta))^2] \tag{5.14}$$

其中，θ 表示卷积神经网络连接权重参数，目标 Q 值表示为：

$$\text{目标 } Q \text{ 值} = r + \gamma \max_{a'} Q(s', a', \theta) \tag{5.15}$$

损失函数表达式(5.14)中 $Q(s, a, \theta)$ 表示通过参数为 θ 的卷积神经网络来逼近最优动作值函数 $Q^*(s, a)$，即

$$Q(s, a, \theta) \approx Q^*(s, a) \tag{5.16}$$

通过 DQN 算法的损失函数利用梯度下降算法即可对卷积神经网络的连接权重参数 θ 进行调整，使得神经网络具有良好的拟合能力。

(2) DQN 算法网络架构。

在 Q-learning 算法中计算预测 Q 值与目标 Q 值时使用相同的参数组合，模型存在震荡和难以收敛的风险，但在 DQN 算法中，使用两个参数分别为 θ 和 θ' 的 Q 网络来计算预测值和目标值，分别称为预测 Q 网络和目标 Q 网络。通过预测 Q 网络评估当前状态和动作下的价值函数，通过目标函数来产生式(5.14)中的目标 Q 值，根据损失函数更新预测 Q 网络的参数 θ，经过多轮迭代之后，再用预测 Q 网络的参数 θ 替换目标 Q 网络的参数 θ'。

(3) 经验回放机制。

机器学习要求样本是独立同分布的，以降低过拟合现象发生的概率，提高模型的泛化能力，而 DQN 算法在计算 Q 值的过程中，深度神经网络是作为有监督学习模型使用的，即要求数据满足独立同分布的特点，但在 Q-learning 中获取的样本之间存在强关联性。因此，将智能体与环境交互产生的样本存储到经验池中，训练网络时从经验池中随机抽取样本，经验回放机制可以打破样本数据的相关性。经验回放机制是 DQN 算法的重要组成部分，该机制的引入除了保证样本数据的独立同分布特点，同时还可以对采集到的奖励数据提供备份。经验回放的主要操作步骤如下：

① 在当前策略下采样，并将形成的马尔可夫决策过程采样序列存储起来；

② 在已存储样本中随机抽取一个批量的样本；

③ 根据贝尔曼方程计算②中样本存在状态对应的 Q 值；

④ 利用网络计算的 Q 值与上步中得到的 Q 值之间的误差来更新网络；

⑤ 在更新后的网络环境继续采样,并替换步骤①中的样本。

经验回放机制打破了样本之间的相关性,是 DQN 算法成功的一个关键因素,DQN 算法流程如算法 5.1。

算法 5.1

---

1. 初始化经验池 D 及样本存储的最大容量。
2. 初始化预测 Q 网络的连接权重参数 θ。
3. 初始化目标 Q 网络的连接权重参数 θ'。
4. 循环,经验轨迹 1 到 N:

    <1>初始化序列状态 $state_1 = \{x_1\}$,计算 $\varphi_1 = \varphi(state_1)$。

    <2>循环,时间步 t 从 1 到 T:

    a. 以概率 ε 随机选择动作 a_t;

    b. 否则按照 $a_t = \max_a Q^*(\varphi(state_t), a, \theta)$ 贪婪选择动作 a_t;

    c. 执行动作 a_t,观察得到的奖励 r_t 和新的 x_{t+1};

    d. 设置 $state_{t+1} = state_t, x_{t+1}$,计算 $\varphi_{t+1} = \varphi(state_{t+1})$;

    e. 将样本 $(\varphi_t, a_t, r_t, \varphi_{t+1})$ 收集保存到经验回放池 D 中;

    f. 从经验回放池 D 中随机获取小批量样本集 $(\varphi_i, a_i, r_i, \varphi_{i+1})$,并设置

    $$y_j = \begin{cases} r_i & \text{如果经验轨迹的终止时间为 } i+1 \\ r_i + \gamma \max_{a'} Q'(\varphi_{i+1}, a', \theta') & \text{非终止时间} \end{cases};$$

    g. 对损失函数 $(y_j - Q(\varphi_i, a_i, \theta))^2$ 使用梯度下降算法更新网络参数 θ;

    h. 间隔若干步更新目标网络 $Q' = Q$。

DQN 是首个将深度学习和强化学习结合起来的模型,其后比较成功的模型有 Double DQN、Prioritized Replay 和 Dueling Network 等。Double DQN 算法仿照 DQN 算法,出发点是解决 DQN 算法的过估计问题,其中一个 Q 网络用于动作选择,另一个 Q 网络用于动作评估,交替工作,解决误差较

大的问题。Prioritized Replay 算法基于优先级的经验回放机制，从而加速训练过程，变相增加样本，并且能独立于当前训练过程中状态的影响。Dueling Network 算法在网络内部把 $Q(s, a)$ 分解成输出标量值和输出动作优势值两部分，最后再合成 Q 值，进一步提高了算法的性能。

5.3.3 基于策略梯度的深度强化学习

策略梯度算法是深度强化学习的另一类重要算法，通过反复计算当前策略的梯度回报，按照梯度方向优化该策略。在复杂的控制问题中，策略梯度算法通过参数化策略的方式避免在动作选择时计算每个动作的值函数。假定问题中与策略权重相关的性能函数为 $\varphi(\theta)$，目标是得到性能函数的最大值，一般通过其梯度来学习策略的相应权重，如采用梯度上升法来更新性能函数的参数，如式(5.17)所示：

$$\theta_{t+1} = \theta_t + \alpha \overline{\nabla \varphi}(\theta_t) \tag{5.17}$$

式(5.17)中 θ_t 表示性能函数 $\varphi(\theta)$ 在时刻 t 的参数，$\overline{\nabla \varphi}(\theta_t)$ 表示性能函数关于 θ_t 梯度的期望估计。在策略梯度方法中，只要权重是可导的，则策略就可以以任意的方式进行参数化。在组合优化问题中，问题的动作空间一般是离散的，可以基于参数 θ 构造状态—动作二元组来表达，即 $L(s, a, \theta)$，那么在状态 s 时选择的最佳动作可以用 softmax 函数来表示，即

$$\pi(s, a, \theta) = \frac{\exp(L(s, a, \theta))}{\sum_A \exp(L(s, A, \theta))} \tag{5.18}$$

DQN 算法主要应用在低维、离散的动作空间，其性能在连续空间表现较差，在应用中如果强行将连续动作空间离散化，则会导致动作空间过大，最终难以收敛，同时也会因为动作离散化操作带来信息损失。在有些场景下，即便改进的模型能够给出连续动作的方案，但在动作选择的时候却只能给出一个确定性的动作，而无法给出概率值，这在一些场景中显然不符合实际情况。基于 DQN 的局限性，确定性策略梯度（Deterministic Policy Gradient，DPG）[108]的提出为智能体在连续型动作空间中学习提供了

解决思路。确定性策略是相对随机策略而言,对于连续的或非常高维的离散动作集合,如果使用随机策略,计算各个可能的动作价值需要的样本量是巨大的;但如果使用确定性策略来简化这个问题,虽然在同一个状态处,采用的动作概率不同,但可以选择概率最大的动作,也就是在同一个状态下其选择的动作是唯一确定的,即:

$$\pi_\theta(s) = a \qquad (5.19)$$

(1)深度确定性策略梯度算法。

深度确定性策略梯度算法(Deep Deterministic Policy Gradient, DDPG)[109]是在确定性策略梯度的基础上,结合深度神经网络提出的,底层构架基于Actor-Critic(AC)[110]算法模式。在算法中使用深度神经网络构建策略网络和价值网络,分别用来近似策略函数和价值函数,并使用随机梯度下降算法训练两个网络,通过非线性近似策略函数来处理确定性策略问题。同时,为了打破获取的样本的关联性,引入经验回放机制,降低值函数产生的误差,使算法更容易收敛。

深度确定性策略梯度算法参照 Double DQN 算法的当前 Q 网络和目标 Q 网络的结构,当前 Q 网络负责对当前状态使用 ε^- 贪婪策略选择动作,然后执行动作并得到奖励值,最后将样本放入经验回放池。对经验回放池中采样的下一状态使用贪婪策略选择动作,然后目标 Q 网络利用样本计算目标 Q 值,目标 Q 网络计算目标 Q 值之后会进行网络参数的更新,并在一定步数之后把最新网络参数赋值给目标 Q 网络。Q 网络负责基于经验回放池计算目标 Q 值,并提供给当前 Q 网络用,目标 Q 网络会定期从当前 Q 网络复制最新网络参数。

深度确定性策略梯度算法中 Critic 当前网络用均方误差定义损失函数为:

$$J(w) = \frac{1}{n}\sum_{i=1}^{n}(y_i - Q(\varphi(s_i), a_i, w))^2 \qquad (5.20)$$

对于 Actor 当前网络使用的是确定性策略,可以将损失理解为得到的反馈 Q 值越大损失越小。只要对状态估计网络返回的 Q 值取负即可,因此定义 Actor 当前网络的损失函数为:

$$J(\theta) = -\frac{1}{n}\sum_{i=1}^{n}Q(s_i,\ a_i,\ w) \tag{5.21}$$

在深度确定性策略梯度算法中,Critic 当前网络和 Critic 目标网络与 Double DQN 算法中的当前 Q 网络和目标 Q 网络的功能类似,但是将 ε^- 贪婪选择方法放入 Actor 当前网络中完成,而对经验回放池中采样的下一状态选择贪婪动作用来估计目标 Q 值,并将此功能放入 Actor 目标网络完成。

基于经验回放池和目标 Actor 网络提供的样本是用来计算目标 Q 值的一部分,且放入 Critic 目标网络完成。Critic 目标网络计算出目标 Q 值一部分后,Critic 当前网络会计算目标 Q 值并进行参数更新,并在一定步数之后定期将网络参数赋值给 Critic 目标网络。Actor 当前网络也会基于 Critic 目标网络计算出的目标 Q 值并进行网络参数的更新之后,在一定步数之后定期将网络参数赋值给 Actor 目标网络。

深度确定性策略梯度算法包含的网络及功能如下:

① Actor 当前网络:完成策略网络的连接权重参数 θ 迭代更新,在当前状态 s 选择动作 a,并和环境完成交互得到奖励 r 和新状态 s';

② Actor 目标网络:根据经验回放池中采样的下一状态 s' 选择下一动作最优动作 a',将网络连接权重参数 θ' 更新为 θ;

③ Critic 当前网络:完成价值网络的连接权重参数 w 迭代更新,计算当前 Q 值 $Q(s,\ a,\ w)$,目标 Q 值 $y_i = r + \gamma Q'(s',\ a',\ w')$;

④ Critic 目标网络:计算目标 Q 值 $Q'(s',\ a',\ w')$,并将网络连接权重参数 w' 更新为 w。

深度确定性策略梯度算法流程如算法 5.2。

算法 5.2

1. 随机初始化 Actor 当前网络连接权重参数 θ,Critic 当前网络连接权重参数 w。

2. 初始化 Actor 目标网络连接权重参数 $\theta' = \theta$,初始化 Critic 目标网络连接权重参数 $w' = w$。

3. 初始化经验池 D。

4. 循环，经验轨迹 1 到 T：

<1>初始化 s 为当前状态序列的第一个状态，并计算得到其特征向量 $\varphi(s)$；

<2>基于 Actor 当前网络来确定状态 s 映射动作 $a = \pi_\theta(\varphi(s)) + noise$；

<3>执行动作 a 后观察状态 s'，得到相应奖励值 r，并判断是否为终止状态；

<4>将五元组 $\{\varphi(s), a, r, \varphi(s'),$ 是否终止状态$\}$ 存入经验池 D；

<5>更新状态 $s = s'$；

<6>从经验回放集合 D 中采集 n 个样本，并计算当前目标 Q 值 y_i，并设置

$$y_j \begin{cases} r_i & \text{如果经验轨迹的终止时间为 } i+1 \\ r_i + \gamma \max_{a'} Q'(\varphi_{i+1}, a', \theta') & \text{非终止时间} \end{cases};$$

<7>基于均方差损失函数 $\frac{1}{n}\sum_{i=1}^{n}(y_i - Q(\varphi(s_i), a_i, w))^2$，通过梯度反向传播算法更新 Critic 当前网络所有的连接权重参数 w；

<8>基于损失函数 $J(\theta) = -\frac{1}{n}\sum_{i=1}^{n} Q(s_i, a_i, w)$，通过梯度反向传播算法更新 Actor 当前网络的所有参数 θ；

<9>更新目标网络参数：

$\theta' \leftarrow \tau\theta + (1-\tau)\theta'$,

$w' \leftarrow \tau w + (1-\tau)w'$。

（2）异步优势演员—评论家算法。异步优势演员—评论家算法（Asynchronous Advantage Actor-Critic，A3C）[111—112]通过异步梯度下降算法来优化深度网络模型，同时结合强化学习进行策略学习，定期从经验池中采样指导后续和环境学习交互。通过这种方法，A3C 避免了经验回放时样本的相关性过强的问题，是一种异步并发的学习模型。

在基于值函数的深度强化学习框架中，经验回放机制的负面作用体现在两个方面：首先，要带来巨大的内存开销；其次，经验回放机制采用离

线策略的学习方式,导致网络模型的参数不能得到即时更新,同时对硬件的计算性能要求较高。A3C算法利用多线程的方法分别和环境进行交互学习,每个线程都把学习的成果汇总到统一的经验池中使用,相当于多个智能体并行且各自执行不同的策略,可以进一步打破样本之间的相关性。同时,A3C算法的多线程在多处理器上执行,而且可以处理离散型和连续型动作两类强化学习问题,且在资源消耗、时间效率和训练效果上都优于DQN等算法。

A3C算法原理并不复杂,是结合基于策略和价值函数的深度强化学习框架,并将前者视为演员,后者视为评论家,同时引入优势函数以确定评论家网络模型在更新时输出动作的良好程度,目的是降低策略梯度的评估偏差。因此,也可以将A3C算法理解为优势函数与AC算法的结合[113],引入两个网络模型来近似策略函数和价值函数,其中策略函数用于估计输出动作的概率,价值函数用于判断状态的良好程度。

① 价值学习。在作为评论家的基于价值的学习部分,通常情况下使用神经网络来近似价值函数,其中神经网络的连接权重参数为w,其表达式为:

$$Q(s, a) \approx Q(s, a; w) \tag{5.22}$$

参照DQN算法定义损失函数为:

$$L(w_i) = E[(\text{目标}Q\text{值} - Q(s, a; w_i))^2] \tag{5.23}$$

目标Q表示为式(5.24),即:

$$\text{目标}Q\text{值} = r + \gamma \max_{a'} Q(s', a'; w_i') \tag{5.24}$$

以上在计算目标动作值时只考虑下一时间步的状态,即基于单步Q-learning模式,由于只对式中奖励值r的状态—动作值函数有直接影响,会带来算法的学习速率较慢的问题。因此,在实际应用中可根据情况选择多步Q-learning模式,这样可以更好地模拟历史数据,提高算法的效率。通过多步Q-learning模式计算T步的表达式为:

$$\text{目标}Q\text{值} = r_t + \gamma r_{t+1} + \cdots + \gamma^{T-1} r_{t+T-1} \max_{a'} \gamma^T Q(s_{t+T}, a) \tag{5.25}$$

② 策略学习。在作为演员的基于策略学习部分,使用参数为θ的神经网络作为策略网络模型来近似策略函数,A3C算法采用策略迭代的方式来

更新神经网络的参数，显然策略函数的目标是最大化奖励值，因此通常采用梯度上升法来计算奖励的期望。

策略函数的近似公式为：

$$\pi(s, a) \approx \pi(a \mid s; \theta) \tag{5.26}$$

策略梯度的更新公式为：

$$\nabla_\theta E[R_t] = \nabla_\theta \log \pi(a_t \mid s_t; \theta) R_t \tag{5.27}$$

策略梯度更新公式(5.27)中 $\pi(a_t \mid s_t; \theta)$ 表示在状态 θ 和神经网络参数为 a_t 的情况下，选择动作 a_t 的概率。取概率的对数并乘以动作 a_t 的总回报 R_t，通过梯度上升方法更新神经网路参数 θ，通过分析策略梯度更新公式可知，对于回报越高的动作，越应提高该动作出现的概率。但有时会出现每个动作的总回报 R_t 都不小于 0，则这种情况下所有的梯度值都会大于等于 0，带来的后果就是每个动作出现的概率都会得到提高，并会降低学习速度，同时带来梯度的高方差。因此，为了降低梯度的方差，在算法中令总回报 R_t 减去基线 b，通常将基线 b 设置为总回报的期望值，总回报超过基线的动作的概率会提高，总回报低于基线的动作的概率会降低，同时可以降低梯度方差，此时的策略 π 是演员，基线 b 是评论家，其表达式为：

$$\nabla_\theta E[R_t] = \nabla_\theta \log \pi(a_t \mid s_t; \theta)(R_t - b_t(s_t)) \tag{5.28}$$

③ 优势函数。在 A3C 算法中，演员角色是策略 π，评论家角色是基线 b，优势函数是对算法中的演员—评论家算法的部分修正，从而对动作有更好的估计，定义优势函数为：

$$A(s, a) = Q(s, a) - V(s) \tag{5.29}$$

方程中 $V(s)$ 表示策略 π 的价值函数，一般可理解为期望的折扣回报，通过如下方式进行迭代计算：

$$V(s) = E_{\pi(s)}[r + \gamma V(s')] \tag{5.30}$$

动作价值函数 $Q(s, a)$ 和价值函数 $V(s)$ 的关系表示为：

$$Q(s, a) = r + \gamma V(s') \tag{5.31}$$

此处的价值函数 $Q(s, a)$ 用动作价值函数的总回报 R_t 代替，含义为单个动作对应的价值；基线 b 视为价值函数 $V(s)$ 的估计，表示所有动作值函数关于动作概率的期望。因此，最终的优势函数表达式为：

$$A(s, a) = R(s, a) - V(s) \tag{5.32}$$

④ 异步操作。A3C算法架构主要由多工人、环境和全局网络组成，架构中每个工人通过自身网络与独立环境进行交互，各自拥有独立的策略，则学习到的经验也是独立的，多个工人智能体并发操作显然会比单智能体更加有效，A3C算法异步流程如图5.3所示。

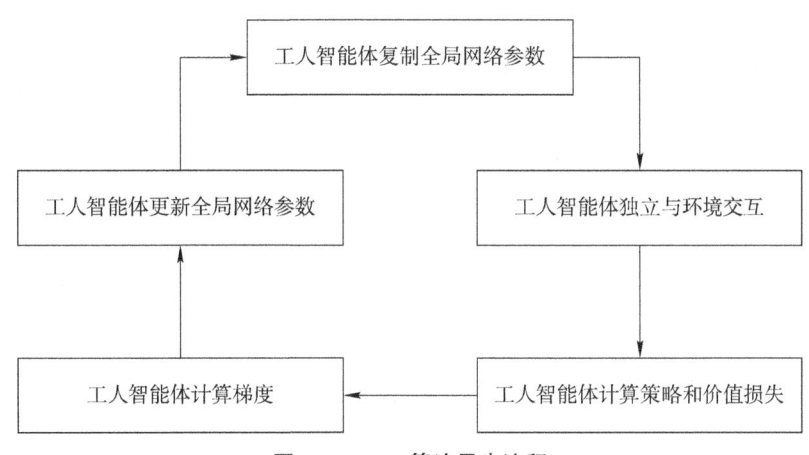

图 5.3　A3C 算法异步流程

此外，深度强化学习还有其他框架，如融合优先回放、多步学习、竞争网络、分布式学习等技术的单智能体深度强化学习框架 Rainbow[114]，融合多个演员、单个学习者和单个共享经验池的深度强化学习框架 Ape-X[115]，本书不再详述。

5.4　本章小结

本章介绍了深度强化学习技术用于求解车间调度问题的相关理论和技术。首先，介绍了强化学习中的核心概念马尔可夫决策过程、值函数迭代、策略迭代等内容，为后续介绍深度强化学习提供理论支撑。其次，分析了深度强化学习的基本原理，并介绍了基于值函数的深度强化学习框架深度Q网络、基于策略梯度的深度强化学习框架深度确定性策略梯度算法和异步优势演员—评论家算法。

  通过对深度强化学习相关理论的研究，在车间生产调度问题情形下总结深度强化学习的几个应用方向：首先，非监督方式将在深度强化学习中扮演更加重要的角色；其次，在深度强化学习中引入计算图模型、注意力机制和记忆单元等辅助结构；最后，深度强化学习与长短期记忆网络等结合，增强算法的记忆功能，提高主动推理与认知的能力。

第6章 监督学习方式求解车间生产调度问题

本章借助于神经网络的记忆存储和参数共享等特性来学习作业车间调度问题的工件、机器和车间之间的相互约束关系,进而确定工件的优先级和采用的调度规则。以长短期记忆网络为底层框架,通过门结构来缓解梯度爆炸和消失问题,同时在长短期记忆网络中嵌入注意力机制提高模型的训练速度,提升解的质量。

6.1 引　　言

Simon[116]较早就通过神经网络来求解作业车间调度问题,提出利用 Hopfield 神经网络构建问题求解新方法。Jain 等[117]利用改进的反向误差传播方法,对基于神经网络的作业车间调度方法进行较深入的研究,结合神经网络的自适应能力对问题进行求解。Sutskever 等[118]研究了一种端到端的序列学习方法,构建两个 LSTM 分别完成编码任务和解码任务。Vaswani 等[119]研究了一种结合注意力机制的转换模型来进行编码和解码,通过一种新的网络对问题进行求解。Kool 等[120]将注意力机制用于求解旅行商问题和车辆路径问题,结果证明算法是有效的。Bello 等[121]基于策略梯度方法进行参数优化,用神经网络和强化学习结合求解旅行商问题,并成功用于求解背包问题。Lin 等[122]对基于边缘计算的智能制造框架进行了研究，并将深度强化学习应用于作业车间调度问题求解中。Zhang 等[123]研究了具有智能和分布式的制造系统，并用于求解作业车间调度问题。调度规则是求解生产调度问题的重要知识，Panwalkey 等[124]共对 113 种不同的调度规则进行总结，根据问题的特征进行选择。Mouelhi 等[125]在求解较小规模的问题时，通过样本训练神经网络，实现在调度中动态选择相应规则，实验证明了算法的优越性。

通过梳理神经网络在生产调度领域的现有成果可见，问题求解思路大多是神经网络模拟启发式算法，但随着问题规模和参数的变化，算法在可移植性、可扩展性等方面存在较大局限性。本章通过长短期记忆网络和注意力机制构建模型，通过监督学习的方式求解作业车间调度问题。

6.2　问题描述

作业车间调度问题是生产调度中最复杂、最困难的问题之一，问题的约束因素众多，所有工件均要考虑加工顺序、加工时间等因素，同时还受到车间设备、人力和其他设备资源的约束，求解最优调度方案的时间会随着问题规模的增大而呈指数级增加，问题的一般性假设为：

（1）工件的生产工艺彼此独立；

（2）所有工件零时就绪；

（3）工件不能被大于 1 台的加工机器同时加工；

（4）加工机器不能同时加工大于 1 个工件；

（5）所有工件不考虑加工优先权；

（6）不考虑加工机器的中断；

（7）加工机器有无限缓冲区。

本章选取最大完工时间 C_{max} 为目标，相应符号表示如表 6.1 所示。

表 6.1　符号表示

符号	含义
n	工件数
m	机器数
J_n	工件
i	机器序号
Q_{ij}	第 i 个工件的第 j 道工序

以三个工件的作业车间问题为例，加工任务信息如表 6.2 所示。

表 6.2　三个工件作业车间调度问题

工件		工序		
		1	2	3
加工机器	J_1	M_2	M_3	M_1
	J_2	M_3	M_1	
	J_3	M_1	M_2	M_3
加工时间	J_1	5	2	7
	J_2	4	6	
	J_3	9	5	3

本章利用析取图来描述 n 个工件在 m 台机器上加工的作业车间调度问题，析取图用式 $G=(N, A \cup A')$ 表示。其中 N 表示析取图中所有节点；S 和 E 是虚拟节点，分别表示工件开始加工前和加工完成后的节点，开始加工前节点 S 含有 n 条弧，长度均为 0，分别指向各工件的第一个工序，加工完成后的节点有 n 个入射弧，分别表示工件的最后操作。析取图中其他每个节点表示一个工件的加工工序，节点与节点之间的实线连接弧表示一个工件的工艺路线，用集合 A 表示，箭头表示工序的先后顺序，表达了作业调度问题中所有工件的工艺路线，其中连接一个节点的非入射弧都具有节点所表示的加工时间长度。虚线连接弧表示在同一台加工设备上加工的工序，并用 A' 表示，箭头表示工序在当前加工设备上的加工顺序，表达了作业车间调度问题中工件在各加工设备上途经的顺序。该问题的析取图描述方式如图 6.1 所示。图中实线箭头表示三个工件的加工工序，无方向的

虚线闭环则表示在同一机器上加工的工件，不同的虚线表示不同的机器，虚线的方向是待确定的，且最终要打破虚线闭环。

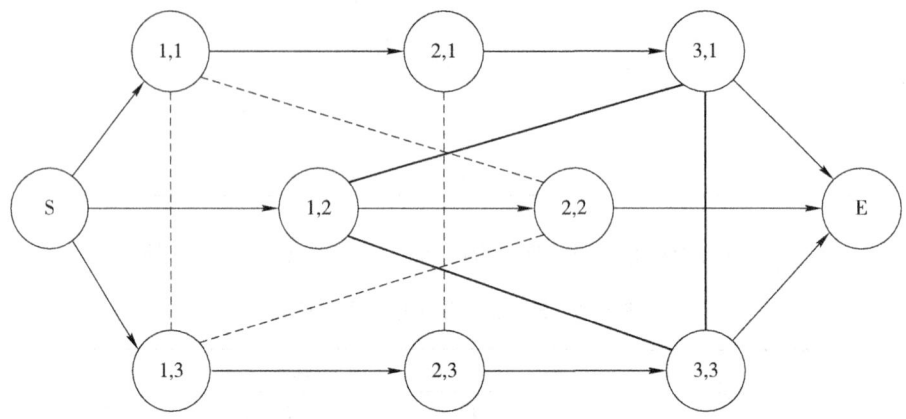

图 6.1　三个工件作业车间调度问题析取图

图 6.1 中表示工序的节点最多只能有两条入射弧线，以决定某机器上的工件加工顺序。对于一个 n 工件 m 加工机器的作业车间调度问题，其理论解的个数为 $(n!)^m$，调度解的编码复杂多样，解的搜索方法异常耗时，同时还要对解的可行性进行分析，构成的优化曲面缺少可辨识的结构信息，通常会存在多个彼此相邻的分布无规则极小值。

表 6.2 表示的三个工件调度问题，以最大完工时间 C_{max} 为评价目标，该问题一个可行解甘特图如图 6.2 所示。

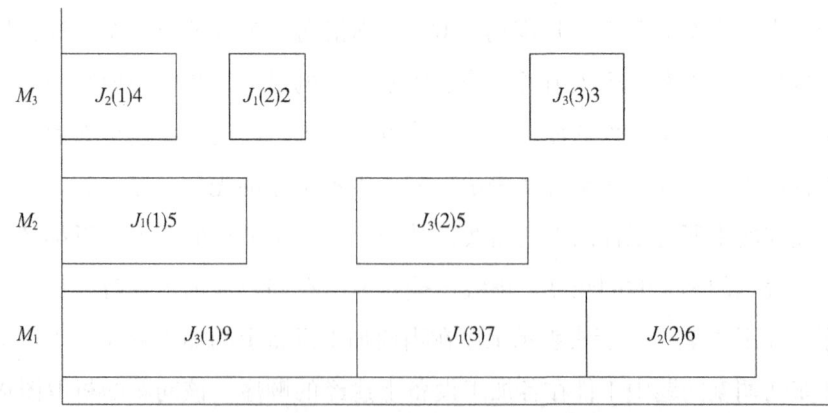

图 6.2　三个工件问题可行解甘特图

可行解对应的析取图如图 6.3 所示。析取图中不存在闭环，同时所有节点最多只能存在两条入射弧，以此决定加工机器上的作业加工顺序。图中虚线箭头表示机器 M_1 上依次加工 J_3、J_1 和 J_2，机器 M_2 上依次加工 J_1 和 J_3，机器 M_3 上依次加工 J_2、J_1 和 J_3。析取图中可行解的最大完工时间取决于开始加工前节点 S 到加工完成后节点 E 的关键路径，该路径上的每一个工序紧邻同一加工机器上的下一工序或者同一工件在不同加工机器上的下一工序。

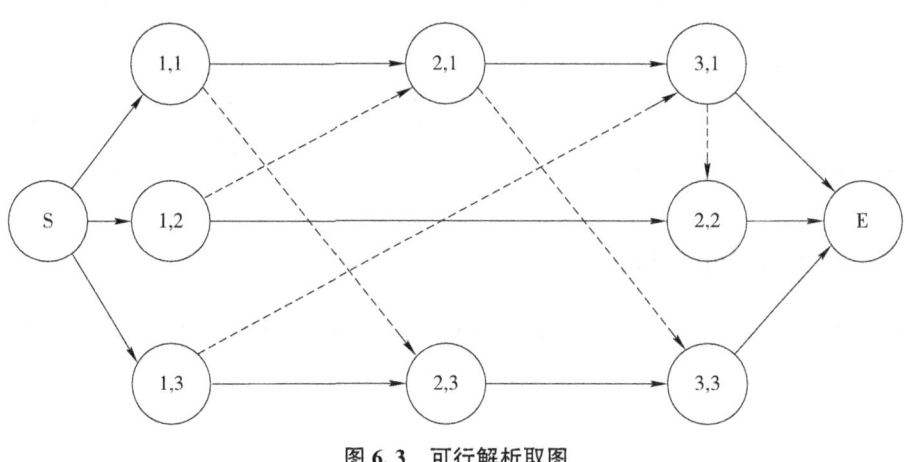

图 6.3 可行解析取图

6.3 调度规则与样本数据

6.3.1 调度规则

生产调度的目标是构建良好的作业加工序列以最大限度减少生产过程中的资源开销，以一项或几项生产指标作为优化目标。调度规则要能够满足生产调度问题的复杂性和时效性要求，是影响生产调度结果的关键因素。同时，调度规则种类众多、变更频繁，没有一种调度规则能满足所有情境下的调度任务，而是需要在不同情境下动态选择调度规则来确定工件的优先级，本章选取的调度规则[126]如表 6.3 所示。

表 6.3 调度规则

序号	符号	含义
1	SPT	优先级高的工件加工工时更短
2	EDD	优先级高的工件交货期更紧急
3	FCFS	优先级高的工件到达时间更早
4	LWR	优先级高的工件剩余加工时间更短
5	MDD	优先级高的工件修正交货期更短
6	HRN	优先级高的工件的等待时长与加工时长之间的差和等待时长的比值更小
7	CR	优先级高的工件的工序临界比更小
8	WINQ	优先级高的工件在机器队列中工件的总加工时长更短
9	RR	优先级高的工件导致机器利用率更高

6.3.2 样本数据

样本数据主要来自 FT、ABZ、SWV 和 DMU 等基准实例[127],部分来自实际的车间生产数据,在采集样本数据的特征时主要基于以下四个方面的考虑:

(1) 描述工件个体特征的数据;

(2) 工件与加工机器的数据关系;

(3) 机器的载荷情况;

(4) 工件与客观环境的数据关系。

通过计算每个特征与其他相应变量的相关性,将相关性较低的特征进行过滤操作,通过特征分析与预测变量的关系判断来表示二者关系,并用相关算法处理数据集,对特征重要性进行排序并选择重要特征。

选择调度规则的权重系数作为标签,系数最高值为 0.9,表示对应的调度规则被选中,未选中的规则用 0.1~0.5 的权重系数标注,完整的样本数据通过一个 36 维向量来表示,得到特征数据后进行归一化,样本特征[127]如表 6.4 所示。

表 6.4 样本特征

序号	特征	描述
1	样本特征 1	工件所处的处理阶段
2	样本特征 2	空闲加工机器数
3	样本特征 3	待加工工件数目
4	样本特征 4	待加工工件的最小加工时长
5	样本特征 5	待加工工件的最大加工时长
6	样本特征 6	待加工工件的平均加工时长
7	样本特征 7	待加工工件的加工时长标准差
8	样本特征 8	待加工工件的工单临界比最小
9	样本特征 9	待加工工件的工单临界比最大
10	样本特征 10	待加工工件的工单临界比平均值
11	样本特征 11	待加工工件的工单临界比标准差
12	样本特征 12	待加工工件的交货期最短
13	样本特征 13	待加工工件的交货期最长
14	样本特征 14	待加工工件的交货期平均值
15	样本特征 15	待加工工件的交货期标准差
16	样本特征 16	待加工工件的工序交货期最短
17	样本特征 17	待加工工件的工序交货期最长
18	样本特征 18	待加工工件的工序交货期平均值
19	样本特征 19	待加工工件的工序交货期标准差
20	样本特征 20	待加工工件的松弛时间最短
21	样本特征 21	待加工工件的松弛时间最长
22	样本特征 22	待加工工件的松弛时间平均值
23	样本特征 23	待加工工件的松弛时间标准差
24	样本特征 24	待加工工件的单位剩余工作量松弛时间最短
25	样本特征 25	待加工工件的单位剩余工作量松弛时间最长
26	样本特征 26	待加工工件的单位剩余工作量松弛时间平均值
27	样本特征 27	待加工工件的单位剩余工作量松弛时间标准差

由表 6.4 可知，工件特征构建基于处理阶段特征、加工机器特征和待加工工件特征等。样本标签是调度规则被选的概率，表示当前特征状态下应选择的最佳调度规则；然后再根据输出的调度规则确定工件。特征提取

流程如图 6.4 所示。

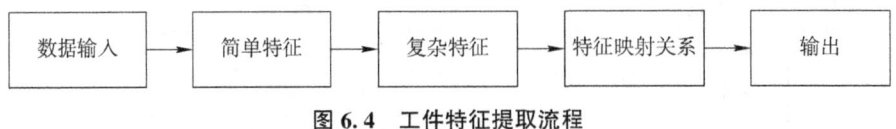

图 6.4 工件特征提取流程

6.4 自注意力模型

6.4.1 基于自注意力模型的序列编码

注意力机制是受人类视觉的局部关注机能启发而设计的。序列问题经过模型处理后，输出的有序序列满足一定的评价指标。通过加入注意力机制，在训练过程中可以学习到更多关键属性。注意力机制在不同的应用场景中会有不同的改进，生产调度问题是输入和输出序列等长的组合优化问题，解决此类问题可以将注意力机制与循环神经网络结合，用到的注意力机制的变体一般有自注意力和指针网络。

自注意力模型采用键—值对模式，将普通注意力机制的输入信息替换为键—值对$(K, V) = [(k_1, v_1), (k_2, v_2), \cdots, (k_M, v_M)]$表示。键—值对注意力模式如图 6.5 所示。

在计算注意力分布式时，将注意力机制中加性模型打分函数$f(a, q) = v^T \times \tanh(W \times a + U \times q)$的输入信息$a$替换为键$k$，如式(6.1)所示：

$$p_n = \text{softmax}(f(k_n, q))$$
$$= \frac{\exp(f(k_n, q))}{\sum_{i=1}^{N} \exp(f(k_i, q))} \quad (6.1)$$

对信息进行加权平均汇总，用式(6.2)进行计算，即：

$$\text{attention}((KV,), q) = \sum_{i=1}^{N} p_i v_i$$
$$= \sum_{i=1}^{N} \frac{\exp(f(k_i, q))}{\sum_j \exp(f(k_j, q))} v_i \quad (6.2)$$

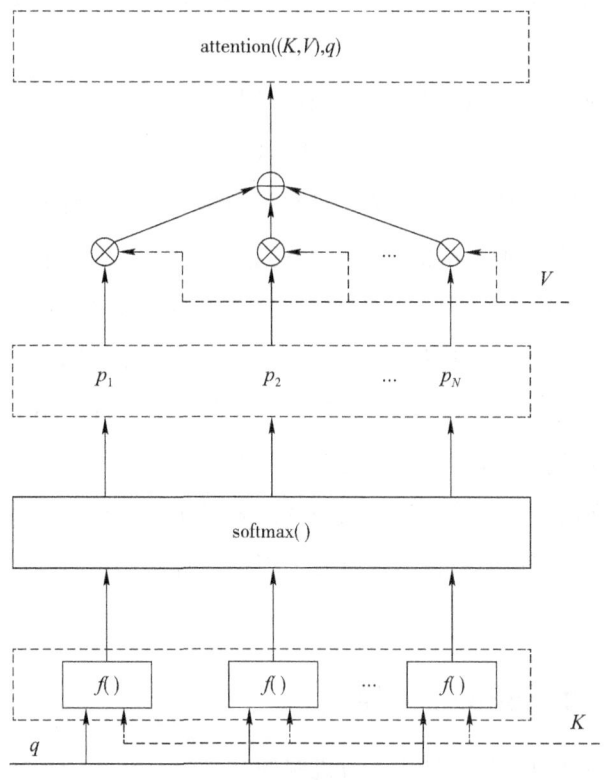

图 6.5 键—值对注意力模式

假设输入序列 A 是长度为 M 的向量序列 A_1，A_2，…，A_M，序列中每个向量 A_m 的维度为 D，输出序列 O 是与序列 A 等长的序列 O_1，O_2，…，O_M，其中每个向量 O_m 的维度为 D。

将输入序列中每个向量 A_m 映射到三个不同的空间，分别得到 D 维查询向量 q_m，键向量 k_m 和值向量 v_m。以查询向量为例，即 $q_m = w_m \times A_m$，其中 w_m 表示可训练参数，并将整个输入序列上查询向量的映射用式(6.3)进行计算，即：

$$Q = W_q \times A \qquad (6.3)$$

其中 Q 表示查询向量，W_q 表示计算查询向量可训练的线性映射参数矩阵，同理可得键向量的映射用式(6.4)进行计算，即：

$$K = W_k \times A \qquad (6.4)$$

其中 K 表示键向量，W_k 表示计算键向量可学习训练的线性映射参数矩阵。

值向量的映射用式(6.5)进行计算，即：

$$V = W_v \times A \tag{6.5}$$

其中，V 表示值向量，W_v 表示计算值向量可学习训练的线性映射参数矩阵。查询向量 q_m 通过键值对注意力机制计算得出相应的输出向量，在实际应用中将自注意力模型作为深度神经网络中的一层来使用。自注意力模型还有一个明显优点是可以动态生成模型的连接权重，因此具备较好的变长序列问题处理能力，在处理车间生产调度问题时，面对不同规模的工件数，模型需要具备处理不同规模的调度问题能力，自注意力模型动态生成连接权重可满足这一需求。为使算法尽量满足实际生产过程要求，进一步提高工件的特征提取能力，本章研究了用于求解作业车间调度问题的自注意力序列编码模型。

6.4.2 Transformer 模型

多头自注意力机制在自注意力机制的基础上，在多个投影空间中捕捉不同的交互信息，假定在共 K 个投影空间中分别应用自注意力机制，可进行如下表示：

$$Multihead(K) = W[hed_1, \cdots, head_K] \tag{6.6}$$

$$head_k = self\text{-}attention(Q_k, K_k, V_k) \quad 其中 k \in \{1, 2, \cdots, K\} \tag{6.7}$$

根据式(6.3)~(6.5)可得 $Q_k = W_q^{(k)} \times A$，$K_k = W_k^{(k)} \times A$ 和 $V_k = W_v^{(k)} \times A$。

Transformer 模型[128]是基于多头自注意力的序列模型，其结构可以分为编码器和解码器两个部分。编码器包含了多层自注意力模块，每一层的输出作为下一层的输入，对于作业车间调度问题，将工序序列 O_1，O_2，$\cdots$，O_M 作为输入，其输出为向量序列 $H^{encoder} = [h_1^{encoder}, h_2^{encoder}, \cdots, h_M^{encoder}]$，之后再将 $H^{encoder}$ 映射为多头注意力机制的键 $K^{encoder}$ 和值 $V^{encoder}$ 供解码器使用。

模型包括编码组件和解码组件，其中编码组件由一组编码器构成，解码组件也由与编码器相同数量的一组解码器构成。所有的编码器在结构上是相同的,所有的解码器在结构上也是相同的,但编码器和解码器的结构是互相独立的。

工序序列从编码器输入之后,先经过自注意力层,并计算每个工序对其他工序的关注度,该层的输出将传递到编码器的前馈神经网络,前馈神经网络的输出再传递给编码组件的下一个编码器。解码器由自注意力层、编码—解码注意力层和前馈神经网络组成,其中编码—解码注意力层用于计算对输入工序的关注程度。

在编码组件的最底层编码器,构建工序的嵌入特征向量,每个工序的嵌入特征向量维度由特征维数决定,向量的列表由最大的工序数决定,比如100个工件,20台加工机器的作业调度问题,此时的向量列表的容量是2000。工序的嵌入向量会经过编码组件中每个编码器的两个层次,即自注意力层和前馈神经网络层,每个位置上的工序嵌入特征向量有单独路径输入编码器,在注意力层路径之间存在相互依赖映射关系,但在前馈神经网络层相互之间没有依赖关系。因此,编码器对工序嵌入特征是并行计算的。

编码组件自注意力层的主要计算步骤如下:

(1)计算每个工序的嵌入特征向量,将每个工序嵌入特征向量经过式(6.3)~(6.5)分别得到查询向量、键向量和值向量,其中分别需要 W_q、W_k 和 W_v 三个矩阵进行计算。

(2)根据打分函数对工序进行分数计算,用序列中所有工序对当前工序打分,分数决定了所计算的工序对序列中其他工序的关注程度;分数是通过序列中所有工序的键向量与当前计算工序的查询向量的点积打分函数来计算,比如当前工序的查询向量为 q_i,其他工序的键向量为 k_1、k_2 等,则分数分别为 q_1 与 k_1、q_1 与 k_2 等键向量的点积。

(3)将上步得到的分数进行同倍缩小,目的是让梯度更稳定,然后再通过 softmax 函数对分数进行归一化处理[129],并进行结果传递;归一化之后的分数决定了每个工序对当前计算工序的贡献度,已经在此位置上的工序将获得最高的分数。

(4)将每个值向量与归一化之后的分数相乘,相当于对值向量进行加权处理，再对加权值向量进行求和，然后得到自注意力层在该位置的输出，并将得到的矩阵 Z 传输给前馈神经网络。

解码器通过自回归的方式来生成目标序列，共有遮蔽自注意力模块、解码器到编码器注意力模块和逐位置的前馈神经网络三个模块。首先在遮蔽自注意力模块利用自注意力模型对 t 时刻前已生成序列标注的工序进行编码，得到 $H^{decoder} = [h_1^{decoder}, h_2^{decoder}, \cdots, h_t^{decoder}]$；其次，在编码器到解码器的注意力模块部分，将上步得到的 $h_t^{decoder}$ 进行线性映射得到查询向量 $q_t^{decoder}$，并通过键值对注意力机制从键 $K^{decoder}$ 和值 $V^{decoder}$ 获取有用信息。编码器和解码器结构如图 6.6 所示。

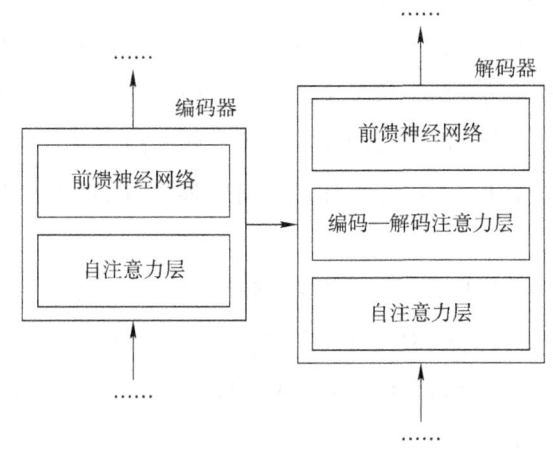

图 6.6　编码器—解码器结构

模型中应用的是多头自注意力机制，即模型的每个子空间对应一个自注意力模块，多头自注意力机制可以提升模型专注不同位置的能力；但同时需要面对的问题是每个子空间中均要计算查询向量、键向量和值向量，即每个子空间都需要训练独立的 W_q、W_k 和 W_v 矩阵。同时，各个子空间的自注意力模块都会得到一个矩阵 Z，本章中采取的办法是将各子空间中的矩阵 Z_1、Z_2 等进行拼接得到矩阵 Z_0，并训练相应规模的矩阵 W_0，与 Z_0 相乘操作得到与子空间矩阵规模相同的矩阵，作为编码器前馈神经网络的输入。

多头自注意力模型对序列的位置信息是不敏感的,因此在初始化输入序列时需要加入位置编码进行修正,每个位置都接收前一层的位置输出,通过注意力机制动态计算连接权重。在作业车间调度问题中,工序位置是调度方案的关键因素,因此在模型中为每个工序的嵌入特征增加一个表征工序位置的向量,位置向量遵循嵌入特征的特定模式,可同时表达工序的位置以及不同工序之间的距离关系,如图 6.7 所示。

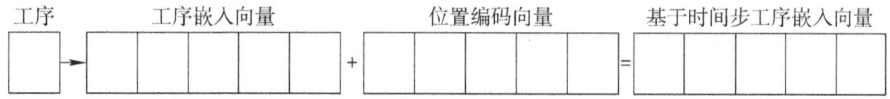

图 6.7　位置编码添加示意

解码组件的最底层解码器会接收顶层编码器的输出,其中包含键向量和值向量的注意力向量集,并用于解码器的编码—解码注意力层,通过其下面的层构建相应的查询矩阵,并同时接收编码器输出的键矩阵和值矩阵。解码器的自注意力层处理输出靠前的位置信息,同时屏蔽靠后的位置信息。解码组件的最后一个解码器会连接一个全连接神经网络,将解码器输出的向量映射为一个维度更高的向量,然后将得到的向量输入到 softmax 层并得到不同位置的概率,概率最高的工序会被选中优先安排。

6.5　LSTM-PtrNets-CRF 模型

6.5.1　模型框架

在普通的循环神经网络结构中,当梯度小于 1 时,经过多次迭代,其间会产生指数相乘运算,并导致梯度趋近于 0,即所谓梯度消失。相反,当梯度大于 1 时,指数运算会导致梯度迅速增大,即所谓梯度爆炸。梯度爆炸问题可以采取截断或挤压等措施进行处理,相对容易解决;但梯度消失会令参数调整失去方向,导致参数学习失败。本模型中用长短期记忆网络 LSTM 作为模型的主框架,其中的长短期记忆单元的特殊记忆存储方式可以较好地解决梯度消失问题,通过在一定时间步存储梯度信息,可以处理工序间隔较长的任务。

　　模型的输入是当前时间步的信息和上一时间步隐藏状态信息，并采用Sigmoid函数激活，利用LSTM框架解决作业车间调度问题，其核心是如何将作业车间调度问题和LSTM中的可控自循环单元建立联系，让表征工件之间数据特征的梯度关系可以长远流动。本章通过长短期记忆网络的记忆单元来保存长期状态，即利用LSTM的记忆块来取代一般前馈神经网络的隐藏神经元，负责将记忆信息从序列的起始传递到序列的末端，增加记忆块的循环神经网络神经元，如图6.8所示。

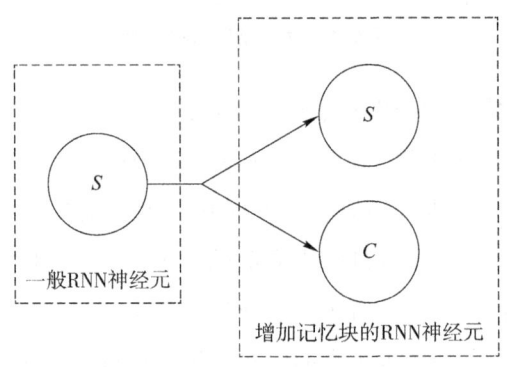

图6.8　增加记忆块的RNN神经元

　　设置时间步t时的工件特征为$J_t \in R^{n \times d}$，其中的值n为工件的总个数，值d为特征维数，设定模型中h是隐藏单元的超参数，上个时间步的隐藏状态表示为$H_{t-1} \in R^{n \times h}$，时间步$t$的遗忘门表示为$F_t \in R^{n \times h}$，输入门表示为$I_t \in R^{n \times h}$，输出门表示为$O_t \in R^{n \times h}$。

　　在车间调度问题中，调度问题的顺序取决于工件信息、加工机器信息和外部环境信息等因素，本章仅考虑工件信息和加工机器信息。因此，工件之间的数据约束关系、工件与加工机器之间的数据约束关系是影响排序结果的最关键因素。在较大规模的调度问题中，工件规模较大，工序较多，数据约束关系要在一定时间步内保留，避免局部最优甚至不可行的调度结果。受网络容量的限制，所有工件和加工机器信息的长期记忆会让网络满载而无法再写入信息，这就要求网络必须能够记忆部分信息，同时丢弃非重要信息以减轻网络负载，而长短期记忆网络的遗忘门决定历史记忆存入当前信息的程度，根据实际需要选择遗忘部分信息。

假设工件和加工机器在0时刻是就绪的，输入向量由 n 个工件的特征信息构成，在每个时刻，随着加工进程的推进，工件的特征信息是动态变化的。因此，输入每个时刻不同的矩阵向量，相当于是在推进加工进程，直到所有工件加工完成，输入门决定将当前时刻的状态存入长期记忆的程度。

网络中的内部记忆状态更新之后，有部分记忆可以用于下一层网络的更新，在输出门中，加入 Tanh 激活函数将记忆值映射为区间(-1, 1)的值，其中负值表示该部分记忆无须输出，正值则表示可以正常输出，输出门控制长期记忆作为输出的情况。

门控机制通过简单的加法使得网络在反向传播时，能够较好地维持相对恒定的误差，较好地避免梯度消失问题，并基于 Sigmoid 激活函数来输出区间(0, 1)的实数，可以表达加工信息的后续保留或丢弃的程度。

在作业车间调度问题中，门控开关是一个全连接网络，其输入是工件信息 $J_t \in R^{n \times d}$，其中 J_t 是矩阵向量，输出是(0, 1)之间的实数向量，LSTM通过调控全连接网络参数来实现调节输出。

构建的 LSTM-PtrNets-CRF 模型由输入层、LSTM 层、指针层和标注层组成，模型结构如图6.9所示。

假定输入的工件序列表示为 $J_o(J_{o1}, J_{o2}, \cdots, J_{on})$，输出的工件序列表示为 $J_g(J_{g1}, J_{g2}, \cdots, J_{gn})$，则注意力机制进行如下表示：

$$f(J_{oi}, J_{gi}) = v_a^T \tanh(W_a J_g + U_a J_o) \tag{6.8}$$

$$a_{gi} = \frac{\exp(f(J_{oi}, J_{gi}))}{\sum_{i=1}^{n} \exp(f(J_{oi}, J_{gi}))} \tag{6.9}$$

式(6.9)中的分母表示目标与输入数据的函数值之和，得到输入数据在目标上的概率分布情况，得到注意力机制的结果 d_i，如式(6.10)所示：

$$d_i = \sum_{i=1}^{n} a_{gi} J_o \tag{6.10}$$

通过实验发现，注意力机制的引入明显提升了长短期记忆网络模型的性能，在进一步提高模型的性能的同时，控制计算开销的增加，引入简化

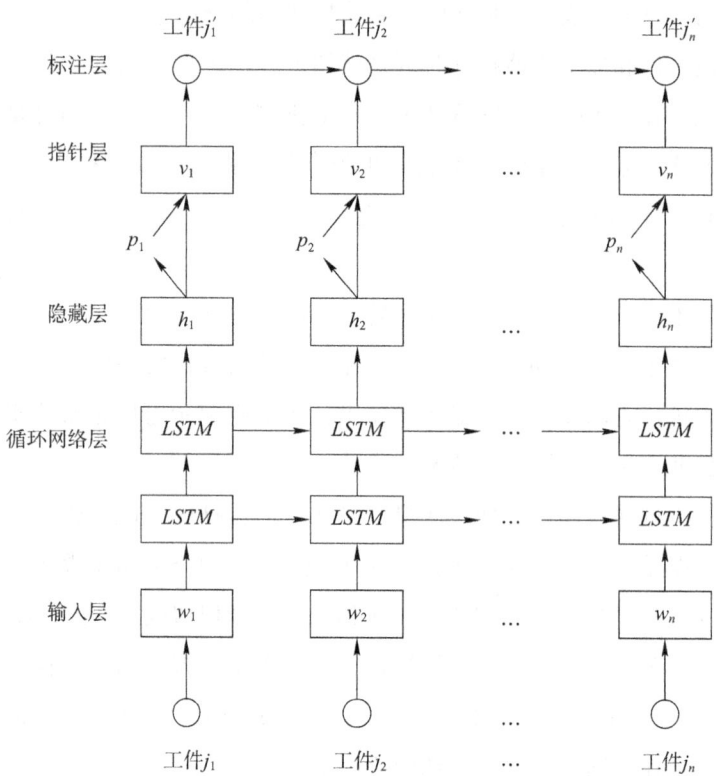

图 6.9　LSTM-PtrNets-CRF 模型结构图

的注意力机制,将式(6.9)中的 a_{gi} 值作为指针来指向特定工件,将运算结果赋值给相应权重最大的工件,如式(6.11)所示:

$$p(J_i | J_1, \cdots, J_{i-1}, P) = \text{softmax}(a_{gi}) \qquad (6.11)$$

也就是简化的注意力机制直接将 softmax 的输出值当作指针来选择优先级最高的工件。

图 6.9 中输入层接受信息是工件特征向量,将信息进行初步加工之后输出给隐藏层,指针层接收到的是较抽象的工件特征信息,最后通过条件随机场(Conditional Random Field,CRF)来实现工件的输出位置标签,长短期记忆网络的特征表示能力可以借助于条件随机场的序列标注能力得到一定程度的提升。

指针层通过学习工件的特征数据,将工件的特征映射为工件位置,指针层对接收的数据处理后的输出如下，即：

$$v_i = p_i h_i \tag{6.12}$$

h_i 表示指针层接收的输入信息，标注层再通过接收指针层输出信息来完成位置标注，构建的工件位置分值矩阵通过式(6.13)计算，即：

$$u_{ij} = \mathrm{softmax}(v_i w_j + b_j) \tag{6.13}$$

式(6.13)中 v_i 为式(6.12)中指针层的输出向量，w_j 表示可学习的权重值，b_j 为可学习的偏置向量。

指针层的输出数据作为条件随机场层的输入数据，假定输出的工件序列为 $j'(j'_1, j'_2, \cdots, j'_n)$，则可通过式(6.14)计算得到输出序列的分值，即：

$$S(j') = \sum_{i=0}^{n} A_{j'_i, j'_{i-1}} + \sum_{i=1}^{n} p_{i, j'_i} \tag{6.14}$$

A 表示可学习状态转移矩阵，p_{i, j'_i} 是工件 i 标注为 j'_i 的分值，最后通过式(6.15)计算标注序列的概率值，即：

$$p(j') = \frac{\exp(S(j'))}{\sum_{j' \in J'} \exp(S(j'))} \tag{6.15}$$

通过对数似然函数最大化来训练模型，如式(6.16)所示：

$$f(j') = \log_2(p(j')) = S(j') - \log_2 \sum_{j' \in J'} \exp(S(j')) \tag{6.16}$$

当面对新的工件序列任务时，通过式(6.17)从中选择概率最大的序列，得到优先级最高的工件分配到合法的空闲工位上，即：

$$tag = \underset{j' \in J'}{\mathrm{argmax}}\, p(j') \tag{6.17}$$

6.5.2 模型训练

采集基准实例在求解过程中收敛之前的所有数据，假设基准问题LA05，并记录该问题在收敛到某个标准值之前的数据以及迭代次数，假定问题收敛需经过 500 次迭代，那么本轮会采集到 500 个样本数据。

首先根据提前定义的函数提取样本的特征和标签，并通过式(6.18)进行归一化处理，同时将标签对应在区间(0, 1)，即：

$$y = \frac{x - x_{\min}}{x_{\max} - x_{\min}} \quad (6.18)$$

模型训练部分采用误差反向传播算法,首先要前向计算 LSTM 中每个神经元的输出,按步骤计算神经网络中涉及的遗忘门信息、输入门信息、输出门信息、长期记忆信息等。其次,根据优化目标函数来计算实际输出值与预期输出值之间的误差,以此构建损失函数,并根据计算得到的梯度信息引导权重更新方向,计算每个时刻的误差。最后,用确定的模型完成序列输出问题,并用以解决新的调度问题,即通过模型进行序列标注,然后通过优先级最高的调度规则确定要加工的工件。在学习任务中应用了 Dropout 正则化方法,在训练中针对个别神经网络单元按照一定概率实施丢弃,降低其逼近精度,提升网络的容错能力。计算时在不同时间步随机丢弃部分神经元,被临时丢弃的神经元相关参数在训练时保持不变。对于每个小批量的样本而言,相当于将该小批量样本用于训练结构不同的网络,最终得到的网络在多次训练的基础上集成而来,在一定程度上避免过拟合情况的出现。因此,小批量样本用于训练结构不同的网络相当于间接扩大了样本规模,可以缓解样本不足的情况。需要注意的是,模型中使用的 Dropout 正则化方法通过减少权重连接来提高模型的泛化能力,但同时要考虑避免删除神经元携带的有用记忆信息,因此 Dropout 正则化方法采取的是将丢弃操作仅用于非循环操作,避免删除在循环中承载的历史记忆信息,LSTM 框架中的正则化应用如图 6.10 所示。

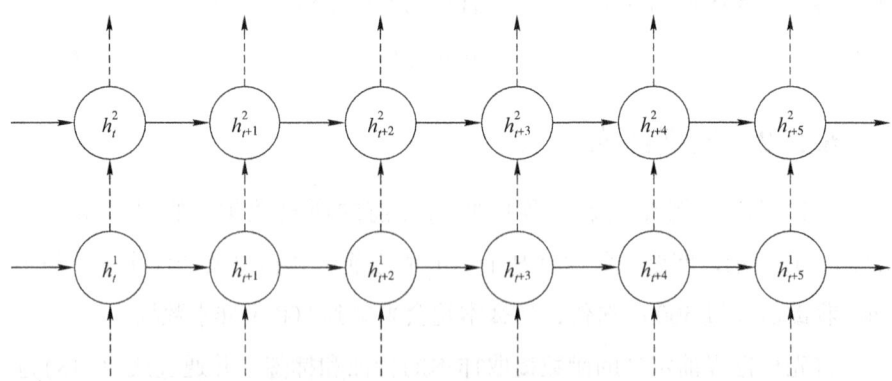

图 6.10　LSTM 框架中正则化应用

图 6.10 中垂直方向虚线箭头表示嵌入正则化应用的节点,水平方向实线箭头则表示没有使用正则化方法,垂直方向表示神经网络的深层应用,将工件的数据特征进行深层加工、抽象,最终得到工件在神经网络中的语义表示。垂直方向上表达的信息更多的是某工件个体,使用 Dropout 正则化方法在现实操作中也可以得到非常直观的理解,比如在工件的排序问题中,代表最优的工件排序往往不是唯一的,可以将某工件的工序理解为以一定的概率存在于某个位置,因此在垂直方向上加入 Dropout 正则化方法可以提高容错和泛化能力,却不会降低最终的表达能力。水平方向则表示前后输入的工件之间的数据特征约束关系,这种约束关系对工件的排序至关重要,在网络负载能力允许的情况下,其记忆量越大越好,也就是对工件的排序越准确,也更容易获得全局最优解。在垂直方向上使用 Dropout 正则化方法来改变神经网络的结构,通过增加网络的不确定性提高容错和泛化能力,在水平方向保持正常的连接不变,模型训练流程如图 6.11 所示。

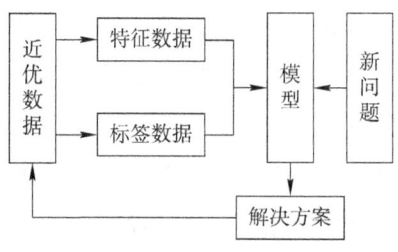

图 6.11 模型训练流程

6.6 实验与结果分析

6.6.1 实验设置

Transformer 模型中编码组件共构建了 8 个同样结构的编码器,解码器接收的工序嵌入特征维度为 2048,多头注意力的数目为 8,自注意力分数归一化处理的分母为 16。解码组件共构建了 8 个同样结构的解码器,其他构件和编码器相应构件的参数相同。模型的连接参数是随机生成的,未经训练的模型会产生随机的工序位置,通过期望位置的概率和实际输出的概率之间的偏差构造损失函数,模型中通过交叉熵来衡量损失函数,计算两个不同概率分布的差异程度,通过反向传播算法进行参数调整,模型相关参数如表 6.5 所示。

表 6.5 LSTM-PtrNets-CRF 模型部分参数

序号	参数名称	参数值
1	特征维数	27
2	标签维数	9
3	LSTM-1 层	100
4	LSTM-2 层	100
5	批大小	60
6	初始学习率	0.005
7	优化算法	AdaDelta

实验发现,网络的训练效率对样本批量大小较敏感,批量较大时随机梯度的方差会较小,训练相对稳定。因此,在实验中设置批量大小为 60,并在区间(0.001, 0.05)随机生成初始学习率,实验显示初始学习率保持在 0.005 附近时结果最好。

优化方法选择了 AdaDelta 算法,其基本思想是用一阶的方法来近似模拟二阶牛顿法。与其他算法相比,该算法没有学习率超参数,并在实验中与小批量随机梯度下降和 RMSProp 算法进行了对比,并最终选择了 AdaDelta 算法进行优化操作,AdaDelta 算法流程如算法 6.1。

算法 6.1

1. 初始化参数 X,批大小 B,样本数量 N,定义:
$E[\theta^2]_0 = 0$ 和 $E[\Delta X^2]_0 = 0$
2. 循环:设定 $t = 1 : T(T = N/B)$。
<1>计算梯度:θ_t;
<2>计算累计梯度:$E[\theta^2]_t = \rho E[\theta^2]_{t-1} + (1-\rho)\theta_t^2$;

<3> 参数优化：

$$\Delta X_t = -\frac{RMW[\Delta X]_{T-1}}{RMS[\theta]_t}\theta_t$$

<4> 计算：

$$E[\Delta X^2]_t = \rho E[\Delta X^2]_{t-1} + (1-\rho)\Delta X_t^2$$

<5> 计算：$X_{t+1} = X_t + \Delta X_t$。

6.6.2 结果对比与分析

(1) 基于 LSTM-PtrNets-CRF 模型的实验对比。

选择5个小规模基准实例、5个中等规模基准实例和5个较大规模基准实例，并分别基于遗传算法(GA)、牛顿启发式算法(NBHA)、粒子群算法(PSO)，以及 LSTM-PtrNets-CRF 模型算法(LSTM-PC)，以及最小完工时间 C_{max}、最大流经时间 F_{max}、机器最大负载 W_{max} 三个目标进行分别求解。

其中，完工时间最小 $C_{max} = \max\{C_1, C_2, \cdots, C_n\}$，表达式中 $C_i(i=1, 2, \cdots, n)$ 为工件 i 最末工序的完工时间；最大流经时间 $F_{max} = \max\limits_{1 \leq i \leq n}\{C_i - r_i\}$，其中 $C_i(i=1, 2, \cdots, n)$ 表示工件 i 最末工序的完工时间，r_i 为工件 i 可以开始加工的时间，$C_i - r_i$ 则表示工件从开始加工到离开机器流经的时间；机器最大负载用 $\min W_{max} = \max\limits_{1 \leq k \leq m}\{\sum\limits_{i=1}^{n}\sum\limits_{j=1}^{n_i} p_{i,j,k}\}$ 表示，其中 $p_{i,j,k}$ 表示工件 i 的工序 j 在机器 k 的加工时间，n_i 为工序数，采用式(6.19)计算结果，即

$$MSE' = \frac{1}{n}\sum_{i=1}^{n}\left(\frac{y_i - f_i}{y_i}\right)^2 \tag{6.19}$$

(a) 样本顺序实验。

实验中考虑了样本的采集顺序，并在有顺序样本和随机样本两种情况下分别进行了实验。前者是指在采集样本时加入时间标签，按顺序参与训练神经网络模型，后者是指样本在输入神经网络模型时是随机的。

结果表明，样本顺序对模型的性能影响并不大，只是在训练初期的收敛曲线有一定区别，最终却能够收敛到基本相同的结果，在迭代次数上区别也不明显，因此，实验中均采用随机样本。

实验结果对比如图 6.12，可见顺序样本和随机样本的收敛曲线。虽然随机样本在前期震荡幅度较大，而顺序样本的收敛则相对平滑，但最终达到基本相同的收敛状态。

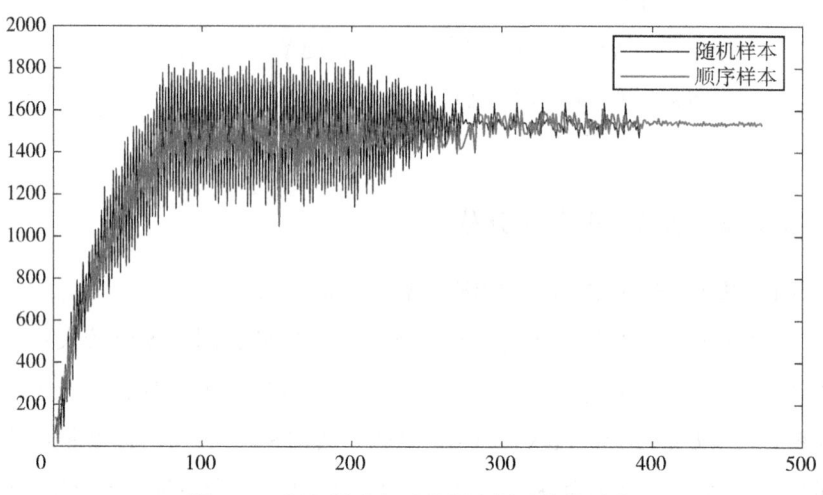

图 6.12 随机样本与顺序样本训练结果对比

(b) 算法的实验结果比较。

式(6.19)中 MSE' 值越小则说明结果越接近最优结果。考虑到基准问题的最优解在数值上差异很大，因此计算结果 MSE' 代替标准均方差，可以较好地表现所得解与最优解之间的差异，进行归一化处理后的结果如表6.6 所示。

表 6.6 LSTM-PC 算法实验结果对比

问题	规模	目标	GA	PSO	NBHA	LSTM-PC
LA16-20	10×10	C_{max}	0	0	0	1.11
		F_{max}	0.1	0.21	0.2	0.3
		W_{max}	0.23	0.32	0.40	0.1
TA26-30	20×20	C_{max}	0.12	0	0	0.24
		F_{max}	1.36	0.67	0.78	0.45
		W_{max}	2.60	3.21	3.50	0.52

续表

问题	规模	目标	GA	PSO	NBHA	LSTM-PC
SWV12\15	50×10	C_{max}	2.4	0	4.32	0.65
		F_{max}	4.12	3.54	5.21	1.20
		W_{max}	4.10	2.23	6.33	1.17

通过计算结果可以发现，GA、PSO和NBHA算法在处理小规模问题时均可以得到与基准解接近的结果，但随着问题规模的扩大其性能快速下降，但算法LSTM-PC在处理较大规模问题时，解的质量并未明显下降，说明算法对不同规模的问题具有较好的适应性，与其他算法的结果相比，其优势随着问题规模的扩大反而更加突出。

（2）基于Transformer模型的实验对比。

本实验选择基准问题SWV1、SWV2、SWV3、SWV6、SWV7、SWV8、TD61、TD62、TD63、TD71和TD72作为测试问题[130]。其中，SWV1、SWV2和SWV3工件数为20，机器数为10；SWV6、SWV7和SWV8工件数为20，机器数为15；TD61、TD62和TD63工件数为50，机器数为20；TD71和TD72工件数为100，机器数为20。将基于Transformer模型的算法（T-AL）、LSTM-PC算法和最优结果进行对比，计算结果如表6.7所示。

表6.7 T-AL算法实验结果对比

问题	规模	最优解	LSTM-PC算法解	T-AL算法解
SWV1	20×10	1407	1449	1463
SWV2	20×10	1475	1519	1534
SWV3	20×10	1369	1410	1424
SWV6	20×15	1591	1671	1686
SWV7	20×15	1446	1518	1533
SWV8	20×15	1640	1722	1738
TD61	50×20	2868	3126	3155
TD62	50×20	2869	3414	3156
TD63	50×20	2755	3278	3031
TD71	100×20	5464	7049	6010
TD72	100×20	5181	6683	5699

分析发现，在较小规模的作业车间调度问题中，LSTM-PC 算法表现优于 T-AL 算法。随着问题规模的扩大，两种算法与最优解的差距均逐渐增加，求解质量的对比情况如图 6.13 所示。

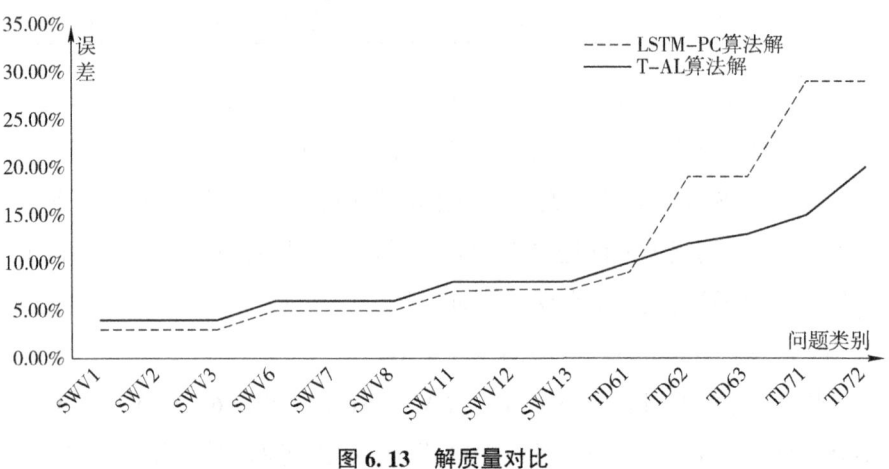

图 6.13 解质量对比

当问题规模增加到 50 个工件和 20 台加工机器时，T-AL 算法的解质量逐渐超过 LSTM-PC 算法，说明在问题规模较大时，T-AL 算法具有更明显优势。

6.7 本章小结

本章训练了两种序列求解模型以监督学习方式求解作业车间调度问题。首先，设计了融合长短期神经网络、注意力机制和条件随机场的作业车间调度问题求解模型，通过监督学习的方式训练神经网络模型，并在模型中嵌入注意力机制来提升模型性能，同时在模型中添加条件随机场来提高对输出工件标注能力。在训练中考虑了批量大小与学习率之间的关系，在实验中选择 AdaDelta 优化算法，通过基准实例进行对比验证了模型的有效性。其次，在自注意力机制和多头自注意力机制的基础上，通过 Transformer 模型对作业车间调度问题进行求解，模型脱离了求解序列问题常用的循环神经网络，模型的编码组件和解码组件分别由多个同结构的编码器和多个同结构的解码器组成，可以根据实际需要将模型的层次加深，且具备深层神经网络的性能，提升了训练效率。最后，分别设计了基于两种模型的实验，并将结果进行对比。实验结果表明，两种算法对作业车间调度问题均有较好表现；同时发现，基于 Transformer 模型的算法对较大规模的问题性能优势明显。通过研究监督学习方式求解生产调度问题，为后续研究值函数逼近的深度强化学习方法提供了理论和技术支撑。

第7章 值函数逼近算法求解车间生产调度问题

本章应用深度神经网络逼近值函数的强化学习方法求解流水车间调度问题，在强化学习框架下，探究流水车间调度问题的状态、动作、策略和奖励值的描述方法。结合流水车间调度问题的内在特征，将工件加工时间最大值、最小值、平均值以及加工机器的负载等情况映射为强化学习的状态，将特定状态下对应的调度规则映射为强化学习的动作，训练神经网络来完成状态与动作的映射关系。利用机器空闲时间构建奖励函数，并训练神经网络进行值函数逼近。研究表明，流水车间调度问题具备映射为强化学习框架的基本特征，为强化学习算法求解类似问题提供了借鉴。

7.1 引　　言

流水车间调度问题广泛存在于工业排产、航班调度等场景中，Viloria 等[131]提出一种高效的遗传算法用于求解流水车间调度问题，并取得了令人满意的实验结果。Bouzidi[132]提出基于启发式的变邻域搜索算法对阻塞流水车间调度问题进行求解。Li 等[133]使用混合人工蜂群算法解决具有恶化效应的并行批处理分布式流水车间调度问题。Bouzidi 等[134]将猫群优化算法用于解决不同类型的作业车间调度问题。Tadayonirad 等[135]考虑了机器故障和随机订单等因素的流水车间调度问题，通过综合元启发式算法与仿真方法进行求解。Zhao 等[136]针对无空闲车间提出了一种混合离散水波优化算法求解流水车间调度问题。Fernandez-Viagas 等[137]针对混合流水车间调度问题，研究了两组广泛的生产实例，为其他学者提供了有益的参考。

随着新一代人工智能技术发展，深度学习和强化学习等技术在求解流水车间调度问题中得到广泛应用。Lang 等[138]提出一种求解两阶段混合流水车间调度问题的新策略，并通过神经网络来估计工作序列，实验结果表明算法的优越性。Chen 等[139]提出用强化学习方法求解混合流水车间调度问题，设计了马尔可夫决策过程的特殊状态、行为和奖励函数，结果表明强化学习求解混合流水车间调度问题的可行性。Reyna 等[140]针对流水车间调度问题提出了自适应强化学习方法，结果表明该算法可以在较短的计算时间内得到高质量的解。Gupta 等[141]使用梯度下降法和反向传播算法训练神经网络来求解流水车间调度问题的 makespan，实验结果表明算法的有效性。

通过文献梳理，现有文献利用遗传算法、粒子群算法等方法求解流水车间调度问题较多，也有不少文献利用神经网络和强化学习算法来求解相关问题，但将流水车间调度问题直接映射到强化学习框架进行求解，同时在算法中用神经网络泛化值函数的文献尚不多见。本章构建了强化学习模型进行问题求解，并将最大完工时间最小问题转化为机器空闲时间最小问题来构建值函数。

7.2 问题描述

流水车间调度问题通常描述为 n 个工件、m 台设备，工件的每道工序在不同的设备上加工，所有工件的加工顺序相同；每个工件 j 在设备 i 上的加工时间是确定的，记为 $p_{i,j}$，问题的求解目标是在条件约束下，最小化完工时间或总流经时间最小等。

用有向图来描述流水车间调度问题，并分析用强化学习算法解决该问题的可能性，如图 7.1 所示。

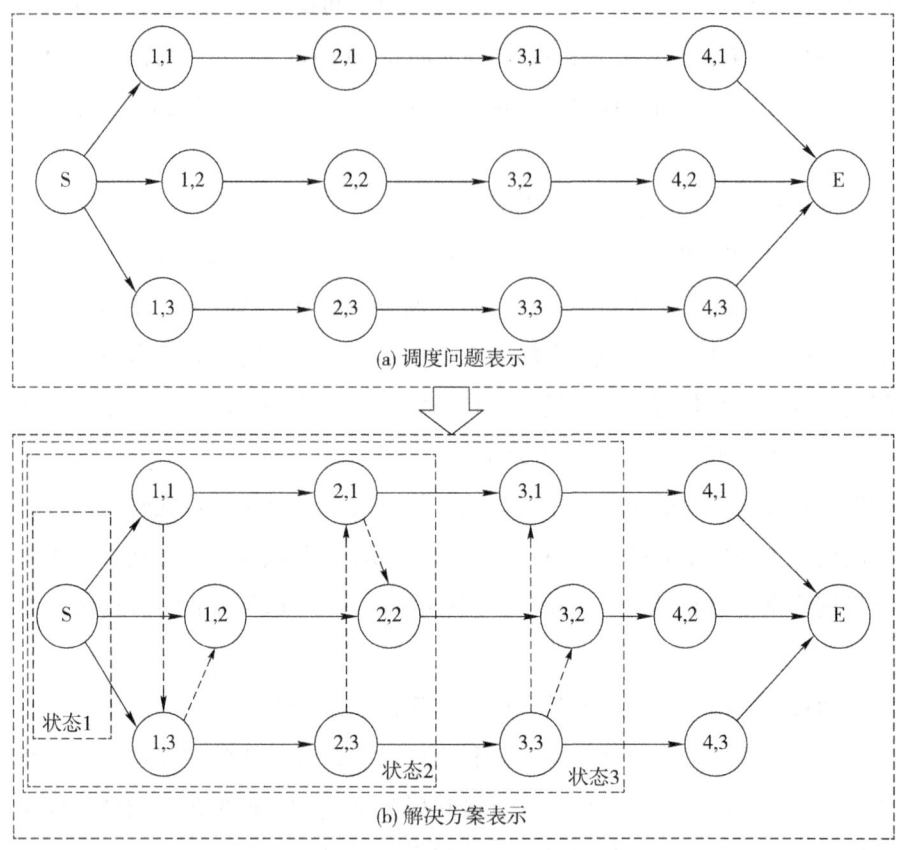

图 7.1 流水车间调度问题有向图

图 7.1 表示 3 个工件、4 台加工机器的生产任务，用 $G=(N, A\cup A')$ 表示，其中 N 表示析取图中所有节点；S 和 E 是虚拟节点，分别表示工件开始加工前和加工完成后的阶段；图中其他节点表示工件的加工工序；节点与节点之间的实线连接弧表示一个工件在不同加工机器上的工艺路线，用集合 A 表示；箭头表示工序的先后顺序，表示流水车间调度问题所有工件的工艺路线是相同的。图 7.1(b) 的虚线连接弧表示在同一台加工机器上加工的工序，并用 A' 表示；箭头表示工序在当前加工机器上的加工顺序。

构造强化学习框架的状态、策略、动作、奖励信号和值函数等基本要素，是利用强化学习框架求解流水车间调度问题的必要前提。

状态描述应能够体现所求解问题的系统环境特征，包括整体特征和局部特征，分析发现，流水车间调度问题具有较好的序贯决策特征。以加工机器为研究对象，机器的繁忙、空闲、工位上等待加工的工件数量等信息，可以较好地反映当前的加工状态。以加工工件为研究对象，工序的完成情况可以从另一个角度反映当前的加工状态，状态空间是所有可能的状态所组成的集合，对于序贯决策问题，确保所求解的问题一定会处于状态集中的某个状态，如图 7.1(b) 所示。

强化学习中的动作是在某个状态下算法可以采取的行为。在流水车间调度中，动作指的是通过相应的调度规则选取优先级最高的工件，行为空间是在每个决策状态可以选择的动作所组成的集合，并最终实现在每个决策状态下从动作空间中选择最佳的动作。

策略是强化学习算法中的优化对象，决定了算法在一定决策状态下所采取的行为。奖励信号是环境对算法所采取行为的奖励信息，可将得到的奖励信息作为对当前动作的短期评价，且可以根据奖励信息来调整策略，从而得到更优的策略。为了避免强化学习的短视行为，将各阶段得到的奖励信息的累积或平均作为长期回报，累积奖励信息用值函数来描述，表示从某个状态开始遵循一定的策略所获得的长期奖励信息。本章用神经网络来非线性逼近值函数，通过训练好的深度神经网络来泛化当前状态的值函数，目标是长期奖励值最大。

7.3 状态表示和动作构建

流水车间调度问题的状态表示具有马尔可夫性，是该问题能使用强化学习方法求解的必要条件，因此将流水车间调度问题映射为多阶段序贯决策问题，即提取问题特征来描述状态、动作等要素，构建合理的状态更迭机制。

7.3.1 状态表示

在流水车间调度问题的强化学习模型中，状态描述要正确反映调度问题的全局和局部特征，同时还要能够表示工件的加工进度、加工机器和客观生产环境的状态等。因此，将加工机器的状态进行量化描述，并映射为强化学习模型中的状态特征；对加工机器 i，分别构建 9 个局部状态特征[142]，通过描述加工机器的负荷状况，计算加工机器 i 的缓冲区中作业个数与加工任务的作业总数，并计算两者的比值，作为加工机器 i 的状态 1。在使用 NEH 启发式算法求解流水车间调度问题时，对不同规模加工任务进行分析，各加工机器上工件的平均加工时间是对调度结果起关键作用的敏感因素，因此计算加工机器 i 的缓冲区待加工作业的平均加工时间，以及在加工机器 i 上所有工件的平均加工时间，将两者的比值作为加工机器 i 的状态 2。计算加工机器 i 的缓冲区中待加工工件的最大工序时长和最小工序时长，再分别计算与加工机器 i 上所有工件平均加工时间的比值，作为机器 i 的状态 3 和状态 4。计算加工机器 i 上正在加工的工件的剩余加工时间与机器 i 上所有工件的平均加工时间的比值作为机器 i 的状态 5。为了描述各加工机器的负荷情况，同时可以表达加工任务的完成情况，计算缓冲区中待加工工件的时长均值，再计算与加工机器 i 上所有工件的平均加工时间的比值作为机器 i 的状态 6。

对于两个以上工件在两台机器上加工的流水车间调度问题，首先列出各工件在两台机床上的作业时间，根据作业时间将工件分成两组。第一组和第二组分别用 U 和 V 表示，如果工件在第二台机器上的加工时间长于第一台，则将此类工件全放在第一组，除此以外的工件全部放在第二组。其次，将第一组的工件按照在第一台机器上加工时间递增顺序排列，再将第二组的工件按照在第二台机器上加工时间递减顺序排列。最后，将第一组和第二组的工件连接在一起，便得到 makespan 最小的作业顺序，以此来构造状态 7 和 8。

$$\text{状态 7} = \begin{cases} 1 & U \neq \Phi (1 \leqslant i \leqslant m) \\ 0 & \text{其他} \end{cases} \tag{7.1}$$

$$\text{状态 8} = \begin{cases} 1 & V \neq \Phi (1 \leqslant i \leqslant m) \\ 0 & \text{其他} \end{cases} \tag{7.2}$$

在得到的流水车间调度问题方案中，设 π 是所有工件的一个排列方案，π'是所有工件的另一个排列方案，π'是π经过交换两个相邻工件j和j'的位置得到的，$T(\pi)$和$T(\pi')$分别表示排列π和π'的工件加工时长，如式(7.3)成立，即：

$$\min\{p_{i,j},\ p_{i',j'}\} \leqslant \min\{p_{i,j'},\ p_{i',j}\},\ 1 \leqslant i \leqslant i' \leqslant m \tag{7.3}$$

则有$T(\pi) \leqslant T(\pi')$，以此来构造状态9。即：

$$状态9 = \begin{cases} 1 & \min\{p_{i,j},\ p_{i',j'}\} \leqslant \min\{p_{i,j'},\ p_{i',j}\} \\ 0 & 其他 \end{cases} \tag{7.4}$$

7.3.2 动作构建

根据特定状态下应采取的调度规则来进行动作构造[143]，根据最短加工时间优先规则 SPT，可使平均流程时间最短，从而减少在制品数量，通过执行最短加工时间优先规则 SPT，将最高优先级赋予加工时间最短的等待工件构建动作1。根据最长加工时间优先规则 LPT，通过执行最长加工时间优先规则 LPT，将最高优先级赋予加工时间最长的等待工件，构建动作2。根据最短交货期优先规则 EDD，可使工件的最大延迟时间最小、平均延误时间最小，构造动作3。根据先到先加工规则 FCFS，即按订单到达的先后顺序进行加工，构造动作4。根据最小松动时间优先规则 STR，即松动时间=交货期-加工时间，构造动作5。根据临界比率最小优先规则 SCR，构造动作6。根据上节描述的状态7和8，分别构造动作7和8，即：

动作7：当前机器优先加工 U 中加工时间最短的作业；

动作8：当前机器优先加工 V 中加工时间最长的作业。

根据状态9，当 $\min\{p_{i,j},\ p_{i',j'}\} \leqslant \min\{p_{i,j'},\ p_{i',j}\}$ 不成立时，交换相邻工件j和j'的位置，构造动作9。

在流水车间调度问题中，当有 $p_{i+1,j+1}+p_{i,j+1}<p_{i+1,j}$ 成立时，即作业j在等待机器$i+1$加工，但即使此刻机器i空闲，也不开始加工作业j，一直保持空闲直到机器i加工完成作业$j+1$。因此，在这种情况下，加工机器均不采取任何动作，以此构造动作10。

7.4 状态与动作映射

7.4.1 网络构建

强化学习求解生产调度问题,核心问题之一是通过车间当前的全局状态和每台加工机器的局部状态来为空闲的加工机器选择工件,通过构建状态动作映射神经网络(SA-NET)来选择加工工件。

根据上节的状态表示方法,每台加工机器的当前状态可以表示为元素是 $S_{i,N}(1 \leqslant i \leqslant m, 1 \leqslant N \leqslant 9)$ 的向量,$S_{i,N}$ 中的 i 表示加工机器的序号,假设加工机器为5台,且 $S_{i,N} \in [0, 1]$,N 为状态的序号,构建的机器局部状态数为9,则构建的神经网络输入神经元个数为45,其中神经元1~9表示第1台机器的状态,10~18表示第2台机器的状态,19~27表示第3台机器的状态,28~36表示第4台机器的状态,37~45表示第5台机器的状态。然后考虑神经网络的输出层,因为其功能是根据状态确定每台机器应选择的最优动作,并由采取的动作决定最终的加工工件,因此构建了 A_1 到 A_{10} 共10个动作,如果已确定加工机器为5台,则神经网络的输出层共50个神经元,其中神经元1~10表示第1台机器对应的动作 A_1 到 A_{10} 的概率,11~20表示第2台机器对应的各动作的概率,21~30表示第3台机器对应的各动作的概率,31~40表示第4台机器对应的各动作的概率,41~50表示第5台机器对应的各动作的概率。输出层每个神经元的输出值介于区间 [0, 1],最大值1表示当前状态下机器对当前动作的最大偏好,在一般情况下,选取输出值最大的神经元对应的动作,即:

$$A_i = \{f \mid \max(O_{10(i-1)+f})\} \quad f = 1, 2, \cdots, 10 \quad (7.5)$$

式(7.5)中 A_i 表示机器 i 选择的动作;O 表示输出层神经元的输出值,意义为机器 i 选择输出值最大的神经元对应的动作,依次得到5台机器选取的动作,即确定了当前状态下选择的所有工件。

设置神经网络的隐藏层为3层,每层神经元的个数为24,隐藏层的层数和每层神经元的个数是经多次实验后确定的,本算法中神经元的激活函数选择 Logistic 函数，激活函数的确定也是经多次实验后确定的。首先，确定神经网络层数时，分别选择 1 层、2 层、3 层、4 层、6 层、8 层、10 层进行实验，在隐藏层为 3 层时性能最好；对隐藏层神经元的个数同样进行了多次不同个数的实验，结果表明每层神经元为 24 时性能最好。因为最终输出神经元的输出值是位于区间 [0, 1] 的，因此，在选择激活函数时对 Logistic 函数和 Tanh 函数进行了对比，结果表明 Logistic 函数性能略好于 Tanh 函数。

选择神经网络隐藏层数、隐藏层神经元个数、激活函数和网络性能评价四个维度进行比较，为了能够将激活函数带来的差异同时体现到图中，其中用数字 1 表示 Tanh 激活函数，数字 2 表示 Logistic 激活函数，可以发现相同条件下，选用 Tanh 和 Logistic 激活函数可以带来较明显的性能波动，且 Logistic 激活函数带来一定的算法性能提升，并对原因略作分析。Logistic 函数的数学表达式如式(7.6)所示：

$$f(x) = \frac{1}{1+e^{-x}} \tag{7.6}$$

在神经网络应用中，式(7.6)中 x 表示神经元的净输入和偏置之和，$f(x)$ 表示神经元输出的激活值，且介于 0 和 1 之间，$f(x)$ 对 x 的导数为式(7.7)，即：

$$\begin{aligned}f'(x) &= \frac{e^{-x}}{(1+e^{-x})^2} \\ &= f(x)(1-f(x))\end{aligned} \tag{7.7}$$

Logistic 函数的输出在(0, 1)之间，且具有单调连续的特点，其有界输出的特点决定了函数具有稳定的优化性能，在处理分类等问题时，输出值可以作为事件发生的概率直接使用。性能评价采用深度神经网络的输出结果与理论最优值的相对误差的相反数来表示，从网络性能评价曲线值可以看到最优超参数组合，映射网络各超参数组合性能对比如图 7.2 所示。

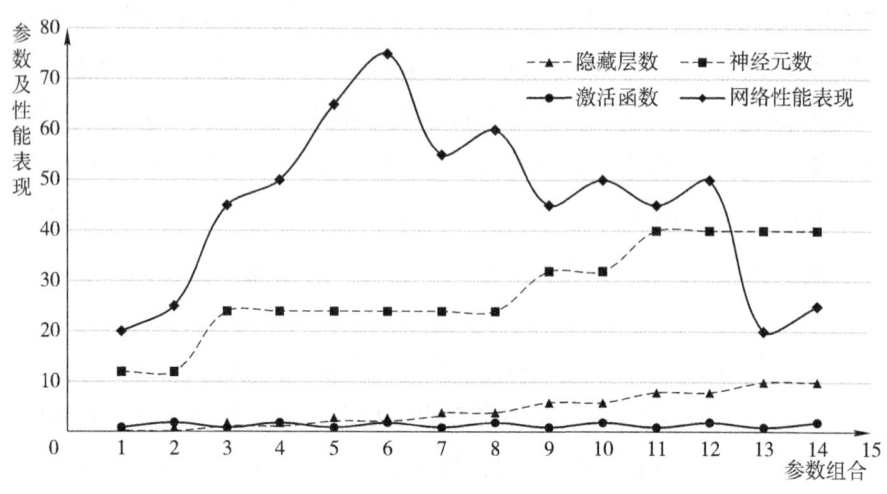

图 7.2 神经网络各超参数组合性能对比

7.4.2 网络训练

用监督学习方式训练映射网络，为了提高映射网络的适应性和泛化能力，分别选择 5 个工件、10 个工件、20 个工件和 30 个工件的调度问题采集样本。其中，5 个工件和 10 个工件的调度问题各随机生成 10000 个实例，用分支定界方法求解采样；20 个工件和 30 个工件的调度问题各随机生成 6000 个实例，用遗传算法求解采样。在实际应用中，调度问题经常出现不同的合法调度方案可以得到相同的结果，从另一个角度看，工件的某个工序在最优调度方案中的位置是以一定的概率存在的，而不是完全确定的，因此，在每个调度实例保留不超过 5 个结果相同的解决方案，并最终将采集到的样本构建为神经网络的输入数据和标签数据。

所有实例的工序加工时间服从均匀分布 $U(5,80)$，在产生工序加工时间时，尽可能使车间中每台机器所经历的加工时间范围多样化，同时每台机器所处理的最小加工时间尽可能保持不同，以更接近于实际的作业车间场景。实验表明，通过分布范围较大的工序加工时间来反映工序间的特征约束关系，可以使神经网络学习到适应能力更强的参数，并可以在一定程度上弥补神经网络不具备外插值性的缺陷。同时，5 个工件和 10 个工件的实例是通过分支定界算法求得的,可以将结果理解为理论最优解,流水车间调度问题的每个工件的加工路径是相同的,在每个时刻工件只能在一台机器上加工,同时在每个时刻每台机器只能加工一个工件,且工序不允许出现中断,因此,小规模实例的精确解可以使神经网络学习到流水车间调度问题的基本规则。同时,20 个工件和 30 个工件实例,通过遗传算法每个实例均可以学习到若干结果相同而工件序列不同的调度方案。此类样本的学习,可以提高神经网络的适应能力,使神经网络更加灵活,降低出现过拟合的概率。

神经网络的输出值表示当前机器对某动作的偏好程度,输出值越接近 1 表示对该动作的确定性越大。在训练过程中,为了使神经网络更有效地学习,通过增加训练次数使输出值尽可能接近于 1 或 0,使调度问题的最优解具有唯一的调度规则,即神经网络在样本的刺激下不断改变连接权值,以使网络的输出不断地接近期望输出,使经过训练的神经网络可以更好地预测正确动作。

神经网络最初使用从 56000 个问题实例中提取的数据进行训练,其中 5 个工件和 10 个工件的数据 20000 个,20 个工件和 30 个工件的数据共 36000 个,训练集以 1000 个数据递增,直到没有更多的数据可以学习。在全部数据中随机选择 6000 个数据作为独立的测试集,以监控训练的进展和网络的泛化能力,网络在测试集中的性能稳定或开始恶化时停止训练。同时,为了提高神经网络的性能,将训练过程重复了多次,之后再以同样的规则随机生成 10000 个问题实例作为验证集,对隐藏层中不同单元数的网络性能进行测试,进一步验证了本章使用的神经网络架构是有效的。

7.4.3 误差反向传播

网络训练时采用的是误差反向传播算法,其核心思想是将神经网络训练分为两个阶段,即正向传播特征信息和反向传播误差信号。以常用的随机梯度下降算法为例,给定样本 (x, y),样本的特征 x 经神经网络的期望输出是 y,而输出的实际值为 y',进而得到实际输出和期望输出的误差信号,构造损失函数 $L(y, y')$。

计算损失函数关于每个参数的导数,通过对样本的学习,将误差信号从神经网络输出层逐层反向传播,让每层的参数均感知到误差的存在,再通过调整各层的参数来减小误差。根据损失函数的值和当前梯度,确定当前权重的调整值,并得到新的神经网络权重,通过不断调整参数,最终得到最优的连接权重 w_0。

在实际应用中,神经网络的输出结果并非权重和偏置的平滑函数,尤其是在复杂的组合优化问题中,对权重和偏置的微调对算法的性能改善并不明显,所以人为将误差关于权重和偏置构建为二次平滑函数可以取得较好的实验效果,如式(7.8)所示:

$$L(w, b) = \frac{1}{2n} \sum_{x} \| y(x) - a \|^2 \qquad (7.8)$$

损失函数关于 w 和 b 的偏导数分别为 $\frac{\partial L}{\partial w}$ 和 $\frac{\partial L}{\partial b}$,选择基于矩阵的方法[143]来描述误差反向传播,w_{jk}^l 表示从第 $l-1$ 层的第 k 个神经元到 l 层的第 j 个神经元的连接权重,b_j^l 表示神经网络第 l 层第 j 个神经元的偏置,z_j^l 表示神经网络第 l 层第 j 个神经元的激活值,如图 7.3 所示。

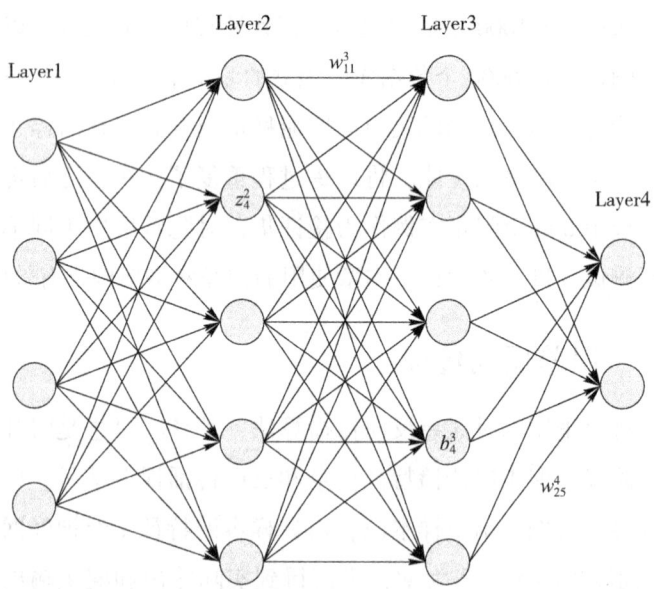

图 7.3 神经网络相关元素描述方法

神经网络第 l 层第 j 个神经元的激活值 z_j^l 与第 $l-1$ 层各神经元的激活值存在如式(7.9)中的关系,即:

$$z_j^l = \sigma\left(\sum_n w_{jk}^l z_k^{l-1} + b_j^l\right) \qquad (7.9)$$

将神经网络中第 $l-1$ 层到 l 层的连接权重 w_{jk}^l 定义为权重矩阵 w^l,这种描述方法的一个明显优点是第 $l-1$ 层的第 k 个神经元到第 l 层的第 j 个神经元的连接权重 w_{jk}^l 恰好是权重矩阵 w^l 的第 j 行和第 k 列交叉位置的元素,于是可将式(7.9)改写为更加简洁的表示方法,如式(7.10)所示:

$$z^l = \sigma(w^l z^{l-1} + b^l) \qquad (7.10)$$

同样道理,将每层的偏置 b_j^l 表示为偏置向量 b^l,将每层激活值 z_j^l 表示为向量 z^l,为便于描述,将输入激活函数的值叫作该神经元的净输入,并用式(7.11)表示,即:

$$Z^l = w^l z^{l-1} + b^l \qquad (7.11)$$

Z^l 表示第 l 层神经元的净输入,则式(7.12)成立,即:

$$Z_j^l = \sum_k w_{jk}^l z_k^{l-1} + b_j^l \qquad (7.12)$$

同时,反向传播算法将误差从神经网络的输出层反方向传播。假设神经网络的所有层数为 tl,则将式(7.8)改写为式(7.13),即:

$$L = \frac{1}{2n} \sum_x \| y(x) - a^{tl}(x) \|^2 \qquad (7.13)$$

式(7.13)中 n 为样本总数,即误差是所有训练样本产生的误差之和,$y(x)$ 为样本 x 对应的标签,$a^{tl}(x)$ 表示神经网络对样本 x 输出的激活值向量。同时,可将每个样本 x 产生的误差表示为式(7.14),即:

$$L_x = \frac{1}{2} \| y(x) - a^{tl}(x) \|^2 \qquad (7.14)$$

若神经网络的输出神经元个数为 j,即神经网络的输出激活值向量为 j,将式(7.14)改写为式(7.15),即在损失函数与神经网络的输出神经元之间建立联系,即:

$$\begin{aligned} L_x &= \frac{1}{2} \| y - a^{tl} \|^2 \\ &= \frac{1}{2} \sum_j (y_j - a_j^{tl})^2 \end{aligned} \qquad (7.15)$$

在计算导数时,变量为连接权重和偏置,表示样本的 x 可理解为常量,因此式(7.15)中 L_x 的下标 x 可忽略,将损失函数 L_x 当作 L,即:

$$L = \frac{1}{2}\sum_{j}(y_j - a_j^{tl})^2 \qquad (7.16)$$

反向传播的最终目的是使所有连接权重和偏置通过计算偏导得到调整,在实际应用中,直接计算 $\frac{\partial L}{\partial w_{jk}^l}$ 和 $\frac{\partial L}{\partial b_j^l}$ 比较困难,因此在计算偏导时引入中间变量 μ_j^l,表示神经网络中第 l 层第 j 个神经元上产生的误差,通过链式法则使之关联到权重和偏置的求导中,令 μ_j^l 如式(7.17)所示:

$$\mu_j^l = \frac{\partial L}{\partial Z_j^l} \qquad (7.17)$$

μ_j^l 的意义是损失函数对式(7.12)中第 l 层神经元的净输入 Z^l 求导,同时为方便计算用 μ^l 表示关联神经网络第 l 层的误差向量,并与计算 $\frac{\partial L}{\partial w_{jk}^l}$ 和 $\frac{\partial L}{\partial b_j^l}$ 关联起来,如式(7.18)所示:

$$\mu_j^{tl} = \frac{\partial L}{\partial z_j^{tl}}\sigma'(Z_j^{tl}) \qquad (7.18)$$

式(7.18)中 $\frac{\partial L}{\partial z_j^{tl}}$ 表示损失函数对神经网络输出层第 j 个神经元变化的敏感程度,即如果相应的神经元的变化对损失产生的影响极小时,其变化带来的 μ_j^{tl} 也会很小;$\sigma'(Z_j^{tl})$ 可理解为相应激活函数在 Z_j^{tl} 的变化速度,显然式中的两项都比较容易计算,式(7.18)可以很容易写为矩阵变现形式 $\mu^{tl} = \nabla_z L \circ \sigma'(Z^{tl})$,其中符号 $\circ$ 表示矩阵的 Hadamard 乘积。

误差反向传播的核心是逐层反方向传播,再将相邻层之间的误差传递关系表现出来,如式(7.19)用当前层的误差 μ^l 表示其上一层的误差 μ^{l-1},即:

$$\mu^{l-1} = ((w^l)^T \mu^l) \circ \sigma'(Z^{l-1}) \qquad (7.19)$$

其意义为假设知道当前层的误差,则可以利用与当前层的权重矩阵的关系,将之理解为误差在进行反方向移动传递,提供了度量上一层误差的方法。这里同样使用 Hadamard 乘积，会使误差通过第 $l-1$ 层的激活函数反向传递回来，同时给出该层的净输入误差。

对损失函数关于神经网络偏置的改变率，即：

$$\mu_j^l = \frac{\partial L}{\partial b_j^l} \tag{7.20}$$

出于矩阵计算的需要，针对同一个神经元，可改写为矩阵形式，即：

$$\mu = \frac{\partial L}{\partial b} \tag{7.21}$$

同理，对损失函数关于神经网络权重的改变率，即：

$$Z_k^{l-1}\mu_j^l = \frac{\partial L}{\partial w_{jk}^l} \tag{7.22}$$

式(7.22)中误差项和净输入项是可计算项，因此可将式(7.19)改写为式(7.23)，即：

$$\frac{\partial L}{\partial w} = Z_{in}\mu_{out} \tag{7.23}$$

其中，Z_{in} 表示输入给神经网络权重 w 的净输入值，μ_{out} 表示神经网络权重 w 输出的神经元误差。

以上描述了误差反向传播的基本思路。

7.4.4 梯度下降算法

利用误差反向传播，将期望值与实际值之间的误差方向传导给神经元之间的连接权重 w 和 b，借助于梯度下降算法，对所有权重和梯度为达到减小误差的目的进行调整，并使得网络的输出可以拟合所有的样本特征。

式(7.8)中 w 和 b 分别为所有权重和偏置的集合，n 为所有训练样本的个数，a 为样本的期望输出，求和表示误差建立在所有训练样本的基础上，称 $L(\cdot)$ 为二次损失函数。显然，$L(\cdot)$ 的输出取决于 w 和 b，即通过改变 w 和 b 的值才能得到理想的输出。为便于理解，暂且不考虑 $L(w,b)$ 的实际物理意义，将 $L(\cdot)$ 理解为只有两个变量 w 和 b 的函数，将函数在 w 和 b 方向分别移动很小的量，则式(7.24)成立，即：

$$\Delta L \approx \frac{\partial L}{\partial w}\Delta w + \frac{\partial L}{\partial b}\Delta b \qquad (7.24)$$

为使 $L(\cdot)$ 下降，要选择 w 和 b 并使 ΔL 为负值，使得损失函数的值变小，由偏导数 $\frac{\partial L}{\partial w}$ 和 $\frac{\partial L}{\partial b}$ 组成的向量 $\left(\frac{\partial L}{\partial w}, \frac{\partial L}{\partial b}\right)^T$，称为 $L(\cdot)$ 的梯度，用 ∇L 表示，即：

$$\nabla L = \left(\frac{\partial L}{\partial w}, \frac{\partial L}{\partial b}\right)^T \qquad (7.25)$$

为了得到负的 ΔL 值，改写式(7.24)为方程(7.26)，即：

$$\Delta L \approx \nabla L \times \Delta w + \nabla L \times \Delta b \qquad (7.26)$$

选取 $\Delta w = -\frac{1}{2}\eta \times \nabla L$ 和 $\Delta b = -\frac{1}{2}\eta \times \nabla L$，由方程(7.26)可得式(7.27)。

$$\begin{aligned}\Delta L &\approx -\eta \times \nabla L \times \nabla L \\ &= -\eta \|\nabla L\|^2\end{aligned} \qquad (7.27)$$

式中的 η 为学习率，一般根据实际情况设置一个较合理的值，确保在解的质量和计算效率取得较好的折中。

显然，$\|\nabla L\|^2 > 0$，保证了 $\Delta L \leq 0$，则 $L(\cdot)$ 一定会减小，同时，按照这样的规则来多步计算新的权重和偏置值，$L(\cdot)$ 会持续减小到希望的最小值，即：

$$\begin{aligned}w &= w - \eta \times \nabla L \\ b &= b - \eta \times \nabla L\end{aligned} \qquad (7.28)$$

代价函数为凸函数时梯度下降法的解为全局最优解，但一般情况下求解的非凸优化问题得到的多为局部最优解，在实际应用中通常会对梯度下降算法改进，在神经网络优化中随机梯度下降法应用较为成熟，也是本章采用的算法。

梯度下降算法如算法7.1。

算法7.1

输入：代价函数 $L(w, b)$，梯度函数 ∇L，计算精度 ε。

输出：$L(w,b)$ 取得极小值的 w^* 和 b^*。

1. 取 w 和 b 初始值 w^0 和 b^0；
2. 计算 $L(w,b)$；
3. 当误差$<\varepsilon$ 时，停止迭代，输出 w^* 和 b^*，否则，进行 w 和 b 的更新；
4. 转入步骤2。

在梯度下降算法中，损失函数的计算涉及所有的训练样本，并取所有样本误差之和的平均值，这在训练样本量很大时需要更长的训练时间。为了加快训练速度，随机选取小量样本计算梯度 $\nabla L'$，即通过计算少量样本的梯度的平均值进而估算实际梯度 ∇L，加速训练进程。例如，随机选择足够数量的小批量样本 n 个，记为 $X_1, X_2, \cdots, X_n$，则期望小批量样本的平均值约等于真实的梯度 ∇L，即：

$$\nabla L \approx \frac{\sum_{i=1}^{n} \nabla L_{X_i}}{n} \tag{7.29}$$

在神经网络的训练中，w 和 b 通过随机梯度下降算法的更新过程如式(7.30)和式(7.31)所示：

$$w' = w - \frac{\eta}{n} \times \sum_i \frac{\partial L_{X_i}}{\partial w} \tag{7.30}$$

$$b' = b - \frac{\eta}{n} \times \sum_i \frac{\partial L_{X_i}}{\partial b} \tag{7.31}$$

在当前小批量样本中训练结束后，在样本空间中再选择另一随机确定的小批量样本，直至覆盖所有的训练样本，完成一个训练周期；根据训练需要开始新一轮的训练周期。

7.5 奖励函数与值函数计算

算法中将深度神经网络用于非线性值函数逼近，通过对样本的训练来得到神经网络连接参数，通过输入新样本的特征值来得到相应的函数值。实验表明，在面对较复杂的函数逼近任务时，采用层次化的抽象可以使得函数逼近任务相对更容易实现，使得每一层的输出都是该层输入的更抽象化表示，层与层神经元之间的连接权值都会对神经网络的性能产生影响。通过反向传播来计算目标函数对权值的偏导，得到整体性能最优的权重参数集合。

将调度问题的最大完工时间最小化转化为相应的机器空闲时间最小，将机器空闲时间（Idle Time，IT）分解为工件进入机器之前的空闲时间（Before idle Time，BT）、工序之间的空闲时间（Middle idle Time，MT）和当前机器完成加工任务到最后一个工件完工之间的空闲时间（Last idle Time，LT）三类，如图7.4所示。

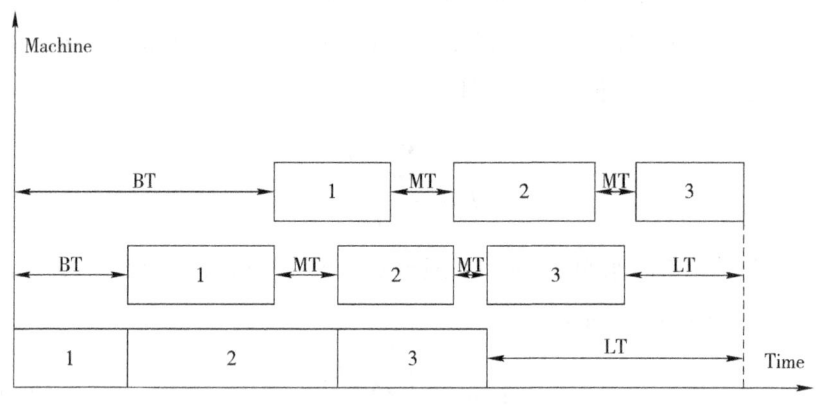

图7.4 空闲时间示意

定义算法的目标函数为 $\min(IT) = \min\left(\sum_{1}^{m} I_i\right)$，如式(7.32)所示：

$$\sum_{1}^{m} I_i = BT + MT + LT \tag{7.32}$$

7.5.1 奖励函数

将流水车间调度最小化完工时间 $C_{\max}$ 问题转换为机器空闲时间最小化问题，定义随机变量 $\chi_M(t)$，在时刻 t 如果加工机器 M 空闲，则变量取值为1，否则随机变量取值为0，即：

$$\chi_M(t) = \begin{cases} 1, & \text{机器 } M \text{ 在时刻 } t \text{ 空闲} \\ 0, & \text{机器 } M \text{ 在时刻 } t \text{ 工作} \end{cases}$$

根据随机变量的取值来计算所有加工机器的空闲时间，由于目标是所有机器的空闲时间最少，因此，定义奖励函数为

$$R = -\sum_{M=1}^{m} \int_{\tau=t_k}^{\tau=t_{k+1}} (BT + MT + LT) \chi_M(\tau) d\tau \tag{7.33}$$

R 为时刻 t_{k+1} 得到的奖励值，可知在调度任务结束时获得的奖励总和最大完工时间最小相当。

7.5.2 值函数逼近

值函数逼近部分采用深度置信网络，即采用非监督思想来逐层地局部优化训练，不需要整个网络的目标函数，因此可以更加有效地提取输入数据的特征，并通过逐层训练来得到有监督学习的初始权重。实验表明，其性能明显优于随机初始化监督学习网络的权重，即：

$$Q(s, a) \approx Q(s, a, w) \tag{7.34}$$

当智能体在环境中执行一个时间步后即可获得一定的反馈信息，根据时间差分来优化值函数，不断更新神经网络值函数的权重参数。根据构造的加工机器特征，构造初始的全局环境状态，以此作为深度神经网络的输入。算法中权重参数 w 为深度神经网络的神经元之间的连接参数，在离散时间步中，可以采集到样本的状态和当前策略下的实际价值，并将实际价值与深度神经网络的预测值进行比较，定义损失函数 $L(w)$ 如下，即：

$$L(w) = \frac{1}{2} \left[R + \gamma \sum \pi(a \mid s') Q(s', a) - Q(s, a, w) \right]^2 \tag{7.35}$$

式(7.35)中 $R + \gamma \sum \pi(a \mid s') Q(s', a)$ 表示当前策略下得到的真实价值，$Q(s, a, w)$ 表示用深度神经模型得到的预测值，神经网络训练的目的是通过学习得到较为精准的预测值。通过比较真实的价值函数值和预测值之间的差距，逐步得到较好预测能力和泛化能力的神经网络模型。

根据损失函数，可得权重 w 的梯度为：

$$\Delta w = -\alpha \nabla_w L(w) \tag{7.36}$$

其中，α 为学习率参数，在得到梯度后，采用随机梯度下降算法不断更新梯度，在每个时间步都使得权重参数 w 进一步逼近实际的值函数，并

在计算过程中对梯度进行采样,得到梯度的更新规则,即:

$$w = w - \alpha \nabla_w L(w) \tag{7.37}$$

为了得到更好的收敛效果,根据随机逼近理论中保证收敛的条件,如式(4.38)所示:

$$\sum_{n=1}^{\infty} \alpha_n = \infty \text{ 且 } \sum_{n=1}^{\infty} \alpha_n^2 < \infty \tag{7.38}$$

问题求解中采取逐渐改变学习率参数 α 的办法,α_n 表示算法第 n 次选择动作后的学习率,随机梯度下降算法如算法 7.2。

算法 7.2

1. 初始化参数。
2. 循环。

    <1>采集调度样本;

    <2>初始化回报值为 0;

    <3>在每个时间步更新回报值 $R + \gamma \sum \pi(a \mid s') Q(s', a)$;

    <4>更新动作价值函数,并更新参数 w 以减小 $\left[R + \gamma \sum \pi(a \mid s') Q(s', a) - Q(s, a, w)\right]^2$ 的值,

直到终止状态。

7.5.3 期望 Sarsa 算法

根据流水车间调度问题加工机器的状态和动作,可构建全局的环境状态 S,由每台机器采取的动作,构造当前状态下采取的动作向量 A,动作向量对应的是每台加工机器采取的动作。因此,采取相应动作后,会使环境状态发生改变进入下一状态 S',并最终体现在机器的状态发生改变,主要由加工机器的忙闲状态、负荷情况等组成。同时,由于环境状态的改变会得到相应的奖励信号,可以此来构造强化学习模型中的奖励值 R。在新

的状态 S' 时，可观测采取的动作向量 A'，即具备了构造强化学习求解流水车间调度问题的 S、A、R、S'、A' 五要素，在此基础上构建的时序差分控制算法即为 Sarsa 算法。该算法估计的是动作值函数，即估计相应策略下对于任意状态 S 上所有可能执行的动作 A 的动作值函数。针对车间调度问题构建的状态动作映射神经网络，可以在当前状态下预测每台机器应采取的动作。Sarsa 算法的计算过程是利用贪婪策略得到相应的状态—动作值中的最大值函数并将其作为下一时间步的期望价值，存在因采样不均而带来的高偏差，针对这一问题对 Sarsa 算法进行改进，即下一时间步的期望价值的计算方式改为下一时间步所有动作的概率乘以下一时间步所对应的动作值并最后求和，即所谓期望 Sarsa 算法，将 Sarsa 算法中取最大值的动作向量 A' 替换为状态和动作求期望。

$$Q(S, A) = Q(S, A) + \alpha[R + \gamma E[Q(S', A') | S'] - Q(S, A)] \quad (7.39)$$

在计算过程中，将式(7.39)中求期望项替换为 $\gamma \sum \pi(A' | S') Q(S', A')$，在给定调度问题下一个状态 S' 时，算法向具有期望意义的方向移动。在算法实现上，期望 Sarsa 算法更复杂，但可以有效降低随机选择动作带来的高方差。期望 Sarsa 采用与目标策略相同的策略来选择动作，在调度过程中通过采集动作和状态的数据对来构造样本，并在采样到最后一个状态时对当前策略下所有可能选择的动作进行加权求和来估计状态价值，如式(7.40)所示：

$$V(S) = \sum \pi(a | s) Q(s, a) \quad (7.40)$$

在流水车间调度问题中，因问题本身的复杂性，在某个状态下，加工机器可采取的动作不是唯一的，比如同样的 C_{max} 也会对应多种调度方案，即当前状态的后继状态是复杂多样的。因此，在算法中的期望更新法则更符合生产调度的实际情况，尽管期望 Sarsa 要计算式(7.40)而增加计算开销，但可以更好地避免采集到较差的样本，有效减少普通 Sarsa 中出现的较差决策，单步期望 Sarsa 算法如算法 7.3。

算法 7.3

1. 随机初始化动作价值函数 $Q(s, a)$，定义终止状态的动作价值函数值为 0，指定采取的策略，本书中使用 ε-贪婪策略。

2. 对每个流水车间调度回合执行如下操作。

<1> 初始化当前状态 S。

<2> 循环：

 a. 选择动作 A；

 b. 执行动作 A，观测奖励值 R 和新状态 S'；

 c. 计算回报的期望估计值 $R + \gamma \sum \pi(a|s')Q(s', a)$；

 d. 更新 $Q(S,A) = Q(S,A) + \alpha[R+\gamma E[Q(S',A')|S']-Q(S,A)]$；

 e. 更新环境状态 $S \leftarrow S'$，

直到终止状态。

7.6 实验与结果分析

7.6.1 实验设置

状态动作映射神经网络共 5 层，分别为输入层、输出层和 3 个隐藏层。输入层神经元个数是 45，输出层神经元个数是 50，3 个隐藏层的神经元个数均为 24，隐藏层采用 Logistic 激活函数，首先对神经网络的权值和阈值进行初始化，神经网络要经历正向传播、误差反向传播、反复学习训练和趋向收敛等过程。

神经网络的输入层与第一隐藏层之间的权重初始化采用了两种方法：第一种方法是将权重初始化为一个服从多维高斯分布的随机向量，目的是让神经元在输入空间中指向随机的方向。第二种方法是将其权重向量按其输入神经元数目的平方根进行缩放，目的是将每个神经元的输出的方差标准化到 1，其余各层的权重初始值采用(-1, 1)的随机数。

方法 1 和方法 2 对网络的训练结果带来的影响曲线如图 7.5 所示。

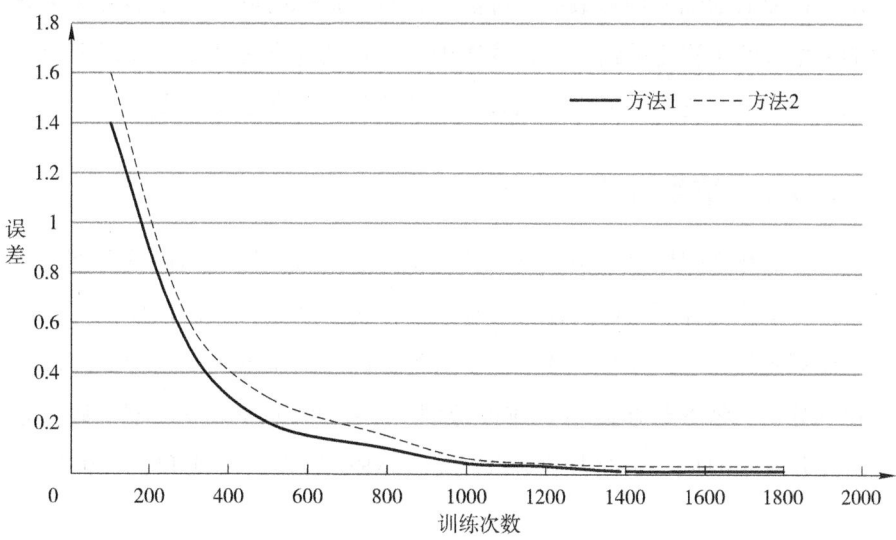

图 7.5　权值初始化的影响

神经网络的其他参数如表 7.1。

表 7.1　状态动作映射网络参数

序号	参数	值	含义
1	epochs	2000	最大训练次数
2	grad	1e-10	最小梯度要求
3	lr	0.0001~0.01	自适应学习率
4	lr_inc	1.05	学习率增长比
5	lr_dec	1.05	学习率下降比
6	delt_inc	1.2	权重变化增加量
7	delt_dec	0.5	权值变化减小量
8	mc	0.9	动量因子
9	goal	1e-5	训练要求精度

通过实验发现，神经网络隐藏层神经元个数对误差精度的影响非常明显，网络性能对隐藏层中的神经元数目的敏感度明显高于隐藏层的层数，且容易观察和调整；同时发现通过对不同神经元数进行对比，隐藏层神经

元适当增加余量，对神经网络的性能有一定提升。

在神经网络训练过程中采用了附加动量法，可以在反向传播时，减少网络在误差表面陷入局部最优的可能性，减少训练时间。考虑学习速率导致的网络训练不稳定的情况，在算法中采用自适应学习速率，在保证稳定训练的前提下，既可以减少训练时间，也可以达到较好的效果。

7.6.2 结果对比与分析

状态动作映射网络是本章算法的重要组成部分，即在当前状态下，如何为每台机器选择相应的动作。本章中动作主要是指对应的调度规则，按照调度规则最终映射到相应的工件，对神经网络的调度规则选择能力进行对比和分析，将本章方法(SA-NET)分别与最短加工时间(SPT)规则调度方法、最长加工时间(LPT)规则调度方法、NEH 启发式算法和最优值进行比较。

调度问题工序加工时间服从均匀分布 $U(5,80)$，由实验结果可知，问题规模从 5 个工件到 80 个工件，共 15 个实例，目标是求流水车间调度问题的 makespan，如表 7.2。

表 7.2　问题计算结果

序号	工件数	调度方法				最优值
		SPT	LPT	NEH	SA-NET	
1	5	385	403	364	348	326
2	10	534	566	524	514	503
3	15	1123	1232	1022	988	965
4	20	1662	1703	1640	1621	1600
5	25	2121	2196	2100	1998	1923
6	30	2585	2754	2491	2393	2304
7	35	2998	3124	2897	2765	2693
8	40	3439	3587	3432	3420	3401
9	45	3856	3987	3712	3675	3524
10	50	4231	4336	4128	4079	3998
11	55	4645	4867	4514	4456	4325

续表

序号	工件数	调度方法				最优值
		SPT	LPT	NEH	SA-NET	
12	60	5213	5439	5005	4984	4886
13	65	5845	6120	5634	5431	5339
14	70	6338	6547	6439	6238	6187
15	80	7324	7541	7130	6956	6880

由实验结果可知，本章算法在所有实例中的表现均优于其他三种方法，在工件数比 50 小的实例中，各方法的误差均有较大波动，但本章算法在整体上误差最低。其次是 NEH 方法。NEH 方法在问题规模较小时表现优异，误差最大的是最长加工时间规则调度方法。

随着问题规模的扩大，最短加工时间规则调度方法和最长加工时间规则调度方法的误差迅速增加，NEH 方法的性能也在快速恶化，但本章方法的误差曲线表现平稳，说明随着问题规模的扩大，映射网络的优势逐渐显现，在处理大规模调度问题时性能良好。根据车间调度问题的特点，利用基于模型的动态规划方法求解难以得到理想的结果，通过实验也进一步证实了这个观点。因此，本章选择无模型的时序差分算法来求解。本节将期望 Sarsa 算法、Sarsa 算法、Q-learning 算法对部分基准问题的求解结果进行比较，实验中共有 23 个基准实例问题，其中工件数为 11 和 12 的实例各 1 个，工件数为 20 的实例 9 个，工件数为 50 和 100 的实例各 6 个，结果如表 7.3。

表 7.3 基准问题计算结果

问题	规模	算法			最优值
		期望 Sarsa	Sarsa	Q-learning	
Car1	11×5	7067	7078	7089	7038
Car3	12×5	7334	7339	7378	7312
Rec01	20×5	1257	1269	1269	1247
Rec03	20×5	1116	1120	1123	1109
Rec05	20×5	1250	1261	1261	1242
Ta001_2	20×5	778	780	784	770

续表

问题	规模	算法			最优值
		期望 Sarsa	Sarsa	Q-learning	
Ta001_3	20×5	602	605	608	598
Ta001_4	20×5	534	534	534	528
Ta001_5	20×5	473	473	476	469
Ta001_6	20×5	438	438	438	431
Ta001_7	20×5	421	425	425	415
Ta031_2	50×5	1453	1453	1470	1436
Ta031_3	50×5	1027	1031	1027	1007
Ta031_4	50×5	806	810	815	794
Ta031_5	50×5	693	693	701	680
Ta031_6	50×5	603	609	606	596
Ta031_7	50×5	572	578	580	565
Ta061_2	100×5	2901	2911	2932	2846
Ta061_3	100×5	1823	1823	1850	1792
Ta061_4	100×5	1556	1564	1580	1505
Ta061_5	100×5	1273	1289	1278	1256
Ta061_6	100×5	1091	1096	1093	1070
Ta061_7	100×5	987	989	993	956

Sarsa 算法在 6 个算例中的相对误差与期望 Sarsa 相同，Q-learning 算法在 3 个算例中的相对误差与期望 Sarsa 相同，在其余算例中期望 Sarsa 算法的相对误差均为最小的，说明了期望 Sarsa 算法在求解流水车间调度问题中的明显优势，计算三种算法在相同规模实例下平均相对误差。

在三种算法中期望 Sarsa 的性能是最好的，同时也可以发现 Q-learning 算法直接学习最优策略，而期望 Sarsa 算法则将学习最优策略和探索同时进行，需要 ε-贪婪策略中 ε 在迭代的过程中逐渐变小，这样才能保证算法收敛。同时，Q-learning 算法直接学习最优策略，而最优策略依赖训练中产生的样本数据，所以受样本质量的影响较大，训练结果会存在较高方差，甚至会影响收敛。

期望 Sarsa 算法在收敛的过程中鼓励探索，这样学习过程会比较平滑，不容易陷入局部最优。因此，在生产调度环境中使用期望 Sarsa 算法有一定优势，实验结果可以说明这一点。

本章构建的强化学习模型是以规模为 5 台加工机器的流水车间调度问题为例，为验证算法的扩展能力，选择 7 组加工机器大于 5 台的实例进行验证，并将状态动作映射网络的输入神经元按照加工机器数调整，计算结果如表 7.4 所示。

表 7.4 扩展实验计算结果

问题	规模	期望 Sarsa	最优值	误差(%)
Car5	10×6	9167	7720	18.74
Car7	7×7	7598	6590	15.30
Car8	8×8	10123	8366	21.00
Car6	8×9	11031	8505	29.70
Rec07	20×10	2087	1566	33.27
Rec09	20×10	2043	1537	32.92
Rec11	20×10	1976	1431	38.09

从实验结果可知，结果对最优值的误差在 15.30% 和 38.09% 之间，虽然和基准结果的偏差较大，但在某些实际生产中具有一定的实用意义，说明算法对不同规模的问题具有较好的适应能力，通过对算法进行改进具有进一步缩小偏差的可能性。

7.7 本章小结

本章将流水车间调度问题完工时间最短问题转化为相应的机器空闲时间最小问题，采用基于值函数的强化学习方法进行求解。针对流水车间调度问题的特点，在强化学习框架下提取了流水车间调度问题的状态、行为和奖励信号等要素，在状态描述部分包括了全局特征和局部特征，其中状态的物理描述对象包括加工机器和工件的信息，同时还包括实际状态的变化情况等虚拟描述对象。根据特定状态下应采取的调度规则来进行动作构造，结合车间当前的全局状态和每台加工机器的局部状态，通过状态动作映射神经网络非线性映射器来选择优先级最高的加工工件。结合本章中车间调度问题构建的状态动作映射神经网络，在计算过程中将值函数的计算方式改为所有动作的概率乘以对应的动作值并最后求和，即采用期望 Sarsa 算法进行值函数计算。实验表明，算法对流水车间调度问题具有良好的解决能力；同时，对于规模更大的实例具有较好的适应能力。强化学习一般包括基于值函数逼近和基于策略梯度两种方法，本章的研究证实了基于值函数逼近的深度强化学习方法求解生产调度问题的有效性，作为强化学习的另一种重要方法，后续章节将对基于策略梯度的深度强化学习方法进行研究。

第8章 策略梯度算法求解车间生产调度问题

本书前一章应用基于值函数的深度强化学习方法求解流水车间调度问题，本章在此基础上应用基于策略梯度的深度强化学习方法求解作业车间调度问题。作业车间调度是一类更复杂的排序问题，普遍存在于加工制造、交通规划、网络通信等领域，具有广泛的应用背景且得到了非常深入的研究。

8.1 引　言

作业车间调度问题的求解方法较多，分支定界法[144-145]是求解作业车间调度问题的经典算法，在较小规模的生产调度问题中得到了广泛的应用。Ovacik等[146]研究了利用分解法和经典的移动瓶颈法求解作业车间调度问题。Akram等[147]采用模拟退火与淬火混合的方式求解作业车间调度问题，以最大完工时间为目标函数，通过增加迭代次数实现算法收敛。Roshanaei等[148]用混合整数线性规划方法求解作业车间调度问题，并考虑了具有非预期、机器、顺序相关等因素，在极小化最大完工时间条件下，设计了一种新型的元启发式算法，实验结果证明了算法的优越性。Gonzalez等[149]应用禁忌搜索算法进行作业车间调度问题求解，在算法中设计了一种新的包含设置时间的非预期特性图模型邻域结构。Pongchairerks[150]提出了一种新的两层元启发式算法在解空间中搜索最优调度。杨圣祥等[151]应用基于约束满足的自适应神经网络求解作业车间调度问题。Zhang等[152]将粒子群优化和神经网络结合来求解作业车间调度问题，视群中的每个粒子为神经网络中的一个连接，然后根据相应粒子的最新位置迭代更新连接权值，用于求解单目标最大完工时间极小化问题。Pfau等[153]基于生成性对抗网络和强化学习提出一种可伸缩、稳定与深层网络的多级优化算法。Ren等[154]基于长短期记忆网络和策略梯度算法，建立了两个结构相同的LSTM网络作为编码和解码网络，引入一个指针网络来确定当前状态中优先级最高的工件。

本章基于作业车间调度问题，采用基于策略梯度的深度强化学习方法，挖掘工件之间的潜在特征，进而学习每个工位上工件的数据特征，将工件的工序位置当作随机事件进行处理，最后完成工件排序，为解决调度问题提供了新的思路。

8.2 问题描述

作业车间调度问题一般可描述为 n 个工件在 m 台机器上加工，每个工件有 h 道工序，在一般的作业车间调度问题中，工件的每道工序所需的加工机器已知且不可选，问题求解中要满足以下约束条件：

（1）各工件的加工工艺是相互独立的，工件之间不存在顺序约束，各工件的加工顺序和加工时间已知且不变；

（2）所有工件零时到达，不允许中断；

（3）每台机器在某一时刻只能加工一个工件，必须在其前一道工序加工完成后才能开始加工，且不考虑加工设备故障；

（4）每个工件某一时刻只能在一台机器上加工，且只被每台机器加工一次。

工件集合记为 $J=\{1, 2, \cdots, n\}$，机器集合记为 $M=\{1, 2, \cdots, m\}$，将工件在特定机器上的一次加工操作记为 O_{ij}，表示工件 i 的第 j 道加工工序,并将操作集记为 $O=\{1,2,\cdots,o\}$,由所有工件的操作子集构成,每个工件的操作子集表示一个工件的加工工序。给定作业车间调度任务,在满足加工工艺等约束条件下,通过搜索全部工序的排列空间,找到满足特定目标的工序序列。通过深度强化学习框架来学习工件的各工序间潜在的数据约束关系,是一种端到端的解决问题思路;通过学习来训练模型参数,并用训练好的模型对新问题进行求解。同时,在训练过程中并未针对特定问题设计专门的启发式搜索策略,从而使算法具有更强的适应性。

用深度强化学习方法求解作业车间调度问题,采用策略梯度优化方法来优化参数,将工序排列空间中不同的工序序列之间的差异作为反馈奖励信号,用序列概率模型来描述作业车间调度问题。

结合工件序列具有长度可变和样本空间大的特点,根据概率的乘法公式将工序集 $o_{1:T}$ 的概率表示为式(8.1)所示:

$$p(o_{1:T}) = \prod_{t=1}^{T} p(o_t \mid o_{1:(t-1)}) \tag{8.1}$$

对于包含 N 个序列数据的集合,序列概率模型需要学习一个参数化的模型 $p_\theta(o_t \mid o_{1:(t-1)})$,并使得整个数据集上的对数似然函数最大,如式(8.2)所示:

$$\max_\theta \sum_{n=1}^{N} \log p_\theta(o_{1:T_n}^{(n)}) = \max_\theta \sum_{n=1}^{N} \sum_{t=1}^{T_n} \log p_\theta(o_t^{(o)} \mid o_{1:(t-1)}^{(n)}) \tag{8.2}$$

在序列模型中,每一步的输出都将作为下一步的输入,通过最大似然估计训练模型 $p_\theta(o_t \mid o_{1:(t-1)})$ 之后,即可用来生成完整的序列,如式(8.3)所示:

$$\hat{o}_t \sim p_\theta(o \mid \hat{o}_{1:(T-1)}) \tag{8.3}$$

为了避免概率模型生成无限长度的序列,设置符号<EOS>表示序列结束,概率模型在搜索过程中每一步生成最大概率的序列,生成过程执行贪婪式搜索,直到生成结束符号<EOS>,如式(8.4)所示:

$$\hat{o}_t = \max p_\theta(o \mid \hat{o}_{1:(T-1)}) \tag{8.4}$$

8.3　注意力机制

神经网络的存储容量与神经元数量以及网络的复杂程度正相关，但过于复杂的网络结构往往难以训练。因此，在实际应用中会采取各种办法来简化神经网络结构，同时还要考虑因为简化机制的引入而增加新的计算量。

人类大脑通过一种信息选择机制应对信息超载的问题，即在关注有关信息的同时过滤无关信息，实现优化神经网络结构、提高神经网络存储能力的目标，在不过度增加计算开销的前提下，将有限的计算能力集中于关键节点上，即注意力机制。注意力机制一般分为从上到下的有意识注意力机制和从下到上的无意识注意力机制，前者针对特定任务和目的，主动将注意力集中于某个对象；后者是指当收到外界刺激信号时的一种本能反应，被动地将注意力集中于某个对象[155]。本书涉及的注意力机制属于从上到下的有意识注意力范畴，并应用于作业车间调度问题求解上。注意力机制的引入可以使算法具备聚焦于关键因素的能力，在影响调度结果的众多因素中重点关注决定性因素。

8.3.1　注意力分布和打分机制

注意力机制的应用首先是在所有输入特征中计算注意力分布，然后再根据分布情况来计算输入特征的加权平均值。计算注意力分布时，在输入特征中构建和任务相关的特征组合作为查询向量，假设输入信息 a 是由向量 a_1，a_2，$\cdots$，a_N 组成，其中 $a_n \in a$，共 N 个 D 维向量，需要从 N 个 D 维向量中选择一部分和问题相关的信息，从而计算输出信息与输入信息的局部相关程度。在计算注意力分布时引入查询向量表示与特定问题的关系，用以从输入向量中选择和特定任务相关的关键信息，即给定与特定任务相关的查询向量 q，通过打分函数 $f(a_n, q)$ 计算输入向量与查询向量的相关性。计算相关性的打分机制一般有四种模型，即：

加性模型：

$$f(a, q) = v^T \times \text{Tanh}(W \times a + U \times q) \tag{8.5}$$

点积模型：

$$f(a, q) = a^T \times q \tag{8.6}$$

从计算复杂度的角度，式(8.5)与式(8.6)基本相同，而式(8.6)在利用矩阵计算方面效率更高。当输入信息的维度很高时，式(8.6)会带来较高的方差，缩放点积模型可以很好地解决这个问题，如式(8.7)所示：

$$f(a, q) = \frac{a^T \times q}{\sqrt{D}} \tag{8.7}$$

在应用中有时需要对 a 和 q 进行线性变换，因此提出双线性模型。该模型在计算相似度时具有非对称性特征，如式(8.8)所示：

$$f(a, q) = a^T \times W \times q \tag{8.8}$$

注意力机制的普通模式，如图 8.1 所示。

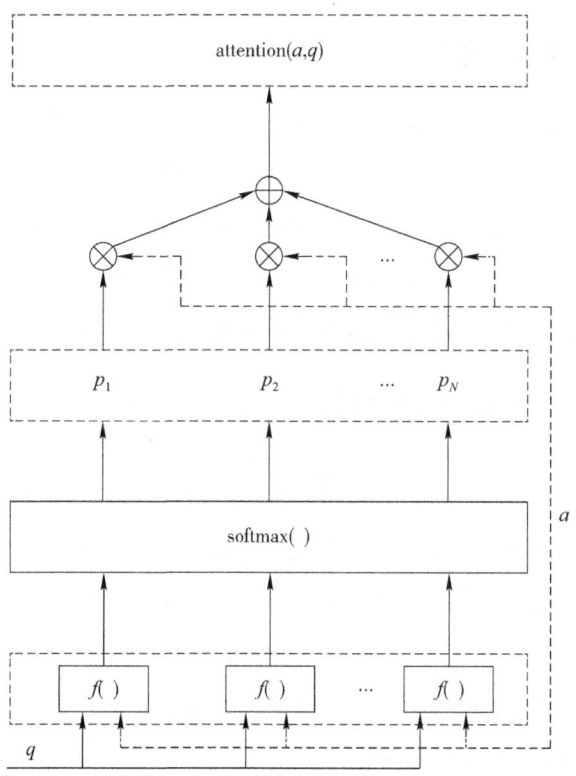

图 8.1 普通注意力模式

各个打分机制中的 W、U 和 v 表示可学习的参数,并应用到计算查询向量与打分机制的 softmax 函数中,如式(8.9)所示:

$$p_n = \text{softmax}(f(k_n, q))$$
$$= \frac{\exp(f(k_n, q))}{\sum_{i=1}^{N} \exp(f(k_i, q))} \quad (8.9)$$

式(8.9)中 p_n 即为注意力分布,表示第 n 个输入向量的概率,再利用注意力分布 p_n 对输入 a 进行加权平均汇总,可以理解为 N 个 D 维向量与特定问题的相关度,即:

$$\text{attention}(a, q) = \sum_{i=1}^{N} p_i a_i \quad (8.10)$$
$$= E_{i \sim p(i \mid a, q)}[a_i]$$

8.3.2 指针网络

指针网络是解决序列映射的模型,是注意力机制的简化,即只计算注意力分布,并将注意力分布作为指针来指向相应位置,得到该位置的标识信息和新的序列。假设输入序列 A 的长度为 M 的向量序列 A_1, A_2, $\cdots$, A_M,输出长度为 N 的下标序列 i_1, i_2, $\cdots$, i_N,其中 $i_n \in [1, M]$。

输出序列的下标 i_n 的条件概率表示为式(8.11),即:

$$p(i_n \mid A_{1:M}) = \prod_{n=1}^{N} p(i_n \mid i_{1:n-1}, A_{1:M})$$
$$\approx \prod_{n=1}^{N} p(i_n \mid A_{i_1}, A_{i_2}, \cdots, A_{i_{n-1}}, A_{1:M}) \quad (8.11)$$

将式(8.11)中 A_{i_1}, A_{i_2}, $\cdots$, $A_{i_{n-1}}$, $A_{1:M}$ 应用神经网络进行编码得到隐藏变量 h_i,本章选择加性打分函数进行计算,如式(8.12)所示:

$$f(A_m, h_i) = v^T \times \text{Tanh}(W \times A_m + U \times h_i) \quad (8.12)$$

式(8.12)中 W、U 和 v 为可训练学习的参数。

再利用式(8.9)计算得到式(8.11)中的条件概率,即:

$$p(i_n \mid A_{i_1}, A_{i_2}, \cdots, A_{i_{n-1}}, A_{1:M}) = \text{softmax}(f(A_m, h_i)) \quad (8.13)$$

指针网络包含编码网络和解码网络两个组成部分。在编码网络部分,

第 8 章 策略梯度算法求解车间生产调度问题

输入 l 为特殊字符标记,假定输入序列为 x_1、x_2、x_3,并通过编码网络将输入序列映射为隐藏状态。在解码网络部分,l' 也是特殊字符标记,一般设置为和输入同等维度的向量。解码网络接收 l' 和编码网络的隐藏状态输入之后指向编码网络的 x_2,下一时间步解码网络将接收 x_2 和隐藏状态输入,并指向 x_1;同理,解码网络在下一时间步指向 x_3;解码网络在最后指向编码器的输入字符标记 l,标志排序问题的结束。如图 8.2 所示。

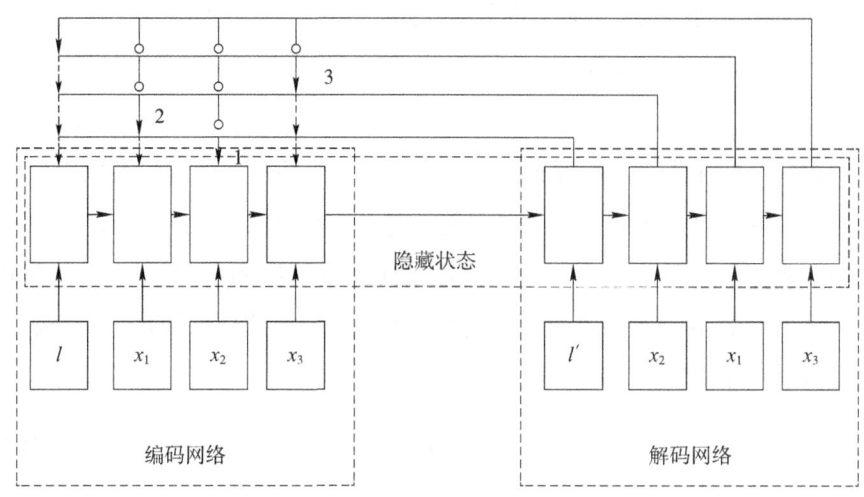

图 8.2 指针网络示意

8.4 模型框架

8.4.1 深度序列模型

算法通过长短期记忆网络为底层框架的深度序列模型来估计工序的条件概率 $p_\theta(o_t \mid o_{1:(t-1)})$,将历史信息 $o_{1:(t-1)}$ 作为神经网络输入,输出为工件 o_t 出现的概率。框架包括三个模块,分别为嵌入层、特征层和输出层。一般情况下,神经网络接收的输入值为实数向量,但模型中除了工序信息是通过实数向量表示之外,还有比如序列结束符之类的非数值向量。因此,通过简单的嵌入表将所有符号直接映射为向量表示,将工序序列

$o_{1:(t-1)}$ 转换为对应的向量序列,如式(8.14)所示:

$$o_{1:(t-1)} \rightarrow e_1, e_2, \cdots, e_{t-1} \qquad (8.14)$$

特征层是通过对向量 $\{e_1, e_2, \cdots, e_{t-1}\}$ 进行特征提取,并输出蕴含历史信息的向量 h_t,本算法的特征层通过长短期记忆网络来实现。神经网络在处理序列数据方面的明显优点是可以处理变长的输入序列,这在作业车间调度问题中尤为重要,因为所训练的模型如果只能处理确定规模的调度问题,神经网络接受的输入向量 $\{e_1, e_2, \cdots, e_{t-1}\}$,输出为 t 时刻的隐藏状态,如式(8.15)所示:

$$h_t = \zeta(h_{t-1}, e_t; \theta_\zeta) \qquad (8.15)$$

式(8.15)中 $\zeta(\cdot)$ 为非线性函数,θ_ζ 为循环神经网络的参数。循环神经网络的隐藏状态 h_t 可以记录之前所有时刻的信息,这点在处理大规模的组合优化问题时非常重要。在作业车间调度问题的深度序列模型输出层,采用softmax函数分类器,分类器接收的是历史信息隐藏向量 h_t,输出的是每个工序的后验概率,如式(8.16)所示:

$$o_t = \text{softmax}(\hat{o}_t) \qquad (8.16)$$

8.4.2 长短期记忆网络

长短期记忆网络LSTM在循环神经网络的基础上加入表示内部状态的通道,用于信息的线性传递。同时,通过门控结构实现信息的非线性输出,在LSTM结构中加入遗忘门、输入门和输出门等门控结构,如图8.3所示。

循环神经网络可通过重复模块链的方式实现记忆功能,LSTM的重复单元有三个Sigmoid层和一个Tanh层,三个Sigmoid层从左至右分别对应遗忘门、输入门和输出门。图8.3中上侧的贯穿水平线表示信息传输状态,遗忘门中Sigmoid层接收的输入值为 h_{t-1} 和 x_t,输出向量每个维度的值在区间 [0, 1],由该值决定内部状态的信息保留程度,比如0表示将细胞状态的值不保留,1表示将细胞状态的值保留,如式(8.17)所示:

$$f_t = \sigma(W_f \times [h_{t-1}, x_t] + b_f) \qquad (8.17)$$

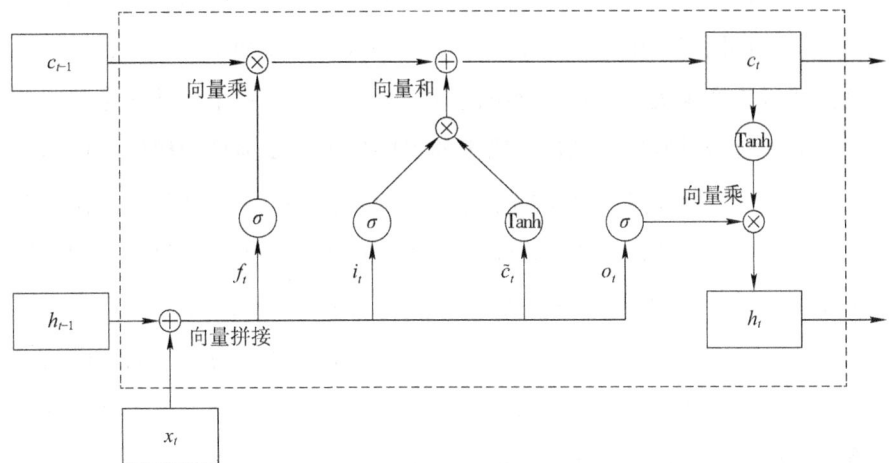

图 8.3　LSTM 循环单元结构

输入门决定有多少信息增加到内部状态,首先由输入门 Sigmoid 层接收 h_{t-1} 和 x_t,并生成区间 [0,1] 的输入值判断向量,然后将 h_{t-1} 和 x_t 输入 Tanh 层生成候选状态值,再结合输入门输出的判断向量,决定将哪些信息增加到内部状态中,如式(8.18)和(8.19)所示:

$$i_t = \sigma(W_i \times [h_{t-1}, x_t] + b_i) \quad (8.18)$$

$$\tilde{c}_t = \mathrm{Tanh}(W_C \times [h_{t-1}, x_t] + b_C) \quad (8.19)$$

然后再将得到的候选状态 $\tilde{c}_t$ 增加到细胞状态 C_t 中,如式(8.20)所示:

$$C_t = f \times C_{t-1} + i_t \times \tilde{c}_t \quad (8.20)$$

输出门决定最终要输出的信息,首先由输出门 Sigmoid 层接收 h_{t-1} 和 x_t,并生成区间 [0,1] 的输出值判断向量,然后将式(8.19)中得到的细胞状态经过 Tanh 层得到维度值在区间 [−1,1] 的向量,将该向量与第一步计算得到的判断向量相乘,得到最终的 LSTM 输出,如式(8.21)和(8.22)所示:

$$o_t = \sigma(W_o \times [h_{t-1}, x_t] + b_o) \quad (8.21)$$

$$h_t = o_t \times \mathrm{Tanh}(C_t) \quad (8.22)$$

利用深度强化学习思想来求解作业车间调度问题,将全部工件的工序建模为序列到序列的问题,即依据各工序之间的数学约束依赖关系决定工序的加工次序。深度强化学习的神经网络框架包括编码网络和解码网络两个部分，编码网络和解码网络是具有同样结构的长短期记忆网络，两者之间通过指针来产生关联，解码网络的每一时间步输出一个当前概率最大的工序，并通过指针网络得到该步输出的工序信息并反馈到编码网络的对应时间步，同时得到概率最大的工序信息并作为编码网络的下一步输入信息。在编码网络 LSTM 部分，要读入工序集 O 中全部工序，每个时间步输入一个工序的相应维度的特征嵌入表示，并将工序转换为记忆状态序列 $\{enc_i\}_{i=1}^n$，每一步均有相应的单元状态输出到下一个时间步。编码网络在第一时间步接收两个输入组成部分，分别为输入的第一个工序特征嵌入表示和指针网络所反馈的当前概率最大的工序信息。其他时间步则会接收三个输入，分别是上一时间步的输出、另一个工序的特征嵌入表示和当前概率最大的工序。解码网络中第一个时间步接收的是编码网络输出的相应维度记忆状态序列，并记为 $\{dec_i\}_{i=1}^n$，每一步均有两个输入和一个输出，但解码网络的第一步输入信息为编码网络最后一步的单元状态和一个与工序的特征嵌入表示有相同维度的向量 $\bar{o}$，该向量可作为网络架构中一组可训练参数进行学习。在解码网络的每一步都会指向当前状态下概率最大的工序，并且将此作为解码网络下一步的输入，编码—解码网络模型如图 8.4 所示。

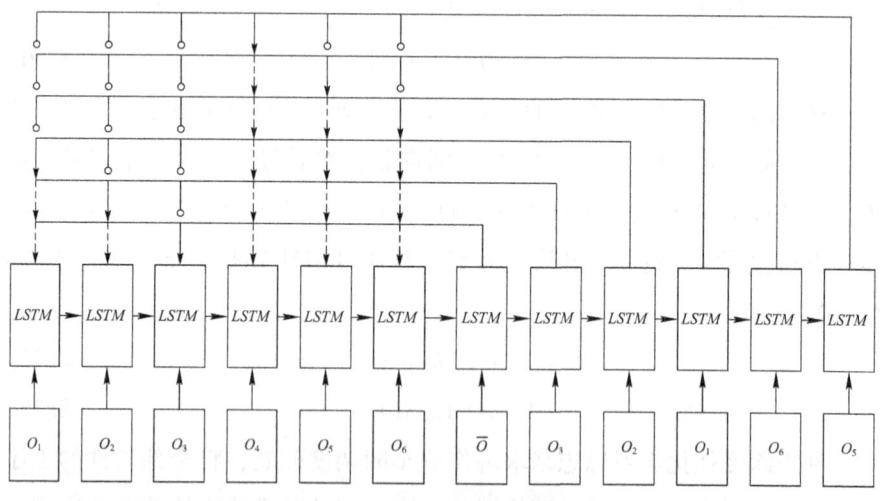

图 8.4 编码—解码网络模型

指针网络与循环神经网络的结合应用,可以更加有效地求解基于序列的组合优化问题[156],在作业车间调度问题中,指针网络可以有效指向所要输出的工序位置,并降低了计算复杂度。

通常情况下,可将调度问题的最大完工时间最小化作为性能评价目标,如式(8.23)所示:

$$C(\pi \mid O) = \min\{\max C_i, i=1, 2, \cdots, n\} \qquad (8.23)$$

其中 C_i 表示工件的完工时间。

将作业车间调度问题理解为特殊的序列到序列问题,通过对随机策略 $p(\pi \mid o)$ 进行参数化,即对给定的全部工序的集合 o 中最大完成时间越小的工序给予越大的概率值,也就是解码网络中每一步输出的是当前工序集合中最大的加工工序,如式(8.24)所示:

$$p(\pi \mid O) = \prod_{i=1}^{n} p(\pi_i \mid \pi_{1:i-1}, O) \qquad (8.24)$$

将当前工序指向结果以概率的形式表现出来,这样就可以指向编码网络的工序位置,定义注意力机制的参考向量为 $ref = \{enc_1, enc_2, \cdots, enc_j\}$,注意力机制的查询向量为 $q = dec_i$,注意力打分函数采用加性模型,如式(8.25)所示:

$$s(enc_i, q) = v^T \cdot \mathrm{Tanh}(W_{ref} \cdot enc_i + W_q \cdot q) \qquad (8.25)$$

式(8.25)中 v 为 d 维打分函数的注意力向量,W_{ref} 和 W_q 均为 $d \times d$ 维打分函数注意力矩阵,v、W_{ref} 和 W_q 均为可训练参数。需要注意的是,在一次循环计算中,根据作业车间调度的工艺约束,每个工序只能在特定时刻被一台机器加工一次。因此,指针网络已经指向的工序的打分函数值设为无穷小,即避免第二次指向同一个工序,之后计算各工序的注意力分布情况,如式(8.26)所示:

$$\begin{aligned} att_i &= \mathrm{softmax}(s(enc_i, q)) \\ &= \frac{\exp(s(enc_i, q))}{\sum_{j=1}^{N} \exp(s(enc_j, q))} \end{aligned} \qquad (8.26)$$

根据式(8.24)的定义,可得式(8.27),即:

$$p(\pi|o) = \prod_{i=1}^{n} p(\pi_i|\pi_{1:i-1}, o)$$

$$= \text{softmax}(s(enc_i, q)) \quad (8.27)$$

$$= \frac{\exp(s(enc_i, q))}{\sum_{j=1}^{N} \exp(s(enc_J, q))}$$

实验表明，在指针网络中利用注意力分布函数对查询向量进行加权平均，即对输入信息汇总以更好体现各工序间的潜在依赖关系。

保持注意力分布函数的结构和输入与式(8.26)相同，将注意力向量v^{att}、注意力矩阵W_{ref}^{att}、W_q^{att}设置为独立的可训练参数，如式(8.28)和(8.30)所示：

$$S(enc_i, q) = v^{att^T} \cdot \text{Tanh}(W_{ref}^{att} \cdot enc_i + W_{ref}^{att} \cdot q) \quad (8.28)$$

$$ATT_i = \text{softmax}(S(enc_i, q))$$

$$= \frac{\exp(S(enc_i, q))}{\sum_{j=1}^{N} \exp(S(enc_J, q))} \quad (8.29)$$

信息汇总函数如式(8.30)所示，可表示在该步计算中某工序受关注的程度，即：

$$\text{Glimps}(ref, q; W_{ref}^{att}, W_q^{att}, v^{att}) = \sum_{i=1}^{f} enc_i \cdot ATT_i \quad (8.30)$$

由于式(8.30)中注意力向量v^{att}、注意力矩阵W_{ref}^{att}和W_q^{att}是可训练参数，因此，采用迭代计算方式求解，如式(8.31)和(8.32)所示：

$$G_0 = enc_i \quad (8.31)$$

$$G_p = \text{Glimps}(ref, G_{p-1}; W_{ref}^{att}, W_q^{att}, v^{att}) \quad (8.32)$$

式(8.32)中得到的最终的注意力向量G_p作为下一时间步的输入。

8.5 策略梯度优化方法

用策略梯度优化方法进行参数的优化求解，用θ表示策略的参数，将时刻t、状态s选择动作a的概率记为$\pi(a|s, \theta) = P\{A_t = a | S_t = s, \theta_t = \theta\}$，

计算参数梯度,在性能最优的方向上求解。在算法中用 $\pi(a|s,\theta)$ 对策略进行参数化,结合车间调度问题的特征,只考虑离散动作空间下的情形。

8.5.1 策略梯度定理及证明

在进行策略优化时,首先要设计关于策略的目标函数,并通过梯度下降算法优化参数,最终实现累积奖励最大化。对于包含参数 θ 的策略函数 $\pi_\theta(s,a)$,最优的策略取决于参数 θ,对策略 π_θ 的评价方法间接决定了寻找参数 θ 的手段。本章研究对象是车间调度问题,从当前的调度状态 s_0 开始直至终止状态,然后计算获得的累计奖励,从而将对策略的性能评价建立在初始状态的价值上,即如果从初始状态 s_0 开始,或以一定的概率分布从 s_0 开始,调度问题结束时会得到最终奖励,也就是找到一个策略,在状态 s_0 开始,最终得到最大的累积奖励,如式(8.33)所示:

$$J(\theta)=V_{\pi_0}(s_0) \tag{8.33}$$

式(8.33)即为目标函数,策略梯度算法可以理解为使 $J(\theta)$ 沿着其梯度上升至局部最大值,如式(8.34)所示:

$$\Delta\theta=\alpha\nabla_\theta J(\theta) \tag{8.34}$$

式(8.34)中 $\nabla_\theta J(\theta)$ 即为策略梯度,将其表示为关于参数向量 θ 每个元素的偏导所组成的列向量。即:

$$\nabla_\theta J(\theta)=\begin{pmatrix}\dfrac{\partial J(\theta)}{\partial\theta_1}\dfrac{\partial J(\theta)}{\partial\theta_2}\\ \cdots\\ \dfrac{\partial J(\theta)}{\partial\theta_n}\end{pmatrix} \tag{8.35}$$

在得到策略梯度之后,要解决的是如何通过调整参数 θ 使目标函数的性能得以提升,难点在于动作和状态共同决定了函数的值,而两者同时受策略参数的影响,加之选择动作时的状态分布和所处环境其他因素相关,所以一般很难确切计算策略对状态分布的影响,即函数性能的提升和一个未知因素相关,通过策略梯度定理[157]可以对该困境有进一步的认识,离散情况下的策略梯度定理可表示为式(8.36):

$$\nabla J(\theta) \propto \sum_s \zeta(s) \sum_a Q_\pi(s, a) \nabla_\pi(a|s, \theta) \qquad (8.36)$$

目标函数 $J(\theta)$ 的梯度 $\nabla J(\theta)$ 如式(8.36)所示，π 为参数 θ 表达的策略；$\zeta(s)$ 表示策略 π 下的同策略分布，即 $\nabla J(\theta)$ 以幕的平均长度正比于 $\sum_s \zeta(s) \sum_a Q_\pi(a|s, \theta)$。作业车间调度尽管是在离散动作空间中选择动作，但动作被选择的概率作为被优化参数的函数却可以平滑地变化。与求解动作价值函数的方法不同，当动作价值函数的变化导致了动作的变化，即使动作价值函数的变化非常微小，但仍会带来动作选择概率的明显变化，同时带来较差的收敛性。策略梯度方法的参数连续性变化可以避免以上问题。

策略梯度定理的证明如下：

式(8.36)中 $\zeta(s) \geq 0$，且 $\sum_s \zeta(s) = 1$，在状态 s 上的计算时间消耗比例定义为 $\zeta(s)$，即假定状态 s 时解方程组得到期望访问次数为 $\phi(s)$，则同策略分布下的时间消耗比例如式(8.37)所示：

$$\zeta(s) = \frac{\phi(s)}{\sum_s \phi(S)}, \text{ 且 } s \in S \qquad (8.37)$$

根据状态价值函数与动作价值函数的关系，有：

$$V_\pi(s) = \sum_a \pi(a|s) Q_\pi(s, a) \qquad (8.38)$$

存在：

$$\begin{aligned}
\nabla V_\pi(s) &= \nabla \left[\sum_a \pi(a|s) Q_\pi(s,a) \right] \\
&= \sum_a \left[\nabla \pi(a|s) Q_\pi(s,a) + \pi(a|s) \nabla Q_\pi(s,a) \right] \\
&= \sum_a \left[\nabla \pi(a|s) Q_\pi(s,a) + \pi(a|s) \nabla \sum_{r,s'} p(s',r|s,a)(r + V_\pi(s')) \right] \\
&= \sum_a \left[\nabla \pi(a|s) Q_\pi(s,a) + \pi(a|s) \sum_{s'} p(s',|s,a) \nabla V_\pi(s') \right]
\end{aligned}$$
$$(8.39)$$

对 $\nabla V_\pi(s')$ 同样按以上步骤展开，可得：

$$\nabla V_\pi(s') = \sum_{a'} \left[\nabla \pi(a'|s') Q_\pi(s',a') + \pi(a'|s') \sum_{s''} p(s''|s',a') \nabla V_\pi(s'') \right]$$
$$(8.40)$$

联立式(8.39)和式(8.40),得:

$$\nabla V_\pi(s) = \sum_{z \in S} \sum_{h=0}^{\infty} p(s \to z, h, \pi) \sum_a \nabla \pi(a|z) Q_\pi(z, a) \quad (8.41)$$

其中 $p(s \to z, h, \pi)$ 表示策略 π 下,在 h 步内状态 s 到状态 z 的概率,可得:

$$\begin{aligned}
\nabla J(\theta) &= \nabla V_\pi(s_0) \\
&= \sum_s \left(\sum_{h=0}^{\infty} p(s_0 \to s, h, \pi) \right) \sum_a \nabla \pi(a|s) Q_\pi(s, a) \\
&= \sum_s \phi(s) \sum_a \nabla \pi(a|s) Q_\pi(s, a) \\
&= \sum_{s'} \phi(s') \sum_s \frac{\phi(s)}{\sum_{s'} \phi(s')} \sum_a \nabla \pi(a|s) Q_\pi(s, a) \\
&= \sum_{s'} \phi(s') \sum_s \zeta(s) \sum_a \nabla \pi(a|s) Q_\pi(s, a) \\
&\propto \sum_s \zeta(s) \sum_a \nabla \pi(a|s) Q_\pi(s, a)
\end{aligned}$$

策略梯度定理得证。

将作业车间调度转化为序列问题,并在训练时用最大化似然估计来优化模型,显然作业车间调度问题的目标与评价方法之间存在较大差异,难以直接通过策略梯度方法进行求解。因此,为了能够直接优化问题目标,将车间调度问题转换成基于强化学习的序列问题,并使用策略梯度算法进行训练求解。强化学习的动作可以理解为按照策略 $\pi(a|s,\theta)$ 从工序集合中选择一个工序,当前状态 s_t 是已生成的序列 $o_{1:(t-1)}$,且把序列 $o_{1:T}$ 理解为马尔可夫决策过程的一个轨迹 $\tau = \{s_0, a_1, s_1, \cdots, s_T, a_T\}$,轨迹的概率可定义为式(8.42),即:

$$p_\theta(\tau) = \prod_{t=1}^{T} \pi_\theta(a_t = o_t | s_t = o_{1:(t-1)}) \quad (8.42)$$

其中状态转移概率为 $p(s_t = o_{1:(t-1)} | s_{t-1} = o_{1:(t-2)}, a_{t-1} = o_{t-1})$,强化学习的目标就是学习策略 $\pi(a|s, \theta)$ 的期望回报最大,这样就将序列生成问题转换成了强化学习问题。首先通过最大似然估计对策略进行了预训练,然后通过异步优势演员评论家算法进行学习训练。

8.5.2 基于强化学习的序列生成

采用强化学习中无模型的策略梯度算法来优化参数,即应用策略梯度方法进行参数优化,进而最小化作业车间调度问题中目标函数的工序序列期望,如式(8.43)所示:

$$X(\theta\mid O)=\min_{\theta}E_{\pi\sim p(\cdot\mid O)}C(\pi\mid O) \tag{8.43}$$

由此,定义目标函数如式(8.44)所示:

$$X(\theta)=E_{o\sim O}C(\theta\mid O) \tag{8.44}$$

假定工序集 O 的分布函数 $p_\theta(O)$ 是可微的,则其积分形式如式(8.45)所示:

$$X(\theta)=\int p_\theta(O)C(O)d_o \tag{8.45}$$

其梯度为:

$$\nabla_\theta X(\theta)=\int \nabla_\theta p_\theta(o)C(o)d_o \tag{8.46}$$

根据对数求导恒等式 $\nabla \log f(x)=\dfrac{\nabla f(x)}{f(x)}$ 可得到式(8.47)所示:

$$p_\theta(o)\nabla_\theta \log p_\theta(o)=p_\theta(o)\dfrac{\nabla_\theta p_\theta(o)}{p_\theta(o)}=\nabla_\theta p_\theta(o) \tag{8.47}$$

将式(8.47)代入式(8.46)即可得到强化学习中优化参数的随机梯度下降公式,如式(8.48)所示:

$$\begin{aligned}\nabla_\theta X(\theta\mid O)&=\int p_\theta(o)\nabla_\theta p_\theta(o)C(o)d_o\\&=E_{\pi\sim p_\theta(o)}[C(\pi\mid o)\nabla_\theta \log p_\theta(\pi\mid o)]\end{aligned} \tag{8.48}$$

在深度强化学习求解作业车间调度问题中,使用小规模样本训练学习框架时,如果策略优化中的梯度过大容易造成算法难以收敛,因此,在式(8.48)中加入基线,如式(8.49)所示:

$$\nabla_\theta X(\theta\mid O)=E_{\pi\sim p_\theta(o)}[(C(\pi\mid o)-b(o))\nabla_\theta \log p_\theta(\pi\mid o)] \tag{8.49}$$

基线的加入会有效降低策略优化中梯度的方差,但不会影响 $\nabla_\theta X(\theta\mid O)$ 的值。不失一般性,在证明中假设 $b(o)$ 为常数,只需证明式

(8.49)中最后一项值为 0 即可。

证明如下：

$$E_{\pi \sim p_\theta(o)}[\nabla_\theta \log p_\theta(\pi \mid o) b(o)]$$

$$= \int p_q(o) \nabla_\theta \log p_\theta(o) b(o) d_O$$

$$= \int \nabla_\theta p_\theta(o) b(o) d_O$$

$$= b(o) \nabla_\theta \int p_\theta(o) d_O$$

显然 $\int p_\theta(o) d_O$ 值为 1，进而 $\nabla_\theta 1$ 为 0，可证式(8.49)中最后一项值为 0。

在求解作业车间调度问题中，为得到相应的基线，设计了两层的 LSTM，并将两层 LSTM 的隐藏结果做并联计算，再通过两层的全连接神经网络计算，将最终得到的标量值作为基线结果，其中两层全连接计算使用 Tanh 激活函数，基线求解网络模型如图 8.5 所示。

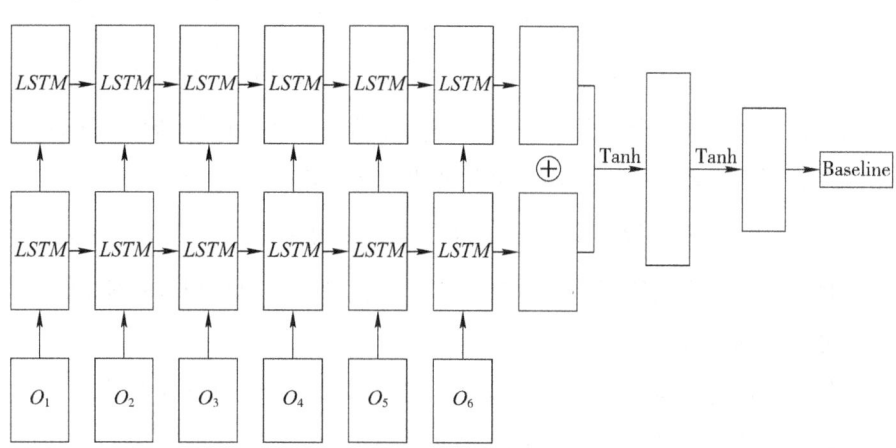

图 8.5 基线求解网络模型

8.5.3 A3C 算法应用

异步优势演员评论家算法(A3C)将基于策略的强化学习视为演员，将基于价值的强化学习视为评论家，在对评论家网络模型进行更新时引入了优势函数，用来确定网络模型输出动作的优劣，以减少对策略梯度评估的偏差。A3C算法结合了优势函数和Actor-Critic算法，在计算过程中同时使用两个网络，分别用来近似价值函数和策略函数，其中价值函数用以判断状态，策略函数用以估计选择动作的概率。在基于价值的评论家学习部分，使用深度神经网络非线性逼近价值函数，假定神经网络的参数为w，则价值函数$Q(s, a)$可近似表示为式(8.50)：

$$Q(s, a) \approx Q(s, a; w) \qquad (8.50)$$

在基于策略的演员学习部分，和评论家学习部分类似，同样使用深度神经网络来作为策略函数的近似，假定神经网络的参数为θ，则策略函数$\pi(s, a)$可近似表示为式(8.51)：

$$\pi(s, a) \approx \pi(a|s; \theta) \qquad (8.51)$$

策略的目标是最终得到最大化奖励值，构建梯度上升法计算奖励值的期望，将取得更大奖励期望值的动作概率增大，则梯度的更新公式可定义为式(8.52)：

$$\nabla_\theta E[R_t] = \nabla_\theta \log \pi(a_t|s_t; \theta) R_t \qquad (8.52)$$

$E[R_t]$表示奖励的期望，$\pi(a_t|s_t; \theta)$表示选择动作a_t的概率。在实际问题中，每个动作的奖励值一般假定均为非负值，在梯度更新公式中加入基线部分用来降低方差，将梯度更新公式更新为式(8.53)：

$$\nabla_\theta E[R_t] = \nabla_\theta \log \pi(a_t|s_t; \theta)(R_t - b_t(s_t)) \qquad (8.53)$$

将奖励值减去基线函数，不会破坏其无偏性，同时可以在一定程度上解决方差大的问题。

优势函数将策略函数$\pi(s, a)$视为演员部分，引入基线函数作为评论家，其中优势函数部分基于Actor-Critic的损失函数进行修正，以对动作值进行更好的估计。因此，用动作优势函数替换式(8.53)中$(R_t - b_t(s_t))$部分，其中将动作值函数视为奖励值R_t，将状态值函数视为基线部分。状态值函数可以理解为所有动作值函数的期望，动作值函数则是单个动作体现的价值，两者的差可以评价当前动作的价值，在算法中通常用折扣奖励值作为动作值的估计，因此最终的优势函数为式(8.54)：

$$\text{Advantage}(s_t, a_t) = R(s_t, a_t) - V(s_t) \tag{8.54}$$

强化学习的工作机制是通过智能体与环境交互获得相应的反馈信号，A3C算法采用多智能体与环境交互以便更有效学习，与环境的交互部件由全局网络、工人和环境构成，每个工人有属于自己的网络，拥有独立于其他智能体的策略，分别对应一个智能体并与环境异步交互，算法的多智能体异步交互方式比单智能体的模型更有效。

算法可以在一定程度上降低调度样本数据的相关性，提高算法的训练效果；同时，由于作业车间调度问题本身的复杂性，利用多线程方法分别和环境进行互动学习，可达到异步并发的学习效果。策略用梯度上升方法优化参数，状态值函数用梯度下降方法更新参数，如算法8.1。

算法8.1

1. 初始化参数 θ 和 θ_b。
2. 初始化计数器 $t \leftarrow 1$。
3. 循环：

    <1> 设置 $d\theta \rightarrow 0$ 和 $d\theta_b \rightarrow 0$；

    <2> 得到状态 s_t；

    <3> 按照 $\pi(a_t | s_t; \theta')$ 选择动作 a_t；

    <4> 得到奖励值 r_t 和下一状态 s_{t+1}，

直到终止状态或满足运行步数。

4. 循环：

    <1> $R \leftarrow r_t + \gamma R$；

    <2> $d\theta \leftarrow d\theta + \nabla_\theta \log p_\theta(\pi | o)(C(\pi | o) - b(o))$；

    <3> $d\theta_b \leftarrow d\theta_b + \partial_{(C(\pi|o) - b(o; \theta'_b))/\partial \theta_b}$。

结束循环。

分别将指针网络和基线求解网络求得的结果 $C(\pi | o)$ 和 $b(o)$ 代入式 (8.49)，在调度算法计算过程中，在每个小批量中，$C(\pi | o)$ 采用蒙特卡

洛采样方式进行,基线的计算采用常见的指数移动平均方式,如式(8.55)和(8.56)所示:

$$\nabla_\theta X(\theta) \approx \frac{1}{N} \sum_1^N \left[(C(\pi_i \mid o_i) - b) \nabla_\theta \log p_\theta(\pi_i \mid o_i) \right] \qquad (8.55)$$

其中,N 为小批量的规模。

$$b = a * b + (1 - \alpha) \times \left(\frac{1}{N} \sum_1^N b_i \right) \qquad (8.56)$$

其中,α 为平滑指数。

算法流程如图8.6所示。

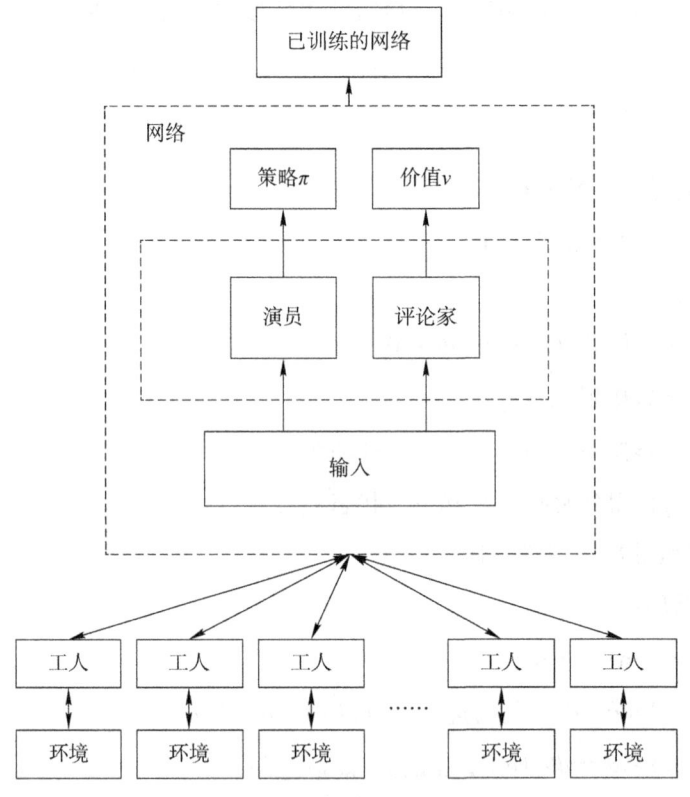

图8.6 算法流程

8.6 实验与结果分析

8.6.1 实验设置

长短期记忆网络是算法的重要组成部分，在实验中每个时间步输入一个工件信息，通过门控装置形成新的内部状态，并进行线性的循环信息传递。作为编码网络的长期记忆，把每个时间步非线性输出信息作为隐藏层的外部状态。同时，每个新的工件信息输入之后，结合内部状态和输入信息经过非线性转换为候选状态，最后一个工件信息输入之后，网络形成完整的内部记忆状态，内部状态可以很好地记忆工件之间特征映射关系。

在实验中，针对 LSTM 细胞的隐藏单元超参数进行了验证，分别设置为 128、256 和 512 进行实验对比，最终选择 256 作为 LSTM 细胞的隐藏单元数，即在编码中通过转换矩阵将每个工件转变为 256 维的嵌入表示。在训练网络时，发现过小的值会使遗忘门存储前一时刻的信息量非常小，如此一来网络很难捕捉到长距离的依赖信息，同时会造成相邻时间间隔的梯度很小，导致发生梯度弥散问题，因此在训练初期我们将遗忘的参数初始值设置在区间 [0.8, 1.0]，并将偏置设定为 1。遗忘门、输入门和输出门的激活函数用 Sigmoid 函数，计算隐藏状态的单元激活函数为 Softsign，采用 Softsign 激活函数可以获得更平坦的曲线，同时更慢的下降导数表明它可以更高效地学习，更好地解决梯度消失的问题，算法的初始学习率设置为 10^{-5}。

8.6.2 结果对比与分析

选取 LA16~LA20、TA36~TA40、TA46~TA50 共 15 个基准问题来验证算法的有效性，为了更好地进行算法对比，强化学习部分分别使用 REINFORCE 和 A3C 架构，在指针网络学习部分加入加权汇总机制进行对比，基准问题分别由改进的禁忌模拟退火算法和改进的遗传禁忌搜索算法求解，并采用两者中的较优者。

每个基准问题分别运行 30 次并记录结果，取平均值作为最终结果。由实验结果可知，加入加权汇总机制的 A3C 算法的表现最佳。LA16、LA18、TA36、TA37 的求解结果达到或接近基准算例结果，TA40、TA47、TA48 和 TA50 的求解结果介于 TSSA 与 GATS 算例结果之间，其他算例的结果比 TSSA 略高，表明本章算法的性能基本达到算法 TSSA 的基准算例结果，比算法 GATS 稍差。取每个基准算例的 30 个计算结果，由于基准问题的规模不同，因此在验证算法时均采用本章算法结果与基准问题结果的相对误差进行比较。在 LA16~LA20 共 5 组较小规模的算例中，A3C-withG 与基准算例的相对误差最小，且随着问题复杂度的增加，相对误差的增速较为平缓，同时也发现其他三种算法相对误差从小到大依次为 A3C-noG、REINFORCE-withG、REINFORCE-noG，但误差均在可接受范围内。通过分析实验结果可知，A3C 架构在解决作业车间调度问题时较 REINFORCE 架构有明显优势，同时也说明，在指针网络中加入加权汇总机制，对提高强化学习框架的学习能力具有一定的效果，计算结果如表 8.1 所示。

表 8.1 计算结果

基准问题	规模	LSTM-RL				TSSA	GATS
		REINFORCE-withG	A3C-withG	REINFORCE-noG	A3C-noG		
LA16	10×10	946.2	945.0*	950.4	948.1	945	945
LA17	10×10	785.6	784.5	795	788.6	784	784
LA18	10×10	850.2	848.2	855.1	852.1	848	848
LA19	10×10	846.4	843.0	850.9	848.9	842	842
LA20	10×10	906.2	903.5	912.4	909.7	902	902
TA36	30×15	1822.2	1819.3	1835.3	1827.6	1819	1819
TA37	30×15	1780.1	1778.0*	1789.4	1783.4	1778	1771
TA38	30×15	1675.2	1674.0	1675.3	1674.9	1673	1673
TA39	30×15	1797.4	1797.2	1805.2	1800.1	1795	1795
TA40	30×15	1679.3	1676.2+	1685.3	1684.1	1676	1673
TA46	30×20	2018.5	2012.4	2022.8	2020.9	2010	2009
TA47	30×20	1908.2	1904.4+	1917.3	1915.6	1903	1898

续表

基准问题	规模	LSTM-RL				TSSA	GATS
		REINFORCE-withG	A3C-withG	REINFORCE-noG	A3C-noG		
TA48	30×20	1963.9	1958.2⁺	1974.0	1970.4	1955	1946
TA49	30×20	1973.0	1968.4	1980.2	1977.4	1967	1965
TA50	30×20	1938.3	1933.1⁺	1950.8	1945.2	1931	1924

注：*表示计算结果达到 TSSA 和 GATS 基准算例结果，+表示计算结果介于 TSSA 和 GATS 基准算例结果之间。

在面对 TA36~TA40 中等规模的问题、TA46~TA50 等较大规模的问题时，REINFORCE-withG、REINFORCE-noG 的相对误差增速明显，而 A3C-withG 和 A3C-noG 与基准结果的相对误差增速较缓慢，可见 A3C 在面对较大规模的调度问题时仍较 REINFORCE 算法保持优势。将算法取得的所有结果与基准结果进行对比如图 8.7 所示。

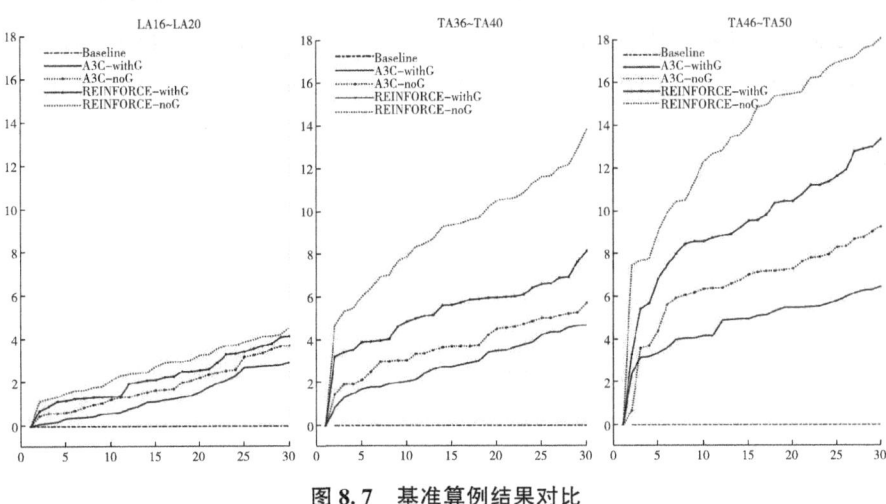

图 8.7 基准算例结果对比

8.7 本章小结

本章结合问题和模型的特点，分析了深度序列模型的嵌入层、特征层和输出层与作业车间调度问题的映射关系，并对特征层采用的循环神经网络模型进行了分析。同时，分析了作业车间调度基于强化学习的序列生成问题，通过演员评论家异步优势函数算法进行求解，同时对算法中基线构建问题进行了分析，在策略梯度优化中同时构建神经网络来预测相应的基线，降低策略梯度优化的方差，使算法高效快速收敛。借助于长短期记忆网络的长程记忆能力，有效收集工件之间的数字特征和相互依赖关系，通过注意力机制确定当前状态下工件的优先级概率分布，形成有效的调度序列。同时，为了获取更丰富的输入序列信息，在编码器和解码器之间通过指针网络从输入序列中选取最优价值的信息，并在计算部分加入加权汇总机制，提高解的质量。实验表明使用基于策略梯度的强化学习方法求解复杂的组合优化问题，与基于值函数的强化学习方法相比，策略梯度方法可以用更简单的函数近似进行问题求解，同时策略梯度方法可以更好地学习理想策略中的先验知识。

  本章研究的基于策略梯度的强化学习方式和前章研究的基于值函数逼近的强化学习方式共同佐证了深度强化学习算法解决生产调度问题的可行性和有效性，为研究深度强化学习算法解决更复杂的生产调度问题提供了支撑。

第 9 章 混合 Q-learning 算法求解多目标车间生产调度问题

本书前几章研究了强化学习、深度学习等机器学习方法在车间调度问题中的应用，解决的是最大完工时间最小化单一目标的问题，未考虑车间能耗、拖期时间等评价指标，本章从生产制造的时间效率和降低能耗等视角出发，利用混合深度强化学习等算法对多目标生产调度问题展开研究。

9.1 引 言

本章在作业车间调度背景下，建立了以最小化完工时间、最小延迟时间和资源消耗（包括机器能耗、运输能耗等）为目标的模型并进行求解。Fu 等[158]以完工时间和成本为目标，通过非支配排序遗传算法研究了作业车间调度问题，实验证明了算法的有效性。Lan 等[159]将改进的遗传算法用于求解复杂的柔性作业车间调度多目标问题。黄辉等[160]研究了以最大完工时间和负荷均衡指标为双目标的混合流水车间多目标调度数学模型，并运用改进的 NSGA-Ⅱ算法对基于实际企业生产数据假设的算例进行仿真求解，结果表明求解的调度方案符合实际需求，能够为企业的实际调度提供有效的方案。段建国等[161]以最大完工时间最小、机器加工能耗最小和运输能耗最小为优化目标，研究了生产车间的绿色调度优化方法。Zhou

等[162]研究了混流装配线材料配送任务的节能调度方法,将物料配送任务的能量消耗最小化与作业准则相结合提出了一种禁忌增强粒子群优化算法来解决多目标问题。胡金昌等[163]研究了考虑依赖加工时间和学习效应的单人单工序多机车间调度模型,提出考虑学习效应的多目标贪婪算法,融合了带精英策略的非支配排序遗传算法与基于贪婪的邻域搜索,构造了迭代多目标遗传算法,结果表明算法可以有效求解问题。

本章结合具体调度问题的特性,设计了改进的 NSGA-Ⅱ和混合 Q-learning 的优化算法来求解考虑工件搬运的多目标生产调度问题。首先对完工时间、延迟时间和能耗三个目标的优化问题进行求解,得到了相应的 Pareto 最优解;其次针对能耗中的运输能耗部分对工件运输环节继续优化,并考虑了车间动态障碍物等因素,得到了更优的派出运输机器人数量和相应搬运路径。

9.2 问题描述及优化目标

9.2.1 问题描述

在含多台搬运机器人的车间生产调度背景下,将搬运机器人与加工机器进行集成调度优化。假设共有 n 个加工作业组成的作业集合 $J=\{J_1, J_2, \cdots, J_n\}$,$m$ 台加工机器组成的机器集合 $M=\{M_1, M_2, \cdots, M_m\}$,每个作业有 m 道工序,按照工艺在 m 台加工机器上完成加工,$Q_{i,j}$ 表示工件 i 在加工机器 j 上的工序,$S_{i,j}$ 表示开始加工时间,相应工序的加工时间为 $p_{i,j}$、完成时间为 $C_{i,j}$,工件 i 的工序 $O_{i,j+1}$ 在执行前要通过搬运机器人完成从机器 j 到机器 $j+1$ 的运输。在车间调度过程中,除了要完成常规的时间效率指标外,还要考虑搬运机器人在工作过程中的能量消耗问题。因此,要在加工机器和搬运机器人协同工作的情境下完成工序的最优排序,同时实现工件最大完工时间最小化和搬运机器人的能耗最小化目标。在一定程度上两个目标是相互矛盾的,因为如果完全不考虑搬运机器人的成本和能耗,则问题退化为一般的车间调度问题;但是如果过于强调搬运机器人的成本和能

第9章 混合 Q-learning 算法求解多目标车间生产调度问题

耗最小,则会使得工件无法及时从上一工位运输至下一工位,并最终导致加工任务无法完成。

在生产过程中还要满足以下假设:

(1) 车间内所有加工机器均可以零时刻开始工作;

(2) 如果无特别说明工件释放时间,则所有工件均可以在零时刻开始加工;

(3) 所有工件均有固定的加工工艺顺序;

(4) 机器每时刻只能加工一个工件,每个工件每时刻只能被一台机器加工;

(5) 工件加工过程中不允许抢占,不考虑机器故障;

(6) 车间内搬运机器人数量充足;

(7) 一台搬运机器人在每一时刻只能运载一种物料,不考虑搬运机器人故障;

(8) 工位设有缓冲区,可以暂时存放待加工原料和已加工成品;

(9) 搬运机器人可以停靠在任意一个工位进行运输服务,不考虑搬运机器人的装货和卸货时间;

(10) 各工位之间的物理距离已知。

车间集成调度如图 9.1 所示。

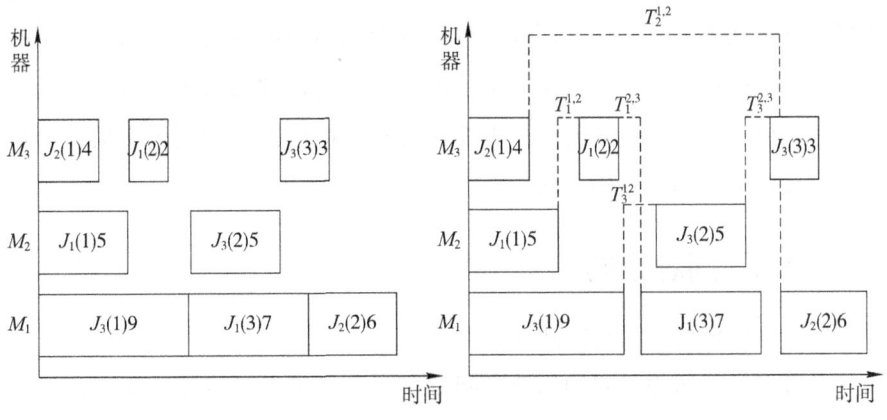

(a) 不考虑搬运机器人甘特图　　　(b) 集成调度甘特图

图 9.1　简单调度与集成调度甘特图

图9.1(a)在不考虑搬运机器人情况下,问题退化为一般的车间调度问题;图9.1(b)是加工机器与搬运机器人的集成调度甘特图,不仅表达了工件的排序情况,同时表达了工件在不同工位之间的运输时间,并用符号$T_i^{k,k+1}$表示,比如$T_1^{1,2}$表示工件1从工位1到工位2的运输时间,$T_1^{2,3}$表示工件1从工位2到工位3的运输时间。图9.1(a)中J_1的工序1在M_2上加工,工序2在M_1上加工,显然两工序间没有时间间隔,而在图9.1(b)中,尽管同样的工序安排,但J_1的工序1与工序2由于分别在M_2和M_1上加工,两机器之间需要搬运机器人来完成工件的运输,因此,两工序之间产生了相应的运输时间间隔,显然时间间隔的大小取决于两工位之间的物理距离和搬运机器人的工作效率。图9.1(b)中共有$T_1^{1,2}$、$T_1^{2,3}$、$T_2^{1,2}$、$T_3^{1,2}$、$T_3^{2,3}$ 5个工件运输任务,每个运输时间与工序加工时间、加工机器的加工能力、不同工位的物理距离、搬运机器人的运行速度密切相关。除了以上情况,结合加工任务的紧急程度、搬运机器人的成本和能耗等情况,可以决定派出的最优机器人数量。搬运机器人有负载和空载两种状态:负载状态是指搬运机器人从当前工位运载物料到下一工位,而空载状态是指搬运机器人从工位1空载行驶到工位2,再从工位2以负载状态行驶到工位3。

在加工机器和搬运机器人的共同约束下,工件的转移时间存在不确定性,但会存在最佳的转移时间。因此,所研究问题的调度目标是为工件选择合适的加工机器,同时选择合适的搬运机器人,使工件尽早开始加工,满足工件的加工时间要求。而且要尽量减少搬运机器人的空载状态,压缩派出机器人的数量,确定科学的工件加工工序和合理的搬运机器人数量和路径,从而实现生产计划的执行周期最短和搬运机器人的利用率最高的目标,以最低的成本完成生产任务。

9.2.2 问题建模

(1)生产任务完成时间建模。

在考虑工件运输时间的作业车间调度问题情境下,目标1为工件的最大完工时间最小,目标2为工件的拖期时间最小,目标3为车间的各类能耗水平最低,并最终输出满足约束条件的调度方案。

问题建模如下：

$$C_{max} = \min(\max C_{i,j}), \ 1 \leqslant i \leqslant n, \ 1 \leqslant j \leqslant m \tag{9.1}$$

$$\text{s.t.}$$

$$C_{i,j} = S_{i,j} + p_{i,j} \tag{9.2}$$

$$C_{i,j} \geqslant 0 \tag{9.3}$$

$$S_{i,j} \geqslant \max(C_{i,g} + t_{g,j}) \tag{9.4}$$

$$C_{i,j} + W \cdot (1-\alpha_{igj}) \geqslant C_{i,g} + t_{g,j} + p_{i,j}, \ 1 \leqslant i \leqslant n, \ 1 \leqslant j, \ g \leqslant m \tag{9.5}$$

$$C_{i',j} + W \cdot (1-\beta_{ii'j}) \geqslant C_{i,j} + p_{i',j}, \ 1 \leqslant i, \ i' \leqslant n, \ 1 \leqslant j \leqslant m \tag{9.6}$$

$$\alpha_{igj} = \begin{cases} 1, & \text{工件 } i \text{ 被机器 } g \text{ 先于机器 } j \text{ 加工} \\ 0, & \text{否则} \end{cases} \tag{9.7}$$

$$\beta_{ii'j} = \begin{cases} 1, & \text{工件 } i \text{ 先于工件 } i' \text{ 在机器 } j \text{ 上加工} \\ 0, & \text{否则} \end{cases} \tag{9.8}$$

式(9.1)为优化的目标1，表示生产任务的最大完工时间最小化；式(9.2)和(9.3)表示工件 i 的完工时间及其约束条件；式(9.4)表示工件 i 的开始加工时间，其中 $t_{g,j}$ 表示工件从加工机器 g 到加工机器 j 的运输时间；式(9.5)表示工艺约束，同一工件的各个工序具有不同的加工顺序；式(9.6)表示机器约束，同一机器某时刻只能加工一个工件，式中 W 表示足够大的正数；式(9.7)和式(9.8)表示指示变量。

（2）总拖期时间建模。

在以上最大完工时间的计算模型基础上，构建生产任务总拖期计算模型如式(9.9)所示：

$$D_{total} = \sum_{i=1}^{n} \max(0, \ C_i - C'_i) \tag{9.9}$$

其中，C_i 为工件 i 的完成时间，C'_i 为工件 i 的交货期。

（3）车间能耗建模。

能耗主要考虑加工机器能耗和搬运机器人能耗两个组成部分。加工机器能耗表现形式较为复杂。首先，机器的控制系统、传动系统以及进给系统，其能耗和加工机器的负载状况有直接关系。传动系统包括主轴变频器、主轴电机等设备，进给系统包括主轴机械系统、伺服驱动器等。一般通过建立相应的负载函数来表示能耗和机器负载之间的关系。同时，机器的总体负载状况取决于机器运行状态和各机器负载情况，需要建立相关的综合模型来表示总体的负载状况。其次，加工机器的液压系统、冷却系统和辅助系统的能耗，该部分能耗与加工机器的负载状况相对独立，一般理解为常量。冷却系统包括冷却泵电机、润滑泵电机等，辅助系统包括计算机系统、风扇和显示灯等。外设系统包括排屑电机、刀库电机等，液压系统主要包括液压油泵电机等。因此，将加工机器的能耗分为负载无关、负载相关两个组成部分。

对于负载无关的能耗 E_1，用 $P_j^{constant}(t)$ 表示加工机器负载无关综合功率，比如加工机器的开关机会导致相关部件的激活而导致能量消耗，并表示为式(9.10)，即：

$$E_1 = \sum_{j=1}^{m} \int_{0}^{t_{start}} C^{constant} \cdot P_j^{constant}(t) dt \qquad (9.10)$$

其中，t_{start} 表示加工机器的开机时间，$C^{constant}$ 为能耗常数。加工机器的负载相关能耗 E_2 主要表现在工件切削等环节，包括材料应对弹性变形的抗力、对塑性变形的抗力和对刀面的摩擦力等。在实际应用中，一般将切削的合力分解为相互垂直的切削力、进给力和切深抗力三个分力，设定切削环节的综合能耗功率为 P_{ij}^{cut}，并将能耗 E_2 表示为式(9.11)，即：

$$E_2 = \sum_{j=1}^{m} \sum_{i}^{n} C^{cut} \cdot P_{ij}^{cut} \cdot p_{i,j} \qquad (9.11)$$

其中，C^{cut} 为切削能耗的常数，$p_{i,j}$ 为工件 i 在机器 j 上的加工时间。

加工机器在等待工件的过程中会产生空转能耗 E_3，将空转能耗功率表示为 P_j^{idle}，则加工机器的空转能耗表示为式(9.12)，即：

$$E_3 = \sum_{j=1}^{m} C^{idle} \cdot t_j^{idle} \cdot P_j^{idle} \qquad (9.12)$$

其中，C^{idle} 表示空转能耗常数，t_j^{idle} 表示加工机器 j 的空转时间。

搬运机器人的运输能耗用 E_4 表示，指搬运机器人在加工机器之间运输工件产生的能耗，将其功率设为 $P_{jj'}^{transport}$，则搬运机器人的能耗表示为式(9.13)，即：

$$E_4 = C^{transport} \cdot P_{jj'}^{transport} \cdot \sum t_{jj'}, \; j, \; j' = 1, \; 2, \; \cdots, \; m \qquad (9.13)$$

其中，$C^{transport}$ 搬运机器人运输能耗常数，$t_{jj'}$ 表示搬运机器人从加工机器 j 到加工机器 j' 的运输时长。

根据以上分析，建立车间的总能耗优化目标，表示为式(9.14)，即：

$$E = \min\{E_1 + E_2 + E_3 + E_4\} \tag{9.14}$$

以上为多目标求解的三个方面，即优化的目标为：

$$f = \{f_1, f_2, f_3\} \tag{9.15}$$

f 中包含三个目标子函数，实际求解目标函数是由求各子目标函数体现的。

目标 1：最大完工时间最小：

$$f_1 = \min(C_{\max}) \tag{9.16}$$

目标 2：拖期时间最小：

$$f_2 = \min(D_{total}) \tag{9.17}$$

目标 3：加工能耗最低：

$$f_3 = \min(E) \tag{9.18}$$

(4) 搬运机器人路径优化建模。

在求解多目标生产调度问题的基础上，对调度方案中的运输任务进行深入研究，考虑了带时间窗的搬运机器人物料搬运服务，将搬运机器人对加工机器的服务到达时间设置为 $[Et_i, Lt_i]$。在生产车间中，加工机器彼此之间存在一定物理距离，假定已知加工机器的位置、搬运机器人的运载能力，同时假定单次运输量小于机器人的运载能力，且加工机器只能接受一台搬运机器人服务。

按照任务派出合理数量的机器人，在满足时间窗的前提下完成运输任务，以基本成本(机器人数量)、运输成本和时间惩罚成本的加权和为目标求解最优值。此外，问题还考虑了搬运机器人在工作中的动态避障问题，搬运机器人通过传感器及时收集障碍信息发送给控制系统，然后对路径重新规划；结合运输任务的特殊性，通过强化学习与环境的交互机制来解决动态避障问题。

设置车间中供调度使用的搬运机器人总数为 R，搬运机器人的最大运载能力为 Q，加工机器 i 的时间窗为 $[Et_i, Lt_i]$，其中 Et_i 和 Lt_i 表示服务的最早和最迟时间。t_i 表示到达时间，t_{ij} 表示从机器 i 至机器 j 的途经时间，到达机器 j 的时间为 t_j，机器人对加工机器 i 的服务时长用 w_i 表示。布尔变量符号 Q_{rij} 表示搬运机器人 r 从加工机器 i 到加工机器 j 的运行过程中是否产生碰撞。符号 d_i 表示机器 i 需要的物料配送量，符号 p_i 表示加工机器 i 需要的回收量。符号 e_{ij} 表示搬运机器人对加工机器 i 服务之后的运输总量，然后再前往加工机器 j。符号 f_{ij} 表示搬运机器人在对加工机器 i 服务之后的回收总量，然后再前往加工机器 j。d_{ij} 表示机器 i 和机器 j 的距离。用 x_{ijr} 和 y_{ir} 表示决策变量。即：

$$x_{ijr} = \begin{cases} 1, & \text{机器人 } r \text{ 从设备 } i \text{ 行至 } j \\ 0, & \text{否则} \end{cases}$$

$$y_{ir} = \begin{cases} 1, & \text{由机器人 } r \text{ 为设备 } i \text{ 提供服务} \\ 0, & \text{否则} \end{cases}$$

运输任务优化问题模型为：

$$\min \sum_i \sum_j \sum_r d_{ij} \cdot x_{ijr} \qquad (9.19)$$

s.t.

$$\sum_{r=1}^{R} y_{0r} = R \qquad (9.20)$$

$$\sum_{r=1}^{R} y_{ir} = 1 \quad (i = 1, \cdots, M) \qquad (9.21)$$

$$\sum_{i=1}^{M} x_{ijr} = y_{jr} \quad (j = 1, \cdots, M; r = 1, \cdots, R) \qquad (9.22)$$

$$\sum_{j=0}^{M} x_{ijr} = y_{jr} \quad (i = 1, \cdots, M; r = 1, \cdots, R) \qquad (9.23)$$

$$\sum_{r=1}^{R} \sum_{i=0}^{M} x_{ijr} \cdot (t_i + w_i + t_{ij}) = t_j \quad (j = 1, \cdots, M) \qquad (9.24)$$

$$t_i \geqslant Et_i \quad (i = 1, \cdots, M) \qquad (9.25)$$

$$t_i + w_i \leqslant Lt_i \quad (i = 1, \cdots, M) \qquad (9.26)$$

$$\sum_{j=0}^{M} e_{ij} - \sum_{j=0}^{M} e_{ji} = p_i \quad (i = 1, \cdots, M) \qquad (9.27)$$

$$\sum_{j=0}^{M} f_{ij} - \sum_{j=0}^{M} f_{ji} = d_i \quad (i = 1, \cdots, M) \qquad (9.28)$$

$$e_{ji} + f_{ji} \leqslant Q \sum_{r=1}^{R} x_{jir} \quad (i, j = 1, \cdots, M) \tag{9.29}$$

$$Q_{rij} = \begin{cases} 1, & \text{产生碰撞} \\ 0, & \text{否则} \end{cases} \tag{9.30}$$

式(9.19)表示目标函数，式(9.20)表示机器人的出发点，式(9.21)、式(9.22)和式(9.23)表示仅有一台机器人对其提供服务，式(9.24)、式(9.25)和式(9.26)表示时间约束，式(9.27)表示运输量约束，式(9.28)表示回收量约束，式(9.29)表示载荷量约束，式(9.30)中 1 表示产生碰撞而 0 表示未碰撞。

9.2.3 Pareto 最优解

Pareto 最优解是资源分配的一种理想状态，即从一种分配状态到另一种状态的变化中，在没有使任何人境况变坏的前提下，使得至少一个人变得更好。在多目标问题中，由于彼此之间存在矛盾或冲突现象，一个目标函数得到改进的同时，至少会引起一个其他目标函数的解恶化，这种状况下的一组解被称为非支配解，有时也称为 Pareto 解；多个目标函数最优解的集合则称为 Pareto 最优集，所形成的曲面为 Pareto 前沿。

定义 9.1　Pareto 支配

对于任意 $x, y \in \Omega$ 两个决策变量，对应的目标函数分别为 $F(x)$, $F(y) \in \Theta$，如果决策变量 x Pareto 支配 y，则有：

$$\begin{cases} f_u(x) \leqslant f_u(y), & \forall u \in \{1, 2, \cdots, n\} \\ f_v(x) \leqslant f_v(y), & \exists v \in \{1, 2, \cdots, n\} \end{cases} \tag{9.31}$$

定义 9.2　Pareto 最优解

如果决策变量 $X \in \Omega$ 是 Pareto 最优解，那么在决策变量空间不存在决策变量 x 满足 x Pareto 支配 X。

定义 9.3　Pareto 最优支配集

Pareto 最优解集为：

$$Pareto\ set = \{x \in \Omega \mid 不存在 y \in \Omega, y\ Pareto\ 支配\ x\}$$

定义 9.4　Pareto 前沿

$$Pareto\ 前沿 = \{F(x) \mid x \in Pareto\ set\}$$

在三个求解目标中，根据生产的实际需求，Pareto 最优解的重要性是同等的，因此，求解目标是找到一组最接近 Pareto 最优域的解，根据实际需求选择满意解。

9.3 改进 NSGA-II 算法

带精英策略的非支配排序遗传算法（NSGA-II）是在多目标优化问题中广泛应用的一种算法，具有简单有效、易于实现等显著的优越性。算法中的快速非支配解的排序思想，有效降低了优化算法的复杂度，将包含 O 个目标函数、N 个种群的复杂度从 $O·N^3$ 降为 $O·N^2$。算法中精英策略的引入有效扩大了采样空间，将父代种群及其子代种群进行组合，通过共同竞争来产生下一代种群，使父代中优良个体在进化过程中充分得以保留，有效提高了优化结果的准确性。此外，对种群所有个体分层存放，使最佳个体得以保存，能够快速提高种群质量。NSGA-II 还引入拥挤度和拥挤度比较算子，克服了 NSGA 算法中需要人为指定共享参数的缺陷，同时又将拥挤度作为种群中个体之间的比较准则，使种群个体能均匀扩展到整个 Pareto 域，保证了种群的多样性。

9.3.1 编码与解码

在编码部分应用工序顺序编码方式对生产任务中所有的工序采用从 1 开始的自然数进行编号，并将工件的工序号、对应的加工机器号等信息蕴含其中，调度方案的染色体即由这些编号编码而成。在合法的染色体中同一工件的工序号的特征是由小到大递增。另外，在同一机器上加工的工件的加工顺序即为染色体中对应编号的出现顺序，通过编号关系即可去除非法解，将作业车间调度问题中复杂的约束关系简单化。

以 3×3 的作业车间调度问题为例说明工序顺序编码方法，问题的加工和对应的加工顺序如表 9.1 所示。

按照工序编号随机生成染色体 1，对于工件 J 的三个工序，按照染色体排序，工件 J_1 的加工顺序工序 3→工序 2→工序 1，工件 J_2 的加工顺序为工序2→工序1→工序3，工件 J_3 加工顺序为工序1→工序3→工序2，对非法的顺序进行改进，各工件进行局部排序得到合法的染色体2，如图9.2所示。

表 9.1　加工任务信息表

J	加工时间			工艺顺序			工序编号		
	M_1	M_2	M_3	M_1	M_2	M_3	M_1	M_2	M_3
J_1	3	4	2	3	2	1	(3)	(2)	(1)
J_2	1	2	1	2	1	3	(5)	(4)	(6)
J_3	1	2	1	1	3	2	(7)	(9)	(8)

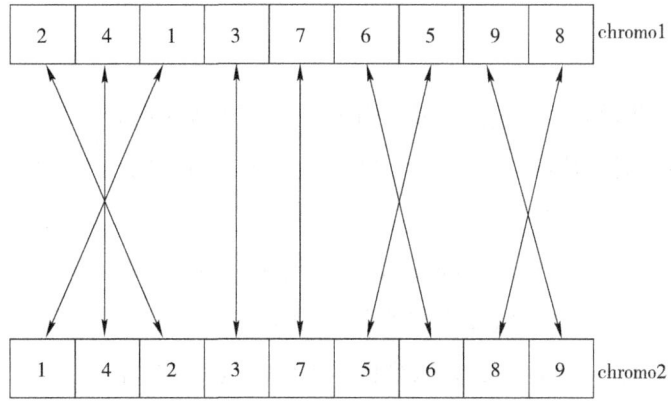

图 9.2　染色体局部排序示意

染色体2对应的可行解甘特图如图9.3所示，完工时间为15。

根据各工序的开始加工时间和结束时间求得目标函数值，具体的解码过程如下：

(1) 从染色体中选择第一个基因位置的工序信息，根据加工任务信息表查找当前工序对应的工件，安排该工件到相应的加工机器上进行加工，同时记录该工序的开始加工时间和完成时间。

(2) 选择下一个基因位置的信息，根据加工任务信息表，查找该工序对应的工件，根据本工件的工序状况和机器的空闲状况选择合适的加工位置，并记录开始加工时间和完成时间。

第(2)步中工序首先需要扫描对应加工机器的全部空闲时间段，如果

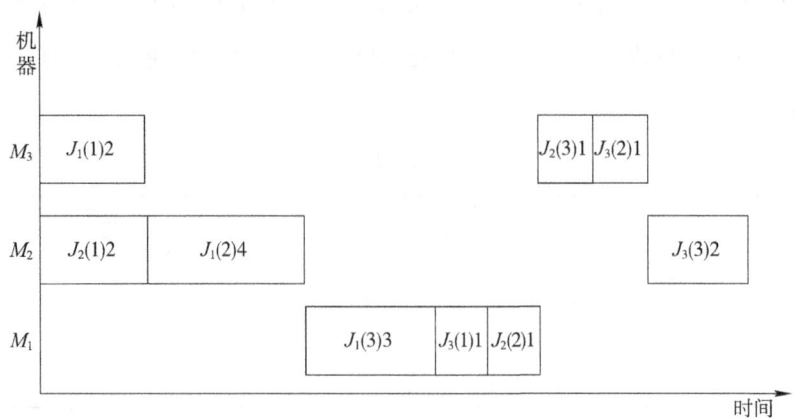

图 9.3 可行解甘特图

满足：

a. 空闲时间段 $[Idle_{start}, Idle_{end}]$ 时长 > 工序的加工时长 $p_{i,j}$；

b. 空闲时间段的开始时间点 $Idle_{start}$ > 该工序对应的上一工序 $O_{i-1,j}$ 完成时间点；

则将工序 $O_{i,j}$ 在空闲时间段 $[Idle_{start}, Idle_{end}]$ 作为插入点，如果不满足条件 a 和条件 b，插入机器当前正在加工的工序之后。

(3) 重复步骤(2)直到插入染色体中所有基因位置上的工序。

(4) 计算调度方案的完成时间 C_{max}。

以图 9.3 对应的染色体为例，首先将染色体中基因位置 1 对应的工件 J_1 的工序 1 插入到加工机器 M_3 上，然后将基因位置 2 对应的工件 J_2 的工序 1 插入到加工机器 M_2 上，再将基因位置 3 对应的工件 J_1 的工序 2 插入到 M_2 上，开始加工时间取决于其上一道工序 1 的完成时间和机器 M_2 上加工的其他工序的完成时间，其他基因位置上的工序依次进行插入操作。对基因位置 5 上对应的工件 J_3 的工序 1 时，其加工机器为 M_1，遍历机器 M_1 的所有空闲时间段，并通过条件 a 和条件 b 进行判断，空闲时间段的时长大于该工序的加工时长，同时满足空闲时间段的开始时间点大于该工序的前续工序的完成时间点。因此，应将图 9.3 中工件 J_3 的工序 1 进行前移，其他类似工序执行同样操作，完工时间为 9，得到相应的可行解甘特图，如图 9.4 所示。

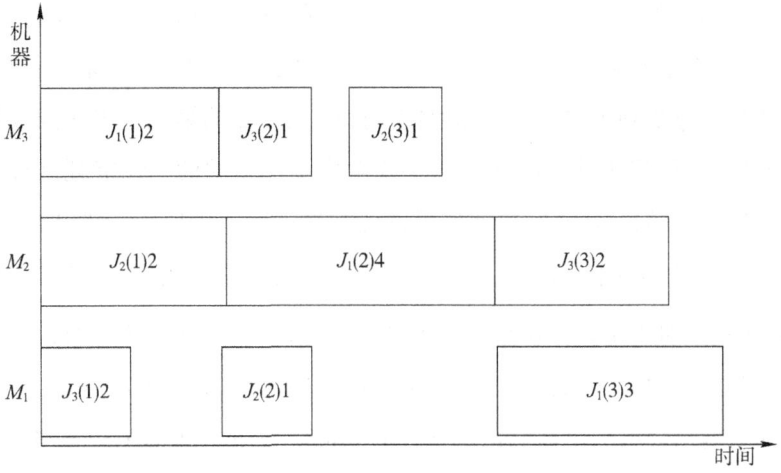

图 9.4 可行解甘特图

该 3×3 的生产调度问题优化后的调度方案已是满足最大完工时间最小化这一评价目标的最优方案之一，但在解码过程中考虑了工件 J_2 的第 3 道工序的情况，尽管该工件的完工时间对最大完工时间没有影响，但从其他评价目标的角度分析，该方案仍有优化的空间，即如果当前工件的开始加工时间之前机器有空闲时间，在考虑能耗的情况下，机器空转或开关机均会造成能耗增加，因此应让该工序占满机器的空闲时间，将工序工件 J_2 的第 3 道工序的加工开始时间提前，如图 9.5 所示。

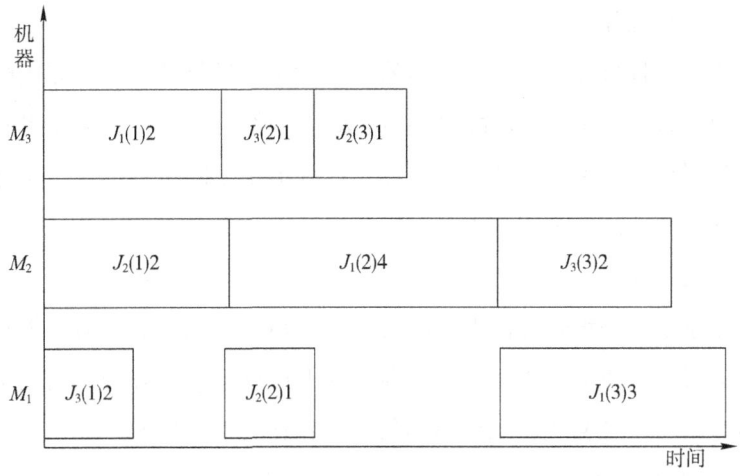

图 9.5 可行解甘特图

在图 9.5 的调度方案中，对工件 J_2 而言，其机器加工的顺序为 $M_2 \to M_1 \to M_3$，考虑运输时间，要将工件 M_2 运至 M_1，再从 M_1 运至 M_3，$T_2^{2,1}$ 表示工件 2 从工位 2 到工位 1 的运输时间，此时工件 2 的第二道工序的开始加工时间要比当前时间延后 $T_2^{2,1}$，除了要考虑增加车间的运输能耗之外，还会增加机器 M_1 的空转时间，增加机器的空转能耗。同时，工件 2 从 M_1 运至 M_3 花费运输时间为 $T_2^{1,3}$，工件 2 的第三道工序的开始加工时间要延后 $T_2^{1,3}$，同时增加运输能耗和机器 M_3 的空转能耗。然而对工件 J_3 而言，其运输路径为 $M_1 \to M_3 \to M_2$，则在 $M_1 \to M_3$ 过程中，如果当前 $T_3^{1,3} \leq S_{3,3} - C_{3,1}$，则当前运输只会增加运输能耗，不会增加机器 M_3 的空转能耗。在 $M_3 \to M_2$ 的过程中，如果 $T_3^{2,3} > S_{3,2} - C_{3,1}$，则能耗状况与上一过程相同，只会增加运输能耗，不会增加机器 M_2 的空转能耗；如果 $T_3^{2,3} > S_{3,2} - C_{3,1}$，则需要同时考虑运输能耗和机器 M_2 的空转能耗。

9.3.2 选择、交叉和变异操作

采用的编码方法具有保留优秀染色体片段的优点，可以将优秀基因传递给后代染色体，使用交叉算子进一步起到全局搜索的作用。但同时其后代染色体也并非总是可行调度方案，相邻染色体未能很好地体现每台加工机器上的工序特征。

（1）选择操作。

在进行选择操作时，用锦标赛的方法对个体进行选择，对非支配等级低的染色体优先选择，同时执行精英保留策略；如果发生等级相同的情况，则选择拥挤距离更大的个体。在父代种群中，随机选择 2 个个体，允许其中适应度值高的个体成为下一代个体。

（2）交叉操作。

采用基于工序编码的优先工序交叉方法 POX 进行交叉运算，能够更好地继承父代染色体的优秀基因，同等条件下可以获得更好的调度结果。设 $m \times n$ 规模的生产任务中，工序编码父代染色体为 P_1 和 P_2，POX 运算后子代染色体为 C_1 和 C_2，POX 交叉运算如图 9.6 所示，具体过程如下：

a. 将工序编码染色体$\{1, 2, \cdots, m \times n\}$随机分为两个非空染色体片段$S_1$和$S_2$；

b. 将P_1中包含在片段S_1中的工序复制到C_1，将P_2中包含在片段S_1中的工序复制到C_2，同时保留各工序的位置不变；

c. 将P_2中包含在片段S_2中的工序复制到C_1，将P_1中包含在片段S_2中的工序复制到C_2，同时保留各工序的位置不变；

d. 交叉运算后得到的子代染色体为C_1和C_2。

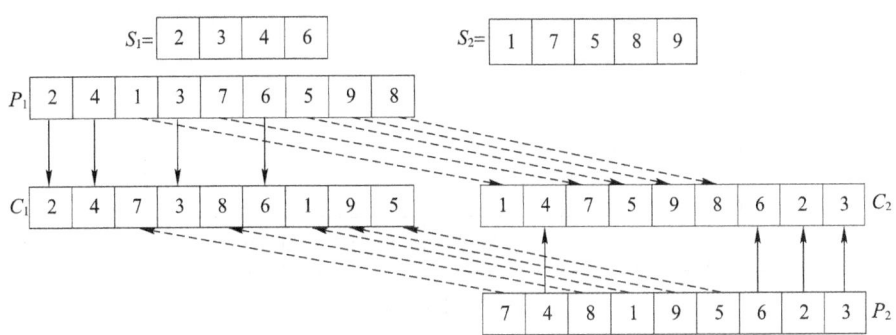

图 9.6 POX 交叉运算

（3）变异操作。

变异操作为了保持种群的多样性，主要由染色体的局部扰动产生，常见的变异算子有插入变异、逆转变异和交换变异等。问题中的不同的变异概率会带来不同的收益，低变异概率有利于保留染色体中优秀基因片段的完整性，但是搜索能力较低，错失最优解的可能性较高。较高的变异概率会将算法退化为随机搜索，给算法的稳定和收敛带来影响，因此采用基于邻域搜索的策略进行变异操作，通过局部搜索改进子代染色体，如图 9.7 所示，具体流程如下：

a. 设循环变量$x = 0$和最大变异次数X；

b. 随机生成判断因子μ，并判断μ与变异概率P_m的关系，若$\mu \leq P_m$成立，则进入下一步，否则退出变异操作；

c. 取染色体上σ个不同的工序，生成所选工序的所有邻域；

d. 计算所有邻域的适应度值，取性能最优者；

e. $x=x+1$；

f. 如果 $x>X$ 则变异操作结束。

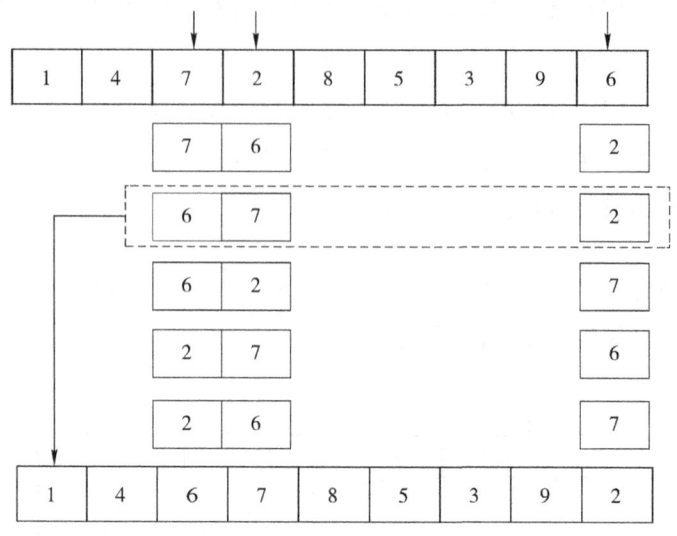

图 9.7　变异运算

9.3.3　基于 N5 邻域结构搜索策略

在基本 N5 邻域结构搜索策略[164]基础上，设计了改进的 N5 邻域结构和非支配关系的局部搜索策略。通过交换关键路径上的工序块来产生新的邻域解，由于求解的问题要考虑运输时间，所以工序间的机器空闲时间对结果的影响很大。当工序间存在足够的空闲时间时，可以利用该空闲时间实施工件运输，不会额外增加空转能耗；当工序间不存在空闲时间时则需要插入相应的运输时间，会同时增加机器空转能耗和运输成本。因此，在赵诗奎[165]工作的基础上构建邻域搜索机制，如果关键工序的类型为块首或块尾工序时，则后移块首工序至工序块其他工序位置，前移块尾工序至工序块其他位置，且未必满足相应的空闲时间要求；如果关键工序为块内工序，则必须满足相应的空闲时间要求，可用机器的空闲时间大于 0，将关键工序前移至块首工序之前，以及后移至块尾工序之后。

基于改进 N5 邻域结构的搜索策略具体流程如下：

(1) 计算种群中个体的总数 N_p，并在种群中随机选择个体 P_i，初始化 P_i 为 1；

(2) 对个体 i 执行 N5 邻域结构移动产生相应的邻域个体 C_i，并对新个体执行解码操作；

(3) 计算个体 C_i 对应的调度方案的各个目标值，如果 C_i 对应的各目标值均优于个体 P_i 对应的目标值，则有个体 C_i 支配 P_i，即 $P_i<C_i$，用个体 C_i 替换 P_i，否则保留 P_i；

(4) 执行 $P_i=P_i+1$，如果 $P_i \leqslant N_p$，继续执行步骤(2)，如果 $P_i>N_p$，循环结束。

9.3.4 算法流程

(1) 初始化参数，包括种群数 N_{popu}、迭代次数 N_{iter}、Pareto 解集的最大值 N_{pare}、选择概率 p_{sele}、交叉概率 p_{cros}、变异概率 p_{muta}。

(2) 初始化种群个体，并定义父代种群 P，迭代计数器 $n_{iter}=0$。

(3) 对种群 P 的个体进行解码，得到多个调度方案，并计算各调度方案的各目标函数值，然后对各调度方案执行快速非支配排序，确定个体的非支配等级。

(4) 更新 Pareto 解集。

a. 如果当前 Pareto 解集为空，将当前种群 P 中的非支配等级为 1 的个体存入 Pareto 解集；若当前种群中的非支配等级为 1 的个体数大于 N_{pare}，则需计算当前非支配等级个体的拥挤距离，按照拥挤距离择优存入 Pareto 解集。

b. 如果当前 Pareto 解集非空，将当前种群 P 中与 Pareto 解集中相同的个体删除，将种群 P 中非支配等级为 1 的个体和 Pareto 解集中的个体存入过渡种群 P_{temp} 中，对过渡种群进行快速非支配排序和拥挤距离计算，并将非支配等级为 1 的个体存入 Pareto 解集；如果过渡种群中的非支配等级为 1 的个体数大于 N_{pare}，则计算当前非支配等级个体的拥挤距离，按照拥挤距离择优存入 Pareto 解集。

(5) 对种群 P 的个体执行选择、交叉、变异操作，生成子代种群 C。

(6) 将父代种群 P 和子代种群 C 的个体合并成为种群 $P_{P\&C}$，删除 P 和 C 中相同的个体。

算法流程如图 9.8 所示。

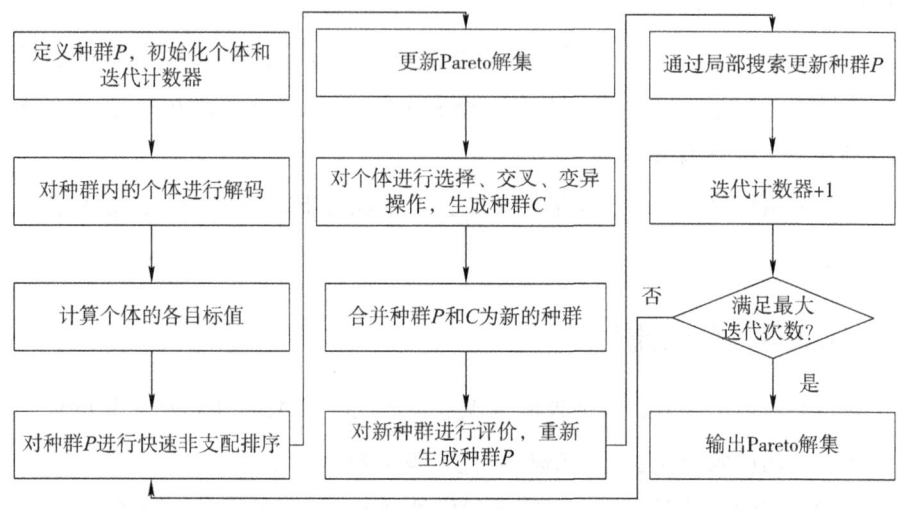

图 9.8 算法流程

(7) 计算种群 $P_{P\&C}$ 的个体的非支配等级，根据非支配等级构建非支配曲面 $\{f_1, f_2, \cdots, f_n\}$，在 $P_{P\&C}$ 中选择 N_{popu} 个个体组成种群 P，清空种群 P 内的个体，按照非支配等级选择个体，前沿曲面的个体数小于 N_{pare}，则将曲面的个体存入种群 P；否则计算曲面的个体的拥挤距离，择优存入种群 P，直至种群 P 的个数满足 N_{popu}。

(8) 执行邻域搜索策略，更新种群 P 的个体，同时更新迭代计数器 $n_{iter}=n_{iter}+1$，如果 $n_{iter}>N_{iter}$ 循环结束，否则执行(3)。

9.4 路径优化算法设计

根据第一阶段得到的调度方案，尽管其中已包含了运输能耗，但是在求解时仅考虑了工件的理论最低运输能耗，因此，在已得出的调度方案的基础上，具体研究如何完成调度方案中的运输任务。将调度方案中设计工件运输的加工机器抽象为坐标点进行二次优化，并得到最小的派出加工机器人数量和相应的配送路径。

9.4.1 位置扫描

扫描法通过先将需求点分组再安排路径路线的方式，用极坐标来表示各需求点的区位，然后任取一个需求点为起始点，以顺时针或逆时针方向，以车辆的容量为限制条件进行区域划分，再通过交换法进行需求点排序，在不超过最大容量的前提下，使得各条路径上总的行车距离最短。将扫描法应用分为两个步骤：首先，利用极坐标来表示加工机器的位置，以搬运机器人最大载荷量作为分组约束，再按顺时针或逆时针的方向，进行加工机器的扫描分组，得到若干组符合约束条件的子区域，并将子区域的几何中心设置为相应的虚拟节点。其次，应用设计的强化学习遗传蚁群算法进行循环求解，如果无法满足时间窗等因素的约束，则转入第一步重新扫描。

9.4.2 节点选择策略和信息素更新

蚁群算法属于群体寻优算法，蚂蚁个体的数目和最优解的精确度正相关，但如果蚂蚁数目过多则会出现大量重复解，增加算法的时间复杂度，增大了资源开销。每个蚂蚁个体都会在各自选择的路径上释放信息素，当有其他蚂蚁也选择该路径的时候，信息素的浓度会提高，高浓度的信息素则会吸引更多的蚂蚁选择该路径，以此间接实现了蚂蚁之间的通信。同时，蚂蚁会将已选的路径放入禁忌表，防止反复选择同一路径导致算法早熟，当路径上的信息素浓度逐渐提高时，蚂蚁选择该路径的概率也会随之增大，而较少被选择路径的信息素随着时间推移逐渐挥发。

蚂蚁按照一定概率选择节点，即蚂蚁选择概率最大的转移节点，通过式(9.32)进行计算，即：

$$p_{ij}^{k} = \begin{cases} \dfrac{\tau_{ij}^{\alpha}(t) \cdot \eta_{ij}^{\beta}(t)}{\sum\limits_{s \in allow_{k}} \tau_{ij}^{\alpha}(t) \eta_{ij}^{\beta}(t)} & s \in allow_{k} \\ 0 & s \notin allow_{k} \end{cases} \quad (9.32)$$

式(9.32)中，p_{ij}^k 表示蚂蚁 k 从节点 i 到节点 j 的转移概率；α 表示信息启发式因子，其值越大则表示蚂蚁选择之前已经选择的路径的可能性越大，随机探索其他路径的可能性越小，α 越小则搜索的范围也越小，算法容易陷入局部最优；β 表示期望启发式因子，其值较大时会加快算法的收敛速度，但过大则会导致出现局部最优的可能性增加。$\tau_{ij}^\alpha(t)$ 表示节点 i 到节点 j 的信息素，$\eta_{ij}^\beta(t)$ 表示节点 i 到节点 j 的启发式因子。为了阻止蚂蚁反复选择已经访问过的节点，通过禁忌表来记录蚂蚁已经访问过的节点，经过时刻 t 后所有蚂蚁完成一次遍历，计算蚂蚁走过的路径长度，并保存其中的最小值。

同时，为寻求算法的收敛速度和解质量之间的平衡，在节点选择策略中引入阈值 $\theta_0 \in (0,1)$，在蚂蚁选择节点之前随机生成 θ'，如果 $\theta' \leq \theta_0$，则选择 $\tau_{ij}^\alpha(t) \cdot \eta_{ij}^\beta(t)$ 值最大的节点，否则选择其他节点。

信息素如式(9.33)进行更新，即：

$$\begin{cases} \tau_{ij}(t+1) = (1-\rho)\tau_{ij}(t) + \tau_{ij} \\ \tau_{ij} = Q'/fitness(i) \end{cases} \quad (9.33)$$

式(9.32)中 ρ 表示信息挥发因子，同理，$1-\rho$ 则表示信息素的残留因子。当 ρ 较小时，会导致被选择的路径上残留信息素过多，会出现非法路径被继续搜索，从而影响算法收敛；当 ρ 较小时，无效路径可以被排除搜索，但难以保证合法的路径被有效搜索，从而影响了最优解的质量。式中 Q' 为常数。蚂蚁在完成一次遍历后，禁忌表得到清空，重新回到初始节点，继续下一轮访问。

9.4.3 路径优化问题编码

用路径表示法进行编码较易实现，将合法的节点序列编码为可行解，在 n 个加工机器、m 台搬运机器人的车间环境下执行配送—回收任务，0 至 $n+m-1$ 共 $n+m$ 个数字并将之编码为 $(0-x_1-x_2-\cdots-x_{n+m-1})$，其中数字 0 表示配送中心，首台搬运机器人也用 0 表示，其他搬运机器人则依次使用数字 $n+1, n+2, \cdots, n+m-1$ 表示。数字 0 同时表示配送中心和首台搬运机器人，不会混淆编码的语义信息，但可以降低编码长度。

以 10 台加工机器、4 台搬运机器人的车间环境为例，将该情境下的可行序列进行编码，表示为 0-3-5-11-2-7-8-12-4-6-1-13-9-10，该可行序列表达的子序列含义为：

搬运机器人 1 服务路线：0-3-5-0；

搬运机器人 2 服务路线：0-2-7-8-0；

搬运机器人 3 服务路线：0-4-6-1-0；

搬运机器人 4 服务路线：0-9-10-0。

在计算中保留染色体优秀基因，并对可行解的较优染色体进行交叉操作，将染色体分别设置为符号 A_1 和 A_2。

① 交叉起始位置：

A_1：$A_1^{(1)} | A_1^{(2)} | A_1^{(3)}$

A_2：$A_2^{(1)} | A_2^{(2)} | A_2^{(3)}$；

② 将 $A_1^{(2)}$ 插入到 A_2 中 $A_2^{(2)}$ 的后面并形成新编码序列：

A_2'：$A_2^{(1)} | A_2^{(2)} | A_1^{(2)} | A_2^{(3)}$；

③ 删除 $A_2^{(1)}$、$A_2^{(2)}$、$A_2^{(3)}$ 中与 $A_1^{(2)}$ 的重复基因，生成 A_2'；

④ 同理，生成序列 A_1'；

⑤ 对 A_1、A_2、A_1' 和 A_2' 进行适应度值比较，并从中选优。

9.5 强化学习避障策略

9.5.1 动态避障策略

算法中求解子路径优化和搬运机器人动态避障主要通过强化学习机制来实现，通过自主与环境进行交互完成相应任务，用奖励函数最大化的方法获取从环境状态到动作的映射函数。选用时序差分算法来求解问题，在算法思想上继承了动态规划和蒙特卡洛方法的优点，基于当前状态和下一个状态的奖励值进行计算。与蒙特卡洛方法类似，时序差分算法的第一步是计算状态值实现时序差分的预测，第二步是时序差分的控制，其目的是得到最优的策略。

TD(0)算法是时序差分算法的一种,可以通过在线增量的方式来估计策略,并通过规则进行计算。

$$V(s_k) \leftarrow V(s_k) + \alpha[r_{k+1} + \gamma V(s_{k+1}) - V(s_k)] \qquad (9.34)$$

将式(9.34)进行转换得到式(9.35),即:

$$V(s_k) \leftarrow \alpha r_{k+1} + \gamma V(s_{k+1}) + (1-\alpha)V(s_k) \qquad (9.35)$$

式(9.34)中 α 表示学习率,决定在多大程度上进行值更新,γ 表示折扣因子,$V(s_k)$ 为当前状态值,$V(s_{k+1})$ 为下一状态值。此过程在状态 $V(s_k)$ 和 $V(s_{k+1})$ 的转换过程中执行,并在过程中得到奖励值 r_{k+1}。一般会将学习率 α 适当降低,甚至可以将学习率定义为和状态相关的函数,这样可以使学习率依赖状态被访问的次数进行更新,最终收敛到最大状态值,进而得到最优路径[166]。

同时在实验中通过 Q-learning 算法进行计算,在迭代中选择下一最大的状态动作值,如式(9.36)所示:

$$Q_{k+1}(s_t, a_t) \leftarrow Q_k(s_t, a_t) + \alpha(r_t + \gamma \max_a Q_k(s_{t+1}, a) - Q_k(s_t, a_t))$$

$$(9.36)$$

状态从 s_t 转移到 s_{t+1},并接收到相应的奖励值 r_t,算法在迭代过程中选择最大的状态动作值,算法最终将收敛于最优策略。但同时算法的探索能力较弱,具体步骤如算法 9.1。

算法 9.1

---

1. 初始化参数 α 和 γ,以及 $Q(s, a)$,其中 $s \in S$,$a \in A(s)$。
2. 循环:

    <1>确定起始状态 S,根据 ε-贪婪策略选择动作 a;
    <2>循环:

        a. 根据 ε-贪婪策略在状态 s_t 时选择动作 a_t,得到奖励 r_t,并进入状态 s_{t+1};

        b. 执行 $Q_{k+1}(s_t, a_t) \leftarrow Q_k(s_t, a_t) + \alpha(r_t + \gamma \max_a Q_k(s_{t+1}, a) - Q_k$

$(s_t, a_t))$；

c. $s=s'$ 和 $a=a'$。

直到状态 s 为终止状态或 $Q(s, a)$ 收敛。

3. 输出最优策略 $\pi(s) = \mathop{\mathrm{argmax}}\limits_{a} Q(s, a)$。

在实验中对 TD(0) 算法和 Q-learning 算法进行了结果对比，后者在收敛时间和解的质量两个方面均优于前者，因此选用 Q-learning 算法作为强化学习部分的最终算法，将节点之间路径长度的相反数作为迭代过程中的奖励值，并采用贪婪策略选择路径，如式(9.37)所示：

$$a \in A(s_k) = \mathrm{argmax}\{r_{k+1}^a + V(S_{k+1}^a)\} \tag{9.37}$$

用节点 0 表示起点位置，机器位置为①→⑲，如图 9.9 所示。

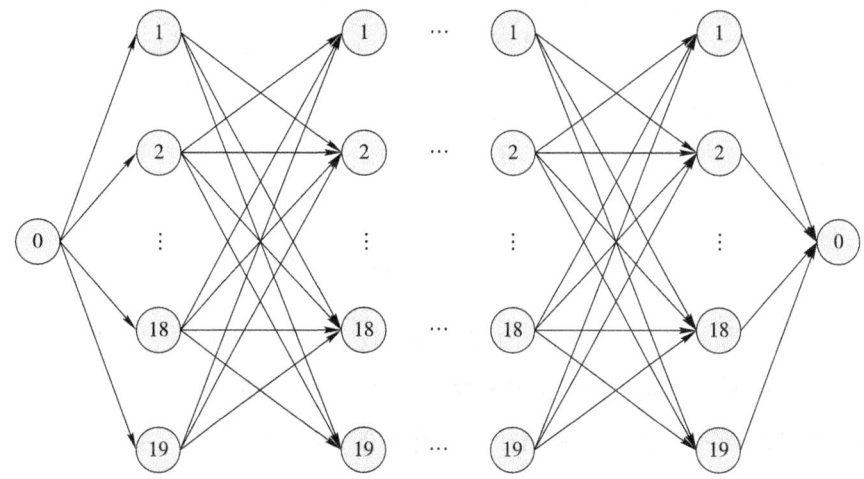

图 9.9　路径寻优示意

从节点 0 到其他任意节点，例如 0→①→③表示搬运机器人从配送中心出发，先为节点 1 提供服务，再为节点 3 提供服务，且不允许搬运机器人在某节点停滞，即节点与自身之间没有连线，算法的完整流程如图 9.10 所示。

考虑车间环境下出现临时动态障碍物的情形，通过强化学习算法实现动态避障。如图 9.11 所示，在不考虑障碍物的情况下，可以快速找到行进

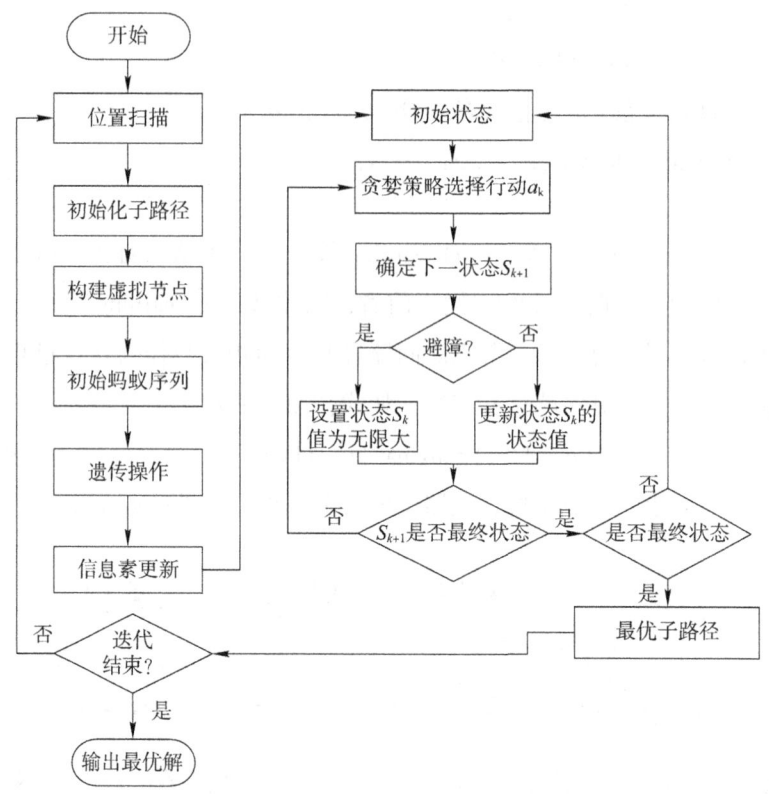

图 9.10 强化学习遗传蚁群算法流程

的最短路径为 1-3-7-11-16-19-20，此时，考虑在最优路径上的节点 11 出现动态障碍物，则将此处的状态值设为无限大，从而快速找到其他路径 1-3-7-12-16-19-20，且新路径是当前状态下的最优路径。

图 9.12 表示了障碍物出现前后的迭代曲线。对比发现，在没有障碍物的情况下，算法快速收敛到值 28，出现动态障碍物之后，算法对状态的变化是敏感的，可以迅速捕捉到状态变化，并在较小的计算开销之后紧急避障，重新收敛到值 32。通过实验可知，算法的另外一个优点，在已经规划好的路径上，如果出现动态障碍物，重新规划路径时不仅可以有效避开障碍物，而且不需重新设置起始点，此优点为搬运机器人连续工作提供了保障。

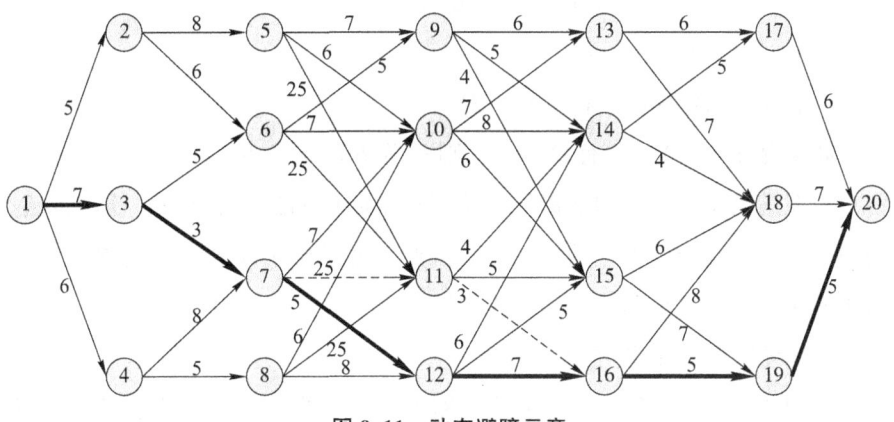

图 9.11 动态避障示意

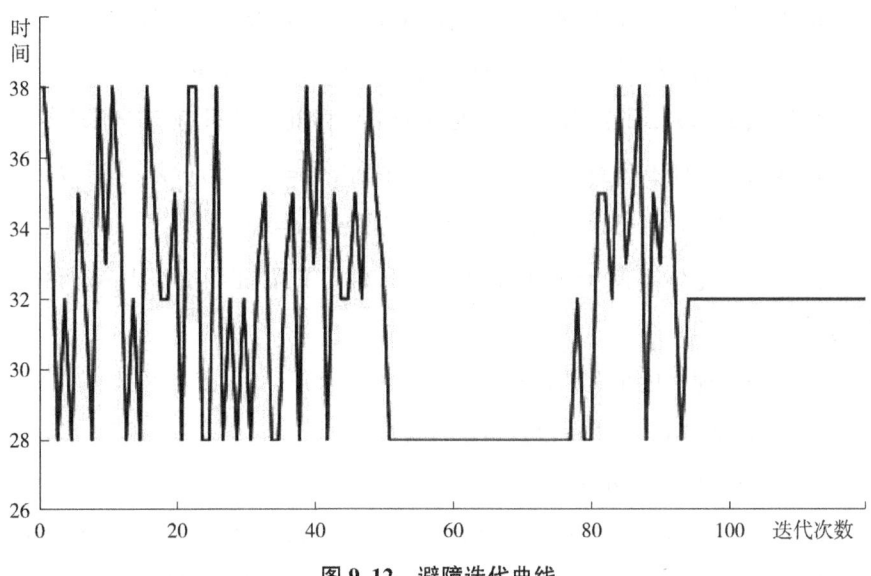

图 9.12 避障迭代曲线

9.5.2 收敛性证明

定义 9.1 设 X 为度量空间,其度量用 δ 表示,映射 $P: X \to X$,若有 $\lambda \in [0, 1)$,存在 $\delta(Px, Py) \leqslant \lambda \delta(x, y)$,$\forall x, y \in X$,则 P 为空间 X 的一个压缩映射。其中,满足条件的最小的 λ 值称为 Lipschitz 常数。

且度量 δ 满足:

(1) $\delta(x, y) \geq 0$,且$\delta(x, y) = 0$与$x=y$等价;

(2) $\delta(x, y) = \delta(y, x)$;

(3) $\delta(x, z) \leq \delta(x, y) + \delta(y, z)$。

如果存在 $z_0 \in X$,且有 $Pz_0 = z_0$,则 z_0 为 P 的不动点。

即在满足压缩定理的前提下,从度量空间中的任意点开始,压缩映射的序列一定会收敛到唯一的不动点。因此,通过确定序列对应的映射是否为压缩映射,即可证明该序列的收敛性。

由压缩映射的定义可知:

定理 9.1 完备度量空间中的压缩映射具有唯一的不动点,即存在唯一的 z_0,满足 $Pz_0 = z_0$。

证明:假设有两个不动点 z_0 和 z_1 满足 $Pz_0 = z_0$ 和 $Pz_1 = z_1$,那么有:

$0 < \delta(z_0, z_1) = \delta(Pz_0, Pz_1) \leq \lambda \delta(z_0, z_1) < \delta(z_0, z_1)$ 成立,

显然式中 $\delta(z_0, z_1) < \delta(z_0, z_1)$ 是矛盾的,由此可证只有一个不动点。

定理 9.2 对于任意的 $z \in X$,定义序列 $P^2 z = P(Pz)$,$P^3 z = P(P^2 z)$,…,$P^n z = P(P^{n-1} z)$,则该序列收敛于 z_0,即 $\lim_{n \to \infty} P^n z = z_0$。

证明:在完备空间中证明序列的收敛性,只需证明 $P^n x$ 是柯西序列即可。

由压缩定理中度量 δ 的性质可得:

$\delta(x, y) \leq \delta(x, Px) + \delta(Px, Py) + \delta(Py, y)$

∵ $\delta(Px, Py) \leq \lambda \delta(x, y)$

∴ $\delta(x, Px) + \delta(Px, Py) + \delta(Py, y) \leq \delta(x, Px) + \lambda \delta(x, y) + \delta(Py, y)$

即 $\delta(x, y) \leq \delta(x, Px) + \lambda \delta(x, y) + \delta(Py, y)$,移项整理可得:

$$\delta(x, y) \leq \frac{\delta(Px, x) + \delta(Py, y)}{1 - \lambda}$$

根据以上结论,对序列 $P^n x$ 中任意两点 $P^U x$ 和 $P^V x$,可得:

$$\delta(P^U x, P^V x) \leq \frac{\delta(P^{U+1} x, P^U x) + \delta(P^{V+1} x, P^V x)}{1 - \lambda}$$

$$\leq \frac{\lambda^U \delta(Px, x) + \lambda^V \delta(Px, x)}{1 - \lambda}$$

$$= \frac{\lambda^U + \lambda^V}{1-\lambda}\delta(Px, x)$$

由定义 9.1 可知 $\lambda \in [0, 1)$，当 $U, V \to \infty$ 时，可证 $P^n x$ 是柯西序列；假定 $P^n x$ 收敛到点 z_0，即 $z_0 = \lim\limits_{n\to\infty} P^n x$，根据压缩定理可知 P 是连续的。因此，存在：$Pz_0 = P(\lim\limits_{n\to\infty} P^n x) = \lim\limits_{n\to\infty} P(P^n x) = \lim\limits_{n\to\infty} P^{n+1} x = z_0$，证明 z_0 为满足 $Pz_0 = z_0$ 的不动点。

在强化学习算法中，由于问题空间规模较大，对贝尔曼方程进行直接求解不可行，可通过近似 Q-learning 算法进行求解，算法建立在动态规划思想的基础上，通过对贝尔曼方程进行迭代得到最优解，算法的收敛性证明如下[167]：

引理 9.1 由压缩定理可知，在有限空间中，如果满足：

(1) $\sum\limits_t \alpha_t(x) = \infty$，$\sum\limits_t \alpha_t^2(x) < \infty$，$\sum\limits_t \beta_t(x) = \infty$，$\sum\limits_t \beta_t^2(x) < \infty$，$E\{\beta_t(x) | P_t\} \leq E\{\alpha_t(x) | P_t\}$；其中 $P_t = \{\xi_t, \xi_{t-1}, \cdots, \psi_{t-1}, \cdots, \alpha_{t-1}, \cdots, \beta_{t-1}, \cdots\}$。

(2) $\|E\{\psi_t(x) | P_t\}\|_K \leq \gamma \|\xi_t\|_K$，$\gamma \in (0, 1)$，$\|\cdot\|_K$ 表示加权极大范数。

(3) $Var\{\psi_t(x) | P_t\} \leq C(1 + \|\xi_t\|_K)^2$，$C$ 为常数，

则有随机过程 $\xi_{t+1}(x) = (1-\alpha_t(x))\xi_t(x) + \beta_t(x)\psi_t(x)$ 一定收敛到 0。

定理 9.3 将 Q-learning 算法写为：

$$Q_{t+1}(s_t, a_t) = (1-\alpha_t(s_t, a_t))Q_t(s_t, a_t) + \alpha_t(s_t, a_t)(R_{s_t}(a_t) + \gamma V_t(s_{t+1}))$$

在状态和动作空间有限的前提下，如果满足：

(1) $\sum\limits_t \alpha_t(s, a) = \infty$ 和 $\sum\limits_t \alpha_t^2(s, a) < \infty$；

(2) $Var\{R_s(a)\}$ 有界；

(3) 当 $\gamma = 1$ 时，所有策略均会到达中止状态；

则 $Q_{t+1}(s_t, a_t) = (1-\alpha_t(s_t, a_t))Q_t(s_t, a_t) + \alpha_t(s_t, a_t)(R_{s_t}(a_t) + \gamma V_t(s_{t+1}))$ 一定会收敛到最优值 $Q^*(s, a)$。

证明：根据引理 9.1，将 $Q_t(s, a) - Q^*(s, a)$ 理解为 $\xi_t(s, a)$，即 $\xi_t(s, a) = Q_t(s, a) - Q^*(s, a)$，将 $R_s(a) + \gamma V_t(s') - Q^*(s, a)$ 理解为 $\psi_t(s,$

a),即 $\psi_t(s, a) = R_s(a) + \gamma V_t(s') - Q^*(s, a)$。同时,不失一般性将 $\alpha_t(s, a)$ 理解为 $\beta_t(s, a)$。

由压缩定理可知,通过迭代算子来证明 $\psi_t(s, a) = R_s(a) + \gamma V_t(s') - Q^*(s, a)$ 是某极大范数的压缩映射,即可得证。过程如下:

$$\max_a |E\{\psi_t(a)\}| = \gamma \max_a |\sum_j p_{ij}(a)[V_t(j) - V^*(j)]|$$

$$\leq \gamma \max_a \sum_j p_{ij}(a) \max_v |[Q_t(j, v) - Q^*(j, v)]|$$

设 $\max_v |Q_t(j, v) - Q^*(j, v)|$ 为 $Q^\Phi(j)$,T 是与每个状态相关的代价为零的动态规划值迭代因子,则有:

$$\gamma \max_a \sum_j p_{ij}(a) \max_v |[Q_t(j, v) - Q^*(j, v)]|$$

$$= \gamma \max_a \sum_j p_{ij}(a) Q^\Phi(j)$$

$$= T(Q^\Phi)(i)$$

可证 $\psi_t(s, a) = R_s(a) + \gamma V_t(s') - Q^*(s, a)$ 为压缩映射。

9.6 实验与结果分析

9.6.1 实验设置

(1) 运输任务主要参数。

设置信息素重要程度因子值为 1,常数 Q 为 1,启发函数重要程度因子值为 5;信息挥发因子值为 0.1,遗传算子交叉概率值为 0.85,遗传代沟值为 0.8;变异概率值为 0.1,学习率 α 值为 0.001,折扣因子 γ 为 0.9。搬运机器人基本成本参数如表 9.2 所示。

第 9 章
混合 Q-learning 算法求解多目标车间生产调度问题

表 9.2 成本参数表

参数类别	参数名称	取值	权重
基本成本	派出机器人基本成本	300	0.3
运输成本	机器人单位距离损耗	5	0.5
时间窗惩罚成本	提前到达惩罚系数	0.002	0.2
	延迟到达惩罚系数	0.04	
	机器人运行速度	30	
	机器人最大运载能力	4	

（2）NSGA-Ⅱ算法主要参数如表 9.3 所示。

表 9.3 NSGA-Ⅱ算法主要参数

参数名称	含义	取值
N_{popu}	初始化种群	300
N_{pare}	Pareto 解集规模	40
N_{iter}	迭代次数	400
p_{sele}	选择概率	0.02
p_{cros}	交叉概率	0.90
p_{muta}	变异概率	0.10

9.6.2 结果对比与分析

（1）多目标调度实验结果对比与分析。

各工件在每台加工机器的加工时间如表 9.4 所示。

表 9.4 工件信息表

能耗类型	功率							
	M_1	M_2	M_3	M_4	M_5	M_6	M_7	M_8
切削能耗	22	15	9	10	6	7.5	8	12
空转能耗	3.2	2.3	1.8	2.1	1.9	4.4	3.4	4.0
其他能耗	1.2	1.3	0.9	0.7	1.2	1.4	1.6	1.4
运输能耗	3	3	3	3	3	3	3	3

各工件在每台机器上加工的能耗、运输能耗等功率情况如表 9.5 所示。

表 9.5 功率信息表

	加工顺序								加工时间								释放时间	交货期
	M_1	M_2	M_3	M_4	M_5	M_6	M_7	M_8	M_1	M_2	M_3	M_4	M_5	M_6	M_7	M_8	0	150
J_1	2	5	4	8	3	7	6	1	17	18	11	14	18	18	10	15	0	120
J_2	8	5	7	2	1	4	6	3	11	8	21	18	12	8	19	25	30	190
J_3	7	3	5	8	2	4	1	6	17	23	21	9	18	20	9	9	0	120
J_4	4	8	5	3	2	1	7	6	13	20	11	19	10	23	15	19	0	180
J_5	2	4	7	6	1	5	8	3	15	18	8	12	10	13	15		0	180
J_6	2	4	3	5	1	8	7	6	17	8	25	18	10	8	9	7	0	—
J_7	1	5	4	3	8	2	6	7	7	18	9	10	14	18	12	13	10	190
J_8	6	5	7	2	4	3	1	8	11	8	25	18	12	9	22	13	0	150

实验首先以 8×8 的作业车间调度问题为例,综合考虑最大完工时间最小和能耗两个目标的前提下求解合理的调度方案。将本章提出的改进算法 (Improved NSGA-Ⅱ, INSGA-Ⅱ) 与 NSGA-Ⅱ算法的运行结果进行对比,对实例分别独立运行 40 次,取两种算法的最好结果进行对比。结果显示, NSGA-Ⅱ算法求得的结果绝大部分被 INSGA-Ⅱ算法的结果支配,且 INSGA-Ⅱ算法计算结果的非支配等级更高, INSGA-Ⅱ算法表现出明显优于 NSGA-Ⅱ算法的性能。两种算法的部分计算结果如表 9.6 所示。

表 9.6 部分求解结果

INSGA-Ⅱ			NSGA-Ⅱ		
完工时间(C_{max})	能耗(E)	时间延迟(D_{total})	完工时间(C_{max})	能耗(E)	时间延迟(D_{total})
159	405	84	163	409	89
160	400	86	164	405	91
161	394.9	87	166	404	92
162	390	87.5	166	403	93
163	385	88	167	400	93
164	383	88.5	168	399	94
165	380	89	168	397	94
166	372	90	169	390	95
167	370	90	170	388	96
168	365	91	171	386	97

第 9 章
混合 Q-learning 算法求解多目标车间生产调度问题

两种算法的 Pareto 解分布情况如图 9.13 所示，图中三个维度分别表示综合能耗、完工时间和时间延迟三个评价目标。理想状态下，最优解是完工时间最小、能耗最低和时间延迟最少的空间范围，从图中可以很明显看出，INSGA-Ⅱ的 Pareto 解基本都在 NSGA-Ⅱ的 Pareto 解的右上方。

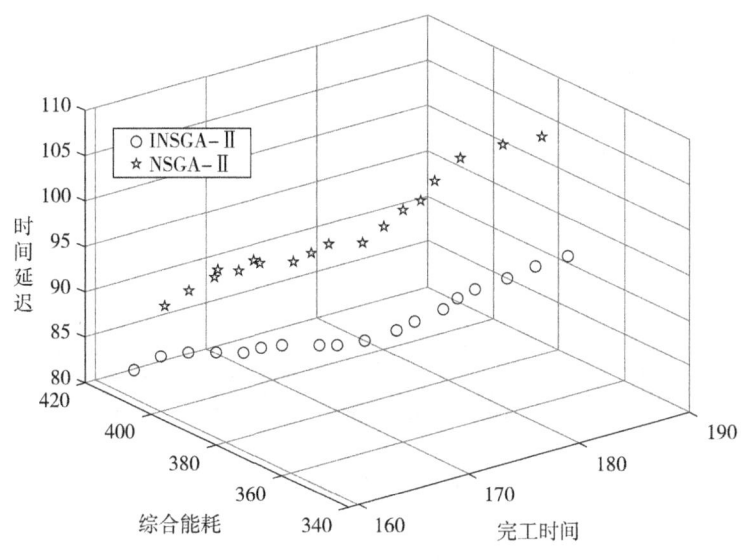

图 9.13 Pareto 解分布

假定理论最优值为点 (155, 75, 320)，通过式 (9.38) 计算问题解与理论值的空间距离，并进行进一步对比，即：

$$Distance_{pateto} = \frac{1}{N} \sum_{i=1}^{N} \sqrt{(C_{max}^i - 155)^2 + (D_{total}^i - 75)^2 + (E^i - 320)^2} \quad (9.38)$$

为使结果更具可比性，式 (9.38) 中根号下的三项分别按照式 (9.39) 进行归一化处理，即：

$$x' = \frac{x - x_{min}}{x_{max} - x_{min}} \quad (9.39)$$

计算得到算法 INSGA-Ⅱ的 $Distance_{pateto}$ 为 3.333，算法 NSGA-Ⅱ的 $Distance_{pateto}$ 为 3.357，显然算法 INSGA-Ⅱ的计算结果距离理论最优点更近。

从收敛速度上对两种算法进行对比，对两种算法的 40 次单独运算结果的最大完工时间和迭代次数取平均值，从图 9.14 可以看出，INSGA-Ⅱ算法平均迭代 200 次可以达到收敛状态，而 NSGA-Ⅱ算法平均迭代 216 次可以达到收敛状态，显然，从收敛速度上 INSGA-Ⅱ算法表现更优。

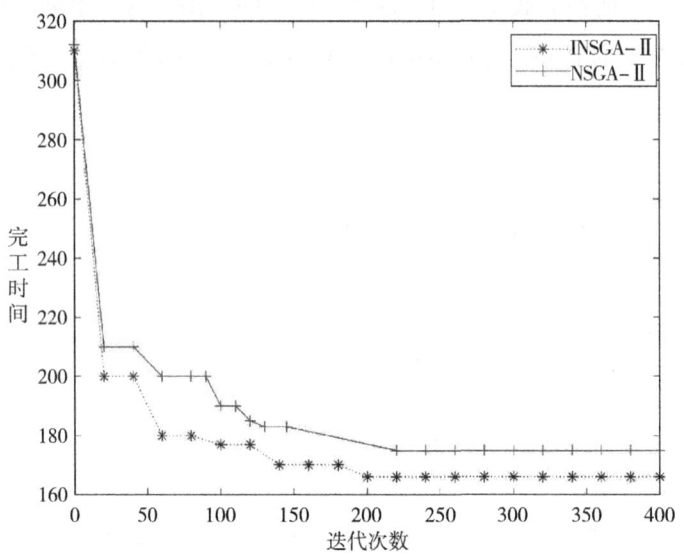

图 9.14 收敛曲线对比

对 8×8 的小规模问题进行实验并对结果进行对比，在解的质量、算法收敛速度等方面进行了多角度比较，发现 INSGA-Ⅱ算法明显优于 NSGA-Ⅱ算法。为进一步比较算法的性能，接下来在中等规模和大规模实验上对 INSGA-Ⅱ、NSGA-Ⅱ和 SPEA2[168]算法的计算结果进行对比，取工件规模分别为 20、50、80 和 100 四类，每种规模的工件分别在加工机器为 4、6、8 和 10 的环境中进行加工。每种算法在每个问题上独立运行 40 次。参照文献[169]进行实验设置，工件的工序 i 的加工时间 p_i 在均匀分布 $U(30, 100)$ 上产生。用 p 表示工件的总加工时间，如式(9.40)，即：

$$p = \sum_{i=1}^{n} p_i \qquad (9.40)$$

工件的交货期如式(9.41)，即：

$$D_i = p \cdot (1-\xi) + (p/1.2 + p \cdot (1-\xi))/(n-1) \qquad (9.41)$$

其中，ξ 为 0.2 到 1.0 的一组数值，步长为 0.2。

三种算法在中等规模和大规模共 16 个问题上获得的世代距离(Generational Distance，GD)指标的平均值和标准差如表 9.7 所示。从表中可以看出，INSGA-Ⅱ算法在大部分算例中优于其他两种算法，SPEA2 在 1 个小规模算例中取得最优结果，NSGA-Ⅱ在 4 个算例中取得最优结果，INSGA-Ⅱ在 11 个问题中取得最优结果，进一步验证了 INSGA-Ⅱ算法具有更优的收敛性。同时，在 4 个工件为 100 的大规模算例中，INSGA-Ⅱ全部取得最优结果，证明该算法在处理大规模生产调度问题中的优越性。

表 9.7　GD 指标对比

问题	SPEA2		NSGA-Ⅱ		INSGA-Ⅱ	
	平均值	标准差	平均值	标准差	平均值	标准差
20×4	3.96E-03	7.16E-03	8.06E-03	7.47E-03	5.48E-03	3.75E-03
20×6	9.33E-03	1.39E-03	3.67E-03	8.10E-03	1.20E-03	2.03E-03
20×8	8.77E-03	3.22E-03	2.31E-03	8.12E-03	1.05E-02	1.84E-03
20×10	2.23E-03	8.36E-03	3.49E-03	3.09E-03	1.17E-03	2.52E-03
50×4	5.61E-02	1.07E-02	3.59E-02	3.67E-02	2.62E-02	1.30E-02
50×6	6.70E-03	9.59E-03	2.47E-03	2.66E-03	9.10E-03	3.91E-03
50×8	6.71E-03	1.69E-03	9.47E-03	7.70E-03	4.09E-03	4.26E-03
50×10	1.92E-03	7.89E-03	1.36E-03	9.45E-03	4.74E-03	6.92E-03
80×4	5.82E-03	1.12E-03	1.26E-03	9.69E-03	4.30E-03	6.93E-03
80×6	5.23E-03	2.23E-03	8.39E-03	8.29E-03	2.06E-03	1.28E-03
80×8	3.83E-02	8.14E-02	3.66E-02	2.57E-02	1.06E-02	4.26E-02
80×10	9.60E-03	7.59E-03	3.03E-03	1.12E-03	3.43E-03	4.08E-03
100×4	7.49E-02	2.81E-02	4.77E-02	1.90E-02	3.42E-02	1.08E-02
100×6	1.33E-03	4.34E-03	1.77E-03	3.72E-03	1.01E-03	5.56E-03
100×8	9.40E-03	7.36E-03	6.42E-03	6.39E-03	4.24E-03	9.36E-03
100×10	3.22E-03	2.62E-03	1.82E-03	4.98E-03	1.04E-02	3.35E-02
准确率	1/16		4/16		11/16	

三种算法在中等规模和大规模共 16 个问题上获得的反转世代距离(Inverted Generational Distance，IGD)的平均值和标准差如表 9.8 所示。从表中可以看出，INSGA-Ⅱ算法在 16 个算例中得到了 15 个最优结果，NSGA-Ⅱ算法得到了 1 个最优结果，表明 INSGA-Ⅱ在性能指标 IGD 上明显优于其他

算法。

表 9.8　IGD 指标对比

问题	SPEA2		NSGA-Ⅱ		INSGA-Ⅱ	
	平均值	标准差	平均值	标准差	平均值	标准差
20×4	4.05E-03	3.75E-03	3.91E-03	9.77E-03	1.06E-04	7.43E-04
20×6	4.32E-03	5.37E-03	7.42E-03	6.69E-03	1.27E-03	1.61E-03
20×8	8.46E-03	3.19E-03	5.73E-03	3.20E-03	3.43E-03	7.68E-04
20×10	8.34E-03	4.23E-03	1.08E-03	2.39E-03	8.83E-04	7.77E-04
50×4	1.08E-02	1.06E-02	4.04E-03	2.82E-03	1.10E-04	2.23E-04
50×6	8.37E-03	3.82E-03	8.80E-03	2.23E-03	2.16E-03	4.75E-03
50×8	3.82E-03	6.67E-03	8.76E-03	7.07E-03	8.26E-04	8.26E-04
50×10	1.01E-02	4.20E-03	8.33E-03	1.28E-03	6.81E-04	9.38E-04
80×4	4.08E-03	5.51E-03	8.72E-03	7.66E-03	6.04E-04	4.07E-04
80×6	2.83E-03	8.64E-03	3.14E-03	1.21E-03	9.93E-04	9.36E-04
80×8	1.01E-03	8.69E-03	6.79E-03	5.01E-03	9.32E-04	1.01E-04
80×10	8.65E-03	6.96E-03	9.55E-03	8.46E-03	7.46E-03	9.12E-03
100×4	3.55E-03	4.05E-03	1.05E-03	6.07E-03	7.31E-03	3.11E-03
100×6	6.31E-03	1.02E-02	4.90E-03	8.03E-03	6.09E-04	1.03E-04
100×8	2.17E-03	3.29E-03	7.91E-03	2.49E-03	9.69E-04	4.97E-04
100×10	8.31E-03	6.75E-03	4.54E-03	8.56E-03	2.35E-04	1.10E-04
准确率	0/15		1/16		15/16	

三种算法在中等规模和大规模共 16 个问题上获得的 Spread 指标的平均值和方差如表 9.9 所示。从表中可知，INSGA-Ⅱ 在 10 个算例中得到最优值，NSGA-Ⅱ 在 5 个算例中得到最优值，SPEA2 在 1 个算例中得到最优值，从 Spread 指标的含义来看，算法 INSGA-Ⅱ 在解的分布性方面具有优于其他算法的性能。

表 9.9　Spread 指标对比

问题	SPEA2		NSGA-Ⅱ		INSGA-Ⅱ	
	平均值	标准差	平均值	标准差	平均值	标准差
20×4	3.14E-01	2.11E-01	1.36E-01	6.47E-01	8.41E-01	5.29E-01
20×6	6.67E-01	5.66E-01	7.54E-01	1.84E-01	2.16E-01	4.43E-01

续表

问题	SPEA2		NSGA-II		INSGA-II	
	平均值	标准差	平均值	标准差	平均值	标准差
20×8	8.13E-01	9.89E-01	1.05E-02	5.14E-01	4.36E-01	8.40E-01
20×10	8.48E-00	6.01E-00	8.43E-00	6.47E-00	3.74E-00	1.02E-00
50×4	9.73E-02	9.58E-02	1.83E-02	1.01E-02	5.68E-02	2.18E-02
50×6	1.02E-02	3.76E-02	9.63E-02	2.29E-02	2.89E-02	6.58E-02
50×8	1.02E-02	5.13E-02	1.01E-02	6.63E-02	9.20E-02	7.31E-02
50×10	4.10E-02	4.46E-02	4.40E-02	8.12E-02	1.95E-02	4.12E-02
80×4	7.31E-02	4.42E-02	9.25E-02	4.31E-02	3.29E-02	1.54E-02
80×6	4.47E-01	3.42E-02	1.01E-02	2.95E-02	1.08E-02	2.67E-02
80×8	5.09E-01	9.49E-01	3.30E-01	9.42E-01	1.01E-01	3.91E-01
80×10	1.66E-02	6.26E-02	1.08E-02	2.40E-02	1.05E-02	8.26E-02
100×4	8.65E-02	6.47E-02	7.87E-02	4.36E-02	7.50E-02	5.57E-02
100×6	8.99E-02	7.16E-02	9.80E-02	1.07E-02	5.19E-02	1.02E-02
100×8	9.99E-00	1.14E-00	4.85E-00	1.15E-00	3.09E-00	3.62E-00
100×10	3.60E-02	5.62E-02	8.50E-02	7.77E-02	1.67E-02	1.01E-02
准确率	1/16		5/16		10/16	

（2）工件运输任务实验结果对比与分析。

配送—回收中心节点 0 的坐标为(30, 60)，共有 45 台加工机器，X、Y 表示位置，如表 9.10 所示。

表 9.10 加工设备信息表

编号	X 坐标	Y 坐标	取回值	配送值	ET	LT	服务时间
0	30.00	60.00	—	—	280	—	—
1	84.46	90.30	0.3	0.89	310	340	2
2	68.61	24.27	0.4	0.94	310	340	4
3	99.76	99.52	0.5	0.24	310	340	6
4	76.81	94.06	0.3	0.38	325	355	3
5	10.10	50.07	0.7	0.61	325	355	11
6	37.94	96.54	0.3	0.66	325	355	3
7	51.59	68.37	0.4	0.91	280	310	4
8	40.59	32.74	0.5	0.93	325	355	7

续表

编号	X坐标	Y坐标	取回值	配送值	ET	LT	服务时间
9	5.57	41.34	0.4	0.66	280	310	4
10	2.66	31.84	0.3	0.22	355	385	3
11	14.98	96.34	0.4	0.77	295	325	5
12	79.36	6.18	0.4	0.14	325	355	5
13	71.67	28.09	0.3	0.05	280	310	2
14	11.74	92.25	0.4	0.44	340	370	4
15	31.77	37.82	0.6	0.84	325	355	9
16	69.31	34.56	0.4	0.80	280	310	4
17	18.00	5.97	0.7	0.42	310	340	10
18	23.31	27.30	0.4	0.11	280	310	4
19	68.72	19.92	0.4	0.86	340	370	4
20	57.98	17.33	0.3	0.56	340	370	2
21	15.63	4.29	0.5	0.35	280	310	6
22	73.12	44.81	0.5	0.71	310	340	6
23	50.49	87.91	0.5	0.21	340	370	6
24	98.78	17.04	0.3	0.21	295	325	3
25	39.16	1.42	0.4	0.76	355	385	5
26	3.84	35.26	0.3	0.95	355	385	3
27	16.47	72.26	0.9	0.64	280	310	14
28	77.52	26.96	0.3	0.89	295	325	3
29	37.43	31.06	0.5	0.56	280	310	6
30	42.15	3.80	0.4	0.33	325	355	5
31	78.09	84.12	0.4	0.72	310	340	4
32	5.95	70.99	0.4	0.89	310	340	4
33	83.23	89.59	0.5	0.30	325	355	7
34	93.76	35.68	0.6	0.67	280	310	8
35	41.19	22.54	0.6	0.52	310	340	8
36	60.03	43.23	0.5	0.89	310	340	6
37	30.09	99.13	0.3	0.92	295	325	3
38	43.50	17.51	0.3	0.19	310	340	2
39	55.28	90.48	0.5	0.31	310	340	6
40	16.83	75.31	0.4	0.77	295	325	5
41	94.65	28.29	0.5	0.30	295	325	7
42	54.96	38.42	0.4	0.77	295	325	5

续表

编号	X 坐标	Y 坐标	取回值	配送值	ET	LT	服务时间
43	57.37	63.03	0.4	0.68	295	325	5
44	96.31	77.56	0.4	0.87	280	310	4
45	76.34	65.09	0.5	0.31	310	340	6

假定每台搬运机器人的派出成本为 300，设置最大迭代次数值为 500，经实验可知算法在经过 200 次迭代后可以得到满意解，共派出 7 台搬运机器人，即其基本成本为 2100，如表 9.11 所示。

表 9.11 最优配送路径

SP	AS	DW	FR(%)
0->23->31->33->1->20->38->12->2->0	6.69	8	83.63
0->39->11->35->9->32->40->0	6.62	8	82.75
0->36->30->21->17->25->8->0	5.29	8	66.13
0->29->42->13->34->41->28->22->0	7.04	8	88.00
0->27->5->26->10->15->0	6.08	8	76.00
0->44->24->43->16->19->45->0	6.13	8	76.63
0->18->7->3->4->14->37->6->0	6.26	8	78.25

通过实验发现，在本章设计的强化学习遗传蚁群算法(RLGA)计算的 5 个算例中，结果达到理论最优值的是 RCdp1004，其余四个算例与最优值相差的平均值是 0.26%，可见 RLGA 算法在小规模算例中性能很好，如表 9.12 所示。

表 9.12 RLGA 算法与理论最优值对比结果

算例	规模	RLGA		理论最优值		Gap(%)	
		NR	TD	NR	TD	NR	TD(%)
RCdp1001	10	3	359.58	3	358.34	0	0.35
RCdp1004	10	2	216.69	2	216.69	0	0.00
RCdp1007	10	2	309.71	2	308.26	0	0.47
Cdp201	20	3	591.56	3	590.32	0	0.21
Cdp203	20	3	591.17	3	589.67	0	0.25

图 9.15 表示算例 RCdp1001 不考虑障碍物的路径，图 9.16 是在算例

中出现障碍物之后的路径。

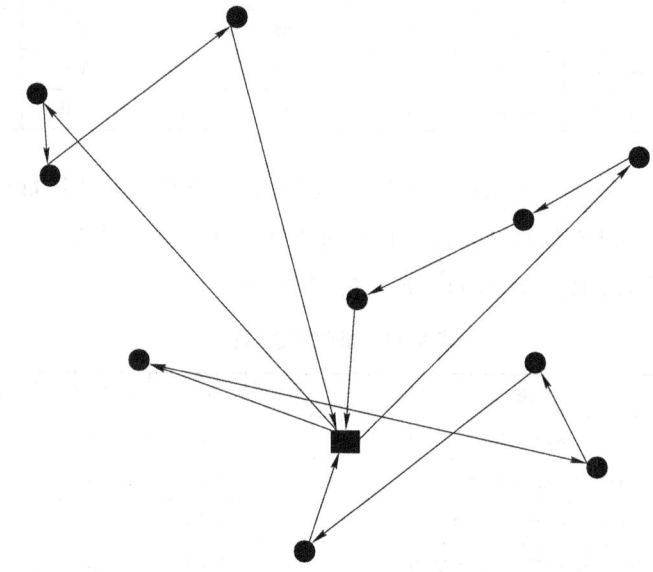

图 9.15　无障碍物路径

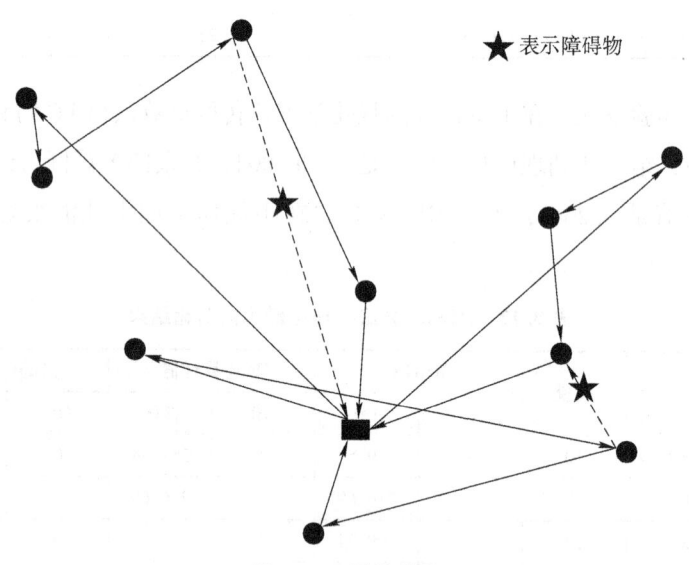

图 9.16　避障路径

在实验中对算法的效率进行了比较，选取的实例分为 10 个节点、50 个节点和 100 个节点，分别用三种算法进行求解，收敛曲线如图 9.17

所示。

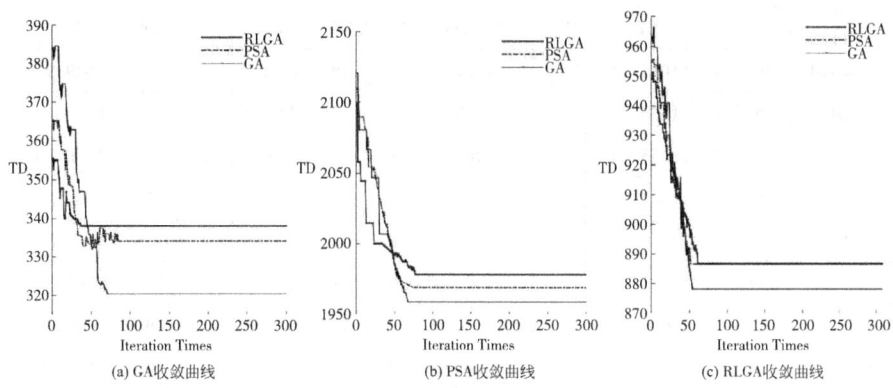

图 9.17 算法收敛曲线对比

用 GA、PSA 和 RLGA 算法分别对 10 个中等规模和 5 个大规模的算例进行求解。由表 9.13 可知，添加障碍物的平均数是 3 时，TD 值均有增加，其中算法 GA 的 TD 值为 0.33%，PSA 为 0.27%，RLGA 为 0.17%，显然算法 RLGA 的 TD 值增加值最少，表现出较好的抗干扰能力；在随机产生障碍物实验中，其中 2 个算例节省了 1 台机器人，同时 TD 值稍有增加，其余 3 算例的 TD 值差异不大，最后 3 算例的 TD 值均有所下降，平均值为 0.34%，同样可以验证 RLGA 算法的优越性。

可见在求解 10 节点算例时，RLGA 算法的收敛速度与解质量略好，但在求解 50 节点和 100 节点实例时，算法明显优于其他两种算法，在求解大规模配送问题时优势较明显，证明了算法的优越性，如表 9.13 所示。

表 9.13 GA、PSA、RLGA 算法结果

算例	规模	Benchmark		GA			PSA			RLGA		
		NR	TD	NO	NR	TD	NO	NR	TD	NO	NR	TD
RCdp5001	50	9	994.18	0	9	994.18	0	9	994.18	0	8	1003.48
RCdp5004	50	6	725.59	0	6	725.59	0	6	725.59	0	6	725.59
RCdp5007	50	7	809.72	5	7	828.93	5	7	822.76	5	7	820.26
Rdp101	100	19	1653.53	2	19	1668.57	2	19	1667.98	2	19	1661.49
Rdp102	100	17	1488.04	0	17	1488.04	0	17	1488.04	0	16	1501.61
Rdp103	100	14	1216.16	0	14	1216.16	0	14	1216.16	0	14	1216.16

续表

算例	规模	Benchmark		GA			PSA			RLGA		
		NR	TD	NO	NR	TD	NO	NR	TD	NO	NR	TD
Rdp104	100	10	1015.41	3	10	1067.41	3	10	1035.41	3	10	1029.92
Rdp105	100	15	1375.31	3	15	1410.31	3	15	1423.35	3	15	1399.29
Rdp106	100	13	1255.48	1	13	1260.42	1	13	1259.42	1	13	1256.78
Rdp107	100	11	1087.95	0	11	1087.95	0	11	1087.95	0	11	1085.43
Rdp108	100	10	967.49	0	10	967.49	0	10	967.49	0	10	961.28
Cdp101	100	11	1001.97	0	11	1001.97	0	11	1001.97	0	11	1001.97
Cdp102	100	10	961.38	3	10	978.33	3	10	976.38	3	10	973.69
Cdp103	100	10	897.65	4	10	939.65	4	10	935.05	4	10	923.43
Cdp104	100	10	878.93	0	10	878.93	0	10	878.93	0	10	877.61

注：加粗行是加入动态障碍物的算例。

9.7 本章小结

本章基于作业车间场景下的多目标优化问题，研究了基于混合 Q-learning 的多目标车间调度优化问题。以作业车间调度问题为背景，研究了考虑工件运输的生产调度完工时间、拖期时间、能源消耗等目标的问题，对 NSGA-Ⅱ算法的交叉和变异机制进行改进，加入基于 N5 邻域结构的局部搜索策略，设计新的 INSGA-Ⅱ算法进行多目标问题求解。针对能耗目标，在 Pareto 解的基础上，将前后工序的加工机器抽象为二维坐标点，并设计了强化学习遗传蚁群算法进行求解，用扫描法将加工机器抽象为配送节点并进行聚类划分，在每个子路径上主要通过强化学习结合信息素更新以及遗传算子交叉、变异等机制，得到了比 Pareto 解更优的能耗解，在运输设备派出数量、运输路径等方面更具实际应用价值。

本章考虑了强化学习算法与启发式优化算法相结合的设计算法；同时，通过在强化学习算法中加入人类专家领域的知识、经验和高质量数据等提高算法的学习效率，降低学习难度，从而使得强化学习在处理问题时更具准确性与稳健性。

第10章 NASH-Q-learning算法求解分布式车间生产调度问题

在工业4.0背景下，以信息技术与制造技术融合为核心的智能制造模式对制造业未来的发展方向产生了深远影响。传统的集中式生产模式正在转变为更符合经济发展需要的分布式生产模式，既可以高效利用分散的制造资源，降低成本，又可以实现产品的个性化和快捷定制，本章将应用深度强化学习等算法解决分布式车间生产调度问题。

10.1 引 言

分布式车间生产调度主要研究工件在工厂间的合理分配以及各工厂内的加工顺序等问题，与集中式生产调度问题相比，要同时考虑分布式车间的相互关系、工厂间的工件分配、工厂内部的工件排序和机器选择，具有重要的理论意义和应用价值。在通常情况下，分布式车间调度可分为分布式并行机调度、分布式流水车间调度、分布式作业车间调度、分布式装配调度以及分布式柔性车间调度等类型。各分布式生产线结合自己的环境特点、加工能力等，彼此之间存在合作、竞争等关系，每个分布式单元拥有相对独立的智能控制能力，可以根据生产任务特点进行判断、调整，甚至可以为自身下达指令，结合生产线的加工能力组织生产。

国内外学者在分布式车间调度问题上取得了丰硕的研究成果，王凌等[170]分析了分布式车间生产调度问题的研究现状和发展方向。Gao等[171]针对分布式置换流水车间调度问题提出一种启发式算法进行求解。Naderi等[172]提出了分散搜索算法，Lin等[173]提出了改进的迭代贪心算法，Fernandez-Viagas等[174]提出有界搜索迭代贪婪算法。Wang等[175]提出了一种基于模糊逻辑的混合分布估计算法来解决机器故障下具有最大完工时间准则的生产调度问题。Komaki等[176]提出一种广义变邻域搜索元启发式算法，求解分布式无等待流水车间调度问题的最大完工时间最小化问题。胡雪君等[177]针对多项目资源管理问题，考虑活动工期的不确定性，从时差效用函数视角评价项目调度计划的鲁棒性，构建了一个多项目资源分配与鲁棒调度双层决策优化模型，设计了一种新的自适应大邻域搜索算法求解模型。为了验证ALNS算法的适用性和有效性，设计一种NSGA-Ⅱ算法作为比较基准，通过大规模仿真实验对算法性能进行了对比分析，并探索工期不确定水平对多项目调度方案鲁棒性的影响。

随着多智能体深度强化学习技术的快速发展[178]，以Q-learning算法的多智能体应用更为突出[179]，陆续有学者将这一新技术应用于求解调度等组合优化问题，且取得了一系列相关研究成果。有学者对深度强化学习多智能体之间的通信和协作问题进行了更加深入的研究[180]。Omidshafiei等[181]对多任务多智能体强化学习问题进行研究，提出将单任务策略升级为面向多任务的策略的方法。Sunehag等[182]通过一种新的价值分解网络体系结构来训练个体代理解决多智能体的联合奖励问题。Li等[183]提出了一种基于负载均衡的工作流作业调度算法，结果证明提出的工作流调度方法能够有效利用云资源。Neary等[184]研究了协作多智能体强化学习在共享环境中的相互作用问题。还有学者将NASH均衡和多智能体强化学习算法用于求解最优控制问题[185]。Shah等[186]研究了零和博弈的NASH均衡强化学习问题。Feng等[187]针对双智能体调度问题提出了一种多项式时间算法来寻找所有的帕累托最优解。贺俊杰等[188]针对任务随订单动态到达环境下的纺织面料染色车间动态调度问题，以最小化总拖期时间为优化目标，提出了基于多智能体循环近端策略优化强化学习的完全反应式调度方法。本章以分布式流水车间调度问题为研究对象，在已有的多智能体强化学习理论和算法成果的基础上提出了一种新的基于 NASH-Q 深度强化学习算法用于求解分布式流水车间调度问题，并通过数据驱动的方式对问题进行求解。

10.2 问题描述

10.2.1 分布式置换流水车间调度

分布式置换流水车间调度问题（Distributed Permutation Flowshop Scheduling Problem，DPFSP）是普通置换流水车间调度问题的扩展，包括工件在分布式车间的分配以及各车间内的工件排序两个阶段的问题。每个工厂都有一条流水生产线，各工厂具有相同的生产能力，拥有相同的车间格局和机器数量，各工厂对所有工件均具有加工能力。问题求解目标是所有工件的最大完工时间最小，分布式置换流水车间调度问题的最大完工时间是指所有工件的全部完成时间，取决于完成时间最长的关键车间。

分布式置换流水车间调度问题中，首先需要解决工件在各车间的分配问题，将待加工的工件按照一定的初始条件分配到各车间；其次再解决各车间生产线内部的工件排序问题，对已分配到同一车间的工件实施排序，并对已排序工件依次通过加工机器进行加工。由于问题之间相互耦合，表现出极高的复杂性。将每个车间理解为一个智能体，将已分配到车间的工件完成排序，得到相应的评价结果，并在各分布式车间之间实现通信，完成全部工件的加工任务，最终达到全局最优，以最短的时间完成全部工件的加工任务，分布式流水车间调度如图 10.1 所示。

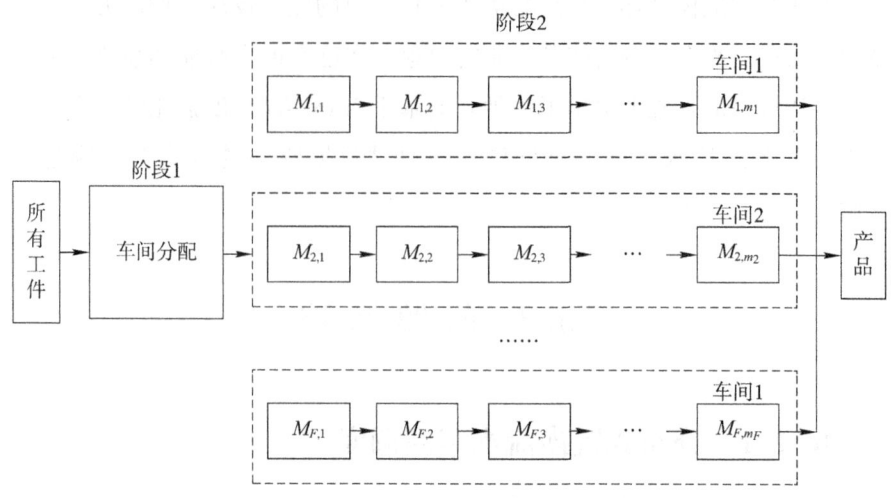

图 10.1 分布式流水车间调度

10.2.2 问题模型

共有 n 个工件，在 F 个车间中进行加工，每个车间有 m 台机器，每个工件均要经过 m 道工序的加工，所有工件的加工工艺相同，一旦工件选定了车间，就要在该车间完成全部工序。分配到各车间的工件数量分别为 $(n_1, n_2, \cdots, n_f)$，记工件 i 在工厂 f 中机器 j 上的加工时间为 $p_{i,j}^f$，机器 j 上第 k 个工件的完成时间记作 $C_{k,j}^f$，工件的加工次序记作 π^f，整体的调度方案记作 $\pi = [\pi^1, \pi^2, \cdots, \pi^F]$，决策变量记作 $X_{i,k}^f$。

$$X_{i,k}^f = \begin{cases} 1, & i \text{ 为 } \pi^f \text{ 的第 } k \text{ 个工件} \\ 0, & \text{否则} \end{cases} \quad i, k \in \{1, 2, \cdots, n_f\}$$

每个分布式置换流水车间的目标函数为：

$$\min(C_{\max}^f) = \min(\max(C_{k,m}^f)) \quad k \in \{1, 2, \cdots, n_f\} \quad (10.1)$$

全部工件加工的目标函数为：

$$C_{\max}(\pi) = \max\{C_{\max}(\pi^f)\} \quad f = 1, 2, \cdots, F \quad (10.2)$$

约束条件为：

$$\sum_{k=1}^{n_f} X_{i,k}^f = 1 \quad i \in \{1, 2, \cdots, n_f\} \quad (10.3)$$

$$\sum_{i=1}^{n_f} X_{i,k}^f = 1 \quad k \in \{1, 2, \cdots, n_f\} \tag{10.4}$$

$$C_{1,1}^f \geq \sum_{j=1}^{n_f} X_{f,1}^f \times p_{j,1}^f \tag{10.5}$$

$$C_{k+1,j}^f \geq C_{k,j}^f + \sum_{i=1}^{n_f} X_{i,k+1}^f \times p_{i,j}^f \quad j \in \{1, 2, \cdots, m\}, \ k \in \{1, 2, \cdots, n_f-1\}$$

$$\tag{10.6}$$

$$C_{k,j+1}^f \geq C_{k,j}^f + \sum_{j=1}^{n_f} X_{i,k}^f \times p_{i,j+1}^f \quad j \in \{1, 2, \cdots, m-1\}, \ k \in \{1, 2, \cdots, n_f\}$$

$$\tag{10.7}$$

$$C_{k,j}^f \geq 0 \quad j \in \{1, 2, \cdots, m\}, \ k \in \{1, 2, \cdots, n_f\} \tag{10.8}$$

$$X_{i,k}^f \in \{0, 1\} \quad i \in \{1, 2, \cdots, n_f\}, \ k \in \{1, 2, \cdots, n_f\} \tag{10.9}$$

分布式置换流水车间调度问题中约束条件(10.3)和(10.4)确保了工件一旦分配到车间 f，在该车间的调度序列 π^f 中只能出现一次；约束条件(10.5)表示车间 f 中第一台加工机器上第一个工件的完成时间；约束条件(10.6)和(10.7)分别表示一个工件在某时刻只能在一台机器上加工以及一台加工机器在某时刻只能加工一个工件；约束条件(10.8)表示所有工序的完成时间均大于零；约束条件(10.9)表示决策变量的取值只能为 0 或 1。

10.2.3 复杂性分析

对于一般的流水车间调度问题，假定问题规模为 n 个工件、m 台加工机器，根据流水车间调度的特点，工件的各工序要明确到每一台加工机器，因此每台加工机器有 $n!$ 个可能的加工序列，则 m 台加工机器均有各自的工件加工序列，则当前车间内共有 $(n!)^m$ 种可能的序列。置换流水车间调度问题是在一般流水车间调度问题的基础上对问题进行简化，即所有加工机器有同样的工件加工序列，共有 $n!$ 种可能序列。分布式置换流水车间在一般置换流水车间调度问题的基础上，将单一集中式车间扩展为分布式多车间，即首先要将工件分配到车间，然后将每个车间上的调度理解为一般的置换流水车间调度问题。假定全部工件数为 n，需要在 F 个车间中进行加工，分配到各车间的工件数量分别为 $(n_1, n_2, \cdots, n_f)$。各车间均具有对所有工件的加工能力，因此，第一阶段从全部工件 n 中选择 n_f 个工件到车间 f 的组合数为 $C_n^{n_f}$；第二阶段需要对分配到车间 f 的 n_f 个工件进行排序。根据一般置换流水车间调度问题的复杂性，其组合数为 $n_f!$，由此可知 F 个分布式车间在理论上的组合数为 $C_n^{n_1}n_1! \times C_{n-n_1}^{n_2}n_2! \times \cdots \times C_{n-\sum_{i=1}^{f-1}n_i}^{n_f}n_f!$，且整体的搜索组合数为 $n!$。以上分析仅为工件分配的一种情况，那么将 n 个工件分配到 F 个车间的理论方式为 $\binom{n+F-1}{F-1}$，所以分布式置换流水车间调度问题的理论调度方案个数为 $\binom{n+F-1}{F-1}n!$。

10.3 迭代贪婪算法

迭代贪婪算法（Iterated Greedy，IG）[189]是求解置换流水车间调度问题的常用算法，一般包括调度方案初始化、破坏、重构、局部搜索和接收新解等步骤，多采用工件序列组合的编码方式，即对于一个共有 n 个工件的置换流水车间调度问题，则其可行调度方案 π 可表示为 $\pi = [\pi_1, \pi_2, \cdots, \pi_n]$。

10.3.1 初始化方法

NEH 算法[190]是公认的求解置换流水车间调度最大完工时间最小化问题最有效的启发式算法之一，将最大的加工优先权赋予总加工时间最长的工件，通过各工件获得的优先权得到调度方法初始排列，再通过插入方法获得可行调度方案。

通过工件的优先权得到的初始排列为 $\pi = [J_1, J_2, \cdots, J_n]$，取出排列中前两个工件 J_1 和 J_2，并对这两个工件进行排序，得到两个可能的序列 $[J_1, J_2]$ 和 $[J_2, J_1]$，计算这两个序列的最大完成时间，取其中较小者作为当前调度。然后取出排列 $\pi = [J_1, J_2, \cdots, J_n]$ 中 J_1 和 J_2 之后等待排序的工件 J_3，将 J_3 插入当前调度中所有可能位置，并计算插入 J_3 后产生的各序列的完工时间，取其中最小者作为当前调度。以此类推，直到将所有工件全部插入到调度方案中，可知 NEH 算法工序评价的序列个数为 $(n-1)(n+2)/2$。Taillard[191]对 NEH 算法进行了改进，按照前向法计算当前调度方案的最早开工时间和完成时间，再按照反向法计算当前调度方案的最迟完工时间和开工时间，再将待插入的工件分别插入当前调度方案的一定位置，然后通过快速评价法计算插入工件之后得到的所有序列的完工时间，取完工时间最小者作为当前调度，再依次插入后续的待插入工件，直到将所有工件全部插入到调度方案中，并输出最终的调度方案，改进之后的算法时间复杂度为 $O(mn^2)$，将该改进算法称为 NEHT。应用 NEHT 算法生成分布式车间的初始调度方案，如算法 10.1。

算法 10.1

1. 计算分配车间 f 的 n_f 个工件总加工时间 $TP_i = \sum_{j=1}^{m} p_{i,j}^f$，$i \in \{1, 2, \cdots, n_f\}$，按照各工件的 TP_i 值的非增顺序对工件进行排列，并得到初始序列 π。

2. 按照前向计算法求当前序列 π 的最早开工时间和完成时间，再按照反向计算法计算当前序列 π 的最迟完工时间和开工时间。

3. 将第 1 步中得到的初始序列中的待插入的最前工件，插入到当前序列中，通过快速评价法计算所得到的所有序列的完工时间，将取值最小的序列作为当前序列。

4. 直到所有工件全部插入，输出最终的调度方案。

10.3.2 破坏重构策略

算法中的破坏重构策略是局部迭代搜索过程，通过打破当前的局部最优状态，扩大寻优范围，提高调度方案的质量，构建了两阶段重构策略：首先通过各分布式车间的序列观测值执行确定的重构策略；其次在第一阶段重构的基础上执行随机搜索策略，进一步提高调度方案质量。

每个智能体执行各工厂内部的工件排序，并获得相应局部观测值，随着系统对局部观测数据的共享，再计算各生产线观测值的差异情况，并向各智能体反馈指令以打破局部收敛，迫使生产线之间进行工件再分配。通过对各智能体的局部观测值进行排序，将局部观测值最高的工厂与局部观测值最低的工厂进行工件交换或重新分配。假定按照生产线局部观测值从高到低进行排序，结果为工厂 1、工厂 2、工厂 3、……、工厂 F-1、工厂 F，将观测值最大的工厂 1 与观测值最小的工厂 F 匹配，工厂 2 与工厂 F-1 匹配，依次类推，如图 10.2 所示。

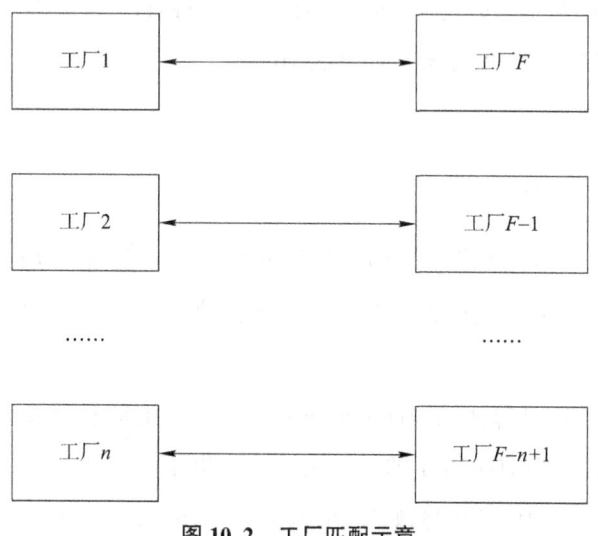

图 10.2　工厂匹配示意

以工厂 1 与工厂 F 为例，假定工厂 1 与工厂 F 的观测值分别为 $C_{\max}^1$ 和 $C_{\max}^F$，同时计算工厂 1 的各工件加工工序总时长，工件 i 在机器 j 上的加工时间是确定的，记为 $p_{i,j}^1$，则工件 i 的总加工时长如式(10.10)所示：

$$J_{i\_total} = \sum_{j=1}^{m} p_{i,j}^F \qquad (10.10)$$

为方便表述，将工厂 F 中各工件的加工时长记为 $J_{i\_total}^F$。

第一种情况：

如果 $\frac{1}{2}(C_{\max}^1 - C_{\max}^F) \geqslant \min(J_{i\_total}^1)$ 成立，则选择工厂 1 中与值 $\frac{1}{2}(C_{\max}^1 - C_{\max}^F)$ 最接近的一个工件，或加工时长之和与值 $\frac{1}{2}(C_{\max}^1 - C_{\max}^F)$ 最接近的多个

工件，并重新分配到工厂 F。

第二种情况：

如果 $\frac{1}{2}(C_{\max}^1 - C_{\max}^F) < \min(J_{i\_total}^1)$ 成立，将工厂 F 的所有工件的平均工序时长记为 $\bar{p}_F$，即：

$$\bar{p}_F = \frac{\sum_{i=1}^{n}\sum_{j=1}^{m} p_{i,j}^F}{m \times n} \quad (10.11)$$

再计算每个工件的工序加工时长与 $\bar{p}_F$ 的离散度，即：

$$J_{i\_var} = \sum_{j=1}^{m}(p_{j,i}^F - \bar{p}_F)^2 \quad (10.12)$$

为方便表述，将工厂 F 中工件的工序加工时长与 $\bar{p}_F$ 的离散度记为 $J_{i\_var}^F$，将工厂 1 中 $J_{i\_var}^1$ 值最大的工件与工厂 F 中 $J_{i\_var}^F$ 值最小的工件交换。

第一阶段的重构策略执行完毕之后，调度方案质量有了较为明显的提升，为进一步提升调度方案质量，继续执行第二阶段的重构策略[192]。计算第一阶段得到的各分布式车间的最大完成时间，并从大到小进行排序，然后按照平均分布原则随机确定需要提取的 d 个工件，从完工时间最大的车间选择第一个工件，从完工时间次之的车间选择第二个工件，直至将 d 个工件全部确定。此时有两种情况：如果 $d<F$，则可以按照以上的工件提取方法完成提取任务；如果 $d>F$，则从各分布式车间分别提取一个工件，然后将剩余的 $d-F$ 个工件从各分布式车间中随机确定，这样可保证各车间至少有一个工件被提取。

10.3.3 局部搜索

(1) 变邻域搜索算法。

变邻域搜索算法(Variable Neighborhood Search，VNS)是基于局部搜索算法进行改进的一种算法，通过不同的动作构成的邻域结构进行交替搜索，通过多个不同的邻域方法产生不同邻域解的集合，可以在集中性和疏散性之间取得较好的平衡。邻域定义为由转化规则对问题域上每个节点进行转化所得到的问题域上节点的集合，即对当前调度方案执行一个邻域动作之后所得到的所有调度方案的集合。

邻域结构的有限集合记为 N_L，其中 $L=1, 2, \cdots, L_{\max}$；z 的 L 邻域的解集表示为 $N_L(z)$。在邻域 N_L 中，对于可行解 $z' \in Z$，如果不存在可行解 $z' \in N_L(z') \in Z$，使 $f(z)<f(z')$ 成立，则称其为局部最优解。某一邻域结构中的局部最优解未必是其他邻域结构的局部最优解，但如果某一局部最优解是所有可能邻域结构的局部最优解，即为全局最优解。对于大多数问题，多个邻域结构的局部最优解通常是彼此靠近的。

因此，不同邻域取决于执行的邻域变换，邻域变换通常分为确定型、随机型和混合型。通过对当前调度方案进行扰动，产生其相应的邻域解集合。通过在 z 邻域 $N_L(z)$ 中比较新方案 $f(z')$ 与当前方案 $f(z)$ 的值，如果值有改进，则 L 恢复至初始值 1，即 $L=1$，同时更新现有解 z 为 z'。若在该邻域内没有发现改进的值，即到下一个邻域继续搜寻，即 $L \leftarrow L+1$。

变邻域搜索算法包括两个部分，分别为变邻域下降（Variable Neighborhood Descent，VND）和扰动。变邻域下降计算过程如算法 10.2。

算法 10.2

---

1. 给定初始调度方案。
2. 在初始调度方案的基础上，定义最大邻域数，令当前搜索邻域 $k=1$。
3. 使用当前邻域结构进行搜索，如果找到一个比当前调度方案更优的解，则用更优解取代当前调度方案，并在邻域 1 中继续搜索。
4. 如果在当前邻域未能找到比当前调度方案更优的解，则令 k 加 1。
5. 如果当前 $k+1$ 小于最大邻域数，则转入第 3 步继续搜索。
6. 输出当前最优调度方案。

VND 算法和其他局部搜索算法类似，其初始解通过随机的方法产生，也可以通过一些经验或其他算法计算得到，算法的停止准则取决于对算法的计算时间以及计算结果的评价要求。算法的实质是通过扩大邻域的方法，搜索更大范围内的局部最优解，从而使搜索更彻底，使局部最优解更

接近全局最优解。

在理论上，搜索范围覆盖完整可行域时，即可能得到全局最优解，但由于 VND 算法搜索的范围和可行解数量很大，需要很长的计算时间，在实际应用中很少单独使用，VND 算法示意图如图 10.3 所示。

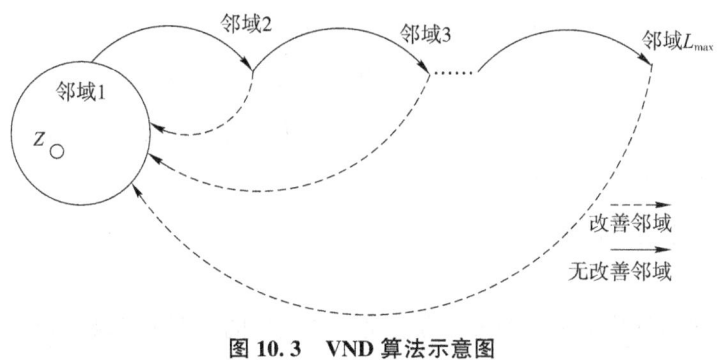

图 10.3　VND 算法示意图

（2）自适应大邻域搜索。

邻域搜索算法一般都有明确定义的邻域，而在大邻域搜索（Large Neighborhood Serach，LNS）中，邻域是由破坏和修复方法隐式定义的。即首先破坏当前解的一部分，其次再对被破坏的解进行重建，破坏方法通常会设计随机性因子，以便通过调用破坏方法破坏当前调度方案。当前调度方案 x 的邻域 $N(x)$ 做如下定义：首先通过破坏方法破坏当前解，其次通过修复方法重建调度方案，从而得到调度方案的集合。自适应大邻域搜索算法（Adaptive Large Neighborhood Search，ALNS）在大邻域搜索概念的基础上扩展而来，允许在同一个搜索中使用多个破坏和修复方法来获得当前解的邻域，为每个破坏和修复方法分配相应权重，通过权重控制每个破坏和修复方法的使用频率。同时，还可以在搜索过程中对各个破坏和修复方法的权重进行动态调整，以便获得更好的邻域和新的调度方案。通过使用多种破坏和修复方法，再根据生成调度方案的质量来动态调整方法的权重，加大表现好的方法的权重，同时降低表现较差的方法的权重，并再次生成邻域进行搜索，直至算法收敛。大邻域搜索算法如算法 10.3。

算法 10.3

---

1. 输入初始可行调度方案 π，并设置 $\pi^{best}=\pi$。
2. 循环：

    <1> $\pi^{temp}=destroy(\pi)$，$\pi^{temp}=repair(\pi^{temp})$；

    <2> 如果临时调度方案 π^{temp} 满足接受条件，则 $\pi=\pi^{temp}$；

    <3> 如果临时调度方案 π^{temp} 的性能优于 π^{best}，则 $\pi^{best}=\pi^{temp}$。

3. 直至满足停止条件。
4. 输出最终的 π^{best}。

ALNS 方法中的破坏和修复方法是组合使用的，即破坏现有调度方案的部分结构，再通过修复得到更优的调度方案，其实质是将当前调度方案经过一个复杂的邻域动作变换。比如，在分布式调度车间中，某车间的初始调度方案中关键车间的调度方案为 π_C，假定 π_C 中共有 50 个工件，按照关键车间与其他车间最大完工时间的关系，将破坏方法定义为从 π_C 中移除总规模 10% 的工件，此时应移除的工件为 5，则共有 $C(50,5)$ 种移除方式。根据移除方式的不同，可以定义相应的修复方法，比如将移除的工件全部插入分布式车间中完工时间值最小的车间，或者按照其他规则分别插入到多个车间。采用这样一组破坏和修复方法可以生成大规模的新调度方案，并可以从中选择表现最好的，或者以一定概率接受非改善调度方案，如图 10.4 所示。

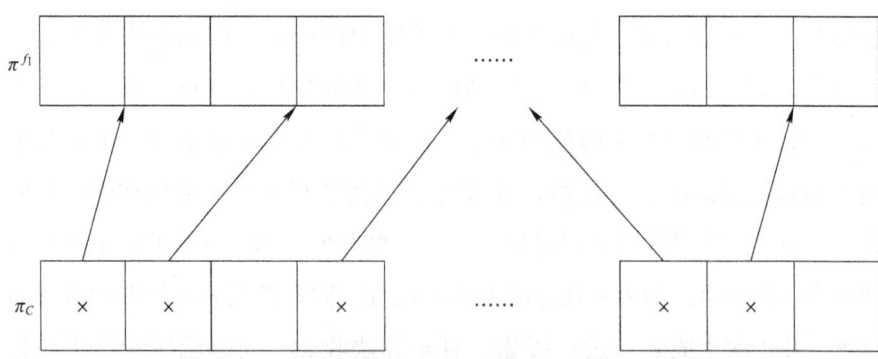

图 10.4 破坏和修复示意

ALNS 允许在一次搜索中通过使用多组不同的破坏和修复方法搜索多个邻域，并会根据邻域解的质量动态进行选择调整。自适应大邻域搜索如算法 10.4 所示。

算法 10.4

---

1. 输入初始可行调度方案 π，并设置 $\pi^{best} = \pi$。
2. 设置权重系数 $\lambda^{destroy} = (1, 1, \cdots, 1)$，$\lambda^{repair} = (1, 1, \cdots, 1)$。
3. 循环：

    <1> 结合权重系数 $\lambda^{destroy}$ 和 λ^{repair} 选择 $destroy(\cdot) \in \Omega^{destroy}$，$repair(\cdot) \in \Omega^{repair}$；

    <2> $\pi^{temp} = destroy(\pi)$，$\pi^{temp} = repair(\pi^{temp})$；

    <3> 如果临时调度方案 π^{temp} 满足接受条件，则 $\pi = \pi^{temp}$；

    <4> 如果临时调度方案 π^{temp} 的性能优于 π^{best}，则 $\pi^{best} = \pi^{temp}$；

    <5> 更新权重系数 $\lambda^{destroy}$ 和 λ^{repair}。

4. 直至满足停止条件。
5. 输出最终的 π^{best}。

与 LNS 算法比较，ALNS 算法增加了破坏方法和修复方法的选择权重系数 $\lambda^{destroy}$ 和 λ^{repair}，并在实施选定的破坏和修复方法之后，根据生成调度方案的性能对权重系数进行更新。此外，与 LNS 算法中只有固定的破坏和修复方法不同，ALNS 算法中构建了相应的破坏和修复方法集合 $\Omega^{destroy}$ 和 Ω^{repair}。

破坏和修复方法的初始权重相同，在算法中破坏方法的选择概率通过式(10.13)计算，即：

$$p_i^{destroy} = \frac{\lambda_i^{destroy}}{\sum_{j=1}^{|\Omega^{destroy}|} \lambda_j^{destroy}} \qquad (10.13)$$

修复方法的选择概率通过式(10.14)计算，即：

$$p_i^{repair} = \frac{\lambda^{repair}}{\sum_{j=1}^{|\Omega^{destroy}|} \lambda_j^{destroy}} \quad (10.14)$$

破坏或修复方法的选择概率为 $p_i^{destroy}$ 和 p_i^{repair}，显然概率越大其对应的方法被选中的概率越大，初始权重系数 $\lambda^{destroy}$ 和 λ^{repair} 值均为 1，ALNS 算法在完成一次迭代搜索后，通过式(10.15)对每组的破坏和修复方法的性能进行评价，即：

$$\varphi = \max \begin{cases} \gamma_1 & \text{如果新解为新的局部最优解} \\ \gamma_2 & \text{如果新解优于当前解} \\ \gamma_3 & \text{如果新解被接受} \\ \gamma_4 & \text{如果新解被拒绝} \end{cases} \quad (10.15)$$

且有 $\gamma_1 \geq \gamma_2 \geq \gamma_3 \geq \gamma_4 \geq 0$。

假定上轮迭代使用的破坏函数为 $de(\cdot)$，修复函数为 $re(\cdot)$，则其权重系数 $\lambda^{destroy}$ 和 λ^{repair} 通过式(10.16)和(10.17)进行更新，即：

$$\lambda_{de(\cdot)}^{destroy} = \eta \cdot \lambda_{de(\cdot)}^{destroy} + (1-\eta) \cdot \varphi \quad (10.16)$$

$$\lambda_{re(\cdot)}^{repair} = \eta \cdot \lambda_{re(\cdot)}^{repair} + (1-\eta) \cdot \varphi \quad (10.17)$$

其中 $\eta \in [0, 1]$。

在分布式车间调度问题中，全部工件的完成时间取决于加工时间最长的关键车间在理想状态下，分布式车间调度各车间的加工完成时间应尽量趋于一致或差别很小，以消除关键车间。因此，局部搜索的邻域变换主要结合算法中产生的关键车间进行。

10.3.4 接受准则

迭代贪婪算法在经过初始化、破坏重构、局部搜索等步骤之后，对于产生的新解要有一定的接受准则。通常情况下的新解接受准则较简单，大多只要采用新的调度方案，就能够提供更好的 $C_{\max}$，即接受该解，但实验证明这种方式容易导致解的多样性不足而早熟，本章设计了一种概率接受新解的方法。

设定当前的调度方案为 π_{old}，当前调度方案的最大完工时间为 $C_{\max}^{\pi_{old}}$，迭代贪婪算法得到的新调度方案为 π_{new}，新调度方案的最大完工时间为 $C_{\max}^{\pi_{new}}$，则接受新调度方案的方法如式（10.18）和（10.19）所示：

$$p_{accept} = \begin{cases} 1 & C_{\max}^{\pi_{old}} \geq C_{\max}^{\pi_{new}} \\ \exp\left(\dfrac{C_{\max}^{\pi_{new}} - C_{\max}^{\pi_{old}}}{Temperature}\right) & C_{\max}^{\pi_{old}} \geq C_{\max}^{\pi_{new}} \end{cases} \quad (10.18)$$

Ruiz 等[193]将模拟退火算法的温度概念引入到新解接受准则中，提出一种简单的基于参数 T 的恒定温度的接受准则，如式（10.19）所示：

$$Temperature = T \cdot \dfrac{\sum_{i=1}^{m}\sum_{j=1}^{n} p_{j,i}}{n \cdot m \cdot 10} \quad (10.19)$$

其中 T 是需要调整的参数，恒温 $Temperature$ 的大小取决于实例的规模，可知当满足 $C_{\max}^{\pi_{old}} < C_{\max}^{\pi_{new}}$ 时，若概率 $p_{accept} = \exp\left(\dfrac{C_{\max}^{\pi_{new}} - C_{\max}^{\pi_{old}}}{Temperature}\right)$ 大于 [0，1) 区间的随机数，则接受状态 π_{new} 为当前状态，若不成立则保留状态 π_{old} 为当前状态。

10.4 多智能体深度强化学习

本章之前的强化学习应用和研究均属于单智能体环境，以马尔可夫决策过程为底层模型，智能体通过与环境的交互进行学习，智能体会收到相应的奖励值以衡量动作的优劣程度。而多智能体系统是指将系统划分为若干个智能、自治的子系统，一般是指由若干具有自我控制、相互作用的智能体组成，在共同环境下通过感知和决策以合作、竞争或混合的方式共同完成任务的智能体系统。各子系统可以独立执行任务，子系统之间也可通过彼此通信、相互协调来共同完成任务，通过智能体之间的通信，实现彼此之间的相互学习和提高。系统中每个智能体会有不同的动作，所获奖励也会受到其他智能体的影响，因此，多智能体深度强化学习的目标是获得使系统达到均衡状态的策略。多智能体深度强化学习是多智能体系统的类型之一，并随着深度强化学习等技术的进步，日益引起学者的关注。

10.4.1 多智能体强化学习

单智能体模式强化学习处理的是静态任务，相对独立地存在于环境中，不需要考虑其他智能体的动作，在与环境交互过程中通过独立的值函数来评价动作，可以通过马尔可夫决策过程来描述。而多智能体强化学习需要用马尔可夫博弈来描述，因为同一时刻多个智能体各自采取相对独立的动作，各智能体在发出动作之后所收到的奖励不仅与自身有关，还与其他智能体相关，智能体之间存在相互博弈的关系。同时，对于整个系统而言，下一时刻的状态又只与当前时刻的状态有关，即多智能体强化学习的状态同样具有马尔可夫性。因此，对多智能体强化学习系统进行如下形式化描述：

$$(N, S, A, T, R, \gamma) \tag{10.20}$$

其中 N 表示多智能体个数；S 表示系统状态；A 表示智能体动作集合，由 a_1，a_2，$\cdots$，a_N 组成；T 表示状态转移函数，即 $T: S \times A \times S \to [0, 1]$，在状态 S 时，执行动作 A 后得出下一状态的概率分布；R 表示智能体获得的奖励，即 $R_i(S, A, S')$ 表示智能体 i 在状态 S 时执行动作 A 后到达状态 S' 时所获得的奖励；γ 表示学习率。如果系统中各智能体的奖励函数一致，则表示智能体之间是合作关系；如果智能体的奖励函数相反，则表示智能体之间是竞争关系；如果智能体的奖励函数介于两者之间，则表示智能体之间是混合关系，每个智能体执行不同的动作，所有动作构成系统的联合动作，使环境产生变化达到新的状态，同时各智能体会得到各自的奖励值，如图10.5所示。

对于系统中每个智能体而言，需要处理的为静态任务，即在每个智能体内部使用强化学习算法，各自独立更新值函数。假定系统中有两个Agent，代表条生产线，分别用 Agent1 和 Agent2 表示，将加工任务初始分组为 Task1 和 Task2，假定生产线与加工任务的初始对应关系以及各自最大完工时间如表10.1所示，Task1 和 Task2 的完工时间分别为24和34，显然全部加工任务的完工时间取决于 Agent2 的完工时间34。

第 10 章
NASH-Q-learning 算法求解分布式车间生产调度问题

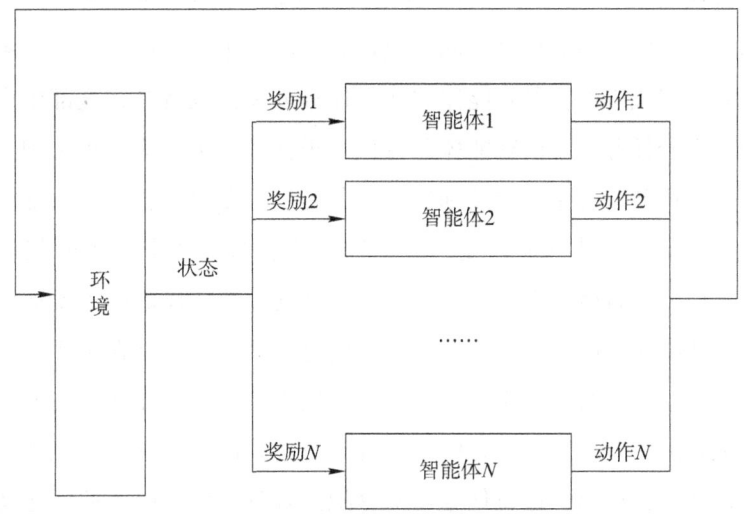

图 10.5 多智能体强化学习系统

表 10.1 初始任务分配表(1)

智能体	加工任务	完工时间
$Agent1$	$Task1$	24
$Agent2$	$Task2$	34

如果两条生产线的最大完工时间差异较大，未满足设定的条件，则系统对加工任务进行重新分配，假定重新分配之后的任务分别为 $Task1'$ 和 $Task2'$，此时生产线与加工任务的初始对应关系以及各自最大完工时间如表 10.2 所示，$Task1'$ 和 $Task2'$ 的完工时间分别为 30 和 31，则全部加工任务的完工时间为 $Agent2$ 的完工时间 31，与表 10.1 的完工时间 34 相比已经有了很大改进。

同时，如果表 10.2 中两条生产线的完工时间 30 和 31 满足了设定的评价条件，则算法停止迭代，全部加工任务的完工时间为 31。

表 10.2 初始任务分配表(2)

智能体	加工任务	完工时间
$Agent1$	$Task1'$	30
$Agent2$	$Task2'$	31

尽管在图 10.5 中未标注智能体之间的联系，但每个智能体作为系统的组成部分，彼此存在通信来共同完成任务。对于生产调度而言，在系统层面可以初步完成工件在各智能体的加工任务分配，也就是将全部生产任务划分为若干子任务，不同智能体并行执行子任务，可以应对更大规模、分布式的生产任务。各生产线接到加工任务之后，需要在智能体内部完成排序。显然，全部工件的最大完工时间取决于各智能体上完工时间的最大值，为了促成各智能体上的加工时间趋于平均，智能体之间需要通过通信来交流彼此的完工时间，并向系统反馈信息，以实现工件在生产线之间重新分配。因此，多智能体系统的一个明显优势是通过智能体之间的竞争或协作的关系加快处理速度，且整个系统具有更强的适应能力。比如，紧急订单插入之后，可以快速将任务均衡分配到各智能体，因为彼此之间存在通信，如果一个生产线发生故障，其他智能体可以迅速捕捉到该信息，并将发生故障生产线的生产任务快速分配至其他智能体。但多智能体系统性能强大的同时伴随着高度的复杂性，随着智能体数量的增加，会变得越来越复杂。同时，生产任务的规模增大会同步带来状态和动作空间规模的增大，这些因素会导致系统的计算复杂度指数级增加。另外，智能体之间复杂耦合的关系，使得智能体的动作与其他智能体的动作有相互约束关系，无法做到某个智能体奖励值最大化，相当于各智能体均在一个动态变化的环境中完成学习训练任务，系统的收敛状态较难实现。

10.4.2　NASH 均衡

多智能体系统中的每个智能体均要与环境进行交互获取奖励值，从而改善策略并获得当前环境下的最优策略，学习策略的过程即为多智能体强化学习。与单智能体强化学习不同，多智能体强化学习所处的环境由相对稳定过渡到动态变化。单智能体强化学习需要存储状态值函数或动作—状态值函数，而在多智能体强化学习中，状态空间则变得更大。同时，每个智能体会执行相对独立的动作，因而对智能体系统而言，执行的是联合动作。因此，随着智能体数量的增加，联合动作的空间变得异常庞大；此外，每个智能体的任务有所不同，但彼此之间相互耦合，奖励函数的构建对策略学习的影响远超单智能体强化学习。由于多个智能体同时学习，任何一个智能体策略的改变，都会对其他智能体产生影响，智能体不仅要考虑自身对环境的探索，还要考虑其他智能体的策略变化给自身带来的影响，这些因素都将使算法学习速度变得缓慢，甚至难以收敛。因此，在多智能体强化学习中引入博弈的概念有助于缓解或克服以上出现的一些问题。

矩阵博弈可表示为 $(N, A_1, A_2, \cdots, A_N, R_1, R_2, \cdots, R_N)$，其中 N 为系统中智能体数量，A_N 是第 N 个智能体的动作集，R_N 为第 N 个智能体的奖励函数，显然，每个智能体得到的奖励与系统的联合动作有关，$A_1 \times A_2 \times \cdots \times A_N$ 表示联合动作空间。每个智能体的策略即为关于动作空间的概率分布，每个智能体的目标是得到最大化的奖励值，智能体 n 的策略表示为 π_n，系统的联合策略为 $(\pi_1, \pi_2, \cdots, \pi_N)$，则智能体 n 的值函数可表示为 $V_n(\pi_1, \pi_2, \cdots, \pi_n, \cdots, \pi_N)$。

诺贝尔经济学奖获得者海萨尼对博弈论的论述是关于策略相互作用的理论，博弈可以通过重复去除严格劣策略的方法获得重复去除占有均衡，进而回应局中人对策略选择的问题，然而在现实中该办法是无法使用的。NASH 均衡为解决该问题提供了可行的思路，NASH 均衡点的核心思想是当局中人选择的策略构成 NASH 均衡后，形成一个相对平衡的局面，任何一个局中人单方面改变策略不会使自己的收益增加，只可能使收益维持不变或减少，从而构成平衡。

定义 10.1 NASH 均衡

如果矩阵博弈中的联合策略 $(\pi_1^*, \pi_2^*, \cdots, \pi_N^*)$ 中存在 $\pi_n \in \prod_n$，$n = (1, 2, \cdots, N)$ 并满足 $(\pi_1^*, \pi_2^*, \cdots, \pi_N, \cdots, \pi_N^*) \leqslant (\pi_1^*, \pi_2^*, \cdots, \pi_N^*)$，则为一个 NASH 均衡。

在多智能体强化学习算法中，NASH 均衡可描述为：

系统在执行联合动作 $[a_1, a_2, \cdots, a_N]$ 时，智能体 n 获得的期望奖励为 $R_n[a_1, a_2, \cdots, a_N]$，$\pi_n(a_n)$ 表示智能体 n 选择动作 a_n 的概率，则 NASH 均衡可定义为：

$$\sum_{a_1, \cdots a_N \in A_1, \cdots, A_N} R_n(a_1, a_2, \cdots, a_N) \pi_1^*(a_1) \cdots \pi_n(a_n) \cdots \pi_N^*(a_N) \leqslant$$

$$\sum_{a_1,\cdots a_N \in A_1,\cdots,A_N} R_n(a_1, a_2, \cdots, a_N)\pi_1^*(a_1)\cdots\pi_n^*(a_n)\cdots\pi_N^*(a_N)$$

其中 $\pi_n \in \Pi_n$，$n = 1, 2, \cdots, N$。

10.4.3　NASH-Q-learning 算法

NASH-Q-learning 算法[194]是通过对 Minmax-Q-learning 算法[195]进行改进和扩展得到的，Minmax-Q-learning 算法是应用于随机决策的多智能体方法。该算法解决的是含有两个智能体的零和博弈问题，并在理论上证明了算法的收敛性。但算法存在应用上的局限性，针对 Minmax-Q-learning 算法的不足，NASH-Q-learning 算法扩展到多智能体完全信息一般和随机博弈问题中，利用 NASH 均衡定义值函数。

将 N 个智能体的随机博弈过程表示为式(10.21)，即：

$$(N, S, A_1, A_2, \cdots, A_n, T, R_1, R_2, \cdots, R_n, \gamma) \quad (10.21)$$

其中，N 表示多智能体个数；S 表示系统状态；A_n 表示智能体 n 的动作空间；T 表示状态转移函数，即 $T: S \times A \times S \to [0, 1]$，在状态 S 时，执行动作 A 后得出下一状态的概率分布；R_n 表示智能体 n 所得的奖励；γ 表示学习率。智能体 n 的策略定义为 $\pi_n: S \to \Omega(A_n)$，表示状态到智能体动作空间的概率分布，其中，$\Omega(A_n)$ 表示智能体 n 动作空间概率分布的全部可能集合。

智能体 n 在当前策略 π 下的累积折扣值函数为式(10.22)，即：

$$V_\pi^n(s) = \sum_{i=0}^{\infty} \gamma^i E_\pi[R_t^n \mid s = s_0, \pi] \quad (10.22)$$

动作值函数可以表示为式(10.23)，即：

$$Q_\pi^n(s, A) = R_n(s, A) + \gamma E_{s'-T}[V_\pi^n(s')] \quad (10.23)$$

式(10.23)中，值函数的表达建立在单智能体情况的基础上，式中动作 A 是各智能体采取的联合动作，显然智能体的动作值函数基于系统状态和联合动作空间。

结合式(10.23)，可将式(10.22)改写为式(10.24)，即：

$$V_\pi^n(s) = E_{A \sim \pi(s)}[Q_\pi^n(s, A)] \quad (10.24)$$

表示通过动作值函数的期望来得到状态值函数。

在各智能体执行离散动作的状态下，通过随机博弈对多智能体强化学习进行建模，系统中各智能体不掌握其他智能体的奖励情况，但却可以观察其他智能体之前的行为，并对其产生的即时奖励作出回应。

定义 10.2 零和博弈

零和博弈是指如果两个智能体是完全竞争对抗的关系，只有一个 NASH 均衡值，即使可能存在很多 NASH 均衡策略，但最终期望的奖励值是相同的，即在严格竞争情况下，一方的收益必然意味着另一方的损失，博弈各方的收益和损失相加的总和永远为 0。

MiniMax-Q-learning 算法通常用于求解零和博弈问题，其核心思想是每个智能体最大化在与对手博弈中最差情况下的期望奖励值，通过构建 MiniMax 线性规划方法来求解特定状态 s 的阶段博弈的 NASH 均衡策略，通过时序差分方法来迭代学习状态值函数或动作值函数。在两智能体零和博弈中，给定一个状态 s_0，定义第 n 个智能体的状态值函数为式(10.25)，即：

$$V_n^*(s_0) = \max_{\pi_n(s_0, \cdot)} \min_{a_{-n} \in A_{-n}} \sum_{a_n \in A_n} Q_n^*(s_0, a_n, a_{-n}) \pi_n(s_0, a_n) \quad (10.25)$$

式(10.25)中 n 的取值为 1 和 2，a_{-n} 表示除 a_n 以外的动作，MiniMax-Q-learning 算法，如算法 10.5 所示。

算法 10.5

1. 初始化动作值函数 $Q_n(s_0, a_n, a_{-n})$，状态值函数 $V_n(s_0)$，π_n。
2. 智能体 n 根据当前状态 s_0 按照探索—利用策略得到执行动作 a_n。
3. 执行动作 a_n 之后，系统进入状态 s，智能体 n 得到奖励值 R_n，观测另一智能体在状态 s_0 的策略。
4. 更新 $Q_n(s_0, a_n, a_{-n})$。
5. 求解 $V_n^*(s_0) = \max_{\pi_n(s_0, a_n)} \min_{a_{-n} \in A_{-n}} \sum_{a_n \in A_n} Q_n^*(s_0, a_n, a_{-n}) \pi_n(s_0, a_n)$，更新 $V_n(s_0)$ 和 $\pi_n(s_0, a_n)$。

定义 10.3 一般和博弈

一般和博弈是指在完全对抗博弈、完全合作博弈以及二者混合博弈等类型的矩阵博弈中存在多个 NASH 均衡点。

在多智能体方法求解分布式生产调度问题时，在 MiniMax-Q-learning 算法的基础上扩展到多智能体的一般和博弈问题，即 NASH-Q-learning 算法，利用二次规划方法求解 NASH 均衡点，在每个状态的阶段博弈中能够找到全局最优点或鞍点，使得系统在合作性均衡以及对抗性均衡中可以收敛到 NASH 均衡点，NASH-Q-learning 算法，如算法 10.6 所示。

算法 10.6

---

1. 初始化动作值函数 $Q_n(s_0, a_1, a_2, \cdots, a_N)=0$，且有 $a_N \in A_N$。
2. 智能体 n 根据当前状态 s_0 按照探索—利用策略得到执行动作 a_n。
3. 执行动作 a_n 之后，系统进入状态 s，智能体 n 观测所有智能体的奖励 $R_1, R_2, \cdots, R_N$，以及所有智能体在状态 s_0 执行的策略 $a_1, a_2, \cdots, a_N$。
4. 更新 $Q_n(s_0, a_1, a_2, \cdots, a_N)$。
5. 求解状态 s_0 处的 NASH 均衡策略，更新 NASH $Q_n(s_0)$ 和 $\pi_n(s_0, a_n)$。

10.5 多智能体平均场深度强化学习算法

10.5.1 平均场理论

平均场理论（Mean Field Theory, MFT）是一种在机器学习和物理场论中研究复杂多主体问题的方法[196]，是对规模庞大且结构复杂的随机模型的简化。复杂系统通常包含数量较多的相互作用的智能体，对系统中某个独立的主体 x 而言，将除 x 以外的其他所有主体对 x 产生的作用通过一个平均量给出，也就是将除 x 以外的其他所有主体虚化为一个主体 y，通过该方法将系统最终简化为两个主体 x 和 y。

在用多智能体方法研究分布式生产调度问题时，将每条生产线部署在一个智能体上，通过平均场理论使问题简化，不去分别考虑单个智能体对其他智能体产生的影响，而是用邻域内所有其他智能体的影响均值表示，对每个智能体只需考虑和其他智能体均值的交互，将系统简化为只有两个智能体之间的相互作用，单个智能体最优策略的学习是基于其他智能体群的动态变化情况之下的，同时集体的动态也根据个体的策略进行更新，并且可以使算法快速收敛。

10.5.2 多智能体平均场强化学习

多智能体求解分布式生产调度问题的总体目标是完工时间最少，每个智能体均要学习最优策略以配合系统的总目标[197]。假定系统的联合策略为 π，智能体 i 的策略为 π_i，智能体 i 的值函数为 v_i，智能体个数为 N；NASH 均衡状态下联合策略为 π^*，且策略 π^* 由 N 个智能体的策略（π_1^*，π_2^*，…，π_N^*）组成，系统状态为 s，则智能体 i 的策略为 π_i^*，且将联合策略 π^* 中除 i 之外其他智能体的策略表示为 π_{-i}^*，即 $\pi_{-i}^* \doteq (\pi_1^*, \pi_2^*, \cdots, \pi_{i-1}^*, \pi_{i+1}^*, \cdots, \pi_N^*)$；智能体 i 的值函数，如式(10.26)所示，即：

$$v_i(s; \pi^*) = v_i(s; \pi_i^*, \pi_{-i}^*) \tag{10.26}$$

由 NASH 均衡状态的性质可以得到式(10.27)，即：

$$v_i(s; \pi_i^*, \pi_{-i}^*) \geqslant v_i(s; \pi_i, \pi_{-i}^*) \tag{10.27}$$

此时多智能体系统处于最优状态，系统中智能体 i 在按照策略 π_i^* 执行任务，其他智能体按照策略 π_{-i}^* 执行任务，$i \in (1, 2, \cdots, N)$，即系统的任意一个智能体均有机会作为一个独立的智能体，同时每个智能体也均有机会和其他智能体一起作为一个虚拟智能体和系统中的独立智能体进行博弈。

系统的初始状态为 s，则系统的值函数可表示为式(10.28)，即：

$$v^*(s) \doteq [v_1(s), v_2(s), \cdots, v_N(s)]_{\pi^*} \tag{10.28}$$

根据前文 NASH-Q-learning 算法，定义当前状态的 Q 值进行初始化，后续通过迭代方式对 Q 值不断更新，并在 Q 值更新时加入 NASH 因子，确保 Q 值更新满足压缩映射要求。同时，由式(10.23)可知 Q 值函数与状态值函数之间的关系，即状态值函数可获得同步更新，并达到 NASH 均衡。

在多智能体系统中，由式(10.21)可知，联合动作的维度取决于智能体的个数，以系统中任一智能体 i 为例，定义其动作值函数 $Q_i(s, A)$ 为式(10.29)，即：

$$Q_i(s, A) = \frac{1}{N-1} \sum_{j \in N-1} Q_i(s, A_i, A_j) \tag{10.29}$$

使智能体 i 与其他智能体采取的动作 A_j 产生关联，将多智能体之间的关系进行了简化，并进行数学描述，将多智能体之间的复杂关系简化为智能 i 与其他智能体的两两对应关系，通过求和取平均保留了智能体 i 与其他智能体以及其他智能体之间相互作用的内在关系，成对近似既降低了智能体之间交互的复杂性，同时又隐含保留了任意一对智能体之间的全局交互。

尽管式(10.29)对系统中智能体之间的关系进行了简化，同时对智能体的动作值函数进行了形式化数学描述，但仍无法直接通过式(10.29)求动作值函数，因此，需要对智能体 i 的动作值函数 $Q_i(s, A)$ 通过平均场理论进行近似求解。

在车间生产调度问题中，生产线内部的工件排序和生产线之间的工件交换均属于离散动作，假定智能体 i 共有 χ 个动作，则 A_i 的动作空间共 χ 个分量，每个分量表示一个可选择的动作，通过独热编码方式对动作 A_i 进行编码，被选动作的位置编码为 1，其余分量位置为 0。

在算法中通过独热编码方式计算特征之间的距离或相似度，将离散动作的取值扩展到欧氏空间，离散动作的某个取值就对应欧氏空间的某个点。同时，将离散型特征使用独热编码，会使动作之间的距离计算更加合理。离散动作进行独热编码后每一维度的特征都可以看作连续的特征，可以和连续型特征的归一化方法一样，将每一维特征进行归一化，比如归一化到 [−1, 1] 或归一化到均值为 0、方差为 1。独热编码的特点为平均场理论中需要计算平均动作提供了方便，假定平均动作表示为 $\overline{A_i}$，如式(10.30)所示：

$$\overline{A_i} = \frac{1}{N-1} \sum_j A_j \tag{10.30}$$

式(10.30)中，A_j 表示智能体 i 的邻域智能体的动作，并表示为式(10.31)，即：

$$A_j = \overline{A_i} + \Delta A_{i,j} \tag{10.31}$$

式(10.31)中，$\Delta A_{i,j}$ 表示智能体 i 的邻域智能体动作编码与平均动作编码的距离。

在此基础上对式(10.29)中 $Q(\cdot)$ 函数进行分析，利用智能体的动作值 Q_i 的第一阶近似，随着邻域智能体的数量增大而精度越高，因为其高阶项的平均值趋近于 0，将多个智能体的交互转化为两个智能体间的交互，即智能体与其邻域智能体构成的虚拟智能体。

由此可将式(10.29)改写为式(10.32)[198]，即：

$$Q_i(s, A) = Q_i(s, A_i, \overline{A_i}) \tag{10.32}$$

将多智能体交互转化为两智能体交互，也就是利用平均场理论将智能体 i 与其邻域智能体的两两交互简化为智能体 i 与邻域智能体均值之间的交互。

智能体系统执行动作 A_i 后，系统状态从 s 转移到 s'，且获得即时奖励 R_i，则系统的平均场动作值函数更新公式可表示为式(10.33)，即：

$$Q_i^{t+1}(s, A_i, \overline{A_i}) = Q_i^t(s, A_i, \overline{A_i}) + \eta [R_i + \gamma v_i^t(s') - Q_i^t(s, A_i, \overline{A_i})] \tag{10.33}$$

其中，η 表示学习率，γ 表示折扣因子。

式(10.33)通过平均场值函数取代常用的最大值函数来迭代求解动作值函数，原因在于如果使用最大值函数则需要邻域智能体策略的配合，中心智能体不能直接改变邻域智能体的策略。除此以外，如果每个智能体都贪心获取动作，则会因为环境的动态不稳定性而造成算法最终无法收敛。

将状态值函数的定义扩展至平均场状态值函数，可表示为式(10.34)，即：

$$v_i^t(s) = \sum_{A_i} \pi^t i(A_i | s, \overline{A_i}) E_{A_i(A_{-i} - \pi_{-i}^t)}[Q_i^t(s, A_i, \overline{A_i})] \tag{10.34}$$

在每一时刻的阶段博弈中，$\overline{A_i}$ 是通过上一时刻邻域智能体 j 的策略 π_j^t 得出，且策略 π_j^t 也是使用上一时刻的平均动作 $\overline{A_j^{t-1}}$ 进行参数化描述，更新过程如式(10.35)所示：

$$\overline{A}_i = \frac{1}{N-1} \sum_i A_j, \quad \text{且} \ A_j \sim \pi_j^t(\cdot \mid s, \overline{A}_j^{t-1}) \quad (10.35)$$

式(10.34)和式(10.35)中策略 π 可以理解为智能体采取动作的概率分布，在 t 时刻智能体 i 采取动作 A_i 的概率依赖当前状态和平均场动作 $\overline{A}_i$，并表示为式(10.36)。智能体策略是动作服从一定概率分布的随机行为，智能体可通过观察邻域内其他智能体的历史行为对自身产生影响。在新状态下，智能体根据其他智能体的历史行为即可确定自身的最佳反应动作。邻域中其他智能体的策略同样服从一定的概率分布，可以根据先验知识和观测值以确定概率分布，即策略的确定。因此，在学习过程中通过对其他智能体历史行为的观察，可以学习到其他智能体的策略，并得到其对系统的影响。即：

$$\pi_i^t(A_i \mid s, \overline{A}_i) = \frac{\exp[-\lambda Q_i^t(s, A_i, \overline{A}_i)]}{\sum_{A_{i'} \in A} \exp[-\lambda Q_i^t(s, A_{i'}, \overline{A}_i)]} \quad (10.36)$$

式(10.34)和式(10.35)不断进行交互更新，可以不断提升策略性能并获得最大的累积奖励值，在式(10.36)中加入探索因子 λ，通过牺牲部分短期利益来尝试不同的行为。即针对每一个当前的状态，以一定的概率尝试之前该状态下没有尝试过的行为，进而收集更多的信息使智能体能够达到宏观上的最佳策略。当智能体在当前状态采取相应动作之后，会观察系统执行联合动作后的新状态，并及时修正当前状态对其他智能体的信任度。

10.5.3 多智能体平均场 Q-learning 算法

在多智能体系统中，任意智能体应和其他智能体不断交互学习，通过不断修正参数以实现系统的累积奖励值最大，并通过一定方法建立智能体之间的相互关系。系统从当前状态转移到下一状态所采取的动作应由各智能体的联合动作共同决定，从而间接实现了智能体之间的通信。

通过本书第 7 章的方法构建系统中各智能体的状态，结合本章迭代贪婪算法中破坏重构策略构建相应动作，以保证不同生产线之间产生工件流

动。通过深层神经网络拟合各智能体的动作值函数,构建损失函数如式(10.37)所示:

$$L(\theta_i^q) = [y_i - Q_{\theta_i^q}(s, A_i, \bar{A}_i)]^2 \qquad (10.37)$$

式(10.37)中 θ_i^q 表示智能体的参数,$Q_{\theta_i^q}(s, A_i, \bar{A}_i)$ 表示深层神经网络拟合的动作值函数,y_i 为平均场值函数的目标值,并通过式(10.38)计算,即:

$$y_i = R_i + \gamma v_{\theta_{-i}^q}(s') \qquad (10.38)$$

其中,R_i 为智能体 i 的奖励值,θ_{-i}^q 表示平均场值函数的计算参数。

对式(10.37)求导可得参数的梯度方向如式(10.39)所示:

$$\nabla_{\theta_i^q} L(\theta_i^q) = [y_i - Q_{\theta_i^q}(s, A_i, \bar{A}_i)] \nabla_{\theta_i^q} Q_{\theta_i^q}(s, A_i, \bar{A}_i) \qquad (10.39)$$

通过梯度下降法求解即可对参数进行更新。

在实际应用中,每个智能体代表一条生产线,对于任意智能体 i,初始化在参数 θ_i^q 和 θ_{-i}^q 下的动作值函数,并计算智能体对应的平均动作 $\bar{A}_i$。

多智能体平均场 Q-learning,如算法 10.7 所示。

算法 10.7

初始化参数 θ_i^q、θ_{-i}^q 和智能体 i 的邻域 $\bar{A}_i$。

外循环:

  1. 对于任一智能体 i,根据 θ_i^q、探索因子 λ 和上步平均动作选择 A_i。

  2. 执行联合动作 $(A_1, A_2, \cdots, A_N)$,得到相应的奖励值 R 和下一状态 s'。

  3. 将元组 $(s, A, R, s', \bar{A})$ 存入经验复用池。

    内循环:

      <1> 从经验复用池中抽取 M 个样本 $(s, A, R, s', \bar{A})$ 的随机小批量样本;

      <2> 根据参数 θ_{-i}^q、探索因子 λ 和 $\bar{A}$ 选择动作 $(A_i)'$;

      <3> 令 $y_i = R_i + \gamma v_{\theta_{-i}^q}(s')$,最小化损失函数 $L(\theta_i^q) = \dfrac{1}{M}[y_i - Q_{\theta_i^q}(s,$

$A_i, \overline{A}_i)]^2$ 更新 Q 网络；

内循环结束。

4. 对智能体 i 更新目标网络参数 $\theta_{-i}^q \leftarrow \omega \theta_{-i}^q + (1-\omega) \theta_{-i}^q$。

外循环结束。

10.5.4 多智能体车间调度算法

当问题的状态或状态动作空间较小时，可用表格形式存储值函数，在问题较复杂时，状态或状态动作规模庞大甚至状态或状态动作空间连续时就要通过值函数逼近机制来学习值函数。同时，当问题规模较小时可以通过在线强化学习来学习特定状态或状态动作所对应的值函数，即在算法中每完成一次输入和输出转换后就对价值函数进行更新，其重要优点是算法较简单，但缺点也显而易见，即每个样本只能使用一次，并未加以存储和保存。另外的缺点是算法收敛较慢，甚至难以收敛。而批处理模式的强化学习方法是先将样本收集并以相应元组的形式存储，通过重用样本的经验来训练算法，设计样本收集的外层循环和实现训练的内层循环，当样本收集满足批大小要求时进入内层循环。通过智能体与环境互动而采集的有限样本实现更高效的学习，如图 10.6 所示。

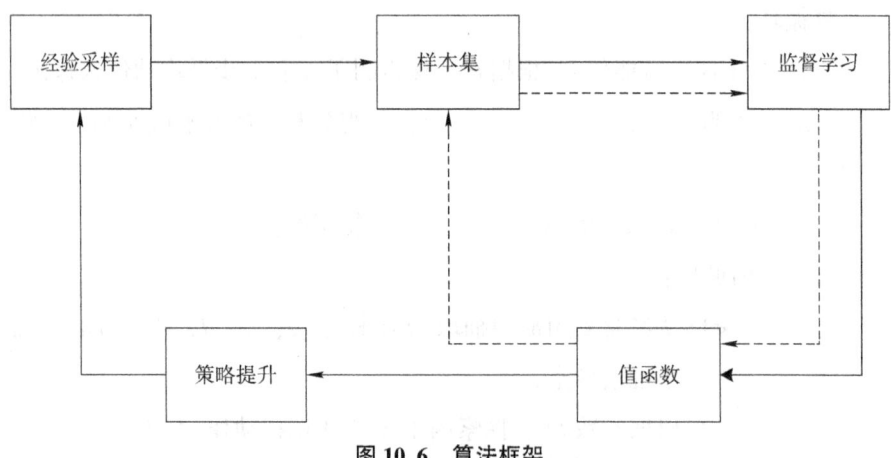

图 10.6 算法框架

除此之外，在多智能体强化学习中，智能体内部函数逼近器一般为局部近似最优解，所学习到的函数对系统整体的优化功能会进一步退化，而批处理模式训练除了可以提高训练速度和算法性能外，其函数逼近方案多以全局的方式逼近目标函数，通过批处理模式收集更多样本并保留其中蕴含的更多信息，可以进行更加可靠的训练和更新，进而更好地学习问题的一般特征。

通过样本收集存储和使用状态动作值函数近似于深度神经网络两阶段交替，在算法的内层循环通过 Q-learning 无模型批处理模式强化学习算法，并在多智能体强化学习系统中对其进行扩展，以拟合 Q 迭代。其目的在于计算最优策略，近似逼近输入的状态和动作所对应的值函数。

构建五元组，如式(10.40)所示：

$$Tupls = \{(s^t, A^t, \overline{A}^t, R^t, s'^t) \mid t=1, 2, \cdots, |Tuples|\} \quad (10.40)$$

其中，s 表示当前状态，A 表示智能体执行的动作，$\overline{A}$ 表示平均动作，R 表示瞬时奖励值，s' 表示执行动作后的新状态。算法在外层循环按照五元组确定的元素信息不断收集和存储样本，并在此基础上构建训练集，即：

$$Set = \{(in^t, out^t) \mid t=1, 2, \cdots, |Tuples|\} \quad (10.41)$$

其中，

$$in^t = (s^t, A^t, \overline{A}^t) \quad (10.42)$$

$$out^t = R^t + \gamma \max Q^{counter-1}(s'^t, A', \overline{A}') \quad (10.43)$$

式(10.43)中，counter 表示计数器常量。

将元组信息作为输入，在每个循环中将值函数和计数器初始化为 0，再通过训练集和回归算法计算 $Q^{counter}$ 近似值，在此基础上构建深度神经网络作为值函数逼近器，来实现与环境的高效互动。每个智能体均可通过定义的值函数进行计算和改进，以产生高质量的策略。

在离散动作空间规模很大或连续作用空间时，将深度神经网络作为值函数逼近器来计算状态和动作的值函数 $\widetilde{Q}(s, A_i, \overline{A}_i)$，同时通过贝尔曼方程计算 $R+\gamma \max Q(s', A', \overline{A}')$，引入误差函数来计算两者之间的偏差。通过反向传播算法来计算深度神经网络的连接权值，可使误差函数值最小化，即：

$$(\widetilde{Q}(s, a) - (r + \gamma \max_{b \in A(s')} \widetilde{Q}(s', b)))^2 \qquad (10.44)$$

在多智能体系统中，每个智能体都要经历单独学习和协作提高两个阶段，每个智能体均要把特定状态、动作、平均动作作为深度神经网络的输入值，估计相应的状态动作值函数并将其作为输出值，智能体则会在输出值的指导下选择后续的动作。批处理模式下的强化学习方法在每个采样阶段初始化状态动作值函数，在 t 个采样步骤中，如果未达到最终状态 s^{final}，则将采集到的样本存储到集合 Tuples 中。如果已是最终状态，且样本数满足 |Tuples| 的要求，即执行值函数更新；如果不满足 |Tuples| 样本个数要求，则执行贪婪策略选择动作，并继续采样。

基于批处理模式的值函数计算方法，如算法 10.8 所示。

算法 10.8

输入：随机初始化智能体 i 对应 Q_i 和探索因子 λ。

1. $t \leftarrow 0$，$Tuples \leftarrow \emptyset$。

2. 观察状态 $s_i(t)$，如果 $s_i(t)$ 不是最终状态 s^{final}。

3. 计算即时奖励 $R_i(t-1)$，同时：

$Tuples \leftarrow Tuples \cup \{s_i(t-1), A_i(t-1), \overline{A}_i(t-1), R_i(t-1), s_i(t)\}$。

4. 观察状态 $s_i(t)$，如果 $s_i(t)$ 是最终状态 s^{final}，且样本数满足 |Tuples| 要求，更新 Q_i 值函数，同时执行 $t \leftarrow 0$。

5. 如果样本数不满足 |Tuples| 要求，则按照一定策略选择动作并执行，同时 $t \leftarrow t+1$。

算法 10.8 对应了图 10.6 的外层循环，表达了基于值函数的批处理模式强化学习智能体与系统的交互，并在算法中更新动作集合和状态的有序依赖关系，然后，描述了批处理模式强化学习框架外层循环的具体实现过程。算法通过构建满足阈值要求的元组个数，在完成样本的收集存储之后，再由智能体决定是否进入内循环，最后再执行批处理模式的值函数更新。

第 10 章
NASH-Q-learning 算法求解分布式车间生产调度问题

基于值函数的强化学习算法的关键取决于值函数逼近器的性能，除了具有马尔可夫决策环境下的逼近性能，还要有能够在包含平均动作的马尔可夫博弈环境下的值函数逼近功能，算法更复杂，涉及的权重系数更多，优化更困难。同时，多智能体强化学习用于求解生产调度这类复杂的组合优化问题的缺点也体现在其全局逼近特性，Q 值的预测结果存在较大偏差时会导致联合状态动作值函数产生难以预见的变化。此外，采用样本批量学习模式可以获得更稳定可靠的学习结果，并可以获得优越的值函数的泛化能力。

通过样本来训练深度神经网络值函数逼近器，并用来计算当前模式下的 out^t，批量学习模式下的偏差为式(10.45)，即：

$$\sum_{t=1}^{|Tuples|} (Q(s^t, A^t, \overline{A}^t) - out^t)^2 \qquad (10.45)$$

深度神经网络连接参数的优化目标为式(10.46)，即：

$$Q^* \leftarrow \arg\min \sum_{t=1}^{|Tuples|} (Q(s^t, A^t, \overline{A}^t) - out^t)^2 \qquad (10.46)$$

在神经网络训练过程中，采用了 RMSProp 算法，很好地解决了优化中经过更新之后参数变化的摆动幅度问题。RMSProp 算法对权重和偏置的梯度使用微分平方加权平均数，有利于消除摆动幅度大的方向，用来修正摆动幅度，使得各个维度的摆动幅度都较小，使网络收敛更快。同时，可以很自然地建立在批处理训练数据上，更容易集成到成批处理模式的强化学习算法。这样逼近器不仅可以用于单智能体的强化学习，还可以实现神经网络高质量逼近值函数，是算法扩展到多智能体系统的关键环节，神经网络拟合值函数算法，如算法 10.9 所示。

算法 10.9

输入：集合 $Tuples = \{(s^t, A^t, \overline{A}^t, R^t, s^{\prime t}) | t = 1, 2, \cdots, |Tuples|\}$，迭代次数 N。

1. $t \leftarrow 0$，值函数最大值 $Q_i^{\max}$。

2. 随机初始化神经网络参数计算值函数 Q_i^t，$Q_i^{\max} \leftarrow Q_i^t$。

3. 如果 $t<N$：设置输入输出集合 $Set_{in\&out} \leftarrow \emptyset$。

4. 在每个集合 $Tuples$ 内计算：

$in^t \leftarrow (s^t, A', \overline{A}')$；

$out^t \leftarrow R^t + \gamma \max Q^t(s'^t, A', \overline{A}')$；

$Set_{in\&out} \leftarrow Set_{in\&out} \cup \{(in^t, out^t)\}$。

5. 在集合 $Set_{in\&out}$ 上训练神经网络更新 $Q_i^{t+1} \leftarrow Q_i^t$。

6. 评估策略 $\pi_i(s_i) = \arg\max Q_i^{t+1}(s_i, A_i, \overline{A}_i)$，$Q_i^{max} \leftarrow Q_i^{t+1}$。

7. $t \leftarrow t+1$。

8. 返回 Q_i^{max}。

在强化学习算法求解生产调度问题中，智能体的学习目的是通过形式化环境的奖励信号来实现的，系统的学习目标是实现生产任务的最大完工时间最小，将任务分派到智能体，各智能体的目标不仅要实现自身的完工时间最小，即生产线的局部最优，同时还要与其他智能体协作实现全部工件的最大完工时间最小，即系统的全局最优。通过计算 $Q_{\theta_i^i}(s, A_i, \overline{A}_i)$ 的状态动作值函数来学习最优策略，即每个智能体在一定的收敛条件保证下学习执行动作的最优顺序，从而获得高质量策略。通过对智能体的当前状态和执行动作的描述体现不同动作之间的异同，并观察相应的状态动作组合所对应的值函数，通过样本来表示典型问题的一般内在特征，通过样本的规模来保证所学习特征的全面性，而不是精确学习个别实例的特征，使获得的知识对于类似的问题也具有通用性和有效性，降低欠拟合和过拟合情况发生的概率。

10.6 实验与结果分析

实验环节通过基于值函数的强化学习来实现分布式作业车间调度问题，并实现最大完工时间最小的目标，智能体通过收集的样本来训练网络，根据得到的奖励值来调整策略，最终得到训练好的多智能体强化学习系统以解决复杂的生产调度问题。智能体具有在各自生产线内部执行独立的动作和环境感知能力，在问题求解阶段，通过对值函数的贪婪选择，利用各自的反应性动作快速作出调度决策。

10.6.1 实验设置

特征向量的设置充分考虑了问题特征与预期回报之间的内在关系，需要同时满足单智能体和多智能体情境下的问题描述需求，从而在学习过程中获得通用的调度策略，对同类型的生产调度问题具有适应性，同时还要考虑到系统的实时性，特征不宜过于复杂。

实验中共使用了 9 个状态和 10 个动作，系统通过各智能体的协作共同完成调度任务，因此，系统的奖励值应分局部奖励值和全局奖励值两部分。局部奖励值表示智能体内部根据任务的评价目标，在一定状态下，根据策略采取相应的动作所获得的奖励。而全局奖励值是在局部奖励值的基础上，从系统整体的视角获得的奖励值，比如所有工件的完成时间最小这一目标，通过系统不断采取联合动作，最终实现算法收敛，并将评价目标通过一定的数学表达形式和系统的长期奖励信息建立联系。实现的具体方法有多种，比如通过合并与单个智能体相关的局部奖励的方式获得全局奖励，增加局部报酬也会相应增加全局报酬。以生产调度的最大完工时间最小为目标来研究作业车间调度问题，并将全局的回报表示为局部回报的总和，从而将学习系统理解为有报酬独立的多智能体学习系统，首先要关注各智能体根据局部调度策略得到的局部奖励，其次是全局奖励。

在作业车间调度中，加工机器不允许在离散时间步长内执行两个操作，当加工机器开始执行工件的某些工序之后，会一直处于工作状态，直到该工序结束。因此，对智能体 i，可根据决策点 t 和下一个决策时间点 $t+\Delta t$ 的机器状态计算值函数。

智能体在样本收集阶段，设置批大小为 100，即在样本量达到 100 时进入算法的内层循环。关于监督学习部分，实验中对 RMSProp 算法的相关参数采用方差多因素分析程序对得到的实验结果进行分析，以确定结果和参数之间的关系，建立最佳的参数组合。

参数对算法性能影响趋势如图 10.7 所示。

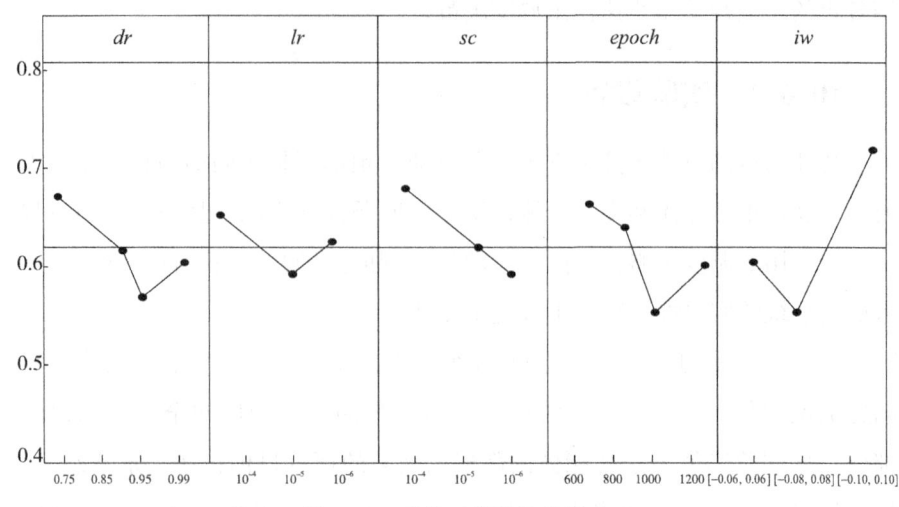

图 10.7　参数对算法性能影响

参数的水平设置分别为 $dr = (0.75,0.85,0.95,0.99)$，$lr = (10^{-4},10^{-5},10^{-6})$ 和 $sc = (10^{-4},10^{-5},10^{-6})$，$epoch = (600,800,1000,1200)$，$iw = ([-0.06,0.06],[-0.08,0.08],[-0.10,0.10])$，5 组参数共有 4×3×3×4×3 = 432 种组合，通过方差分析对实验结果进行分析，以上 5 个参数的 p 值低于 0.05 的置信度区间，说明算法对这些参数较敏感，并最终确定 RMSProp 算法的衰减速率 dr 为 0.95，学习率 lr 为 10^{-5}，常数 sc 为 10^{-6}，神经网络算法的 $epoch$ 为 1000，初始权重 iw 为 [-0.08,0.08] 均匀分布随机数。

10.6.2　结果对比与分析

基于基准测试集 Taillard 对多智能体强化学习算法的性能进行测试，并与迭代贪婪算法、基准结果进行对比分析，采用 Python 实现深度强化学习的离线训练，迭代贪婪算法通过 Matlab 环境实现。通过计算各测试问题的平均相对百分比偏差指数（Average Relative Percentage Deviation Index，ARPD）进行结果对比，如式（10.47）所示：

$$ARPD = \frac{1}{NR}\sum_{nr=1}^{NR}\frac{C_{\max}-C_{\max}^{*}}{C_{\max}^{*}}\times 100 \quad (10.47)$$

式中 NR 为试验运行次数，C_{max} 是第 nr 次实验所获得的完工时间最小值，C_{max}^* 为已知最优的完工时间。ARPD 值越小表示算法的性能越好。实验设置智能体分别为 2～10 个进行测试，并设置时间等级分别为 20、40 和 60。

ARPD 对比结果如表 10.3 至表 10.5 所示。

表 10.3 ARPD 结果对比（$T=20$）

T	生产线数	IG1S	IG2S	IG	MARL
20	2	0.68	0.52	0.64	0.53
	3	0.69	0.60	0.66	0.55
	4	0.68	0.63	0.67	0.56
	5	0.70	0.64	0.69	0.56
	6	0.72	0.66	0.68	0.58
	7	0.72	0.68	0.72	0.58
	8	0.93	0.79	0.89	0.59
	9	0.99	0.89	0.89	0.60
	10	1.21	1.05	1.01	0.64
平均值		0.81	0.72	0.76	0.58

表 10.4 ARPD 结果对比（$T=40$）

T	生产线数	IG1S	IG2S	IG	MARL
40	2	0.62	0.48	0.54	0.46
	3	0.63	0.49	0.54	0.48
	4	0.65	0.52	0.59	0.50
	5	0.65	0.52	0.69	0.49
	6	0.68	0.66	0.60	0.51
	7	0.73	0.68	0.68	0.53
	8	0.90	0.73	0.79	0.54
	9	0.92	0.83	0.86	0.54
	10	1.19	0.92	0.98	0.60
平均值		0.77	0.65	0.70	0.52

表 10.5 ARPD 结果对比($T=60$)

T	生产线数	IG1S	IG2S	IG	MARL
60	2	0.60	0.46	0.54	0.45
	3	0.62	0.46	0.53	0.46
	4	0.65	0.50	0.58	0.50
	5	0.63	0.50	0.66	0.49
	6	0.66	0.65	0.70	0.50
	7	0.71	0.66	0.67	0.53
	8	0.90	0.73	0.73	0.53
	9	0.91	0.81	0.81	0.54
	10	1.17	0.91	0.95	0.60
	平均值	0.76	0.63	0.69	0.51

将迭代贪婪算法、多智能体强化学习算法与 IG1S、IG2S[198] 的计算结果进行对比。在小规模基准问题测试中,选择测试集 Taillard 中 20×5、20×10、20×20、50×5、50×10、50×20 共 60 例基准问题,并将实验分为 $T=20$,$T=40$ 和 $T=60$ 三个时间级别。在 $T=20$ 时,MARL 算法的平均 ARPD 在四种算法中最小;其次是 IG2S,本章设计的迭代贪婪算法的平均 ARPD 介于 IG2S 和 IG1S 之间,四种算法的平均 ARPD 较接近,IG2S 算法的平均 ARPD 比 MARL 算法高 14 个百分点。在 $T=40$ 时,四种算法的 ARPD 均有不同程度降低,说明在更长的计算时间内算法可以获得更好的实验结果,四种算法的平均 ARPD 分别降低了 4 个百分点、7 个百分点、6 个百分点和 6 个百分点,平均 ARPD 降低幅度最大的是 IG2S 算法,其次是 MARL 算法,且 MARL 算法总体的平均 ARPD 仍保持最低。在 $T=60$ 时,各算法的平均 ARPD 与 $T=40$ 时相比未有明显提升,在实际工业应用中,考虑算法对生产环境的实时反应要求,算法选择 $T=40$ 较为适宜。

在小规模测试算例中,四种算法不同的时间级别中平均 ARPD 三维立体柱状图如图 10.8 所示。

在大规模算例实验中,选择了 100×5、100×10、100×20、200×20、500×20 等共 50 个算例进行测试,同样分 $T=20$,$T=40$ 和 $T=60$ 三个时间

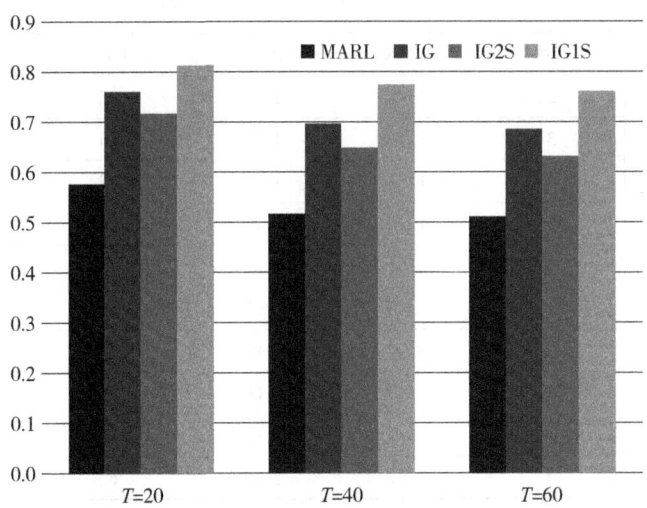

图 10.8 小规模算例平均 ARPD 对比

级别进行，4 种算法所得 ARPD 的结果如表 10.6 至表 10.8 所示。

在较大规模的三组实验中，工件和加工机器均有较大幅度增加，因此，各算法的 ARPD 都有很大提高，说明在面对较大规模的问题时，算法解决问题的能力有所降低。

表 10.6 ARPD 结果对比（$T=20$）

T	生产线数	IG1S	IG2S	IG	MARL
20	2	1.42	1.02	1.37	0.83
	3	1.76	1.32	1.66	0.95
	4	1.78	1.53	1.79	1.13
	5	1.90	1.74	1.94	1.35
	6	2.54	2.34	2.44	1.67
	7	2.98	2.58	2.68	1.68
	8	3.55	2.87	3.34	1.89
	9	3.89	3.01	3.90	1.90
	10	4.34	3.05	4.39	2.21
	平均值	2.68	2.16	2.61	1.51

表 10.7　ARPD 结果对比 ($T=40$)

T	生产线数	IG1S	IG2S	IG	MARL
40	2	1.40	1.00	1.35	0.73
	3	1.74	1.30	1.64	0.84
	4	1.72	1.51	1.77	1.12
	5	1.90	1.70	1.94	1.34
	6	2.51	2.33	2.43	1.62
	7	2.96	2.57	2.67	1.63
	8	3.59	2.84	3.33	1.80
	9	3.89	3.00	3.90	1.90
	10	4.32	3.02	4.38	2.19
平均值		2.67	2.14	2.60	1.46

表 10.8　ARPD 结果对比 ($T=60$)

T	生产线数	IG1S	IG2S	IG	MARL
60	2	1.40	1.00	1.34	0.69
	3	1.73	1.27	1.64	0.80
	4	1.72	1.49	1.77	1.07
	5	1.90	1.70	1.92	1.31
	6	2.50	2.31	2.43	1.62
	7	2.96	2.53	2.67	1.62
	8	3.58	2.84	3.31	1.80
	9	3.89	3.00	3.90	1.88
	10	4.31	3.02	4.36	2.16
平均值		2.67	2.13	2.59	1.44

如表 10.9 所示，以 $T=40$ 为例，对比小规模和较大规模情境下算法的 ARPD 情况，增幅最小的是 MARL 算法，其次是 IG2S 算法，说明在处理较大规模的问题时本章设计的强化学习多智能体强化学习方法同样具有明显的优越性。

表 10.9　平均 ARPD 结果对比（$T=40$）

算法规模	IG1S	IG2S	IG	MARL
小规模	0.77	0.65	0.70	0.52
较大规模	2.67	2.14	2.60	1.46
增幅(%)	246.75	229.23	271.43	180.77

较大规模测试算例中四种算法不同的时间级别中平均 ARPD 三维立体对比柱状图如图 10.9 所示，可以明显看出 MARL 算法的 ARPD 是最小的。

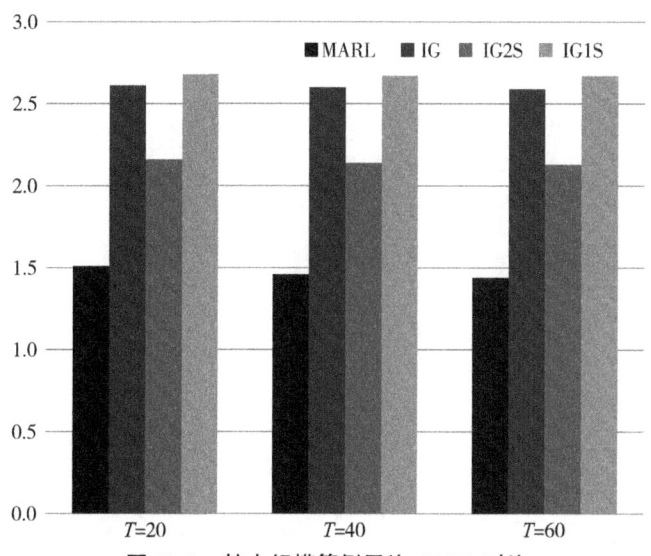

图 10.9　较大规模算例平均 ARPD 对比

10.7　本章小结

本章首先基于迭代贪婪算法对分布式置换流水车间调度问题进行了建模，并做了复杂性分析，详细描述了算法的初始化方法、破坏重构策略、局部搜索和接受准则等细节，并通过设计迭代贪婪算法深入解析了分布式置换流水车间调度问题特点。其次设计了多智能强化学习方法求解分布式置换流水车间调度问题，在 NASH 均衡理论和 NASH-Q-learning 方法的基础上，提出了多智能体平均场深度强化学习算法，构建了联合状态、联合动作等全局视角的算法元素，设计了状态—动作值函数逼近深度神经网络。最后通过实验将两种算法与其他文献提供的算法在基准问题上进行比较，实验证明，基于多智能体的强化学习方法对求解分布式置换流水车间调度问题是有效的，当问题规模较大时同样具有优于其他算法的潜力。对基于多智能体的强化学习方法求解分布式生产调度问题进行探索，既是对前面章节研究成果的应用，也进一步拓宽了深度强化学习方法的应用场景。

第 11 章　总结与展望

11.1　全书总结

新一代人工智能迎来了高速发展，在各领域的应用百花齐放。随着以智能化为核心的第四次工业革命的到来，制造业对新一代人工智能技术有了极为强烈的需求，两者的深度融合成为新一轮工业革命的核心驱动力。诚然，制造业专业性强，解决方案的复杂性和定制化要求高，新一代人工智能技术在车间生产中的应用程度整体不高，大量可靠、稳定、持续更新的工业大数据尚未得到充分利用。本书以深度学习、强化学习、深度强化学习以及其他相关技术为手段，以智能制造背景下的智能车间为背景，选择车间生产调度问题作为研究对象，以数据+智能的双轮驱动为核心思路开展了相关研究。主要完成了以下几个方面的研究工作：

（1）研究了深度强化学习算法及相关人工智能技术，并对其进行完善和改进。以解决组合优化问题为视角，分析了深度学习、强化学习、深度强化学习等技术的核心内容。深度学习是近年机器学习技术突破的重要代表之一，深度学习以神经网络为底层框架，具有很强的感知能力，梳理了前馈神经网络、卷积神经网络和循环神经网络框架，尤其对解决序列决策问题有天然优势的循环神经网络进行了详细分析。研究了马尔可夫决策过程、价值函数、策略迭代与更新、策略梯度算法等强化学习核心内容。此外，对深度强化学习基于值函数的深度强化学习框架、基于策略梯度的深度强化学习框架等内容进行了分析整合，这部分内容也是本书用到的核心技术。

（2）研究了将启发式规则用于强化学习动作构建问题。利用强化学习求解组合优化问题的难点之一是动作构造，由于调度规则的性能受到任务的规模、工件的特征、加工机器的利用率、交货期等因素影响，没有调度规则能够在任意的车间调度问题中表现出良好的性能，通常不同的调度规则在不同的情景下性能表现差异较大。本书分析了常用的启发式调度规则，结合不同调度规则的特点用于构建车间调度的动作，分别对先到先加工规则、加工工时越短越优先规则、工件剩余工序的加工工时越长越优先规则、松弛时间越小越优先规则等进行使用和验证，实验表明将调度规则作为强化学习动作在算法上较容易实现，为强化学习解决类似组合优化问题提供了有益参考。

（3）研究了基于监督学习的两种序列模型求解作业车间调度问题。首先设计了以长短期记忆神经网络为主框架，同时嵌入指针网络和条件随机场的模型，其次利用析取图来描述作业车间调度问题和相应的可行解，通过实际问题提取样本，并利用启发式调度规则构建样本标签。在模型训练中使用正则化方法提高模型的泛化能力，将工件的工序位置理解为以一定的概率存在于某个位置，提高了模型的容错泛化能力。在自注意力机制和多头自注意力机制的基础上，设计了编码组件和解码组件，并可以根据实际需要灵活加深模型层次，同时通过自注意力机制的并行能力实现快速训练，有效改进了循环神经网络训练效率较低的缺点，提高了模型的预测准确率。

（4）研究了利用神经网络逼近值函数的深度强化学习方法求解流水车间调度问题。在强化学习框架下，分析了流水车间调度问题的状态、策略、动作、反馈信号和值函数等要素的表征方法。结合流水车间调度问题的内在特征，将流水作业调度问题的工件加工时间最大值、最小值、平均值，剩余工序加工时间的最大值、最小值、平均值，加工机器的负载等要素映射为强化学习状态特征，再通过工件和加工机器特征关系来描述调度问题的全局和局部特征。此外，训练神经网络来完成状态与动作的映射关系，在特定状态下选择概率最大的动作。为了构建强化学习框架下的奖励函数，将流水车间调度问题的最大完工时间转化为对等的机器空闲时间最小问题，从而构建奖励函数，并通过神经网络非线性逼近值函数，从而简化值函数的计算过程。研究表明，流水车间调度问题可以完整映射为强化学习框架并加以解决，为基于值函数近似的强化学习算法求解类似问题提供了借鉴。

（5）研究了基于策略梯度的深度强化学习算法求解作业车间调度问题。分析了基于策略梯度的深度强化学习方法求解作业车间调度问题的可行性，将工序排列空间中不同的序列差异作为即时奖励信号，将生产调度问题的评价目标作为累积奖励值，并在长短期记忆网络中嵌入指针网络以提升算法性能。采用策略梯度优化算法来优化循环神经网络参数，构建了作业车间调度问题策略梯度模型，并采用深度强化学习算法进行求解。研究表明，基于策略梯度的深度强化学习算法具有解决作业车间调度问题的能力，且模型在解决此类问题时具有较好的可复制性。

（6）研究了基于混合 Q-learning 的多目标车间调度优化问题。在作业车间调度问题背景下，研究了考虑工件运输的生产调度完工时间、拖期时间、能源消耗等目标的问题，对 NSGA-Ⅱ 算法的交叉和变异机制进行改进，加入基于 N5 邻域结构的局部搜索策略，设计新的 INSGA-Ⅱ 算法进行多目标问题求解。针对能耗目标，在 Pareto 解的基础上，将前后工序的加工机器抽象为二维坐标点，并设计了强化学习遗传蚁群算法进行求解，得到了更优的能耗解，在运输设备派出数量、运输路径等方面更具实际应用价值。研究工作进一步拓宽了强化学习的应用场景，结果证明算法求解多目标生产调度问题的有效性。

（7）研究了基于 NASH-Q-learning 的分布式车间调度问题。在分布式流水车间调度问题背景下，深入分析了多智能体强化学习方法，在 NASH 均衡和 NASH-Q-learning 理论框架下，将平均场理论和多智能体结合，提出了多智能体车间调度算法用于问题求解。作为对比，还对常用于分布式调度问题的迭代贪婪算法进行改进，并用于问题求解，最后对两种算法的求解结果进行对比，实验证明了所提出的多智能体车间调度强化学习方法求解分布式生产调度问题的有效性。

11.2　进一步的工作

车间生产是实现智能制造的主战场，以机器学习为代表的人工智能技术普遍被认为是战场的核心武器之一，车间生产的效率与机器学习是相互促进、相存相生的良性互动关系。新一代人工智能技术和生产调度问题均属于高复杂度、高难度的问题，两者的结合更是博大精深，有太多工作需要开展深入研究。由于专业知识不够扎实，理论水平和应用能力有限，个人的贡献微不足道，疏漏之处在所难免。在笔者看来，本书还有很多方面需要继续深入研究，并应在以下四个方面进一步探讨：

（1）深入研究机器学习与生产调度问题的内在数学关系。机器学习是一门实用性很强的技术，有很多内容缺少理论支撑，深度学习、强化学习、深度强化学习等技术在车间调度问题的可用性大部分只能通过实验或仿真来模拟，无法提供可靠的理论证明，只能在宏观上应用深度学习提取车间调度问题的特征，目前还缺乏实现复杂的优化决策、控制执行的完备理论和可靠机制。在缺少理论证明的情况下，算法的超参数设置和性能提升非常困难，甚至只能通过大量尝试来解决，性能提升则更为困难。下一步，要继续研究机器学习相关技术，在理论证明上寻求突破；同时，进一步研究生产调度问题内在的数学特征，从数学理论的视角建立机器学习与生产调度问题的内在关系。

（2）对深度强化学习模型进行改进，降低对数据规模的依赖程度。机器学习模式需要获取特定任务的大型数据集，然后利用数据集训练模型。但即使目前车间物联网、传感器等技术手段已广泛应用，但获取数据依然困难重重，或者得到的数据因干扰噪声而无法使用；部分能够使用的高质量数据，需要高昂的人工标注成本；面对数据量不足的新任务时，无法充分发挥模型的作用。针对这些问题，拟在优化模型方面进一步展开研究，主要考虑通过元学习等技术来降低模型对数据的依赖程度，并已在这方面开始了相关研究,实现了神经网络从一个学习任务迁移到另一个学习任务,实现了学习能力转移,不断提高对新任务的概括和处理能力。

(3) 深入研究启发式优化算法与强化学习结合进行更有效率的学习,将人类专家领域的经验、知识、高质量工业数据等融入强化学习,以提高学习效率、降低学习难度,使得处理问题时更具准确性与稳健性。除此以外,进一步考虑将多任务学习、迁移学习等方法融入强化学习,并将其应用于生产调度问题,在面对新问题时可以敏捷获取问题本质,并迁移其他经验来加速学习进程。

(4) 深入研究多任务深度强化学习模式。多任务是基于共享原则,同时处理多个相关任务的机器学习范式,进一步将问题复杂化,并扩展到多任务情形下。与多智能体深度强化学习不同,多任务深度强化学习包括单智能体多任务和多智能体多任务两种情况,在如下方面应开展深入研究:首先,研究在应用中如何平衡多个任务间的关系和训练过程中的资源分配问题;其次,研究不同任务之间的信息共享和提高各个任务的泛化能力问题;最后,研究不同任务之间的相互协作问题,即如何通过各相关任务的协作共同提升主任务的学习效果。

参 考 文 献

[1] 王宗军,池仁勇,邵云飞,等. 面向制造业高质量发展的创新创业管理研究[J]. 管理科学,2020,33(2):1-2.

[2] 赵升吨,贾先. 智能制造及其核心信息设备的研究进展及趋势[J]. 机械科学与技术, 2017, 36(1): 1-16.

[3] 谢萌萌,夏炎,潘教峰,等. 人工智能、技术进步与低技能就业——基于中国制造业企业的实证研究[J]. 中国管理科学,2020,28(12):58-68.

[4] 胡祥培,李永刚,孙丽君,等. 基于物联网的在线智能调度决策方法[J]. 管理世界,2020,36(8):178-189.

[5] 吴俊杰,刘冠男,王静远,等. 数据智能:趋势与挑战[J]. 系统工程理论与实践,2020,40(8):2116-2149.

[6] 孙新波,苏钟海. 数据赋能驱动制造业企业实现敏捷制造案例研究[J]. 管理科学,2018,31(5):117-130.

[7] GB/T 37393-2019,数字化车间通用技术要求[S]. 北京:中国质检出版社,2019.

[8] 中国人工智能2.0发展战略研究项目组. 中国人工智能2.0发展战略研究[M]. 杭州:浙江大学出版社, 2019.

[9] Graham R L, Lawler E L, Lenstra J K, et al. Optimization and approximation in deterministic sequencing and scheduling: a survey - sciencedirect[J]. Annals of discrete mathematics, 1979(5):287-326.

[10] Gupta J N D, Darrow W P. The two-machine sequence dependent flowshop scheduling problem[J]. European Journal of operational research, 1986, 24(3):439-446.

[11] Allahverdi A, Al-Anzi F S. A branch-and-bound algorithm for three-machine flowshop scheduling problem to minimize total completion time with separate setup times[J]. European journal of operational research, 2006, 169(3):767-780.

[12] Renato de Matta, Monique Guignard. The performance of rolling production schedules in a process industry[J]. IIE Transactions, 1995, 27(5):564-573.

[13] Chen M Y. A mathematical programming model for system reconfiguration in a dynamic cellular manufacturing environment[J]. Annals of operations research, 1998, 77(77):109-128.

[14] Liu S Q, H. L. Ong, K. M. Ng. Metaheuristics for minimizing the makespan of the dynamic shop scheduling problem[J]. Advances in engineering software, 2005, 36(3):199-205.

[15] Swaminathan R, Pfund M E, Fowler J W, et al. Impact of permutation enforcement when minimizing total weighted tardiness in dynamic flowshops with uncertain processing times[J]. Computers & Operations research, 2007, 34(10):3055-3068.

[16] R. J. Abumaizar, J. A. Svestka. Rescheduling job shops under random disruptions[J]. International journal of production research, 1997, 35(7):2065-2082.

[17] Lodree Jr E, Jang W, Klein C M. A new rule for minimizing the number of tardy jobs in dynamic flow shops[J]. European journal of operational research, 2004, 159(1): 258-263.

[18] 黄学文,陈绍芬,周贇玉,等.求解柔性作业车间调度的遗传算法综述[J].计算机集成制造系统,2022,28(2): 536.

[19] Ip W H, Huang M, Yung K L, et al. Genetic algorithm solution for

a risk-based partner selection problem in a virtual enterprise[J]. Computers & operations research, 2003, 30(2):213-231.

[20] Chen K. J. ,JI P. A Genetic algorithm for dynamic advanced planning and scheduling(DAPS) with a frozen interval[J]. Expert systems with applications, 2007,33(4): 1004-1010.

[21] 马卫民,吴凌霄. 基于改进的多种群遗传算法求解工序可拆分车间调度问题[J]. 系统管理学报, 2016, 25(5): 888-894.

[22] Alizadeh R, Rezaeian J, Abedi M, et al. A modified genetic algorithm for non-emergency outpatient appointment scheduling with highly demanded medical services considering patient priorities [J]. Computers & industrial engineering, 2020(139): 106.

[23] 张纪会,徐军芹. 网络化制造环境下的工艺规划与调度集成研究[J]. 中国管理科学, 2014(S1):79-83.

[24] 刘爱军,杨育,邢青松,等. 柔性作业车间多目标动态调度[J]. 计算机集成制造系统, 2011, 17(12):2629-2637.

[25] Blum C. ACO applied to group shop scheduling:A case study on intensification and diversification[C]. Berlin:International workshop on ant algorithms, 2002:14-27.

[26] 陈暄,徐见炜,龙丹. 基于蚁群优化—蛙跳算法的云计算资源调度算法[J]. 计算机应用,2018,38(6):1670-1674,1681.

[27] 李燚,唐倩,刘联超,等. 基于改进蚁群算法的汽车混流装配调度模型求解[J]. 中国机械工程, 2021, 32(9): 1126-1133.

[28] Engin O, Gülü A. A new hybrid ant colony optimization algorithm for solving the no-wait flow shop scheduling problems[J]. Applied soft computing, 2018(72): 166-176.

[29] Qin W, Zhuang Z, Liu Y, et al. A two-stage ant colony algorithm for hybrid flow shop scheduling with lot sizing and calendar constraints in printed circuit board assembly[J]. Computers & industrial engineering, 2019(138): 106-115.

[30] Pan Q K, Tasgetiren M F, Liang Y C. A discrete particle swarm opti-

mization algorithm for the no-wait flowshop scheduling problem[J]. Computers & operations research, 2008, 35(9): 2807-2839.

[31] Eddaly M, Jarboui B, Siarry P. Combinatorial particle swarm optimization for solving blocking flowshop scheduling problem[J]. Journal of computational design and engineering, 2016, 3(4): 295-311.

[32] 韩文民,朱弢,李正义,等. 订单陆续到达下虚拟单元重调度驱动决策[J]. 中国管理科学,2018,25(12):126-137.

[33] 李振,徐震浩,顾幸生. 解决零等待多产品厂调度问题的改进粒子群算法[J]. 计算机集成制造系统,2014,20(7):1654-1664.

[34] 顾文斌,李育鑫,钱煜晖,等. 基于激素调节机制IPSO算法的相同并行机混合流水车间调度问题[J]. 计算机集成制造系统,2021,27(10):2858-2871.

[35] 吕媛媛,樊坤,瞿华,等. 多目标粒子群算法求解混合多处理机任务作业车间调度问题研究[J/OL]. [2021-06-03]. http://kns.cnki.net/kcms/detail/21.1106.TP.20210318.1744.014.html. 小型微型计算机系统:1-8.

[36] 袁帅鹏,李铁克,王柏琳,等. 两阶段流水车间成组调度问题的迭代贪婪算法[J]. 系统工程理论与实践,2020,40(10):2707-2716.

[37] 袁帅鹏,李铁克,王柏琳,等. 带有准备时间和运输时间两阶段流水车间成组调度问题的协同进化迭代贪婪算法[J/OL]. [2021-06-03]. http://kns.cnki.net/kcms/detail/11.2267.N.20200929.1033.002.html. 系统工程理论与实践:1-15.

[38] 张源,陶翼飞,王加冕. 改进差分进化算法求解混合流水车间调度问题[J]. 中国机械工程,2021,32(6):714-720.

[39] 黎阳,李新宇,牟健慧. 基于改进模拟退火算法的大规模置换流水车间调度[J]. 计算机集成制造系统,2020,26(2):366-375.

[40] Lake B M, Salakhutdinov R, Tenenbaum J B. Human-level concept learning through probabilistic program induction[J]. Science, 2015, 350(6266):1332-1338.

[41] Silver D, Huang A, Maddison C J, et al. Mastering the game of go with deep neural networks and tree search[J]. Nature, 2016, 529(7587): 484-489.

[42] Silver D, Schrittwieser J, Simonyan K, et al. Mastering the game of go without human knowledge[J]. Nature, 2017, 550(7676): 354-359.

[43] Hinton G E, Osindero S, Teh Y W. A fast learning algorithm for deep belief nets[J]. Neural computation, 2006, 18(7): 1527-1554.

[44] Azadeh A, Shoja B M, Moghaddam M, et al. A neural network meta-model for identification of optimal combination of priority dispatching rules and makespan in a deterministic job shop scheduling problem[J]. The international journal of advanced manufacturing technology, 2013, 67(5): 1549-1561.

[45] Weckman G R, Ganduri C V, Koonce D A. A neural network job-shop scheduler[J]. Journal of intelligent manufacturing, 2008, 19(2): 191-201.

[46] Fonseca D J, Navaresse D. Artificial neural networks for job shop simulation[J]. Advanced engineering informatics, 2002, 16(4): 241-246.

[47] S. K. Sim, K. T. Yeo, W. H. Lee. An expert neural network system for dynamic job shop scheduling[J]. International journal of production research, 1994, 32(8):1759-1773.

[48] Adibi M A, Zandieh M, Amiri M. Multi-objective scheduling of dynamic job shop using variable neighborhood search[J]. Expert systems with applications, 2010, 37(1): 282-287.

[49] Zhou P, He X, Luo S, et al. JPAS: Job-progress-aware flow scheduling for deep learning clusters[J]. Journal of network and computer applications, 2020, 158(5):102590.

[50] Sutton R S, Barto A G. Reinforcement learning: An introduction[M]. Cambridge: MIT press, 1998.

[51] Zhang Z, Zheng L, Li N, et al. Minimizing mean weighted tardiness in unrelated parallel machine scheduling with reinforcement learning[J]. Computers & operations research, 2012, 39(7): 1315-1324.

[52] Gabel T, Riedmiller M. Distributed policy search reinforcement learning for job-shop scheduling tasks[J]. International journal of production research, 2012, 50(1): 41-61.

[53] 崔建双, 吕玥, 徐子涵. 基于Q—学习的超启发式模型及算法求解多模式资源约束项目调度问题[J]. 计算机集成制造系统, 2022, 28(5): 1472-1481.

[54] Aydin M E, Öztemel E. Dynamic job-shop scheduling using reinforcement learning agents[J]. Robotics and autonomous systems, 2000, 33(2): 169-178.

[55] 潘燕春, 周泓, 冯允成, 等. 同顺序Flow shop问题的一种遗传强化学习算法[J]. 系统工程理论与实践, 2007, 27(9): 115-122.

[56] Cunha B, Madureira A, Fonseca B, et al. Intelligent scheduling with reinforcement learning[J]. Applied sciences, 2021, 11(8): 3710.

[57] 贺俊杰, 张洁, 张朋, 等. 基于长短期记忆近端策略优化强化学习的等效并行机在线调度方法[J]. 中国机械工程, 2022, 33(3): 329-338.

[58] Aissani N, Beldjilali B, Trentesaux D. Dynamic scheduling of maintenance tasks in the petroleum industry: A reinforcement approach[J]. Engineering applications of artificial intelligence, 2009, 22(7): 1089-1103.

[59] 赵也践, 王艳红, 张俊, 等. 改进Q学习算法在作业车间调度问题中的应用[J]. 系统仿真学报, 2022, 34(6): 1247-1258.

[60] 陈勇, 王昊天, 易文超, 等. 基于元胞机与强化学习的多扰动车间调度算法[J]. 计算机集成制造系统, 2021, 27(12): 3536-3549.

[61] Shahrabi J, Adibi M A, Mahootchi M. A reinforcement learning approach to parameter estimation in dynamic job shop scheduling[J]. Computers & industrial engineering, 2017, 110(8): 75-82.

[62] 韩忻辰, 俞胜平, 袁志明, 等. 基于Q-learning的高速铁路列车动态调度方法[J]. 控制理论与应用, 2021, 38(10): 1511-1521.

[63] 尹爱军, 闫文涛, 张厚望. 面向多目标柔性作业车间调度的强化学习NSGA-Ⅱ算法[J]. 重庆大学学报, 2022, 45(10): 113-123.

[64] Gronauer S, Diepold K. Multi-agent deep reinforcement learning: A survey[J]. Artificial intelligence review, 2022,55(2):895-943.

[65] Lee H R, Lee T. Multi-agent reinforcement learning algorithm to solve a partially-observable multi-agent problem in disaster response[J]. European journal of operational research, 2021, 291(1): 296-308.

[66] Kim Y G, Lee S, Son J, et al. Multi-agent system and reinforcement learning approach for distributed intelligence in a flexible smart manufacturing system[J]. Journal of manufacturing systems, 2020(57): 440-450.

[67] 袁景凌,陈旻骋,江涛,等. 异构云环境下 AHP 定权的多目标强化学习作业调度方法[J]. 控制与决策, 2022, 37(2): 379-386.

[68] 李凯文,张涛,王锐,等. 基于深度强化学习的组合优化研究进展[J]. 自动化学报, 2021,47(11): 2521-2537.

[69] Mnih V, Kavukcuoglu K, Silver D, et al. Human-level control through deep reinforcement learning[J]. Nature, 2015, 518(7540): 529-533.

[70] Schaul T, Quan J, Antonoglou I, et al. Prioritized experience replay[J]. arXiv preprint arXiv:1511.05952, 2015.

[71] Hasselt H V, Guez A, Silver D. Deep reinforcement learning with double Q-Learning[C]. Menlo Park: National conference on artificial intelligence, 2016.

[72] Wang Z, Schaul T, Hessel M, et al. Dueling network architectures for deep reinforcement learning[C]. New York: International conference on machine learning, 2016:1995-2003.

[73] 刘全,翟建伟,章宗长,等. 深度强化学习综述[J]. 计算机学报, 2018,41(1):1-27.

[74] Chen X L, Cao L, Li C X, et al. Ensemble network architecture for deep reinforcement learning[J]. Mathematical problems in engineering,2018, 2018(4):1-6.

[75] 黎声益,马玉敏,刘鹃. 基于双网络深度 Q 学习的面向设备负荷稳定的智能车间调度方法[J/OL]. [2021-06-03]. http://kns.cnki.net/kcms/

detail/11. 5946. TP. 20210421. 1622. 018. html. 计算机集成制造系统:1-13.

[76] Elfwing S, Uchibe E, Doya K. Sigmoid-weighted linear units for neural network function approximation in reinforcement learning[J]. Neural networks, 2018(107):3-11.

[77] Adamski I, Adamski R, Grel T, et al. Distributed deep reinforcement learning: Learn how to play atari games in 21 minutes[C]. Switzerland:International conference on high performance computing,2018:370-388.

[78] Hubbs C D, Li C, Sahinidis N V, et al. A deep reinforcement learning approach for chemical production scheduling[J]. Computers & chemical engineering, 2020(141):106982.

[79] Wang H, Wu Y, Min G, et al. Data-driven dynamic resource scheduling for network slicing: A deep reinforcement learning approach[J]. Information sciences, 2019(498):106-116.

[80] Shahmardan A, Sajadieh M S. Truck scheduling in a multi-door cross-docking center with partial unloading – Reinforcement learning-based simulated annealing approaches[J]. Computers & industrial engineering, 2020(139):106134.

[81] 刘冠男,曲金铭,李小琳,等. 基于深度强化学习的救护车动态重定位调度研究[J]. 管理科学学报,2020,23(2):39-53.

[82] Shi D M, Fan W H, Xiao Y Y, et al. Intelligent scheduling of discrete automated production line via deep reinforcement learning[J]. International journal of production research, 2020, 58(11):3362-3380.

[83] 崔鹏浩,王军强,张文沛,等. 基于深度强化学习的流水线预测性维护决策优化[J/OL]. [2021-06-03]. http://kns.cnki.net/kcms/detail/11. 5946. TP. 20210514. 1116. 002. html. 计算机集成制造系统:1-19.

[84] Cals B, Zhang Y, Dijkman R, et al. Solving the online batching problem using deep reinforcement learning[J]. Computers & Industrial engineering, 2021(156):107-221.

[85] Baker C T, Dzielinski B P. Simulation of a simplified job shop[J].

Management science, 1960, 6(3): 311-323.

[86] Gere Jr W S. Heuristics in job shop scheduling[J]. Management science, 1966, 13(3): 167-190.

[87] Ren Y P, Zhang Z, Wu Q F. An analysis of scheduling rules[C]. Beijing: IEEE International conference on intelligent processing systems, 1997: 1351-1355.

[88] 王家廞. 生产调度的一种启发式规则[J]. 清华大学学报:自然科学版, 1995, 35(5): 27-32.

[89] 王芊博, 张文新, 王柏琳, 等. 基于 Agent 的混合流水车间动态调度系统[J]. 计算机应用, 2017, 37(10): 2991-2998.

[90] 范华丽, 熊禾根, 蒋国璋, 等. 基于遗传规划的动态作业车间调度规则生成[J]. 计算机集成制造系统, 2018, 24(4): 876-885.

[91] 王成龙, 李诚, 冯毅萍, 等. 作业车间调度规则的挖掘方法研究[J]. 浙江大学学报(工学版), 2015, 49(3): 421-429.

[92] 朱伟. 基于规则导向的柔性作业车间多目标动态调度算法[J]. 系统工程理论与实践, 2017, 37(10): 2690-2699.

[93] 王芳, 唐秋华, 饶运清, 等. 求解柔性流水车间调度问题的高效分布估算算法[J]. 自动化学报, 2017, 43(2): 280-293.

[94] Fischer A, Igel C. An introduction to restricted Boltzmann machines[C]. Berlin: Iberoamerican congress on pattern recognition, 2012: 14-36.

[95] 张存吉. 智慧制造环境下感知数据驱动的加工作业主动调度方法研究[D]. 广州:华南理工大学, 2016.

[96] 李新宇, 黎阳, 高亮. 一种应用于置换流水车间的卷积神经网络调度方法[P]. 中国:201910275410, 2019-04-08.

[97] He K, Zhang X, Ren S, et al. Delving deep into rectifiers: surpassing human-level performance on imagenet classification[C]. Santiago: International conference on computer vision, 2015: 1026-1034.

[98] Szegedy C, Liu W, Jia Y, et al. Going deeper with convolutions[C]. Boston: Computer vision and pattern recognition, 2015: 1-9.

[99] He K, Zhang X, Ren S, et al. Deep residual learning for image recog-

nition[C]. Las Vegas :Computer vision and pattern recognition, 2016:770-778.

[100] He K, Zhang X, Ren S, et al. Identity mappings in deep residual networks[C]. Amsterdam:European conference on computer vision, 2016: 630-645.

[101] Vinyals O, Toshev A, Bengio S, et al. Show and tell: A neural image caption generator[C]. Boston :Computer vision and pattern recognition, 2015: 3156-3164.

[102] Xu K, Ba J, Kiros R, et al. Show, Attend and tell: neural image caption generation with visual attention[C]. Lille:International conference on machine learning, 2015: 2048-2057.

[103] Bengio Y. Learning deep architectures for AI[J]. Foundations and trends R in machine learning, 2009, 2(1): 1-127.

[104] 李祖贺,樊养余,王凤琴. YUV 空间中基于稀疏自动编码器的非监督特征学习[J]. 电子与信息学报, 2016, 38(1):29-37.

[105] Scholkopf B, Smola A J, Muller K, et al. Nonlinear component analysis as a kernel eigenvalue problem[J]. Neural computation, 1998, 10(5): 1299-1319.

[106] Cho Y, Saul L K. Kernel methods for deep learning[C]. Vancouver: Neural information processing systems, 2009: 342-350.

[107] Weinberger K Q, Saul L K. Distance metric learning for large margin nearest neighbor classification[J]. Journal of machine learning research, 2009, 10(2): 207-244.

[108] Silver D, Lever G, Heess N, et al. Deterministic policy gradient algorithms[C]. Detroit:International conference on machine learning, 2014: 387-395.

[109] Lillicrap T P, Hunt J J, Pritzel A, et al. Continuous control with deep reinforcement learning[J]. arXiv preprint arXiv:1509. 02971,2015.

[110] Degris T, White M, Sutton R S. Off-policy actor-critic[J]. arXiv Preprint arXiv:1205. 4839, 2012.

[111] Mnih V, Badia A P, Mirza M, et al. Asynchronous methods for deep reinforcement learning [C]. New York: International conference on machine

learning, 2016: 1928-1937.

[112] Babaeizadeh M, Frosio I, Tyree S, et al. Reinforcement learning through asynchronous advantage actor-critic on a gpu[J]. arXiv Preprint arXiv: 1611. 06256, 2016.

[113] Sutton R S, Mcallester D, Singh S, et al. Policy gradient methods for reinforcement learning with function approximation[C]. Denver:Neural information processing systems, 1999: 1057-1063.

[114] Hessel M, Modayil J, Van Hasselt H, et al. Rainbow: Combining improvements in deep reinforcement learning[C]. New Orleans: Thirty-second AAAI conference on artificial intelligence, 2018.

[115] Horgan D, Quan J, Budden D, et al. Distributed prioritized experience replay[J]. arXiv Preprint arXiv:1803. 00933, 2018.

[116] Simon F Y P. Stochastic neural networks for solving job-shop scheduling. I-Problem representation[C]. San Diego: International conference on neural networks, 1988: 275-282.

[117] Jain A S, Meeran S. Job-shop scheduling using neural networks[J]. International journal of production research, 1998, 36(5): 1249-1272.

[118] Sutskever I, Vinyals O, Le Q V. Sequence to sequence learning with neural networks[J]. arXiv Preprint arXiv:1409. 3215, 2014.

[119] Vaswani A, Shazeer N, Parmar N, et al. Attention is all you need[C]. Long Beach: Advances in neural information processing systems, 2017: 5998-6008.

[120] Kool W, van Hoof H, Welling M. Attention, learn to solve routing problems![J]. arXiv Preprint arXiv:1803. 08475, 2018.

[121] Bello I, Pham H, Le Q V, et al. Neural combinatorial optimization with reinforcement learning[J]. arXiv Preprint arXiv:1611. 09940, 2016.

[122] Lin C C, Deng D J, Chih Y L, et al. Smart manufacturing scheduling with edge computing using multiclass deep Q network[J]. IEEE Transactions on industrial informatics, 2019, 15(7): 4276-4284.

[123] Zhang J, Ding G, Zou Y, et al. Review of job shop scheduling research and its new perspectives under Industry 4.0[J]. Journal of intelligent manufacturing, 2019, 30(4): 1809-1830.

[124] Panwalkey S S, Iskandar W. A survey of scheduling rules[J]. Operation research, 1977, 25(1): 45-61.

[125] Mouelhi-Chibani W, Pierreval H. Training a neural network to select dispatching rules in real time[J]. Computers & Industrial engineering, 2010, 58(2): 249-256.

[126] 吴秀丽, 孙琳. 智能制造系统基于数据驱动的车间实时调度研究[J/OL]. [2019-12-18]. https://doi.org/10.13195/j.kzyjc.2018.0849. 控制与决策: 1-13.

[127] 张超勇, 邵新宇. 作业车间调度理论与算法[M]. 武汉: 华中科技大学出版社, 2014: 246-283.

[128] Vinyals O, Bengio S, Kudlur M. Order matters: Sequence to sequence for sets[J]. arXiv Preprint arXiv: 1511.06391, 2015.

[129] Ba J L, Kiros J R, Hinton G E. Layer normalization[J]. arXiv Preprint arXiv: 1607.06450, 2016.

[130] 王凌. 车间调度及其遗传算法[M]. 北京: 清华大学出版社, 2003.

[131] Viloria A, Sierra D M, Duran S E, et al. Optimization of flow shop scheduling through a hybrid genetic algorithm for manufacturing companies[C]. Madurai: Intelligent computing, information and control systems, 2020: 20-29.

[132] Bouzidi D. Transportation, logistics, and supply chain management in home healthcare: Emerging research and opportunities[M]. Hershey: IGI Global, 2020: 63-73.

[133] Li J Q, Song M X, Wang L, et al. Hybrid artificial bee colony algorithm for a parallel batching distributed flow-shop problem with deteriorating jobs[J]. IEEE Transactions on cybernetics, 2019, 50(6): 2425-2439.

[134] Bouzidi A, Riffi M E. CSO to Solve the shop scheduling problem:

Survey[C]. Marrakech: International conference on advanced intelligent systems for sustainable development, 2019: 34-44.

[135] Tadayonirad S, Seidgar H, Fazlollahtabar H, et al. Robust scheduling in two-stage assembly flow shop problem with random machine breakdowns: Integrated meta-heuristic algorithms and simulation approach[J]. Assembly automation, 2019, 39(5): 944-962.

[136] Zhao F, Zhang L, Zhang Y, et al. A hybrid discrete water wave optimization algorithm for the no-idle flowshop scheduling problem with total tardiness criterion[J]. Expert systems with application, 2020, 146(5): 113166. 1-113166. 21.

[137] Fernandez-Viagas, Framinan J M. Design of a testbed for hybrid flow shop scheduling with identical machines victor[J]. Computers & industrial engineering, 2020, 141(3): 106288. 1-106288. 11.

[138] Lang S, Reggelin T, Behrendt F, et al. Evolving neural networks to solve a two-stage hybrid flow shop scheduling problem with family setup times[C]. Hawaii: International conference on system sciences, 2020: 1298-1307.

[139] Chen M, Yu R, Xu S, et al. An improved algorithm for solving scheduling problems by combining generative adversarial network with evolutionary algorithms[C]. Sanya: International conference on computer science and application engineering, 2019: 1-7.

[140] Reyna Y C F, Cáceres A P, Jiménez Y M, et al. An improvement of reinforcement learning approach for permutation of flow-shop scheduling problems[J]. Revista Ibérica de Sistemas e Tecnologias de Informação, 2019(E18): 257-270.

[141] Gupta J N D, Majumder A, Laha D. Flowshop scheduling with artificial neural networks[J]. Journal of the operational research society, 2020, 71(10): 1619-1637.

[142] 张智聪,郑力. 基于增强学习的制造系统调度[M]. 北京:科学出版社,2016: 49-54.

[143] Chellappa R, Theodoridis S, van Schaik A. Advances in machine learning and deep neural networks[J]. Proceedings of the IEEE, 2021, 109(5): 607-611.

[144] Lomnicki Z A. A "branch-and-bound" algorithm for the exact solution of the three-machine scheduling problem[J]. Journal of the operational research society, 1965, 16(1): 89-100.

[145] Brown A P G, Lomnicki Z A. Some applications of the "branch-and-bound" algorithm to the machine scheduling problem[J]. Journal of the operational research society, 1966, 17(2): 173-186.

[146] Ovacik I M, Uzsoy R. Decomposition methods for complex factory scheduling problems[M]. New York: Springer science & business Media, 1997.

[147] Akram K, Kamal K. Hybridization of simulated annealing with quenching for job shop scheduling[C]. Harbin: 2015 International conference on fluid power and mechatronics, 2015: 825-829.

[148] Roshanaei V, Balagh A K G, Esfahani M M S, et al. A mixed-integer linear programming model along with an electromagnetism-like algorithm for scheduling job shop production system with sequence-dependent set-up times[J]. International journal of advanced manufacturing technology, 2010(47): 783-793.

[149] Gonzalez M A, Vela C R, Varela R, et al. An advanced scatter search algorithm for solving job shops with sequence dependent and non-anticipatory setups[J]. Ai communications, 2015, 28(2): 179-193.

[150] Pongchairerks P. A Two-Level metaheuristic algorithm for the Job-Shop scheduling problem[J]. Complexity, 2019, 2019: 1-11.

[151] 杨圣祥,汪定伟. 用约束满足自适应神经网络和有效的启发式算法解Job-shop调度问题[J]. 信息与控制, 1999, 28(2): 121-126.

[152] Zhang Z, Guan Z L, Zhang J, et al. A novel job-shop scheduling strategy based on particle swarm optimization and neural network[J]. International journal of simulation modelling, 2019, 18(4): 699-707.

[153] Pfau D, Vinyals O. Connecting generative adversarial networks and

actor-critic methods[J]. arXiv Preprint arXiv:1610. 01945, 2016.

[154] Ren J F, Ye C M, Yang F. A novel solution to JSPs based on long short-term memory and policy gradient algorithm[J]. International journal of simulation modelling,2020,19(1):157-168.

[155] 邱锡鹏. 神经网络与深度学习[M]. 北京:机械工业出版社,2020:197-205.

[156] Bahdanau D, Cho K, Bengio Y. Neural machine translation by jointly learning to align and translate [J]. arXiv Preprint arXiv:1409. 0473, 2014.

[157] Richard S. Sutton,Andrew G. Barto. 强化学习:第2版[M]. 俞凯,等,译. 北京:电子工业出版社,2019.

[158] Fu H C, Liu P, Gen P. A multi-objective optimization model based on non-dominated sorting genetic algorithm [J]. International journal of simulation modelling, 2019, 18(3):510-520.

[159] Lan M, Xu T, Peng L. Solving flexible multi-objective JSP problem using a improved genetic algorithm[J]. Journal of software, 2010, 5(10):1107-1113.

[160] 黄辉,李梦想,严永. 考虑序列设置时间的混合流水车间多目标调度研究[J]. 运筹与管理,2020,29(12):215-221.

[161] 段建国, 李豪晨, 张青雷. 面向绿色制造的半组合式船用曲轴结构件生产车间多目标调度优化[J]. 计算机集成制造系统, 2021, 27(6):1714-1727.

[162] Zhou B H, Shen C Y. Multi-objective optimization of material delivery for mixed model assembly lines with energy consideration[J]. Journal of cleaner production,2018,192(29):293-305.

[163] 胡金昌,刘紫薇,马文凯,等. 考虑学习效应的单人作业车间的调度算法[J/OL]. [2021-01-24]. http://kns. cnki. net/kcms/detail/11. 5946. TP. 20200905. 1105. 004. html. 计算机集成制造系统:1-14.

[164] Nowicki E, Smutnicki C. A fast taboo search algorithm for the job shop problem[J]. Management science, 1996, 42(6):797-813.

[165] 赵诗奎. 柔性作业车间调度的改进邻域结构混合算法[J]. 计算机集成制造系统, 2018, 24(12): 3060-3072.

[166] Polydoros A S, Nalpantidis L. Survey of model-based reinforcement learning: Applications on robotics[J]. Journal of intelligent & robotic systems, 2017, 86(2): 153-173.

[167] Jaakkola T, Jordan M I, Singh S P. Convergence of stochastic iterative dynamic programming algorithms[C]. Denver: Advances in neural information processing systems, 1994: 703-710.

[168] Zitzler E, Laumanns M, Thiele L. SPEA2: improving the strength Pareto evolutionary algorithm[J]. TIK-report, 2001, 103(5):1-21.

[169] 卢超. 加工时间可控的多目标车间调度问题研究[D]. 武汉:华中科技大学, 2017.

[170] 王凌, 邓瑾, 王圣尧. 分布式车间调度优化算法研究综述[J]. 控制与决策, 2016, 31(1): 1-11.

[171] Gao J, Chen R, Deng W. An efficient tabu search algorithm for the distributed permutation flowshop scheduling problem[J]. International journal of production research, 2013, 51(3):641-651.

[172] Naderi B, Ruiz, Rubén. A scatter search algorithm for the distributed permutation flowshop scheduling problem[J]. European journal of operational research, 2014, 239(2):323–334.

[173] Lin S W, Ying K C, Huang C Y. Minimising makespan in distributed permutation flowshops using a modified iterated greedy algorithm[J]. International journal of production research, 2013, 51(16):5029-5038.

[174] Fernandez-Viagas V, Framinan J M. A bounded-search iterated greedy algorithm for the distributed permutation flowshop scheduling problem[J]. International journal of production research, 2015, 53(4):1111-1123.

[175] Wang K, Huang Y, Qin H. A fuzzy logic-based hybrid estimation of distribution algorithm for distributed permutation flowshop scheduling problems under machine breakdown[J]. Journal of the operational research society, 2016,

67(1):68-82.

[176] Komaki M, Malakooti B. General variable neighborhood search algorithm to minimize makespan of the distributed no-wait flow shop scheduling problem[J]. Production engineering, 2017, 11(3):1-15.

[177] 胡雪君,赵雁,单泪源,等. 基于自适应大邻域搜索的鲁棒多项目调度方法[J/OL]. [2021-06-03]. https://doi.org/10.16381/j.cnki.issn1003-207x.2020.1096. 中国管理科学:1-12.

[178] Hernandez-Leal P, Kartal B, Taylor M E. A survey and critique of multiagent deep reinforcement learning[J]. Autonomous agents and multi-agent systems, 2019, 33(6): 750-797.

[179] Jiménez Y M, Palacio J C, Nowé A. Multi-agent reinforcement learning tool for job shop scheduling problems [C]. Cadiz: International conference on optimization and learning, 2020: 3-12.

[180] Palmer G, Tuyls K, Bloembergen D, et al. Lenient multi-agent deep reinforcement learning[J]. arXiv Preprint arXiv:1707.04402, 2017.

[181] Omidshafiei S, Pazis J, Amato C, et al. Deep decentralized multi-task multi-agent reinforcement learning under partial observability [C]. Singapore: International conference on machine learning, 2017: 2681-2690.

[182] Sunehag P, Lever G, Gruslys A, et al. Value-decomposition networks for cooperative multi-agent learning [J]. arXiv preprint arXiv: 1706.05296, 2017.

[183] Li C, Tang J, Ma T, et al. Load balance based workflow job scheduling algorithm in distributed cloud[J]. Journal of network and computer applications, 2020, 152(C): 102518.1-102518.15.

[184] Neary C, Xu Z, Wu B, et al. Reward machines for cooperative multi-agent reinforcement learning[J]. arXiv Preprint arXiv:2007.01962, 2020.

[185] Li J, Xiao Z. H∞ control for discrete-time multi-player systems via off-policy Q-Learning[J]. IEEE access, 2020(8): 28831-28846.

[186] Shah D, Somani V, Xie Q, et al. On reinforcement learning for turn-

based zero-sum markov games[J]. arXiv Preprint arXiv:2002. 10620, 2020.

[187] Feng Q, Shang W P, Jiao C W, et al. Two-agent scheduling on a bounded parallel-batching machine with makespan and maximum lateness objectives[J]. Journal of the operations research society of China, 2020, 8(1): 189-196.

[188] 贺俊杰,张洁,张朋,等. 基于多智能体强化学习的纺织面料染色车间动态调度方法[J/OL]. [2021-06-03]. http://kns.cnki.net/kcms/detail/11.5946.tp.20210227.1731.002.html. 计算机集成制造系统:1-31.

[189] Naderi B, Ruiz R. The distributed permutation flowshop scheduling problem[J]. Computers & operations research, 2010, 37(4): 754-768.

[190] Nawaz M, Enscore Jr E E, Ham I. A heuristic algorithm for the m-machine, n-job flow-shop sequencing problem[J]. Omega, 1983, 11(1): 91-95.

[191] Taillard E. Some efficient heuristic methods for the flow shop sequencing problem[J]. European journal of operational research, 1990, 47(1): 65-74.

[192] Lin S W, Ying K C, Huang C Y. Minimising makespan in distributed permutation flowshops using a modified iterated greedy algorithm[J]. International journal of production research, 2013, 51(16): 5029-5038.

[193] Ruiz R, Stützle T. A simple and effective iterated greedy algorithm for the permutation flowshop scheduling problem[J]. European journal of operational research, 2007, 177(3): 2033-2049.

[194] Hu J, Wellman M P. Multiagent reinforcement learning: theoretical framework and an algorithm[C]. Proceedings of the fifteenth international conference on machine learning, 1998: 242-250.

[195] Littman M L. Markov games as a framework for multi-agent reinforcement learning[M]. San Fransisco: Morgan Kaufmann, 1994: 157-163.

[196] Xiao L, Bahri Y, Sohl-Dickstein J, et al. Dynamical isometry and a mean field theory of cnns: How to train 10,000-layer vanilla convolutional neural networks[J]. arXiv Preprint arXiv:1806. 05393, 2018.

[197] Yang Y, Luo R, Li M, et al. Mean field multi-agent reinforcement

learning[J]. arXiv Preprint arXiv:1802. 05438, 2018.

[198] Rubén Ruiz, Pan Q K, Naderi B. Iterated Greedy methods for the distributed permutation flowshop scheduling problem[J]. Omega, 2019, 83(3): 213-222.